선대인의
대한민국
경제학

일러두기

1. 원화 환산 환율은 간단히 1달러당 1200원으로 통일했다.
2. 인명 및 회사명은 원어를 함께 표기했다.
3. 그래프, 사진, 홈페이지 자료에는 출처를 함께 표기했다.
4. 신문기사는 독자의 이해를 돕기 위해 분량 및 내용을 일부 편집했다.

선대인의 대한민국 경제학

| 선대인 지음 |

REAL ECONOMICS

다산
북스

우리 더 이상
경제 호구로 살지 맙시다!

　　감히 말하건대 나는 대한민국 국가대표 경제 호구다. 나에게 있어 경제란 고등학교 재학 시절 이과를 선택하면서 저 멀리 떠나보낸 수험과목 그 이상 그 이하도 아니었다. 그래서인지 돈이나 숫자만 보면 머리가 지끈지끈 아파왔다. 경제는 학자들이 연구하고 공부하는 어려운 학문이라고만 생각했다. 경제 문외한인 나에게 있어 잘 먹고 잘사는 방법은 그저 최대한 많이 벌고, 최대한 적게 쓰기가 전부였다.

　　게다가 나는 25살에 개그맨으로 데뷔했다. 연예인이란 무엇인가? 일반 회사에 다니는 직장인과 달리, 뜨기만 하면 한 방에 벼락부자가 될 수 있는 그런 직업이 아니던가! 그러다 보니 현재의 배고픔은 미래의 영광을 위한 자연스러운 과정이라 받아들였고, 돈을 모으거나 굴리는 방법에 대해서는 전혀 생각하지 않은 채 살아왔다.

　　이러한 경제관념은 결혼을 해서도 쭉 이어졌다. 아, 물론 아이도 낳았다. 그것도 아들로만 셋씩이나! 한 가정을 책임지는 가장이 되어서도 여전히 경제 뉴스는 어렵게 들렸고, 심지어는 동네 모델하우스에 어떻게 알고 사람들이 저렇게 줄을 서 있는지, 사실 왜 서 있는지도 잘 알지 못했다.

또 친한 형의 말만 믿고 전 재산을 주식에 투자했다가 휴지조각이 되는 아픔도 겪었다.

이는 비단 나만의 이야기가 아닐 것이다. 대한민국은 자본주의 국가임에도 불구하고 많은 사람들이 경제를 제대로 알지 못해 어려움을 호소한다. 더군다나 12년이 넘는 의무교육은 도리어 우리를 경제 호구로 만들어버렸다. 경제를 그저 수험과목 중 하나, 혹은 암기해야 하는 학문으로 받아들이게 하여 대다수의 청년세대들조차 경제 호구가 된 채 사회에 내던져지고 있다.

이에 2015년 11월, 나는 선대인경제연구소의 선대인 소장님을 만나 경제 호구 제로 프로젝트 '경호를 부탁해!'라는 프로그램을 기획했다. 어린 시절 달달 외우기만 했던 재미없는 경제가 아닌, 눈으로 보고, 귀로 듣고, 가슴으로 느끼는 신개념 쇼를 만들어보자고 의기투합했다. 한 달에 한 번, 총 1년간 우리의 쇼를 찾아주신 수많은 경제 호구들과 함께 때로는 웃고 때로는 분노하며 경제를 가슴 깊이 느꼈다. 모르는 내용은 묻고 또 물으며 정확히 알고 넘어갈 때까지 집요하게 매달렸다. 교과서에만 나오는 경제 이론이 아닌, 지금 우리가 사는 세상에서 벌어지고 있는 경제 현상과 그것이 내 지갑에 미치는 영향에 대해 구체적으로 생각해보았다. 그리고 그 결과물이 바로 이 책이다.

단언컨대 이 책은 세상 그 어떤 경제 관련 서적 중에 가장 기초적인 내용을 담고 있다. 이보다 더 쉽고, 이보다 더 재미있을 수는 없다. 나와 함께 경제 호구에서 탈출한 수많은 수강생이 증명하고 보증한다.

더 이상 경제 호구로 살고 싶지 않은 당신에게 이 책을 바친다.

재미웍스 대표

오종철

 저자 서문

현실경제를 분석하는 힘을 키우세요!

　　많은 이들이 경제를 알고 싶어 합니다. 특히 사회생활을 하고 돈을 벌기 시작하면서 경제에 대한 관심이 커집니다. 이때부터 비로소 경제가 '생활'이 되기 때문입니다. 세금은 얼마를 내야 하고, 어떤 은행에 저축을 하며, 대출은 어떻게 받아야 할지, 집은 언제 사야 하며, 돈은 어떻게 불려야 하는지……. 이 모든 일들에 상당한 경제적 이해가 필요합니다.

　　물론 경제를 몰라도 살 수는 있습니다. 하지만 잘 알면 조금 더 현명한 판단을 내릴 수 있습니다. 특히 과거처럼 '중간만 가도' 경제적으로 별 문제없이 살 수 있었던 고성장기와 달리, 지금과 같은 저성장기에는 적절한 경제적 이해가 없으면 가계경제에 큰 위협을 받을 수도 있습니다. 시간이 갈수록 경제를 이해하고 스스로 판단할 수 있는 사람과 그렇지 못한 사람의 차이가 벌어집니다.

　　그런데 대부분의 우리나라 사람들은 경제를 어려워합니다. 경제를 제대로 배워본 적이 없기 때문입니다. 경제를 배운다고 해도 고등학교에서 문제풀이용으로만 달달 외우고, 대학교에서 전공자를 제외하곤 기껏해야 교양 수준의 경제학원론을 배우는 정도입니다. 그렇게 배운 경제학 수업도 실제 현실경제를 이해하고 생활 속에서 현명한 경제적 판단을 내리는 데에는 큰 도움이 되지 않습니다. 많은 이들이 사회생활을 시작하고 나서 현실의 경제 흐름을 어떻게 이해하고 준비해야 하는지 부담스러워하는 게 당연합니다.

그렇다고 두꺼운 경제학원론 교과서를 펴자니 머리가 지끈지끈 아파옵니다. 그걸 다 읽어도 현실경제를 이해하는 데에는 한계가 있습니다. 당장 급하니 이런저런 재테크 서적을 펼치기도 합니다. 그런 책들 가운데도 도움이 될 만한 책이 없지는 않겠지만, 오히려 잘못 읽으면 독이 됩니다. 제가 보기에 시중에 나와 있는 많은 부동산이나 주식 관련 책들은 잘못된 내용을 담고 있는 게 많고, 독자들의 판단을 그르치게 할 만한 내용이 가득합니다. 예를 들어 부동산의 '갭 투자'나 주식의 '차트분석 기법'을 다룬 책들은 사람들을 투기로 내몰 가능성이 높습니다. 무작정 따라 했다가는 상당한 경제적 피해를 입을 수도 있습니다. 정보의 옥석을 가려낼 수 있는 어느 정도의 경제적 안목이 꼭 필요합니다.

그래서 현실경제의 흐름을 이해할 수 있는 입문서로서 이 책을 세상에 내놓았습니다. 나름대로는 최대한 쉽게 그리고 현실감 있게 쓰려고 노력했습니다. 취지에 따라 일반적으로 사람들이 가장 궁금해 할 만한 12가지 핵심 경제 주제들을 선별했습니다. 각 주제마다 8개 문항의 테스트를 준비해 꼭 알아야 할 기초개념과 사실들을 정리하고, 관련한 내용을 자세히 풀이한 뒤, 이런 내용들이 현실의 경제문제에 어떻게 적용되는지를 신문 기사 풀이를 통해 설명했습니다.

　이 책은 그동안 선대인경제연구소와 선대인교육아카데미를 운영하면서 만난 수많은 회원들과 수강자들의 경제적 고민을 접하면서 처음 구상하게 되었습니다. 하지만 구체적인 기획은 재미웍스의 오종철 대표를 만나면서 이루어졌습니다. 개그맨 출신 '소통테이너'인 그의 반짝이는 아이디어에 따라 '경제 호구 제로 프로젝트, 경호를 부탁해!'라는 시리즈 강의를 1년 간 진행했습니다. 오종철 대표와 함께한 이 프로젝트는 정말로 즐겁고 의미 있는 실험이었습니다. 지난 1년간 함께해준 오종철 대표에게 다시 한 번 진심으로 감사드립니다.

　이 책은 '경호를 부탁해!' 강의 내용을 바탕으로, 책을 쓴 시점에서 가장 최신의 내용을 더해 만들어졌습니다. 또한 강의에서 만난 많은 분들의 질문과 요청을 반영해 살을 붙였습니다. 그런 점에서 이 책은 강의에 참석해주신 많은 분들과 함께 쓴 책이기도 합니다. 좋은 피드백을 주신 분들에게도 깊은 감사의 인사를 드립니다.

선대인경제연구소 소장
선대인

이 책의 활용법

STEP
1

◆◆◆◆
워밍업 테스트

본격적인 읽기에 앞서 각 주제별 8가지 문항을 통해 나의 경제 호구 지수를 진단해보는 단계입니다. 여기에 제시된 8가지 문항은 해당 주제와 관련된 가장 기초적인 개념이며, 최근 신문기사 및 텔레비전 뉴스에서 자주 언급된 용어들로 구성되어 있습니다. 문항에 체크할 때에는 반드시 완벽하게 알고 있는 내용에만 체크해야 정확한 진단이 가능합니다.

STEP
2

◆◆◆◆
기본기 레벨업

STEP1에서 체크한 문항에 대해 자세히 알아보는 단계입니다. 마치 1:1 과외를 받듯 어렵고 복잡한 경제를 쉬운 말로 차근차근 풀어내어, 기초를 확실히 다지고 경제에 흥미를 느낄 수 있도록 했습니다. 또한 지루하지 않게 책을 읽을 수 있도록 풍부한 사진과 친절한 용어 풀이를 넣어 배움의 맛과 이해의 속도를 높였습니다.

STEP 3

STEP2에서 다진 기초 경제개념이 지금 우리가 살아가는 현실경제에서는 어떻게 나타나는지 알아보는 단계입니다. 교과서식 딱딱한 경제학을 넘어 현재 가장 이슈가 되고 있는 국내외 경제현상을 자세히 알아보고, 정부의 재정정책과 세계경제의 흐름이 나의 경제활동에 어떤 영향을 미치는지 파악할 수 있습니다. 복잡한 경제동향은 그래프로 간결하게 정리해 직관적인 이해를 돕고, 추세를 파악할 수 있게 했습니다.

STEP 4

STEP1~3에서 배운 내용을 바탕으로 해당 주제와 관련된 신문기사를 읽어보는 단계입니다. 이전에는 보기만 해도 머리가 지끈거리고 조각조각 이해되었던 기사들이, 이제는 전체 내용이 한 꿰에 꿰어져 술술 읽히는 놀라움을 경험해볼 수 있습니다. 여기에 신문기사가 미처 다루지 못한 우리 경제의 숨은 이면과, 새로운 관점에서 재해석한 기사 풀이까지 친절하게 소개했습니다.

차례

제1강 금리

기준금리를 어디에서 정하는지 알고 있다 | 기준금리와 시장금리의 차이를 알고 있다 | 금리가 물가에 어떤 영향을 미치는지 알고 있다 | 금리와 환율의 상관관계에 대해 알고 있다 | 금리와 주가의 상관관계에 대해 알고 있다 | 금리와 채권가격의 상관관계에 대해 알고 있다 | 고정금리와 변동금리의 차이를 알고 있다 | 명목금리와 실질금리의 차이를 알고 있다

제2강 환율

환율의 정확한 의미를 알고 있다 | 환율의 상승과 하락은 화폐 가치의 절하와 절상을 의미한다는 사실을 알고 있다 | 고정 환율제와 변동 환율제의 차이를 알고 있다 | 우리나라는 변동 환율제를 채택하고 있다는 사실을 알고 있다 | 현재 원-달러 환율이 어느 정도인지 알고 있다 | 환율과 금리의 상관관계에 대해 알고 있다 | 환율과 주가의 상관관계에 대해 알고 있다 | 해외 투자 시 수익률뿐만 아니라 투자 대상 국가의 환율 변동 가능성도 살펴야 한다는 사실을 알고 있다

제3강 주식

코스피와 코스닥의 차이를 알고 있다 | 코스피와 코스닥 시장에서 시가총액이 가장 큰 기업의 이름을 알고 있다 | 가치투자의 개념을 알고 있다 | 기본적 분석과 기술적 분석의 차이를 알고 있다 | PER, PBR, ROE, EPS의 개념을 알고 있다 | 장기적으로 주가는 기업의 실적에 대체로 수렴한다는 사실을 알고 있다 | 금리가 오르면 주가가 떨어질 가능성이 높다는 사실을 알고 있다 | 상장기업에는 공시의무가 있다는 사실과, 기업들의 공시내용을 어디에서 확인할 수 있는지 알고 있다

제4강 부동산

부동산은 실물자산에 속한다는 사실을 알고 있다 | 주택 거래량은 주택가격의 선행지표라는 사실을 알고 있다 | 부동산의 실질가격과 명목가격, 호가와 실거래가의 차이를 알고 있다 | 한국의 가계자산 가운데 부동산자산의 비중이 OECD 국가들 가운데 가장 높은 수준이라는 사실을 알고 있다 | 한국에서 시행되는 선분양제는 세계에서 유례가 없다는 사실을 알고 있다 | 생산가능인구와 고령인구가 주택시장의 수요와 공급에 미치는 영향을 알고 있다 | 수익형 부동산의 수익은 크게 자본수익과 소득수익으로 나뉜다는 점을 알고 있다 | 한국의 주택시장이 일본처럼 장기침체에 접어들면, 매매차익보다는 이용가치가 가격을 결정할 거라는 사실을 알고 있다

제5강 소비

소비는 소득과 부, 라이프스타일, 가계가 기대하는 생활 수준, 투자의 성공 여부, 소비자 신용 규모, 내구재의 보유 여부 등에 영향을 받는다는 사실을 알고 있다 | 내구재와 비내구재의 차이를 알고 있다 | 소비 추이가 경기 흐름과 대체로 같은 방향으로 움직인다는 사실을 알고 있다 | 부유한 사람들일수록 내구재 소비 비중이 높고, 가난한 사람들일수록 내구재 소비 비중이 낮다는 사실을 알고 있다 | 소비가 GDP와 총수요의 구성요소라는 사실을 알고 있다 | 평균소비성향과 한계소비성향의 차이를 알고 있다 | 부의 효과의 개념을 알고 있다 | 과시적 소비와 베블런 효과의 개념을 알고 있다

제6강 노후

장수리스크의 의미를 알고 있다 | 한국의 노후세대 평균소득이 매우 낮은 수준이라는 사실을 알고 있다 | 한국의 노후세대 빈곤율이 OECD 국가들 가운데 가장 높다는 사실을 알고 있다 | 한국 노후세대의 자산 가운데 실물자산 비중이 매우 높다는 사실을 알고 있다 | 한국 가계의 평균노동중단 시기가 OECD 국가들 가운데 가장 늦다는 사실을 알고 있다 | 보험은 재테크 상품이 아니라는 사실을 알고 있다 | 보험회사에서 발표하는 노후 생활비가 실제 필요한 금액보다 부풀려져 있다는 사실을 알고 있다 | 한국 노후세대의 소득 가운데 공공이전소득 비중이 매우 낮다는 사실을 알고 있다

제7강 세금과 복지

제8강 인구

제9강 기술과 일자리

한국의 R&D 예산 비중이 OECD 국가들 가운데 상당히 높은 편이라는 사실을 알고 있다 | 총요소생산성의 개념을 알고 있다 | 빅뱅파괴의 개념을 알고 있다 | 무어의 법칙의 의미를 알고 있다 | 엘론 머스크가 운영하는 세 회사의 이름을 알고 있다 | 싱귤래리티의 개념을 알고 있다 | 제1의 기계시대와 제2의 기계시대의 차이를 알고 있다 | 4차 산업혁명의 의미를 알고 있다

제10강 한국경제

한국 5대 주력 산업에 속하는 대기업들의 매출액이 2010년 이후 정체하거나 감소하고 있음을 알고 있다 | 한국경제는 수출 의존도가 높기 때문에 대외 리스크에 더욱 취약하다는 것을 알고 있다 | 한계기업의 의미를 알고 있다 | 에버그린대출의 의미를 알고 있다 | 가계부채가 1200조 원을 돌파했다는 사실을 알고 있다 | 2015년 대비 2016년 가계부채 증가액의 60%가 주택담보대출이라는 사실을 알고 있다 | 집단대출의 의미를 알고 있다 | 세계 3대 국제신용평가기관의 이름과 이들이 매기는 국가신용등급의 의미를 알고 있다

제11강 중국경제

제12강 세계경제

제1강

금리

시장에서 결정되는 다양한 금리들

금리와 경제성장률, 그리고 72법칙

미국의 금리 인상이 한국경제에 미치는 영향

금리 변동에 대비한 부채관리, 어떻게 해야 할까?

Interest Rate

나의 금리 호구 지수는?

☐ 기준금리를 어디에서 정하는지 알고 있다

☐ 기준금리와 시장금리의 차이를 알고 있다

☐ 금리가 물가에 어떤 영향을 미치는지 알고 있다

☐ 금리와 환율의 상관관계에 대해 알고 있다

☐ 금리와 주가의 상관관계에 대해 알고 있다

☐ 금리와 채권가격의 상관관계에 대해 알고 있다

☐ 고정금리와 변동금리의 차이를 알고 있다

☐ 명목금리와 실질금리의 차이를 알고 있다

- -

✓ 7~8개 : 경제 상식 척척박사
자만은 금물! 심화 스터디와 최신 신문기사를 통해 경제 시야를 넓혀보세요.

✓ 4~6개 : 어설픈 중수
아는 것은 되짚고 모르는 개념은 확실히 잡아 호구에서 탈출하세요.

✓ 0~3개 : 호구의 제왕
경제와는 궁합 제로! 이 책을 통해 경제 기초체력을 다져보세요.

◆◆◆◆
기본기 레벨업

√ 기준금리를 어디에서 정하는지 알고 있다

기준금리는 각 나라의 중앙은행에서 결정하는 금리를 말합니다. 우리나라는 한국은행에서 결정하지요. 좀 더 구체적으로 보자면, 한국은행에 금융통화위원회(금통위)라는 기구가 있는데, 이 위원회에서 매월 둘째, 넷째 주 목요일에 정기회의를 하고 한 달에 한 번씩 기준금리를 결정합니다. 종종 언론기사에서 '한국은행 금융통화위원회에서 이번 달 금리를 1.5%로 동결했다'와 같은 표현을 접하게 되는 것은 이 때문입니다. 금융통화위원회는 총 7명으로 구성되어 있습니다. 기본적으로 의장인 한국은

한국은행은 1950년 6월 한국은행법에 의해 설립된 대한민국의 중앙은행이다. 화폐를 발권하며, 통화량을 조절해 물가안정을 도모한다. 경제성장을 추구하는 정부와는 목표가 다를 때도 있어 종종 정부의 경제정책과 충돌을 빚을 수 있고, 이 때문에 정부의 간섭을 받지 않는 완전 독립기구로서 활동한다.

행 총재와 부총재가 들어가고, 기획재정부, 금융위원회, 전국은행연합회, 대한상공회의소 등에서 1명씩 추천합니다.

√ 기준금리와 시장금리의 차이를 알고 있다

기준금리는 모든 금리의 기준이 된다는 의미입니다. 정책적으로 결정되는 금리라는 의미에서 '정책금리'라고도 합니다. 한국은행이 기준금리를 결정하면 어떻게 될까요? 기준금리는 중앙은행이 시중은행들에게 공급하는 자금에 대한 금리입니다. 만약 한국은행이 시중은행들에게 높은 금리로 자금을 빌려주면, 시중은행들은 이윤을 남기기 위해 가계나 기업에 대해 더 높은 금리를 적용해야 할 것입니다. 반대로 한국은행이 기준금리를 낮추면 은행들도 따라서 금리를 내립니다. 이처럼 중앙은행이 기준금리를 어떤 수준으로 맞추느냐에 따라 다른 금리들, 그러니까 시장금리도 오르내립니다.

시장금리는 말 그대로 시장에서 결정되는 금리입니다. 시중은행이 적용하는 예금금리와 대출금리가 대표적이고, 은행들 간 상호거래에 의해 형성되는 콜금리*, 은행이 자금을 조달하기 위해 발행하는 CD금리*도 있습니다. 그리고 국가에서 발행하는 채권*인 국채에 적용되는 금리, 자금이 부족한 회사가 시중에

* 콜금리
일시적으로 자금이 부족한 금융기관이 자금이 남는 다른 곳에 자금을 빌려달라고 요청하는 것이 콜(Call)이며, 이러한 금융기관 간 자금을 거래하는 시장이 콜시장이다. 잉여자금이 있는 금융기관이 콜론(Call Loan)을 내놓으면 자금이 부족한 금융기관이 콜머니(Call Money)를 빌리는데, 이때 형성되는 금리를 콜금리라고 한다.

* CD금리
CD(Certificate of Deposit)란 시장에서 양도가 가능한 정기예금증서를 말한다. 은행은 자금조달을 위해 CD를 발행하고, 투자자는 투자를 목적으로 정기예금증서인 CD를 매입할 수 있다. CD가 시장에서 거래될 때 적용되는 금리가 CD금리다.

* 채권
정부나 공공기관 및 일반 기업들이 투자자들로부터 자금을 조달하기 위해 발행하는 차용증서. 발행주체에 따라 국채, 지방채, 금융채, 회사채 등으로 분류된다.

한국은행 경제통계시스템
ecos.bok.or.kr

서 돈을 빌리기 위해 발행하는 채권인 회사채에 적용되는 금리도 있습니다. 이들 금리는 각 금융시장의 사정을 반영하기 때문에 한꺼번에 시중금리라고 표현합니다.

그렇다면 금리는 어디에서 확인할 수 있을까요? 물론 언론기사를 통해서도 알 수 있지만 가장 정확한 방법은 기준금리를 발표하는 기관, 즉 한국은행 경제통계시스템(ecos.bok.or.kr) 사이트에서 직접 확인하는 것입니다. 이 사이트에 들어가면 '100대 통계지표'라는 항목이 나오는데, 여기에서 그날그날의 각종 금리 수치를 알아볼 수 있습니다. 많은 사람들이 경제지표를 무척 어렵게 생각하는데요. 한국은행 경제통계시스템에 들어가면 쉽고 간단하게 소개되어 있기 때문에 이해에 큰 도움을 받을 수 있습니다. 군이 엑셀을 활용해 그래프를 그려보지 않아도 기본적인 흐름까지 파악할 수 있습니다.

또한 대출금리는 전국은행연합회(kfb.or.kr)에서도 확인할 수 있습니다. 이 사이트에 들어가면 예금금리와 대출금리 등 각종 금리를 은행권별로 세세하게 알아볼 수 있습니다. 간혹 유리한 대출금리로 대출을 해주는 것처럼 사람들을 유인하는 낚시성 광고 기사들이 눈에 띄는데, 이 사이트를 활용하면 실제 금리의 수준을 정확하게 확인할 수 있습니다. 전국은행연합회 말고도 새마을금고(kfcc.co.kr), 신용협동조합(cu.co.kr), 저축은행중앙회(fsb.or.kr) 등에서도 금리에 대한 정보를 제공합니다.

✓ 금리가 물가에 어떤 영향을 미치는지 알고 있다

금리가 오르면 어떤 일이 발생할까요? 금리가 오르면 사람들이 돈을 많이 빌려 쓸 수 있을까요? 보통 금리가 오르면 대출이 어려워져 가계나 기업이 돈을 덜 빌리고 덜 쓰게 됩니다. 그러면 시중에 통화량이 줄어들고, 결국 경기가 상대적으로 위축됩니다. 기업의 투자나 가계의 소비가 줄어들기 때문에 당연히 수요도 줄어들고, 그에 따라 물가도 떨어지지요.

반대로 금리가 내려가면 대출이 쉬워져 통화량이 늘어나고 경기가 좋아지는 효과가 나타납니다. 그러면 기업의 투자나 가계의 소비가 촉진되어 물가도 올라갑니다.

이러한 원리로 한국은행은 기준금리를 인상하거나 인하하면서 경기를 조정합니다. 경기가 과열되어 물가가 너무 빠르게 오르면 가계에 부담이

| 금리 인상 | → | 대출 감소 | → | 시중 통화량
감소 | → | 경기 위축 | → | 기업 투자 감소
가계 소비 감소 | → | 물가 하락 |

| 금리 인하 | → | 대출 증가 | → | 시중 통화량
증가 | → | 경기 확장 | → | 기업 투자 증가
가계 소비 증가 | → | 물가 상승 |

금리의 변동이 물가에 미치는 영향

커지기 때문에 금리를 올리고, 반대로 경기가 침체되어 물가가 하락하면 디플레이션(Deflation)*에 대한 우려가 커지기 때문에 금리를 내립니다. 이를테면 방의 온도가 너무 높거나 낮을 때 온도조절장치를 이용해 적정한 수준으로 유지하는 것과 비슷합니다.

> * 디플레이션
> 인플레이션(Inflation)의 반대 개념으로, 일반 물가 수준이 지속적으로 하락하는 현상. 최근에는 물가하락 속 경기침체라는 의미로도 사용되고 있다. IMF에서는 디플레이션을 '2년 정도 물가하락이 계속돼 경기가 침체되는 상태'라고 정의한다. 자산가치의 하락과 물가수준이 하락하는 디플레이션이 발생하면 경제는 자칫 장기불황 국면에 접어들수 있다.

√ 금리와 환율의 상관관계에 대해 알고 있다

금리는 돈에 붙는 이자의 비율입니다. 한마디로 돈의 가치입니다. 그러니까 금리가 내려갔다는 것은 곧 돈의 가치가 떨어졌다는 의미입니다. 그럼 돈의 가치가 떨어지면 환율은 어떻게 변할까요? 제2강 〈환율〉 편에서 자세하게 다루겠지만, 환율은 우리나라의 돈을 다른 나라의 돈과 교환할 때 적용되는 비율입니다. 우리나라의 돈 가치가 떨어지면 다른 나라의 돈과 교환할 때 우리 돈을 더 많이 내줘야 한다는 뜻입니다. 이전에는 1000원을 주고 1달러를 받을 수 있었는데, 이제는 1200원을 줘야 1달러를 받을 수 있는 상황이 된 것입니다. 즉, 우리나라의 화폐 가치가 떨어지면 환율(1000원→1200원)은 올라갑니다. 금리와 환율은 서로 반대로 움직이는 관계이지요.

✓ 금리와 주가의 상관관계에 대해 알고 있다

　　금리와 주가의 관계도 일반적으로는 역의 관계, 즉 반대로 움직이는 관계라고 할 수 있습니다. 자, 다시 금리가 내려갔다고 가정해봅시다. 그러면 기업의 입장에서는 자금조달이 용이해져 투자를 늘리고, 수익도 올라 주가를 상승시킬 수 있습니다. 또 저금리 상황에서는 일반 투자자들도 은행의 예금이나 적금보다는 수익률이 상대적으로 높은 주식투자에 눈을 돌리게 마련입니다. 자연히 주식시장으로 돈이 몰려 주가가 오르겠지요. 반대로 금리가 높으면 변동성이 큰 주식보다는 안정적인 이자수익을 얻을 수 있는 은행으로 돈이 들어갈 테니 주가가 떨어질 가능성이 있습니다.

　　그런데 사실 금리와 주가는 항상 이렇게 이론대로 움직이지는 않습니다. 실제로 금리를 인하했음에도 주식시장이 동반 하락할 때도 있었고, 금리를 인상했는데 주가가 크게 상승한 적도 있습니다. 그러므로 위에서 설명한 이론을 절대적인 잣대로 삼기보다는 이러한 큰 흐름이 있다는 정도로만 이해하면 될 것 같습니다.

✓ 금리와 채권가격의 상관관계에 대해 알고 있다

　　일반적으로 채권가격은 채권 수익률과 반대 방향으로 움직입니다. 다른 모든 상품과 마찬가지로 채권에 대한 투자 수요가 몰리면 채권의 가격은 올라갑니다. 또 채권 발행자는 채권 수익률을 상대적으로 낮게 제시해도 되겠지요. 즉, 채권 수요가 늘어나 채권가격이 올라가면 채권 수익률은 떨어집니다. 반면, 국채든 회사채든 채권의 발행이 늘어나 공급이 늘면 채권가격은 떨어집니다. 이럴 때는 채권이 시중에서 소화될 수 있도록 채권 발행자는 채권 수익률을 높게 제시해야 합니다.

일반적으로 채권 수익률은 채권금리와 같은 말입니다. 이처럼 채권시장에서 형성되는 메커니즘 측면에서 채권가격과 채권금리는 반대로 움직입니다. 그런데 한국은행이 기준금리를 올리면 채권시장의 채권금리도 이를 반영해 덩달아 올라가고, 채권가격은 떨어집니다.

✓ 고정금리와 변동금리의 차이를 알고 있다

고정금리와 변동금리는 용어에 따라 직관적으로 뜻을 이해하면 됩니다. 다만 약간의 설명이 필요합니다. 먼저 고정금리란 말 그대로 처음 대출을 받을 때 정해진 금리가 고정적으로 유지되는 것을 말합니다. 반면, 변동금리는 일정한 시간이 지나면 금리가 변동되는 것을 말합니다. 보통은 3개월에서 6개월마다 변하는데, 실제로는 3개월마다 변하는 경우가 더 많습니다.

그러면 변동금리의 변동 기준은 무엇일까요? CD금리, 국고채* 등으로 다양한데, 그중에서도 주택담보대출의 금리는 코픽스(Cost Of Funds Index)*에 주로 연동되어 있습니다. 예전에는 주로 시장에서 거래되

> *국고채
> 정부가 정부 소요 자금을 마련하기 위해 발행하는 국채의 일종. 국가가 보증하는 만큼 나라가 망하지 않는 한 떼일 위험이 없어 다른 채권에 비해 가격이 싸다.

> *코픽스
> 은행의 자금조달 비용을 반영한 주택담보대출의 기준금리. 매달 은행연합회가 한 번씩 9개 시중은행(농협, 신한, 우리, SC제일, 하나, 기업, 국민, 외환, 씨티)으로부터 정기예금, 정기적금, 상호부금, 주택부금, CD, 환매조건부채권, 표지어음, 금융채 등 자금조달 상품관련 비용을 취합해 산출한다.

는 3개월 CD금리와 연동하여 주택담보대출금리를 결정했습니다. 그런데 2008년 세계금융위기 이후 CD의 발행량이 크게 줄어들어 CD금리가 은행의 자금조달 비용을 제대로 반영하지 못했고, 변동금리의 적절한 기준으로 삼기가 어려워졌습니다. 특히 은행들이 임의로 CD금리에 높은 가산금리를 붙여 대출금리의 기준으로 삼다 보니 대출금리가 올라가는 부작용도 있었습니다. 가산금리의 비중이 커지다 보니 한국은행이 기준금리를 조정해도 잘 반영이 되지 않아 정책효과도 떨어졌습니다. 이에 정부는 9개 시중은행이 매주 새로 조달한 단기자금의 가중평균금리*를 지수화해 코픽스라는 종합지표금리를 만들었습니다. 은행의 실질적인 자금조달 비용을 가장 현실적으로 반영한 지표를 만들어 이를 변동금리의 기준으로 삼은 것입니다.

* 가중평균금리
금융기관에서 취급하는 금융상품의 금리를 사용빈도나 금액의 비중으로 가중치를 두어 평균을 낸 금리를 말한다.

2000년대 초·중반에 많은 사람들이 주택담보대출을 받았습니다. 이때는 주로 변동금리를 적용했는데, 금리가 쉽게 오르지 않고 저금리 상태가 오래 지속될 것이라고 생각했기 때문입니다. 당시의 금리는 4~5%대 수준으로 지금에 비해서는 높지만, 외환위기 이전에 10%가 넘었던 것을 감안하면 상당히 낮은 수준이었습니다. 최근에는 고정금리가 다소 늘어나기는 했지만, 여전히 변동금리 대출이 전체 대출의 70%를 차지할 만큼 비중이 큽니다. 전체 가계부채 1300조 원 가운데 약 910조 원이 변동금리 대출입니다.

그런데 앞으로는 이러한 상황이 큰 문제로 작용할 가능성이 높습니다. 대출을 받은 사람의 입장에서 변동금리는 금리가 떨어질 때 유리합니다.

그만큼 이자 부담도 줄어들기 때문입니다. 하지만 금리가 오르면 어떻게 될까요? 이자 부담이 생겨 가계경제에 문제가 생기겠지요. 그래서 지금처럼 금리가 계속 올라갈 것으로 예상되는 때에는 고정금리를 선택하는 편이 유리합니다. 다만 고정금리의 경우, 은행 입장에서는 금리가 올라갈 때 손해가 날 수 있다는 점을 감안해 변동금리보다 조금 더 높게 책정합니다. 이 때문에 많은 사람들이 대출을 받을 때 금리가 변할 수 있다는 생각을 하면서도 당장 부담이 덜한 변동금리를 택합니다. 만약 금리가 오를 가능성이 크고, 그럴 경우 부채를 감당하기가 어렵겠다고 판단되면 고정금리를 택하는 쪽이 나은 선택일 수 있습니다. 그마저도 어렵다면 고정금리와 변동금리를 일정하게 섞어서 대출을 받는 방법도 있습니다. 은행에도 이러한 상품들이 있으니 대출상담을 할 때 요구해보길 바랍니다.

√ 명목금리와 실질금리의 차이를 알고 있다

명목금리는 말 그대로 겉으로 표시된 금리입니다. 4%의 대출금리, 2%의 예금금리와 같은 것들이 바로 명목금리입니다. 반면, 실질금리는 명목금리에서 물가상승률을 뺀 금리입니다. 앞서 보았듯이 금리는 돈의 가치입니다. 그래서 물가가 오르면 돈의 가치는 떨어집니다. 1000원을 주고 샀던 물건의 값이 1200원이 되면 그만큼 돈의 가치가 하락한 셈이지요. 따라서 실질적인 금리가 그만큼 떨어졌다고 볼 수 있습니다.

예를 들어 명목금리가 3%인데 물가상승률이 2%면 실질금리는 1%입니다. 또 명목금리가 3%인데 물가상승률이 -2%로 디플레이션 상황이라면 실질금리는 5%입니다. 그런가 하면, 실질금리가 마이너스일 때도 있

명목금리란 숫자로 발표되는 금리를 뜻한다. 시중은행에서 제시하는 예금 및 대출이자율이 명목금리다.

습니다. 2010년에는 명목금리가 2%였는데 물가상승률이 4%를 기록했습니다. 실질금리는 -2%가 된 셈입니다. 앞으로는 이 점을 잘 이해해야 합니다. 돈의 가치를 생각할 때 명목금리보다도 실질금리를 잘 따져보아야 합니다. 명목금리가 10%인 예금을 갖고 있어도 물가상승률이 12%라면 실질적인 예금의 가치는 -2%이기 때문입니다. 그만큼 돈을 잃고 있다는 뜻입니다.

시장에서 결정되는
다양한 금리들

　　시장에서 결정되는 다양한 금리는 기본적으로 기준금리에 연동되어 움직입니다. 하지만 이들 나름대로의 메커니즘을 가지고 결정되기도 합니다. 예를 들어 한국은행에서 시중은행에 제시하는 금리가 기준금리라면, 은행들 간에 단기적으로 돈을 빌려줄 때 적용되는 '무담보콜금리'라는 게 있습니다. 하루 동안 돈을 빌려주는 만큼 금리가 상대적으로 낮습니다. 그래서 보통 시장금리 그래프를 그려보면 무담보콜금리가 가장 낮게 나타납니다. 그다음으로 정기예금증서를 갖고 은행들끼리 자금 융통을 하는 데에 적용되는 CD금리가 있습니다. 은행들끼리 하는 거래이기 때문에 이 금리 역시 낮습니다. 여기에 금융권에 따라서도 금리의 수준이 다르게 나타납니다. 보통은 금융권을 제1금융권, 제2금융권 등으로 나누는데, 제1금융권은 시중은행을 뜻하고, 제2금융권은 저축은행, 신용협동조합, 증권사, 보험사, 여신전문금융업체 등이 포함됩니다. 제1금융권은 안전한 대신 금리가 상대적으로 낮고, 제2금융권은 금리가 높습니다.

　　그리고 국가에서 발행하는 국채에 적용되는 국채금리도 있습니다. 국채금리는 단기국채보다 장기국채의 금리가 더 높습니다. 기간이 길어질

수록 채권을 돌려받을 가능성이 낮아지니, 채권을 발행하는 쪽에서는 조금이라도 금리를 더 올려줄 수밖에 없겠지요. 또 국채금리에는 국가 신용도가 중요한 변수로 작용합니다. 즉, 국가 신용도가 낮은 국가는 상대적으로 금리가 높습니다. 안전하지 않기 때문에 더 높은 금리를 제시해야 수요가 생기기 때문입니다.

여기에 회사채금리도 있습니다. 회사채란 자금이 부족한 회사가 시중에서 돈을 빌리기 위해 발행한 채권으로, 회사채금리는 여기에 적용되는 금리를 말합니다. 회사채금리 역시 국채금리처럼 회사의 신용도나 재무건전성에 따라 수치가 달라집니다. 신문기사에 자주 등장하는 'AA-'나 'BBB-'와 같은 말들이 회사채의 신용 등급을 가리킵니다. 신용도에 따라 AAA에서 D까지 18개 등급으로 나눠져 있는데 BBB- 이상은 투자등급, 그 아래 등급인 BB+ 이하는 투자부적격등급(투기등급)으로 봅니다. 등급이 낮을수록 위험성이 높습니다.

지금껏 살펴본 금리들 가운데 일반 사람들이 투자를 목적으로 잘 살펴야 하는 금리는 국채금리와 회사채금리입니다. 국채는 기본적으로 큰 위험 없이 수익을 얻을 수 있습니다. 그래서 '무위험수익률'이라고도 합니다. 국가가 망할 가능성은 지극히 낮기 때문이지요. 회사채를 볼 때는 우량한 회사와 불량한 회사의 회사채금리가 얼마나 차이 나는지를 체크해보길 바랍니다. 불경기 때일수록 이들의 금리차가 상당히 커지는데요. 이러한 차이를 '스프레드(Spread)'라고 합니다. 스프레드는 경기가 좋을 때는 상대적으로 작아졌다가, 요즘처럼 경기가 좋지 않을 때는 확대됩니다.

한편, 예금금리와 관련해 재미있는 에피소드도 있습니다. 2015년 말에 인기를 끌었던 드라마 「응답하라 1988」을 보면, 바둑기사로 나오는 주인공이 상금으로 5000만 원을 받았는데 동네 어른들이 이 돈으로 어떻게 재테크를 할 것인지에 대해 의논하는 장면이 나옵니다. 어떤 사람은 은행에 맡겨서 이자를 받으라고 하는데요. 옆에 있던 사람이 극구 반대를 합니다. 은행이자가 '고작 15%'밖에 되지 않아 돈을 불릴 수 없다는 이유에서였습니다. 그러니 은행에 돈을 넣는 대신 당시에 한 채당 약 5000만 원이었던 은마아파트를 사라고 말합니다.

아니, 은행이자가 고작 15%라니요? 요즘 같으면 상상하기 어려운 논쟁입니다. 그만큼 지금은 예금금리가 많이 떨어졌습니다. 이뿐만 아니라 각종 예금금리를 그래프로 그려보면 정기예금, 적금, 주택보험 등이 일제히 지속적으로 떨어지고 있습니다. 대출금리도 마찬가지입니다.

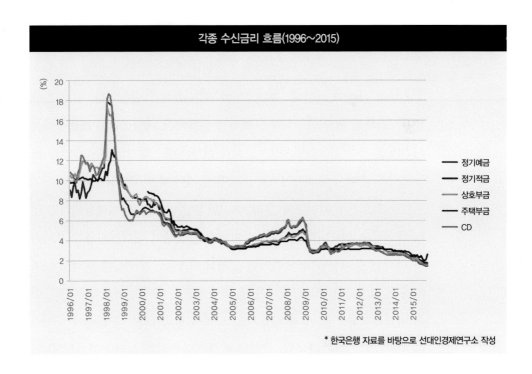

각종 수신금리 흐름(1996~2015)

* 한국은행 자료를 바탕으로 선대인경제연구소 작성

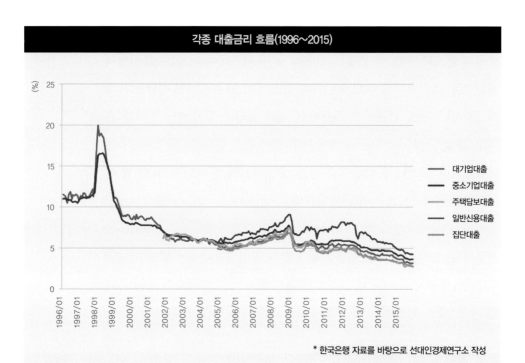

각종 대출금리 흐름(1996~2015)

대기업대출
중소기업대출
주택담보대출
일반신용대출
집단대출

* 한국은행 자료를 바탕으로 선대인경제연구소 작성

은행의 금리와 관련해 '예대금리차'라는 용어가 있습니다. 쉽게 말해 대출금리에서 예금금리를 뺀 금리차를 뜻합니다. 예금금리와 대출금리를 시기별로 각각 비교하면 어떤 금리가 더 높나요? 당연히 대출금리가 더 높습니다. 은행이 예대마진으로 이윤을 남겨야 하기 때문입니다.

그런데 오른쪽 페이지의 그래프와 같이 몇 년 전부터 예대금리차가 점점 줄어들고 있습니다. 저금리 상황에서는 은행이 예대마진을 확보하기가 쉽지 않기 때문입니다. 이러한 상황이 지속되면 은행들의 실적도 나빠집니다. 그렇다면 예대금리차가 점점 줄어드는 때에 은행주식을 사는 일이 바람직할까요? 그렇지 않겠지요. 그러나 현실에서는 은행주에 투자하는 사람들이 많습니다. 사실 금리만 이해해도 은행의 실적을 가늠할 수 있

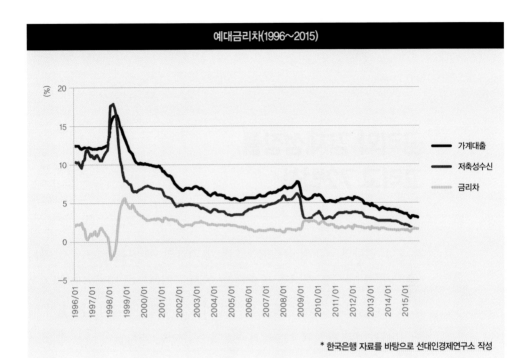

예대금리차(1996~2015)

가계대출
저축성수신
금리차

* 한국은행 자료를 바탕으로 선대인경제연구소 작성

는데 말입니다.

채권금리에 관해서도 잠시 언급하자면, 증권사와 같은 기관들이 채권에 많이 투자합니다. 저금리 시대에는 채권금리도 떨어지는데, 이는 반대로 채권가격이 올라간다는 뜻입니다. 채권시장에서 채권금리와 채권가격은 반대로 움직인다고 앞에서 이야기했지요? 채권가격이 오르면 채권을 보유한 증권사들의 이익은 늘어납니다. 그러나 반대로 금리가 올라가면 채권가격이 떨어지고, 이는 증권사들의 손실로 이어집니다.

금리와 경제성장률, 그리고 72법칙

그렇다면 금리의 움직임은 어떻게 가늠할 수 있을까요? 이를 위해 경제성장률 추이를 살펴볼 필요가 있습니다. 결론부터 말하자면 장기적으로 우리나라의 금리가 계속 떨어진 이유는 경제성장률이 하락했기 때문입니다. 이와 관련해 언론에서 혼동을 부추기는 기사들이 나온 적 있는데요. 한국은행이 기준금리를 1%대로 떨어뜨리자, 금리가 낮아졌기 때문에 시중에 다시 돈이 돌고 경기가 좋아질 거라는 내용이었습니다. 이는 인과관계를 잘못 분석한 것입니다. 한국은행이 기준금리를 계속해서 떨어뜨린 건 경기가 저조했기 때문이었습니다. 기준금리를 낮춰도 경기가 살아나지 않자 다시 기준금리를 떨어뜨린 것입니다. 즉, 경기가 워낙 침체되어 있어 이에 대한 대응으로 기준금리를 낮춘 건 맞습니다. 하지만 한국은행이 기준금리를 낮췄다고 해서 경기가 살아날 거라는 분석은 잘못되었습니다. 기본적으로 경제의 기초 여건이 저조하고, 무엇보다 구조적인 저성장 시기에 진입하고 있기 때문입니다.

이렇듯 저성장 시대는 저금리 시대이자, 동시에 저수익률 시대입니다. 앞에서 언급한 드라마 「응답하라 1988」의 배경이 되었던 1980년대 후

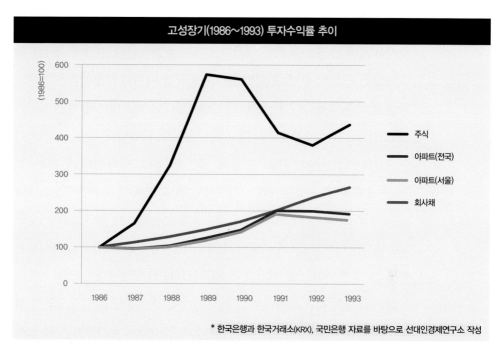

고성장기(1986~1993) 투자수익률 추이

(1986=100)

주식
아파트(전국)
아파트(서울)
회사채

* 한국은행과 한국거래소(KRX), 국민은행 자료를 바탕으로 선대인경제연구소 작성

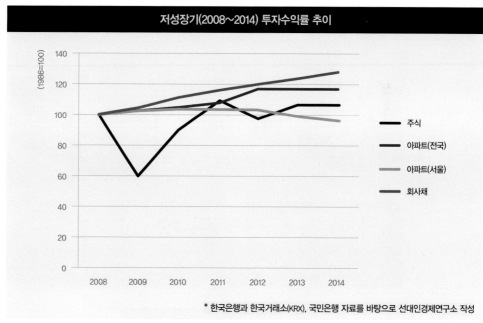

저성장기(2008~2014) 투자수익률 추이

(1986=100)

주식
아파트(전국)
아파트(서울)
회사채

* 한국은행과 한국거래소(KRX), 국민은행 자료를 바탕으로 선대인경제연구소 작성

반은 경제성장률이 10%가 넘었습니다. 고성장·고금리 시대에는 어디에 투자하든, 무슨 장사를 하든 대체로 수익이 높았습니다. 심지어 적금만 잘 들어도 돈을 많이 불릴 수 있었습니다. 이뿐만 아니라 부동산을 사놓아도 가격이 계속 올랐습니다. 그래서 부모님 세대들 가운데는 땅이든 집이든 사두면 오른다는 고정관념을 갖고 계신 분들이 많습니다.

그런데 지금은 어떤가요? 지금도 그런 생각으로 부동산에 투자했다가는 큰 낭패를 볼 수 있습니다. 주식투자만 해도 1980년대 후반에는 2~3년 만에 평균 5.8배가 뛰었습니다. 반면, 세계 금융위기가 왔던 2008년부터 2014년까지는 대체로 수익률이 좋지 않았습니다. 2014년의 경제성장률은 2.8%에 불과했고요. 시기가 완전히 다르다는 뜻입니다.

많은 분들이 저금리 시대와 고금리 시대에 얼마나 큰 차이가 있는지 쉽게 체감하지 못합니다. 단순히 산술적으로 금리가 조금 떨어졌다고 느끼는 분들도 있습니다. 그래서 이 차이가 얼마나 큰지 조금 더 구체적으로 보여드리겠습니다.

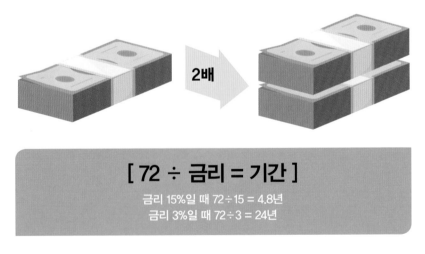

[72 ÷ 금리 = 기간]

금리 15%일 때 72÷15 = 4.8년
금리 3%일 때 72÷3 = 24년

72법칙에 따른 자산 증식(2배) 기간의 차이

혹시 '72법칙'에 대해 들어본 적 있나요? 72법칙이란 쉽게 말해 현재 자산이 2배가 되는 데 걸리는 시간을 계산하는 공식입니다. 즉, 72라는 숫자를 금리나 수익률로 나누면 일정한 기간(72÷금리)이 산출되는데, 이 것이 자산이 2배가 되는 데 걸리는 시간입니다.

예를 들어 내가 은행에 1억 원을 예금해두었는데 금리가 15%라면 원 금이 2배가 되는 데에 4.8년밖에 걸리지 않습니다. 그러나 금리가 3%라 면 24년이 걸립니다. 지금은 예금금리가 2%도 채 되지 않지요? 그래서 원금이 2배가 되려면 40년 이상이 걸립니다. 얼마나 큰 차이가 있는지 이 해가 되시나요?

차이는 여기에서 그치지 않습니다. 복리효과가 작용하기 때문입니다. 4.8년 만에 자산을 2배로 불린 A와, 24년 만에 자산을 2배로 불린 B를 비 교해봅시다. 만약 내가 A라면 2배로 불어난 돈을 가만히 두고만 있을까 요? 아마 그 돈을 빼서 다시 같은 금리의 은행예금에 넣어둘 것입니다. B 의 원금이 2배로 불어나는 24년 동안 A의 원금은 2의 5제곱, 즉 32배가 늘어나는 것입니다. 그러니까 A와 B에게 적용되는 금리는 단순히 각각 15%와 3%로 5배 차이인 것 같지만, 시간에 따른 복리효과를 고려해보면 두 사람의 자산 규모는 24년 만에 16배(A: 2^5=32배/B: 2배)나 격차가 벌어집 니다. 금리효과는 이렇게 막대합니다.

일본은 상당히 오랜 기간 저성장과의 싸움을 지속하고 있습니다. 뒤에 나오는 그래프처럼 경기가 침체되면 자연히 임금소득이 줄어듭니다. 문 제는 임금이 줄어드니 그만큼 이자수입도 함께 줄어든다는 데에 있습니 다. 그만큼 가계의 자산이 불어나는 속도가 크게 줄어들었던 것입니다. 지

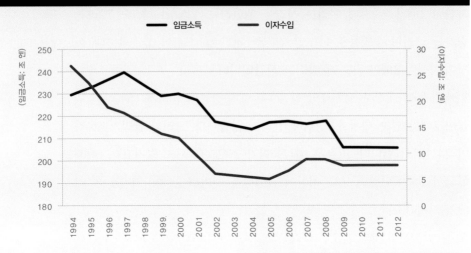

일본 가계의 임금소득과 이자수입 추이(1994~2012)

임금소득   이자수입

(임금소득: 조 엔)   (이자수입: 조 엔)

* 일본총무성과 일본은행 자료를 바탕으로 선대인경제연구소 작성

금 우리나라도 이와 크게 다르지 않습니다. 저성장·저금리 상황이 지속
되고 있어 자산을 늘리기 위한 투자처를 찾기가 쉽지 않은 게 현실입니다.

미국의 금리 인상이
한국경제에 미치는 영향

　　문제는 한국경제의 저성장·저금리 상황이 장기적으로 이어지고 있는 가운데, 미국의 기준금리 인상이 가시화되고 있다는 점입니다. 미국에는 한국의 중앙은행 격인 연방준비제도이사회(Federal Reserve Board, 이하 '연준')가 있습니다. 미 연준은 세계 금융위기 이후 7년 가까이 제로금리를 유지해오다가, 2015년 말에 기준금리를 0.25% 인상했습니다. 2016년 12월에도 기준금리 인상 가능성을 계속 시사했지요. 많은 미국의 전문가들은 미국이 2017년에 대략 2~4차례 기준금리를 인상할 가능성이 매우 높다고 말합니다.

　　이러한 미국의 기준금리 인상은 한국경제에도 큰 영향을 미칩니다. 한국과 미국의 기준금리 추이를 보면, 일정한 패턴을 발견할 수 있습니다. 첫째는 미국이 기준금리를 인상하면 한국이 즉각적으로 올리지는 않지만 시차를 두고 따라서 올린다는 점입니다. 둘째는 미국에 비해 우리나라의 금리 인상 폭이 조금 작다는 것입니다. 예를 들어볼까요? 2000년경에 인터넷 주가 거품이 꺼지면서 미국 주식시장에 큰 충격이 발생하자 미 연준이 기준금리를 낮추었는데, 한국도 이에 따라 조금씩 기준금리를 낮추기

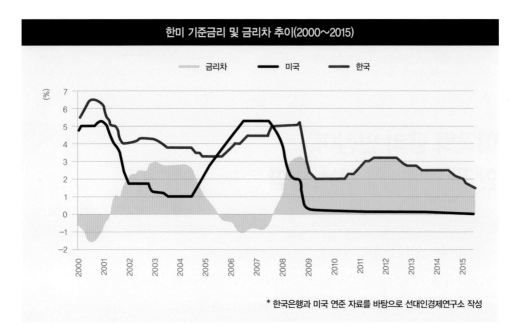

한미 기준금리 및 금리차 추이(2000~2015)

------ 금리차　　── 미국　　── 한국

(%)

* 한국은행과 미국 연준 자료를 바탕으로 선대인경제연구소 작성

시작했습니다. 다만 크게 낮추지는 않았지요. 그런데 미국이 기준금리를 낮춘 이후 주택시장에 돈이 몰리면서 버블이 형성되자 다시 미 연준은 기준금리를 빠르게 올리기 시작했습니다. 역시나 이때도 한국은 뒤늦게 기준금리를 올렸습니다.

이에 따라 2006년에는 미국의 기준금리가 한국보다 더 높아졌습니다. 결국 한국에 들어와 있던 외국인 투자자금과, 국내 은행들이 달러를 빌려 주택시장에 펌프질했던 돈이 한꺼번에 빠져나가는 사태가 벌어졌습니다. 그리고 이는 환율 급등(원화 가치 하락)으로 이어졌지요. 2008년 당시 외국인 자금이 급속도로 빠져나가자, 한국은행은 이를 붙들어두기 위해 기준금리를 올렸습니다. 국내 경제 상황을 고려하면 미국과 같이 기준금리를 내려야 했지만, 급격한 자금 유출을 막기 위해 미국과는 반대로 기준금리를 올렸던 것입니다. 물론 이 같은 현상은 단기간에 그쳤고, 미국이 제로

금리정책을 실시하고 경기도 악화되자 한국도 덩달아 금리를 내렸습니다.

기준금리보다 더 큰 문제는 시장금리입니다. 미국이 기준금리를 인상하더라도 사정이 있다면 우리는 올리지 않을 수 있습니다. 하지만 시장금리는 미국의 기준금리에 더 민감하게 반응합니다. 앞서 설명한 것처럼 미국이 기준금리를 올리면 외국인 투자자금이 빠져나갑니다. 돈은 금리가 낮은 곳에서 높은 곳으로 흐르기 때문이지요. 예금이자가 2%인 은행과 3%인 은행이 있다면 당연히 3%인 은행으로 가는 이치입니다. 그래서 한국은행이 기준금리를 올리지 않아도 미국이 기준금리를 올리면 시장금리는 올라갑니다. 실제로 미 대선에서 도널드 트럼프(Donald Trump) 후보가 당선되면서, 미국의 국채금리가 올라갔습니다. 이에 외국인 투자자금을 붙잡아두기 위해 국내 채권금리도 올라가는 양상을 보였습니다.

또 미국의 기준금리 인상은 환율에도 영향을 미칩니다. 현재 한국에는 막대한 규모의 외국인 단기 투자자금이 들어와 있습니다. 2015년을 기준으로 하면 약 650조 원 규모입니다. 우리나라 1년 GDP 총액이 약 1400조 원임을 감안한다면, 절반가량의 엄청난 규모라고 볼 수 있지요. 참고로 외국인 전체 투자자금은 1100조 원을 넘습니다. 주식시장과 채권시장에 들어와 있는 단기 투자자금만 약 650조 원입니다. 여기에서 외국인 투자자금을 계속 언급하는 이유는, 간혹 미국이 기준금리를 올려도 우리나라는 안 올리면 되지 않느냐고 말하는 분들이 있기 때문입니다. 결론적으로 이는 불가능합니다. 한국의 경제 규모가 미국이나 중국, 유럽연합만큼 크지 않아서입니다. 상대적으로 규모가 작고 수출 의존도가 높은 국가이다 보니, 미국이 기준금리를 올리면 따라서 올릴 수밖에 없습니다. 수출 의존

* **양적완화**

기준금리가 제로에 가까운 초저금
리 상태에서 중앙은행이 경기부양
을 위해 시중에 돈을 푸는 정책. 정
부의 국채나 여타 다양한 금융자산
의 매입을 통해 시장에 유동성을 공
급하는 통화정책이다.

도가 높다는 건 개방도가 높다는 의미인데요. 그래서
한국과 같은 나라들을 일컬어 '소규모 개방경제 국
가'라고 합니다. 어쨌든 한국과 같이 산업 경쟁력이
높은 국가가 개방경제를 지향할 경우 상당한 강점을
누릴 수 있다는 건 사실이지만, 기본적으로는 경제
규모가 작기 때문에 미국이나 유럽연합과 같이 대규
모 양적완화*를 단행함으로써 환율전쟁에 동참할 수는 없습니다. 양적완
화를 실시하면 시중에 통화량이 늘어나니 통화 가치가 하락해 수출 경쟁
력이 높아지지요. 하지만 다소 경제 규모가 작은 우리나라는 양적완화로
인한 효과를 보기가 어렵다는 뜻입니다.

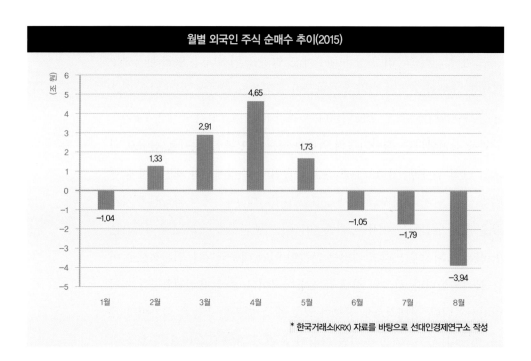

월별 외국인 주식 순매수 추이(2015)

* 한국거래소(KRX) 자료를 바탕으로 선대인경제연구소 작성

정리해보면 미국이 기준금리를 올릴 경우 그동안 미국의 양적완화로 인해 국내에 들어와 있던 수많은 외국인 자금들이 다시 빠져나갈 것입니다. 그리고 이는 환율에 영향을 미칩니다. 외국인 투자자금이 한국에 들어올 때는 원화로 환전하듯이, 한국을 빠져나갈 때는 달러로 바뀌어서 나가기 때문입니다. 이는 달러에 대한 수요가 많아져 달러의 가치가 올라간다는 것을 의미합니다. 동시에 원화 가치는 떨어지겠지요.

우리나라가 IMF 외환위기를 겪었을 때나 2008년 세계 금융위기[*]를 맞았을 때 원-달러 환율이 900원 선에서 갑자기 1300~1400원으로 올랐던 것도 같은 맥락입니다. 이러한 전망이 다소 극단적이라고 생각할지 모르겠으나, 실제로 최근에 벌어지고 있는 현상

* **2008년 세계 금융위기**
미국 서브프라임 모기지 부실로 베어스턴스, 리먼 브라더스, 메릴린치 등 미국의 대형 투자은행 3사가 파산하면서 촉발된 글로벌 금융위기. 1929년 경제 대공황에 버금가는 세계적 수준의 경제 혼란을 초래한 사태로 기록된다.

입니다. 2015년 6~7월 이후, 차이나쇼크(중국의 경기둔화 불안과 위안화 평가절하 우려)와 미국의 기준금리 인상이 가시화되면서 외국인 투자자금이 많이 빠져나갔습니다. 덩달아 주가도 떨어졌고요. 미국이 기준금리를 인상하거나 인상할 가능성이 높아질 때 국내 주식시장이 약세를 보이는 것도 이 때문입니다.

미국의 기준금리 인상은 국내 주택시장에도 부정적인 영향을 미칩니다. 미국이 기준금리를 인상하고 한국도 금리를 인상하면 가계부문의 위험부채 비율이 크게 증가합니다. 이렇게 되면 빚을 내어 집을 사줄 사람들이 줄어들고, 이미 빚을 내서 집을 산 사람들은 이자 부담 때문에 집을 팔아야 하는 상황이 발생합니다. 주택가격 하락 압력으로 작용하는 것입니다.

더불어 기업에도 영향을 미칩니다. 혹시 '이자보상배율'이라는 단어를 들어본 적 있나요? 이 말은 기업이 영업을 해서 남긴 이익으로 이자를 갚

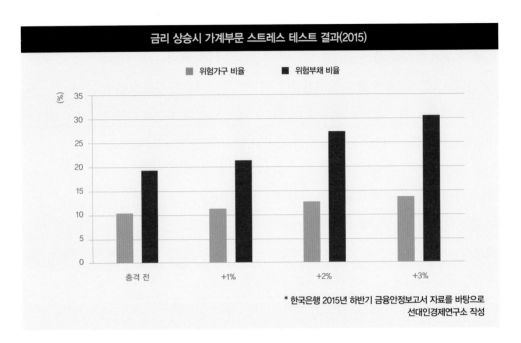

금리 상승시 가계부문 스트레스 테스트 결과(2015)

위험가구 비율　위험부채 비율

* 한국은행 2015년 하반기 금융안정보고서 자료를 바탕으로
선대인경제연구소 작성

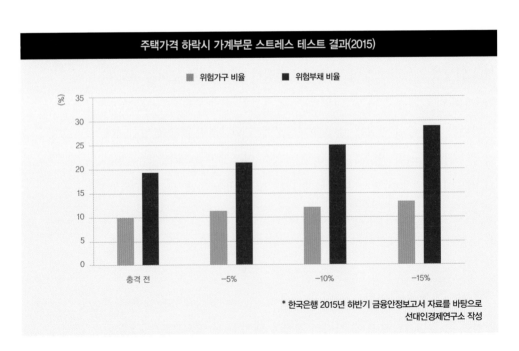

주택가격 하락시 가계부문 스트레스 테스트 결과(2015)

위험가구 비율　위험부채 비율

* 한국은행 2015년 하반기 금융안정보고서 자료를 바탕으로
선대인경제연구소 작성

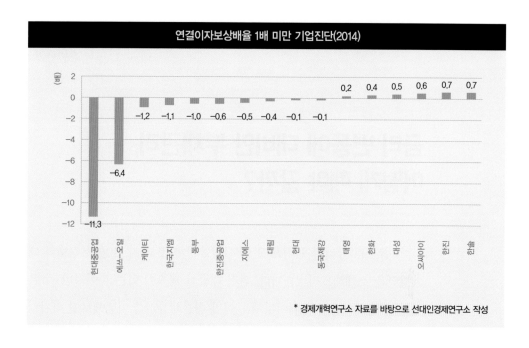

연결이자보상배율 1배 미만 기업진단(2014)

* 경제개혁연구소 자료를 바탕으로 선대인경제연구소 작성

을 수 있는지를 측정한 비율입니다. 이자를 갚을 수 있는 만큼 이익을 남겼다면 이자보상배율이 1이 됩니다. 백분율로 따지면 100%이고요. 이자보상배율이 1 미만이면 영업이익으로 이자도 못 갚는다는 뜻입니다. 원금은 말할 것도 없고요. 그런데 한국에는 이런 기업들이 꽤 많이 있습니다. 특히 최근에는 조선업이 무너지고 있는데, 현대중공업의 경우는 매우 심각한 상황입니다. 이처럼 부실한 기업이 많은 상황에서 금리가 올라가면 기업들도 타격을 입게 됩니다.

◆◆◆◆
심화 스터디 4.

금리 변동에 대비한 부채관리, 어떻게 해야 할까?

끝으로 금리와 관련해 일반 사람들에게 몇 가지 유용한 정보와 대처방안을 소개해드리겠습니다. 먼저 대출할 계획이 있는 분이라면 각 은행 및 금융업체들의 홈페이지에 들어가 대출계산기를 이용해보길 바랍니

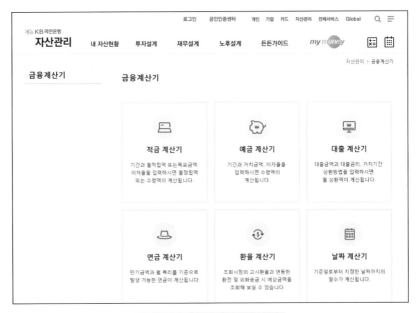

국민은행에서 제공하는 금융계산기 서비스
omoney.kbstar.com

다. 대출계산기는 자신이 돈을 빌렸을 때 얼마만큼의 이자를 내야 하는지 계산하는 데에 유용합니다. 대출이자는 가계의 자산 중 적지 않은 액수임에도 불구하고 대다수의 사람들이 이자를 얼마나 내야 하는지 구체적으로 생각해보지 않습니다.

그렇다면 미국의 기준금리 인상에 대해 가계는 어떻게 대처해야 할까요? 개인적으로 저는 빚이 없습니다. 이런 말씀까지 드리는 이유는 지금과 같은 '금리 바겐세일' 기간이 앞으로도 쭉 지속될 수 없기 때문입니다. 당장 금리가 낮기 때문에 앞으로도 그럴 것이라 생각하고 부채관리에 소홀해서는 안 됩니다. 부채관리 방법을 일률적으로 제시하기는 어렵습니다만 부동산 대출, 사교육비, 보험 등을 하나씩 차근차근 줄여나가는 노력이 필요합니다.

물론 부채를 청산하기 위해 당장 집을 팔거나 보험을 전부 해지하라는 말은 아닙니다. 하지만 분명히 줄일 수 있는 부분이 있고, 지출 대비 효용을 따져봐야 하는 부분도 있습니다. 대표적인 게 사교육이라고 생각합니다. 한국의 사교육은 지나치게 많은 돈을 들여 아이들을 바보로 만드는 역설적인 결과를 초래하는 경우가 대부분입니다. 실질적인 효과가 없음에도 불구하고 엄마들의 경쟁심리로 인해 사교육비 부담이 점점 늘어나고 있습니다.

보험에 대해서도 잘 따져봐야 합니다. 한국은 특히 정에 약해서 오랜 친구가 보험을 하나 들어달라고 부탁하면 서슴없이 들어주는 경우가 많습니다. 보험에 들어도 매달 몇만 원 정도 빠져나가겠거니 생각하는 것이지요. 그런데 과연 보험은 얼마짜리 상품일까요? 보통은 5~10만 원이라고 생각하는데, 이를 1년 단위로 계산해보면 엄청난 액수가 됩니다. 10만 원짜리 보험을 30년간 부으면 3600만 원이 됩니다. 그래서 보험은 기본적으로 가입하기에 앞서 수천만 원짜리 상품에 돈을 투자한다고 생각해야 합니다. 심지어 보험으로 재테크를 한다고 생각하는 분들도 있는데, 기본적으로 보험은 투자 상품이 아니라 리스크에 대비하는 비용이라는 사실을 꼭 알아야 합니다.

그리고 대출이자도 싼 상품으로 갈아타길 당부합니다. 2015년까지는 주택담보대출을 받아 거치기간 동안 이자만 낼 수 있었는데, 이제는 그렇지 않지요. 대출을 받은 직후부터 원리금*을 나누어 상환해야 합니다. 즉, 가계에 미치는 부담이 상당해졌습니다. 그래서 가급적 빚을 최대한 빠르게 청산하고, 대출이자가 싼 상품을 철저하게 조사해야 합니다.

한편, 대출을 받을 때 변동금리가 좋은지 고정금리가 좋은지 궁금해하는 사람들이 많습니다. 사실 이는 딱 잘라서 답하기가 매우 어려운 문제입니다. 단기적으로는 미국의 기준금리 인상 여파로 국내 금리도 올라갈 가능성이 높아 고정금리가 유리해 보이지만, 장기적으로는 한국경제가 매우 취약한 상황에서 경제의 또 다른 위험요인이 부각되거나 외부 충격이 미칠 경우 금리가 하락할 수도 있기 때문입니다. 즉, 한국경제가 구조적인 저성장 국면에 진입했고, 조만간 발생할 금리 인상이 여러 가지 출혈로 이어질 수 있다는 점을 감안하면 금리가 어느 방향으로 움직일지 판단하기가 참으로 어렵습니다. 다만 가능성을 놓고 보자면, 향후 3~4년간은 지금보다 금리가 높아질 것이라 전망됩니다. 따라서

* 원리금
대출을 받은 원금과 이자를 합한 금액. 상환방식에 따라 대출원금을 대출 기간으로 균등하게 나누어 매월 일정한 금액을 갚고 이자는 매월 상환으로 줄어든 대출잔액에 대해서만 지급하는 원금균등 상환방식과, 대출원금과 이자를 대출 기간 동안 매월 같은 금액으로 나누어 갚아가는 원리금균등 상환방식이 있다.

이 기간 동안 대출을 받는다면 고정금리를 고려해보고, 조금 더 장기적으로 대출을 생각하고 있다면 변동금리와 고정금리를 섞는 방식이 가장 좋을 것 같습니다.

머니투데이, 2015-11-18

서민들 이자부담에
아파트담보대출 금리비교 문의 늘어

소비자물가 상승률이 11개월째 0%대 행진을 거듭하면서 디플레이션 우려까지 제기되고 있지만, 정작 소비자들이 느끼는 체감 물가는 다른 양상을 보이고 있다.

(…중략…)

시중 6대 은행의 전세자금대출 잔액은 2010년 말 기준 2조 281억 원이었으나, 2015년 8월 말 기준 18조 4925억 원으로 9.1배 크게 증가했다. 이는 전반적인 경기침체 속에 전세가격이 빠르게 상승하면서 전세자금 잔액이 크게 증가한 것으로 서민들의 주거비용이 늘었다고 볼 수 있다. 특히, 가계지출의 큰 비중을 차지하는 주택대출이자의 경우 금리가 다소 하락했지만 아직 소득대비 부채 비율이 높으며, 지난 10월 말부터 금리가 조금씩 인상되고 있어 우려의 목소리가 커지고 있다. 주거비 부담을 낮추기 위해 주택대출이자를 절감하고자 노력하지만 시간 내기 힘든 직장인의 경우 은행 다니기를 많이 힘들어 한다. 이에 최근에는 금리비교 서비스를 이용해 쉽게 은행별 이자율을 비교하는 서비스가 주목받고 있다. 대표적인 금리비교 서비스 '뱅크아이(www.bankni.co.kr)'는 여러 은행 및 전문상담사와 제휴를 맺고 실시간 최저금리 안내를 하고 있다. 상담은 무료이며 별도의 신용조회가 들어가지 않는다. 또한 해당 홈페이지에서 이자를 계산할 수 있는 계산기와 포장이사 및 인테리어 견적비교도 할 수 있다.

아주 대표적인 '호구 낚시성 기사'입니다. 경제를 잘 모르는 사람들에게 이런 기사를 보여주면 매우 솔깃해합니다. 이자 부담이 많은 상황에서 낮은 금리의 대출을 알려주는 것 같은 느낌을 받으니까요. 그런데 기사 내용을 잘 살펴보면, 이 기사는 사실 금리에 관한 기사가 아닙니다. 소비자물가 상승률이 11개월째 0% 행진을 거듭하고 있는데, 소비자들이 느끼는 물가는 다른 양상을 보이고 있다며 물가에 관한 이야기를 늘어놓고 있습니다. 이어 경기침체 속에서 전세가격이 올라 주거비용이 늘어났고, 아직까지 소득대비 부채비율이 높아 걱정이라는 말을 합니다. 그러고 난 뒤 본론이 나오지요. '주택대출이자를 절감하고자 노력하지만 직장인들은 시간을 내기가 어렵다'면서, 대표적인 금리비교 서비스를 소개합니다. 즉, 기사를 위장한 '광고'입니다. 요즘은 이런 기사가 너무 많습니다. 이 기사에 링크된 주소에 들어가 사업주를 확인해보니, 부동산 중개업소였습니다. 주택담보대출을 받고자 하는 사람들과 은행을 연결해주고, 수수료를 받아먹기 위함입니다. 이른바 부동산대출 장사를 하는 것입니다.

문제는 사람들이 이런 기사를 신뢰한다는 것입니다. 앞으로는 이런 기사에 낚이지 않도록 주의하시길 바랍니다. 대출을 받기 전에는 공신력 있는 금융회사의 사이트에 들어가 정확한 금리를 비교해보고, 대출계산기를 이용해 이자를 계산해보기를 바랍니다. 그리고 사실 이 기사에서 말하는 최저금리는 해당 기간 시중은행의 금리와 별반 차이가 없었습니다.

뉴스1, 2016-12-06

美 시카고 연은 총재
"금리 상승기의 시작점에 있다"

찰스 에반스 시카고 연방준비은행(연은) 총재가 5일(현지시간) 미국 경제 성장과 더불어 금리 인상이 계속될 것으로 예상한다고 밝혔다. 그는 "우리는 금리 상승기의 시작점에 있다"고 말했다.

에반스 총재는 미국 대통령선거 이전에 2% 이하였던 10년물 국채 수익률이 현재 2.4%까지 오른 점을 언급하며 시장이 미국 물가 상승세가 가팔라질 것을 가격에 반영하고 있다고 평가했다. 그는 미국의 노동시장 수급이 약간 빡빡해졌으나 임금 증가율이 여전히 낮다고 전했다. 다만 그는 트럼프 행정부가 공약한 정책들을 고려하면 미국 통화 당국의 물가상승률 목표치인 2%를 달성할 만한 환경이 조성됐다며 낙관했다. 에반스 총재는 내년부터 연방공개시장위원회에서 투표권을 행사한다. 그는 연방준비제도(연준)의 대표적 비둘기파(통화 완화 선호) 인사로 꼽힌다. 그는 연준의 물가 목표에 도달하기 위한 인플레이션 회복의 중요성을 언급하며 오랫동안 점진적인 금리 인상을 주장해왔다.

에반스 총재는 '현명한 정부지출과 현명한 조세 개혁'은 경제성장에 도움이 될 것이라고 말했다. 그는 "인프라 투자 계획이 좋을 수 있다. 법인세 합리화는 개선을 이룰 것이다"라고 밝혔다. 하지만 에반스 총재는 당장은 미국의 실업률이 이미 매우 낮기 때문에 "노골적인 인프라 부양책은 필요하지 않다"고 말했다. 에반스 총재는 내년 미국경제가 2~2.5% 성장할 것이라고 예상했다. 그는 트럼프를 직접 언급하지는 않았지만, 법인세 감면 조치가 미국의 생산성을 일시적으로 향상시키며 경제성장률을 끌어올릴 것이라고 내다봤다.

미국 연방준비제도 위원 가운데 한 명인 찰스 에반스 시카고 연방준비은행 총재가 '향후 미국의 기준금리가 꾸준히 상승할 가능성이 높다'고 이야기한 점을 전달하는 기사입니다. 앞에서 설명한 것처럼 에반스 총재는 트럼프의 당선 이후 미 국채의 수익률(금리)이 상승했고, 트럼프의 경기부양책으로 물가 상승세가 가팔라질 것이 미국의 금리 인상을 촉진할 것이라고 설명했습니다.

실제로 에반스 총재는 완만한 금리 인상을 선호하는 비둘기파(상대적으로 빠른 금리 인상을 선호하는 강성파는 매파로 표현) 인사인데, 그동안 기준금리 인상의 전제 조건으로 인플레이션, 즉 물가가 일정한 수준에 도달해야 한다고 주장해왔습니다. 그런데 트럼프 당선 이후 물가상승률이 목표치(2%)에 도달할 가능성이 높아져 향후 금리 인상이 꾸준히 이루어질 것이라고 전망했습니다. 그런 점에서 2016년 12월의 기준금리 인상이 본격적인 미국 금리 상승기의 시작점이라고 표현한 것입니다.

Exchange Rate

나의 환율 호구 지수는?

☐ 환율의 정확한 의미를 알고 있다

☐ 환율의 상승과 하락은 화폐 가치의 절하와 절상을 의미한다는 사실을 알고 있다

☐ 고정 환율제와 변동 환율제의 차이를 알고 있다

☐ 우리나라는 변동 환율제를 채택하고 있다는 사실을 알고 있다

☐ 현재 원-달러 환율이 어느 정도인지 알고 있다

☐ 환율과 금리의 상관관계에 대해 알고 있다

☐ 환율과 주가의 상관관계에 대해 알고 있다

☐ 해외 투자 시 수익률뿐만 아니라 투자 대상 국가의 환율 변동 가능성도 살펴야 한다는 사실을 알고 있다

- -

✓ 7~8개 : 경제 상식 척척박사
자만은 금물! 심화 스터디와 최신 신문기사를 통해 경제 시야를 넓혀보세요.

✓ 4~6개 : 어설픈 중수
아는 것은 되짚고 모르는 개념은 확실히 잡아 호구에서 탈출하세요.

✓ 0~3개 : 호구의 제왕
경제와는 궁합 제로! 이 책을 통해 경제 기초체력을 다져보세요.

√ 환율의 정확한 의미를 알고 있다

　　환율은 말 그대로 '교환하는 비율'입니다. 영어로는 Exchange rate 라고 합니다. 그런데 무엇을 바꾸는 걸까요? 돈, 그중에서도 서로 다른 나라들 간의 화폐를 바꿀 때 적용되는 비율을 뜻합니다. 최근에는 해외여행을 가거나 아마존닷컴(amazon.com)에서 직접구매를 하는 사람들이 늘어나면서 외국 화폐를 사용하는 경우가 많아졌습니다. 이럴 때 우리가 가진 한국 원화를 다른 나라의 돈으로 바꿔야 하지요. 그렇게 한 나라의 돈을 다른 나라의 돈으로 바꿀 때 적용되는 비율을 환율이라고 합니다. 예를 들어 원-달러 환율이 1달러당 1200원이라면 1달러를 우리 돈 1200원으로 바꿀 수 있다는 의미입니다. 통상적으로 '환율'이라 함은 대체로 원-달러 환율을 의미합니다. 사실 원-달러 환율을 '기준환율'이라고 부르는데, 보통은 기준이라는 말을 빼고 그냥 환율이라고 부르는 것이지요. 그래서 "오늘 환율이 얼마입니까?"라고 물어보면 대부분 원-달러 환율로 이해합니다.

　　물론 이외에도 원-엔 환율, 원-유로 환율, 원-위안 환율 등이 있습니다. 이렇게 원화를 세계 각국의 화폐와 바꿀 수 있고, 이때 적용되는 비율이 환율입니다.

✓ 환율의 상승과 하락은 화폐 가치의 절하와 절상을 의미한다는 사실을 알고 있다

환율이 상승하면 화폐의 가치는 떨어지고, 반대로 환율이 떨어지면 화폐의 가치는 상승합니다. 더 유식한 말로 평가절상*과 평가절하*라고 합니다. 그런데 왜 환율이 상승하면 화폐의 가치가 떨어질까요? 예를 들어 원-달러 환율이 1000원에서 1100원으로 뛰었다고 가정해봅시다. 1달러당 1000원에서 1100원으로 뛰었으니까 100원이 오른 셈이지요. 그런데 거꾸로 우리나라의 원화 가치로 따져보면, 예전에는 1000원으로 1달러를 바꿀 수 있었다가 이제는 1100원으로 1달러를 바꿀 수 있게 된 거예요. 그러면 달러에 대비해 우리 돈의 가치는 어떻게 되었습니까? 떨어진 거지요. 환율은 올라간 것으로 표시되지만, 달러에 대비해 원화의 가치는 떨어진 것입니다. 이처럼 환율과 화폐 가치는 서로 반대 방향으로 움직입니다.

✓ 고정 환율제와 변동 환율제의 차이를 알고 있다

고정 환율제(Fixed Exchange Rate)란 말 그대로 환율이 일정 기간 동안 고정되어 있는 제도입니다. 정부가 특정 통화의 환율을 일정 수준으로 고시하고 이 환율을 유지하기 위해 중앙은행이 외환시장에 개입하도록 하는 방식이지요. 반대로 변동 환율제(Floating Exchange Rate)는 환율이 계속 변동하는 제도입니다. 환율이 둥둥 떠다니면서(Floating) 변동한다는 의미로, 시장에서 돈과 돈이 거래되면서 자유롭게 가격이 결정됩니다. 즉, 외환시장에서 서로 다른 화폐들끼리 거래되면서 시시각각 시장가격이 결정되는 제도가 바로 변동 환율제입니다. 선진국들을 포함한 대부분의 나라에서 변동 환율제를 채택하고 있습니다.

그런데 그렇지 않은 나라도 꽤 있습니다. 당장 이웃 나라인 중국도 변동 환율제를 채택하고 있지 않으니까요. 그렇다고 하여 엄밀한 의미에서의 고정 환율제라고 보기는 어려운데, 이는 조금 있다가 설명을 하겠습니다. 먼저 고정 환율제를 채택하고 있는 나라들부터 살펴보도록 하지요. 우리가 알아두어야 할 대표적인 나라 중 하나가 바로 홍콩입니다. 홍콩의 화폐는 '홍콩 달러'입니다. 홍콩 달러는 미국 달러에 연동되어 그 가치가 거의 고정돼 있습니다. 즉, 미국 달러의 가치가 올라가면 그만큼 홍콩 달러의 가치도 함께 올라갑니다. 이러한 제도를 '미 달러화 페그제(Peg System)'라고 합니다. 우리가 캠핑을 가서 텐트를 칠 때 텐트를 지면에 고정시키기 위해 쓰는 긴 못을 가리켜 '펙'이라고 하잖아요. 그 펙이 여기서 말하는 페그입니다. 펙으로 텐트를 지면에 단단히 고정하듯이, 자국의 통화 가치를 미국 달러 가치에 묶어두고 고정된 환율로 교환한다고 하여 미 달러화 페그제라고 합니다. 홍콩 달러는 미국 달러에 페그되어 있다거나 고정 또는 연동되어 있다는 말을 들어본 적 있지요?

페그제를 실시하고 있는 대표적인 나라 홍콩.

홍콩경제는 국제무역 중개와 자금 중개에 크게

* 기축통화
국가 간 무역거래 및 금융거래의 결제, 그리고 준비자산으로 널리 이용되는 통화. 본래 달러, 유로화, 엔화, 파운드화로 구성되어 있었으나, 2016년 10월 중국의 위안화가 편입되면서 5대 기축통화 체제가 만들어졌다.

의존합니다. 그러다 보니 기축통화*인 미국 달러에 가치를 연동하여 화폐 가치의 안정성을 도모합니다. 홍콩뿐만 아니라 중동 국가들도 사실상 미국 달러에 자국의 통화 가치를 묶어두고 정해진 환율로 교환하는 고정 환율제를 채택하고 있습니다. 왜 그럴까요? 중동 국가들의 경제에서 상당한 비율을 차지하는 것이 원유 수출입니다. 그런데 원유의 거래가 대부분 달러로 이루어지다 보니, 경제 운용의 편의상 달러에 연동된 고정 환율제를 채택한 것이지요.

* 관리 변동 환율제
고정 환율제와 변동 환율제의 중간 형태. 각 나라가 적정하다고 판단되는 수준에서 환율을 안정시키기 위해 중앙은행이 외환시장에 개입하는 제도다.

그럼 앞서 말한 중국은 어떤 제도를 채택하고 있을까요? 중국의 환율제도는 고정 환율제와 변동 환율제의 중간 격인 '관리 변동 환율제'*로 분류할 수 있습니다. 하지만 아직까지는 고정 환율제에 가깝습니다. 고정 환율제에 가까운 관리 변동 환율제에서 점진적으로 변동 환율제로 옮겨가고 있는 과정이지요. 2015년 여름 차이나쇼크가 왔을 때, 중국은 8월 11일부터 13일까지 위안화 가치를 평가절하했습니다. 그때 국내 대다수의 언론이 '중국이 대외수출 경쟁력을 확보하기 위해 일부러 위안화 가치를 평가절하했다'는 식으로 해석해 보도했습니다. 그런데 중국 당국이 꼭 그런 측면에서 위안화 가치를 떨어뜨린 건 아닙니다. 미국에 이어 경제 규모가 세계 2위인 중국은 위안화가 국제 거래에서 좀 더 널리 사용되도록 준기축통화로 만들고 싶어 합니다. 그러기 위해 외환시장에서 자유롭게 거래되며 환율이 결정되는 변동 환율제로 더 다가가야 했지요.

조금 더 구체적으로 살펴보면, 관리 변동 환율제하에서는 중국의 외환 관리 당국이 하루에 0.05% 정도의 변동 폭만 허용합니다. 주로 중국 내 은행들이 외환거래를 주고받은 전날의 환율을 종합하여 중국의 외환 관리국이 그다음 날 기준환율을 고시합니다. 그래서 변동 폭이 변동 환율제 보다는 훨씬 작습니다. 최근에 중국은 점점 시장의 흐름에 환율 변동을 맡기는 쪽으로 옮겨가고 있습니다.

이렇게 나라들마다 다양한 환율 제도를 채택하고 있는데요. 그럼 왜 어떤 나라는 고정 환율제를 택하고, 또 어떤 나라는 변동 환율제를 택할까요? 각 제도마다 장점과 단점이 분명하기 때문입니다. 현재는 세계 교역과 결제의 상당 부분이 시장에 맡겨져 있습니다. 그래서 많은 나라들이 자유롭게 자금이 거래되면서 환율이 결정되는 변동 환율제를 채택하고 있는데요. 그럼에도 불구하고 아직 외환시장이 충분히 발달하지 않은 나라, 또는 경제 운용의 필요에 의해 자국의 화폐 가치를 미국 달러 등 특정한 화폐에 연동해야 할 나라들이 고정 환율제나 이에 가까운 제도를 채택하고 있습니다. 국가 주도하에 자국의 경제정책을 안정적으로 유지하기 위해 고정 환율제를 운용하는 나라도 있고요.

다만 이런 고정 환율제에서는 경제 상황의 변화에 따른 충격을 흡수하기가 어렵다는 단점이 있습니다. 예를 들어 외환위기와 같은 경제적 충격이 왔다고 가정해봅시다. 사람의 몸에 비유하면, 열이 많이 난다는 것은

변동 환율제에서의 환율 변동

바이러스나 염증을 치료하기 위해 몸이 스스로 열을 올리는 현상이지요? 외환위기가 왔을 때 환율이 급등한다는 것은 몸이 열을 내는 것과 같은 이치입니다. 환율이 올라가면 화폐 가치가 떨어지고, 그로 인해 수출이 늘어나 경상수지 흑자로 달러가 들어오니까 자동적으로 경제가 다시 안정되는 시스템이 가동되는 겁니다. 즉, 환율이 자동 온도조절장치와 비슷한 역할을 합니다. 문제는 고정 환율제하에서는 이러한 기능이 바로바로 발휘되기가 어렵습니다. 대신 정부가 얼마나 잘 관리하고 통제하느냐에 따라 경제적인 충격을 조절할 수는 있겠지요.

그런데 한편으로는 완전한 고정 환율제를 취했을 때의 장점도 분명히 존재합니다. 기축통화인 미국 달러에 대비해 해당 국가의 화폐 가치 변동이 거의 없다는 점 때문입니다. 앞서 말씀드렸듯이 중동 국가들이 대표적인 예인데요. 원유는 주로 달러로 거래되기 때문에 고정 환율제를 채택하면 국가가 원유가격을 적절히 통제할 수 있습니다. 또 국가에서 환율을 고정시키기 때문에 수출입업체들이 환율 변동에 따른 위험을 걱정할 필요가 없고, 환율의 불확실성이 제거되므로 물가정책을 펴기가 쉽다는 장점도 있습니다.

√ 우리나라는 변동 환율제를 채택하고 있다는 사실을 알고 있다

결론부터 말씀드리면, 우리나라는 변동 환율제 채택 국가입니다. 해방 이후 1964년까지 고정 환율제를 실시했으나 지속적인 원화 가치의 하락으로 인해 큰 폭의 평가절하가 단행되었고, 환율이 외환시장의 수급

상황을 제대로 반영하지 못하는 부작용이 발생했지요. 이에 따라 1964년에 달러에 대해서만 환율 변동을 허용하는 단일 변동 환율제를 도입했고, 1980년에는 중요 외화에 대해서만 매일 아침 환율을 결정해 고시하는 복수 통화 바스켓제*를, 1990년에는 시장에서의 외화수급에 의해 미국 달러 대비 원화의 환율이 결정되도록 하는 시장 평균 환율제를 도입했습니다. 이후 1997년 12월부터 변동 환율제를 실시하고 있습니다.

> *** 복수 통화 바스켓제**
> 주요 교역대상국의 통화나 외환시장에서 자주 거래되는 몇몇 국가의 통화를 하나의 바스켓(바구니)에 넣어 통화군을 구성하고, 경제적 연관성이나 중요도 등에 따라 각 통화의 시세에 가중치를 매겨 이를 평균한 다음 자국의 물가상승률과 금리, 외환시장 전망 등 경제 여건을 감안해 환율을 결정하는 제도.

✓ 현재 원−달러 환율이 어느 정도인지 알고 있다

외환딜러나 외환투자자가 아닌 이상, 매일매일 환율을 체크하기란 어렵습니다. 하지만 때때로 환율 변동이 심할 때 나오는 관련 기사들과 환율의 큰 흐름 정도는 참고해보는 편이 좋습니다. 한국은 경제 규모에 비해 교역 의존도와 경제 개방도가 높아 환율이 매우 중요한 경제적 변수로 작용합니다. 더불어 환율이 오르내릴 때마다 그 이유를 생각해본다면 경제의 흐름을 이해하는 데에도 도움이 됩니다.

예를 들어봅시다. 제1장 〈금리〉 편에서 양적완화의 개념을 배웠습니다. 간단히 말해 중앙은행이 돈을 엄청나게 푸는 것을 말합니다. 그러면 시중에 돈이 흔해지고 화폐 가치는 저절로 떨어지겠지요. 화폐 가치가 떨어지면 그 나라의 환율은 올라갑니다. 미국이 몇 년 동안 양적완화를 실시했을 때 미국 달러의 가치는 계속 떨어졌습니다. 당연히 미국 달러 대

2013년 아베 신조 총리가 집권한 후 무제한 양적완화를 실시한 일본. 수출 경쟁력을 높이고, 인플레이션 목표 2% 달성을 통해 내수를 부양한다는 취지가 아베노믹스의 핵심이다.

비 한국 원화의 가치는 올라갔고요. 그래서 미국이 양적완화를 실시한 2009~2014년 중반까지 원-달러 환율이 계속 떨어졌던 것입니다.

마찬가지로 일본의 아베 내각이 양적완화를 실시하면서 엔화의 가치가 떨어졌습니다. 이런 현상을 언론에서는 '엔저(円低)'라고 표현했습니다. 원화 대비 하락일 뿐만 아니라 거의 다른 모든 나라의 화폐에 비해서도 엔화의 가치가 떨어졌지요. 그러면 이것이 우리나라 경제에 어떤 파급효과를 미칠까요?

일본은 해외시장에서 우리나라와 가장 치열하게 경합하는 나라입니다. 엔저 현상이 발생하면 미국시장에서 우리나라의 수출품 가격은 그대로인데, 일본의 수출품 가격은 더 떨어져 표시됩니다. 자연스럽게 일본 제품의 가격 경쟁력이 높아지겠지요. 반대로 한국의 수출기업들은 상대적으로 불리해집니다. 이렇게 기초적인 환율 상식만 알아도 최근 환율의 움직임이 왜 나타나는지, 이것이 우리나라 수출 경제에 어떤 영향을 미치는지 이해할 수 있습니다. 더 나아가 반복해 학습하다 보면 세계경제의 흐름에 따른 환율 변동 흐름도 어느 정도 예측할 수 있습니다.

✓ 환율과 금리의 상관관계에 대해 알고 있다

이건 앞에서도 짚어봤던 내용이지만, 다시 한 번 반복학습하는 차원에서 살펴봅시다. 미국이 기준금리를 인상하면 한국 원화의 환율은 상승하는 경향이 있습니다. 왜 그럴까요? 금리는 돈의 가치라고 설명했지요? 미국 금리가 인상된다는 것은 곧 미국 화폐의 값이 올라간다는 의미입니다. 이것이 미국 달러의 강세 요인입니다. 환율은 미국 달러 대비 우리나라 화폐의 가치를 나타낸다고 했습니다. 그러면 우리나라 화폐의 가치는 달러에 비해 상대적으로 떨어지겠지요. 이때 원-달러 환율은 올라가는 것으로 표시됩니다. 반면, 미국의 기준금리가 기대만큼 오르지 않거나 오히려 내려간다면 반대 흐름이 나타납니다.

만약 우리나라의 금리가 올라간다면 어떻게 될까요? 이때는 미국 달러 등 다른 나라의 화폐에 비해 원화의 가치가 올라가는 것이니 상대적으로 환율이 떨어지게 됩니다.

✓ 환율과 주가의 상관관계에 대해 알고 있다

환율은 주식시장에 직간접적인 영향을 미칩니다. 간접적으로는 환율이 폭등해 경제위기가 닥치면 주식시장이 폭락할 수 있겠지요. 그러면 직접적으로는 어떤 영향을 미칠까요? 만약 여러분이 국내 주식시장에 투자하는 외국인투자자라고 생각해봅시다. 이때 우리나라의 화폐 가치가 계속 떨어진다면 투자하기 좋겠습니까? 미국 달러를 갖고 있지만 한국에 투자할 때는 달러를 원화로 바꾸어 투자해야 합니다. 달러를 원화로 바꾸

* 환차익
외화 자산 또는 부채를 보유하고 있
을 때, 환율 변동에 따라 자국 통화
로 평가한 자산의 가치가 변동하는
데 이에 따라 발생한 이익. 반대로
환율 변동에 따른 손해를 환차손이
라고 한다.

어 투자하는데 주가가 10% 올랐다고 가정해봅시다. 이때 원화의 가치가 같은 기간 20% 떨어졌다면 여러분은 손해를 본 것입니다. 주식 투자로 10%의 이익을 봤지만 원화의 화폐 가치가 떨어져 실제로는 -10%라는 손실을 보게 된 셈이지요. 이런 흐름이 계속되면 외국인 투자자금이 빠져나갑니다. 즉, 미국의 금리가 인상되면 돈의 값(금리)이 낮은 나라에서 높은 나라(미국)로 빠져나가는 흐름이 나타납니다. 외국인 투자자금이 빠져나가면 주가는 약세를 보일 가능성이 높아지지요.

반대로 외국인 투자자금이 국내 주식시장으로 몰려들면 원화의 수요는 늘어나니 원화 가치가 올라가고 환율이 떨어질 가능성이 높습니다. 외국인 자금이 밀려들면서 주가를 밀어 올리게 되는 거지요. 즉, 주식투자로 수익률을 올리는데 원화 가치까지 올라 환차익*도 노릴 수 있는 상황이 발생합니다. 이처럼 환율의 흐름과 주가는 상당한 영향을 주고받습니다.

✓ 해외 투자 시 수익률뿐만 아니라 투자 대상 국가의 환율 변동 가능성도 살펴야 한다는 사실을 알고 있다

환율의 흐름을 잘 이해하지 못한 채 투자를 감행해 손해를 본 사례가 많습니다. 몇 년 전 인기를 끌었던 브릭스(BRICS: 브라질, 러시아, 인도, 중국, 남아프리카공화국) 펀드나 브라질 국채가 대표적입니다. 앞서 〈금리〉 편에서도 설명을 했습니다만, 미국이 양적완화를 해 풀어낸 돈들이 투자 수익을 올리기 위해 미국 내에만 머무르지 않고 신흥국으로 많이 유입되었습니다. 대표적으로 브릭스와 같은 신흥경제 5국이지요. 그런데 양적완화가 종료되자 이 자금들이 신흥국시장에서 빠져나와 선진국시장으로 이동했고, 결과적으로 이들 나라의 금융시장이 혼란에 빠지고 환율이 폭등하는 사태가 벌어졌습니다. 화폐 가치가 수십 퍼센트씩 하락했지요. 일본은 이미 해외 진출 경험이 많은지라 브라질 국채를 우리보다 한발 앞서 투자해 가계와 금융기관들이 재미를 많이 봤습니다. 그런 일본을 따라 한국 증권사들이 그 펀드를 뒤늦게 가져와 팔기 시작했지요. 그런데 그때는 이미 신흥국시장에서 자금이 빠져나가기 시작한 때였습니다. 브라질 국채금리와 상관없이 브라질 헤일화의 가치가 확 떨어졌습니다. 브라질 국채금리가 6~7%인데 화폐 가치가 몇 배로 떨어져버린 거예요. 그래서 뒤늦게 브라질 국채에 투자한 분들이 큰 손실을 입었습니다.

요즘은 글로벌 경제 시대라고 해서 해외 투자를 하는 분들이 많은 줄로 아는데, 모든 나라가 다 안정적인 투자처라고 생각하면 안 됩니다. 화폐 가치가 어느 정도 안정되어 있는 나라, 즉 미국, 유럽연합, 일본, 중국과 같은 나라들을 대상으로 투자하는 편이 안전합니다. 물론 이들 나라 역시 뒤에서 설명할 환율의 흐름을 잘 이해하고 투자하는 자세가 필요합니다. 예를 들어 차이나펀드에 투자해 10%의 수익률을 올렸더라도 위안화 가치가 10% 떨어졌다면 투자한 보람이 사라지게 됩니다. 이런 가능성들을 주의해야 합니다.

간혹 어떤 분들은 이렇게 말씀하십니다. 인도네시아와 베트남 등에 투자하면 10년 후 서울 강남에 아파트 한 채를 마련할 수 있다고 말입니다. 워낙 고성장하고 있는 국가들이니 관심을 가지는 건 말릴 수 없으나, 인도네시아나 베트남과 같은 나라는 화폐 가치가 상당히 불안정하기 때문에 더욱 주의를 기울여야 합니다. 사실 우리나라도 화폐 가치의 안정성이 떨어지는 나라에 속합니다. 외환위기를 봐도 알 수 있듯이 우리나라도 화폐 가치가 대체로 급변동하는 나라입니다.

투자 수익률만 강조하는 증권사에서 해외 펀드에 투자하라고 이야기해도 그 이면에 숨어 있는 환율 리스크까지 꼼꼼히 따져보는 자세가 필요합니다. 이것이 바로 경제 호구가 되느냐, 아니면 스스로 위험을 경계하면서 적절한 수익을 올리는 경제 능력자가 되느냐를 결정합니다.

대한민국의
환율정책과 환율효과

본 강의에 앞서 이걸 한번 생각해봅시다. 한 나라의 경제가 성장해서 튼튼해지면 그 나라의 화폐 가치는 올라갈까요, 내려갈까요? 당연히 올라갑니다. 예를 들어 미국의 화폐 가치가 높은 이유는 미국경제의 규모가 상당히 크고, 또 그러한 이유로 미국 달러가 기축통화로서의 역할을 하기 때문입니다. 그러면 한국을 생각해봅시다. 한국은 지난 몇십 년 동안 굉장히 빠른 속도로 경제성장을 해왔습니다. 그래서 우리나라의 화폐 가치가 그만큼 높아졌을까요? 이론상으로는 그래야 하지만 현실은 그렇지 않습니다. 경제성장을 처음 시작했던 1960년대 초반에는 환율이 1달러당 200원을 조금 넘는 수준이었습니다. 그러던 것이 2016년 하반기에는 1100~1200원 수준으로 올랐습니다. 그동안 우리나라 경제가 엄청난 성장을 이루었는데, 경제력을 반영하는 화폐 가치는 5분의 1 이상 떨어진 것입니다. 과연 다른 나라도 그럴까요?

가까운 일본을 보겠습니다. 비슷한 시기에 엔-달러 환율은 우리나라와 달리 계속해서 떨어졌습니다. 큰 흐름에서 보면 엔화의 가치가 지속적으로 상승한 것입니다. 대만, 홍콩, 싱가포르 등 우리나라와 비슷한 시기에

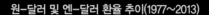

원-달러 및 엔-달러 환율 추이(1977~2013)

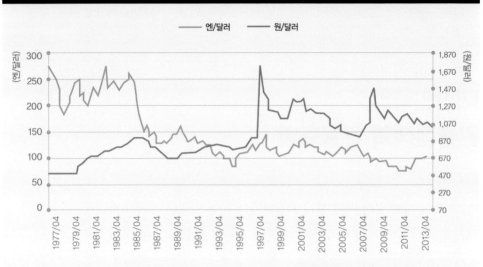

— 엔/달러　　— 원/달러

* 한국은행 자료를 바탕으로 선대인경제연구소 작성

경제 개발을 시작하고 비슷한 궤적을 그리며 성장해온 나라들 역시 달러에 대비해 대체로 환율이 다 떨어졌습니다. 즉, 이 나라들 역시 화폐 가치가 상승한 것입니다. 그런데 왜 유독 한국의 화폐 가치만 정반대로 떨어졌을까요? 그것도 굉장히 가파르게 말입니다.

　그 원인은 바로 경제성장의 방식에 있습니다. 우리나라는 수출 대기업들을 도와주기 위해, 즉 수출가격이 떨어져 해외시장에서 경쟁력을 갖출 수 있도록 정부 차원에서 환율을 관리하고 통제해왔습니다. 경제개발 시대부터 지속된 오랜 관성 때문에 지금도 정부가 환율에 개입하는 관행이 어느 정도 유지되고 있습니다. 예를 들어 환율이 올라갈 때 정책 당국이 외환시장에 개입하거나 혹은 이것이 큰 문제라고 언론에서 보도하는 일은 거의 없습니다. 외환위기나 2008년 세계 금융위기 때처럼 환율이 과도하게 급등하는 때를 제외하고는 말이지요. 반면, 환율이 떨어질 때는 '엔저 공습' 또는 '환율 폭탄'이라는 단어를 쓰며 언론이 앞다퉈 보도를 쏟아냅니다. 그러니까 국내 대다수 언론은 수출 대기업의 입장에서 보도를 한다고 볼 수 있겠지요.

이런 정책 기조가 유지되는 이유를 알기 위해서는 먼저 '환율효과'를 이해해야 합니다. 환율효과란 말 그대로 환율이 변동함에 따라 각 경제 주체에게 미치는 효과를 뜻합니다. 일반적으로 수출업체와 수입업체에게 각각 다르게 나타나는데요. 앞에서 설명한 것처럼 환율이 올라가면 가격 경쟁력이 높아져 수출업체에게는 유리해집니다. 반면, 수입업체는 수입단가가 비싸져 불리해지겠지요. 그렇다면 일반 사람들에게 미치는 효과는 수출업체에 가까울까요, 수입업체에 가까울까요? 바로 수입업체 쪽입니다. 우리가 직접 수출하는 경우는 많지 않은 반면, 수입상품을 직간접적으로 이용하는 경우가 훨씬 많기 때문입니다. 꼭 해외 직구를 하지 않더라도, 국내에 수입된 의류나 전자제품을 사는 때도 그렇고요. 또 환율이 올라 국내에 도입되는 원유가격이 오르면 당장 주유할 때 기름값도 올라가기 마련입니다. 대부분 우리는 소비자로서 수입가격에 좀 더 민감하게 영향을 받습니다. 물론 수출업체에 다니는 사람들 입장에서는 실적이 좋아져 월급이 오를 수 있겠습니다만, 이것은 해당 기업들에 다니는 직원으로서 누리는 혜택일 뿐 소비자로서는 환율이 오르면 대체로 불리해진다는 점을 기억하길 바랍니다.

그러면 이런 응용도 가능합니다. 환율이 케이크 가격에 미치는 영향은 어떨까요? 먼저 수출업체에게 유리하도록 환율이 올라간다고 가정해봅

2008년 정부는 수출 활성화를 위해 고환율 정책을 펼치겠다는 메시지를 전달했다. 그런데 설상가상으로 원유, 곡물 등 원자재가격이 크게 올라 기업의 비용 부담이 늘어났고, 결과적으로 생산자 물가와 소비자 물가가 급상승해 주부들이 곤욕을 치르는 사태가 발생했다.

시다. 케이크의 원재료인 밀가루와 크림의 수입 단가가 올라가겠지요? 수입업체 입장에서는 수입단가 인상으로 인한 부담을 자신들이 모두 감당할 수 없어서 수입 원재료를 사서 쓰는 생산업체들에게 일부 부담을 전가합니다. 이렇게 되면 '생산자 물가'가 올라가지요. 생산업체 역시 생산단가가 올라가므로 시장에 내놓는 자사 제품의 '소비자 물가'를 올립니다. 그래서 최종적으로는 소비자들의 '장바구니 물가'가 올라가는 것입니다. 예전에는 5만 원으로도 충분히 장을 볼 수 있었는데, 이제는 6~7만 원을 들여야 한다는 의미입니다. 즉, 환율이 올라 수입 물가가 오르면 최종적으로 우리가 사 먹는 케이크의 가격도 올라갑니다.

반대로 수출업체의 입장에서 살펴보겠습니다. 삼성전자가 1달러당 1000원일 때 1000억 달러어치를 수출하는 경우와 1달러당 1200원일 때 1000억 달러어치를 수출하는 경우, 이를 원화로 환산해보면 상당히 큰 차이가 발생합니다. 삼성전자는 1달러당 1200원일 때 가만히 앉아서 원화 가격으로 20%의 이득을 더 보는 것입니다. 우리에게는 고작 몇백 원 차이일지 몰라도, 엄청난 규모로 수출을 하는 대기업에게는 20%의 마진이 상당한 금액이겠지요?

실제로 2011년부터 삼성전자는 사상 최대의 수출실적을 올리기 시작했습니다. 물론 스마트폰의 품질이 상당히 발전했고 브랜드 및 판매전략도 잘 짠 덕분이었습니다. 그런데 그 원인을 면밀히 분석해본 결과, 삼성전자가 기록한 사상 최대 영업이익의 25% 정도는 당시의 환율효과에서 기인한 것이었습니다. 삼성전자의 영업이익이 한때 10조 원을 넘었으니까 환율효과로만 2~3조 원의 실적이 더 늘어났던 것입니다.

반면, 2010년부터 일반 소비자들은 물가가 올라 고생을 했습니다. 세계적으로 농산물 작황이 나빴던 사정도 있었지만 환율이 오른 이유도 컸습니다. 그래서 수입 물가가 오르고, 생산자 물가가 오르고, 최종적으로는 소비자 물가, 즉 장바구니 물가가 올랐던 것입니다. 우리가 원하지 않아도 장을 볼 때마다 주머니에서 1~2만 원씩 수출 대기업에게 보조금을 지원해준 셈입니다. 세금을 거둬 대기업을 지원해주는 방법뿐만 아니라, 이렇게 환율을 올려서도 얼마든지 보조해줄 수 있는 것이지요. 우리나라는 수십 년간 환율을 올려서 수출 대기업을 도와주는 방식으로 경제성장을 이루어왔습니다. 환율이라는 한 가지 측면만 보더라도 일반 가계의 희생을 담보로 수출 대기업을 키워준 셈입니다.

물론 1980년대까지만 해도 수출 대기업들이 수출을 해 외화를 벌어들이고, 그 외화로 추가 투자를 하고, 노동 인력을 고용해 늘어난 일자리와 소득으로 소비가 늘어나는 이른바 선순환 효과가 컸습니다. 고소득층이나 대기업이 성장하면 그 효과가 아래까지 흘러내린다는 '낙수효과*'도 어느 정도 통했던 시절입니다. 하지만 이제는 그런 선순환이 일어나기가 힘듭니다. 그럼에도 여전히 우리나라는 과거에 성장해왔던 방식, 즉 정부가 환율정책을 통해 수출 대기업들의 부담을 경감해주는 방식을 고수하고 있습니다.

* 낙수효과
정부가 투자를 통해 대기업과 부유층의 부를 늘려주면, 중소기업과 저소득층의 소득 증대로까지 영향을 미쳐 총체적인 경제발전과 국민복지가 향상된다는 이론. 반대로 부유층에 대한 세금은 늘리고 저소득층에 대한 복지정책 지원을 증대시키면 경기를 부양할 수 있다는 효과를 일컬어 '분수효과'라고 한다.

2011년에 기획재정부가 전문가들과 기업경영자들, 그리고 국민을 대상으로 여론조사를 실시한 적이 있습니다. 먼저 전문가들과 기업경영자들을 대상으로 한 조사에서 전체의 3분의 2 정도가 '우리나라 경제가 6개월 뒤에는 호전될 것이다'라고 전망했습니다. 반면, 국민의 3분의 2는 '우리나라 경제가 6개월 뒤에 더 나빠질 것이다'라고 응답했습니다. 사실 전망이라고 표현했지만 이는 대개 현재의 상황을 반영한 결과입니다. 즉, 지금 사정이 나쁘니 앞으로도 나쁠 것이라는 판단입니다. 그런데 같은 시기에 왜 전문가와 기업경영자, 국민의 응답이 이렇게나 차이가 났을까요? 당시 정부는 환율을 높게 유지해 수출 대기업을 도와주었습니다. 그러다 보니 대기업 경기는 좋았지만 국민은 소득이 늘지 않는 상황에 물가까지 오르니 힘들었을 수밖에요. 주체별로 전망이 크게 엇갈려 이상해 보이지만, 실제로는 당시의 경제 상황을 고스란히 반영한 결과입니다.

보통 내수시장이 5000만 명 이상의 규모면 내수를 중심으로 경제를 꾸려나갈 수 있다고 말합니다. 우리나라의 인구는 5000만 명이 간신히 넘지요? 그래서 상대적으로 더 큰 시장을 개척하고 상품을 수출하기 위해 노력해야 합니다. 그런데 문제는 내수를 아예 내팽개치고 수출 일변도의 정책을 지나치게 편다는 점입니다. 한 나라의 수출과 수입을 합친 무역의 규모가 국내총생산(GDP)에 대비해 어느 정도인지를 나타내는 '무역 의존도'라는 지표가 있습니다. 이 지표는 매년 달라지기는 하지만 우리나라의 무역 의존도는 약 120~130% 정도입니다. 중국도 무역에 많이 의존하는 나라인데 무역 의존도가 50% 정도밖에 되지 않습니다. 미국과 일본은 20~30%에 불과합니다. 더불어 같은 수출을 하더라도 한국은 전체 수출에서 대기업 수출이 차지하는 비중이 70%가량이나 됩니다. 반면, 대만은

중소기업 수출 비중이 70% 정도이고요. 우리처럼 수출을 많이 하는 독일
도 중소기업 수출의 비중이 더 높습니다. 즉, 우리나라는 수출을 하더라도
수출 증가에 따른 이익이 주로 대기업들에게 돌아가는 구조입니다.

환율은
어떻게 변동할까?

그러면 이제 환율이 어떻게 변동하는지를 살펴봅시다. 환율이 변동

하는 데에는 여러 가지 요인이 작용합니다. 환율은 보통 미국 달러의 가

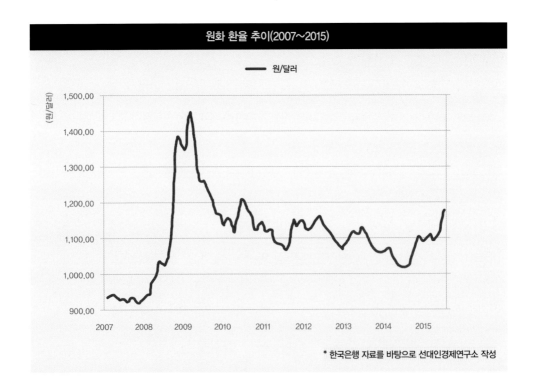

원화 환율 추이(2007~2015)

—— 원/달러

(원/달러)

1,500.00

1,400.00

1,300.00

1,200.00

1,100.00

1,000.00

900.00

2007   2008   2009   2010   2011   2012   2013   2014   2015

* 한국은행 자료를 바탕으로 선대인경제연구소 작성

치에 따라 밀접하게 반응하는데요. 달러 가치가 환율에 어떤 영향을 미치는지 환율의 흐름을 보면서 설명하겠습니다.

왼쪽 그래프는 2007년 이후 원-달러 환율 흐름을 나타냈습니다. 2008년 세계 금융위기 직후에는 환율이 큰 폭으로 올라갔지요? 이후 금융위기에서 조금씩 벗어나면서 2013년까지는 환율이 계속 떨어졌습니다. 그러다가 2014년부터 다시 환율이 올라가는 흐름을 보입니다. 즉, 크게 보자면 2008년 직후 급등했던 환율이 2013년까지는 떨어졌다가, 이후로는 기복이 있지만 대체로 올라가는 흐름을 보였습니다.

왜 이런 식의 흐름이 나타날까요? 2008년 세계 금융위기가 발생하자, 그때 국내에 들어와 있던 외화자금이 썰물처럼 빠져나갔습니다. 예전 같으면 만기가 돼도 기간을 연장해 국내에 머물러 있었을 텐데, 금융위기가 발생하니까 미국이나 유럽의 은행들도 당장 현금이 필요해진 거예요. 투자자들이 돈을 계속 빼가니 은행도 현금을 돌려줘야 하잖아요. 그래서 우리나라에 들어와 있던 외화자금이 만기를 연장하지 않고 대거 빠져나갔습니다.

외화자금이 빠져나가면 환율에는 어떤 변화가 생길까요? 일단 외화자금이 우리나라에 들어올 때는 원화로 바뀌어 들어옵니다. 그러면 원화에 대한 수요가 많아지니 원화의 가치가 올라가고 환율은 떨어지겠지요. 반대로 외화자금이 한국에서 빠져나가면 어떻게 될까요? 외국 은행이나 투자자들이 자금을 원화에서 달러로 바꾸어 빼갑니다. 그러면 달러 수요가 많아지니 달러의 가치가 올라가겠지요. 상대적으로 원화의 가치는 떨어지고 환율은 올라갑니다. 어쨌든 긴박했던 경제위기가 차츰 수그러들면서 급등했던 환율이 조금씩 하락하는 추세를 보였습니다. 그런데 2013년 5월, 미국의 벤 버냉키(Ben Bernanke) 전 연방준비제도이사회 의장이 양적완화 축소와 기준금리 인상 가능성을 시사했습니다. 이렇게 되니 미국 달러의 가치가 큰 흐름에서 강세를 띠게 되었지요. 상대적으로 한국 원화의 가치는 낮아지고, 원-달러 환율은 다시 올라가는 흐름을 보이게 되었습니다.

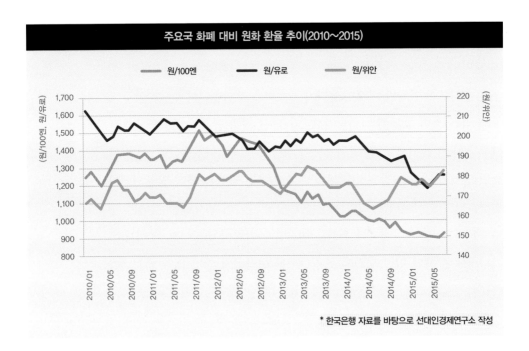

주요국 화폐 대비 원화 환율 추이(2010~2015)

* 한국은행 자료를 바탕으로 선대인경제연구소 작성

그런데 이렇게 원-달러 환율이 올라간다고 하여 원화만 약세를 보인다고 생각해서는 안 됩니다. 원화 약세라는 것은 달러뿐만 아니라 다른 화폐에 대비해서도 원화가 대체로 약세라는 것을 의미합니다. 반면, 달러 강세의 경우 달러의 가치가 오르니 상대적으로 원화뿐만 아니라 다른 나라의 화폐 가치도 같이 떨어진다는 것을 의미하지요. 이 차이를 이해하는 게 중요합니다.

지금까지 원-달러 환율을 중심으로 설명했는데, 엔화나 위안화, 유로화 등 주요 화폐에 대비한 원화의 환율도 살펴볼 필요가 있습니다. 언론에서 '엔저'라는 표현이 많이 등장하는데요. 일본 아베 내각이 일본판 양적완화를 실시하면서 엔화의 가치가 원화의 가치보다 더 가파르게 떨어지는 엔저 현상이 발생했습니다. 그런데 아베노믹스 실시 이후 하락했던 엔화의 가치는 브렉시트(Brexit: 영국의 유럽연합 탈퇴)와 같은 돌발적인 위기 상황에서 오히려 올라갔습니다. 국제적으로 엔화가 안전자산으로 평가받기 때문에 그렇습니다. 일본의 국가채무 비율이 높다고 하지만, 90% 이상이 일본 국내의 채권이어서 외화자금 유출 등에 따른 변동성도 낮습니다. 더 나아가 일본은 막대한 자금을 해외에 투자해 투자소득을 올리고 있는데, 이 때문에 엔화의 안정성이 높다고 평가받고 있습니다. 유로화는 유럽중앙은행이 양적완화를 실시하고, 영국의 유럽연합 이탈 및 전반적인 경기 부진의 영향으로 약세를 보이고 있습니다. 위안화도 중국 당국이 다른 나라의 화폐 가치에 비해 위안화 가치가 너무 고평가되어 있다고 생각해 점점 위안화 가치를 떨어뜨리고 있습니다. 이처럼 달러 강세 기조에 따라 원-달러 환율이 올라간다고 해서, 원화에 대비한 다른 모든 통화의 환율도 올라간다고 생각해서는 안 됩니다.

환율의 변동이
한국경제에 미치는 영향

　자, 이제 조금 더 깊이 들어가보겠습니다. 환율의 변동은 우리나라 경제에 어떤 영향을 미칠까요? 앞서 환율이 올라가면 수출업체들에게 유리하다고 설명했습니다. 그래서 실제로 정부에서는 미국의 금리가 인상되어도 원-달러 환율이 올라가기 때문에 우리나라 수출 대기업들의 가격 경쟁력이 올라가고, 수출 실적도 좋아질 거라고 전망했습니다. 즉, 미국 금리 인상에 따른 부정적인 경제효과를 상쇄할 수 있을 것이라는 주장이었습니다.

　그런데 만약 일본이나 중국의 화폐 가치가 원화보다 더 떨어지면 어떻게 될까요? 일본과 중국은 한국의 최대 수출 경합국입니다. 일본과 중국의 화폐 가치가 떨어진다는 것은 미국시장에서 우리 제품뿐만 아니라 일본과 중국의 제품가격도 함께 떨어질 가능성이 크다는 의미입니다. 그러니 특별히 우리만 가격 경쟁력이 올라가지는 않는다고 해석할 수 있겠지요. 또 일본이나 중국, 유럽연합에 수출할 때도 해당 국가의 화폐 가치가 우리만큼 혹은 우리보다 더 떨어지면, 그 나라에서 우리 수출품의 가격이 유지되거나 올라가는 현상이 발생합니다. 이런 경우도 역시 수출에 도움이 되지 않습니다.

그래서 원화의 약세로 환율이 올라가는 현상과 달러의 강세로 환율이 올라가는 현상은 전혀 다른 경제적 효과를 야기합니다. (앞에서 이 차이를 이해하는 게 중요하다고 설명했지요?) 미국의 금리 인상과 달러 강세에도 불구하고 수출 대기업들의 실적이 그다지 좋지 않은 이유도 여기에 있습니다. 이게 바로 2008년 금융위기 당시와 2014년 이후의 차이입니다. 2008년 금융위기 때에는 한국의 원화만 유독 약세였던 반면, 현재는 달러 강세의 영향으로 원화뿐만 아니라 다른 나라의 화폐 가치도 함께 떨어졌습니다.

환율에 영향을 미치는 요소에는 달러 가치와 금리, 외국인 자금의 유출입 등이 있는데, 수출입에 따른 무역수지도 환율에 큰 영향을 미칩니다. 수출업체가 수출을 많이 해 달러를 벌어오면 환율이 어떻게 변동할까요? 국내에 달러 공급이 많아지니까 달러의 가치가 떨어지겠지요. 즉, 원화의 가치가 상대적으로 올라가 환율이 떨어집니다. 수입이 많아지면 반대의 현상이 발생하고요. 그런데 우리나라는 몇 년 전부터 수출이 줄어드는 가운데 수입이 더 가파르게 줄어드는 이른바 '불황형 흑자*'를 기록하고 있습니다. 불황형 흑자라도 흑자는 흑자입니다. 즉, 우리나라에 달러 공급이 늘어난다는 뜻이니 환율 하락의 요인이 됩니다.

그런데 2008년 세계 금융위기 이후로는 외국인 투자자금의 유출입 규모가 환율을 변동시키는 가장 큰 요인이 되었습니다. 반면, 수출을 통해 벌어들인 외화는 그만큼 영향력이 낮아졌습니다. 왜 그럴까요? 삼성전자가 수출을 해서 100억 달러를 벌어왔다고 가정해봅시다. 삼성전자는 이를 바로 원화로 환전하지 않습니다. 수출도 많이 하지만 수입도 많이 하기

* 불황형 흑자
경기가 불황기에 접어들었을 때 수출과 수입이 함께 둔화되면서 수입이 수출 감소량보다 더 많이 줄어들어 발생하는 흑자. 최근 많은 기업들도 매출은 줄어드는 반면 순이익이 늘어나는 불황형 흑자를 기록하고 있는데, 이는 연구개발 등 각종 비용을 줄이는 데에서 기인한 결과다.

때문입니다. 예를 들어 스마트폰이나 반도체를 만들 때 필요한 원자재나 부품들을 수입하는데, 이를 달러로 결제합니다. 수출로 달러를 벌어와 계좌에 그대로 넣어두었다가 필요한 제품을 수입할 때 결제 대금으로 쓰는 방식이지요. 즉, 수출을 해서 국내에 달러를 많이 들여왔지만 실제로 외환시장에서 환전수요로 나타나지 않습니다. 이런 경우가 상당히 많고, 그 때문에 수출입을 통한 무역수지 규모가 즉각적으로 외환시장의 수요와 공급으로 이어지지 않습니다.

반면, 외국인 자본이 국내시장에 들어왔다가 나갈 때는 바로바로 원화와 달러로 바뀝니다. 그만큼 수요와 공급에 즉각적인 변화가 생긴다는 뜻입니다. 그래서 수출입을 통한 무역수지에 비해 외국인 자금의 유출입 규모가 작음에도 불구하고 환율에 큰 영향을 미칩니다.

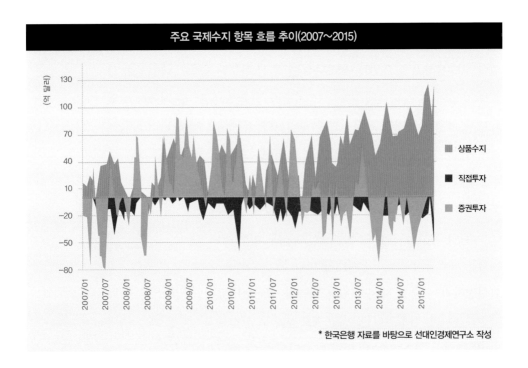

주요 국제수지 항목 흐름 추이(2007~2015)

* 한국은행 자료를 바탕으로 선대인경제연구소 작성

실제로 외국인 자금이 들어오고 빠져나가는 과정에서 환율의 상승과 하락 흐름이 뚜렷하게 나타납니다. 외국인 자금 가운데서도 유출입이 신속하게 일어나는 '증권투자 자금'이 환율에 가장 큰 영향을 미칩니다. 여기에서 말하는 증권투자 자금이란 국내 증권시장, 즉 주식시장이나 채권시장에 들어오는 자금을 뜻합니다. 이런 자금이 2016년 말 기준으로 국내에 650조 원 정도 들어와 있습니다. 그중 대략 3분의 2가 주식시장, 3분의 1이 채권시장에 들어와 있지요. 외국인 자금이 주식시장에 들어올 때는 대체로 주가가 오르고, 반대로 빠져나가면 주가가 떨어지는 흐름을 보입니다. 이런 과정에서 환율도 덩달아 오르고 내리는 경향이 강합니다. 즉, 외국인 자금이 우리나라 주식시장에 들어올 때는 주가가 올라가면서 환율이 떨어지고, 외국인 자금이 빠져나갈 때는 주가가 떨어지면서 환율이 올라갑니다. 마찬가지로 채권시장에서 외국인 자금이 빠져나가면 채권 수요가 줄어드니 채권 가격이 떨어지고, 채권 수익률(금리)은 올라갑니다. 외국인 자금이 들어올 때는 역시 반대의 흐름이 나타나고요.

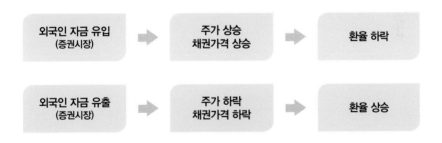

외국인 자금 유출입에 따른 환율 변동

지금까지 설명한 내용을 바탕으로, 미국이 금리를 인상할 경우 어떤 일이 발생할지 생각해보겠습니다. 우선 미국이 금리를 인상하면 미국 달러 강세로 인해 국내 외국인 자금의 유출이 발생합니다. 그러면 주가가 하락하고 채권가격이 떨어져 채권금리가 상승합니다. 결과적으로 원-달러 환율이 상승하게 됩니다. 물론 이러한 흐름이 복잡한 현실경제에서 단선적으로 일어나지는 않습니다. 하지만 이렇게 전개될 가능성이 높아지는 것은 분명한 사실입니다. 만약 이런 흐름이 급격하게 진행된다면, 국내시장도 금리가 올라가고 환율이 폭등하면서 외환위기와 같은 위험한 경제 상황으로 치달을 수 있습니다. 위험에 미리미리 대비하는 차원에서 가계부채와 외채를 줄이는 등 경제를 건전하게 운용할 필요가 있습니다.

정부의 외환시장 개입과
제2의 외환위기 가능성

특정한 상황으로 인해 환율이 급등락하면서 경제에 큰 충격을 줄 때, 각국 정부는 외환시장에 개입합니다. 외환시장에 개입하기 위해서는 외환보유고*가 있어야 하는데요. 우리나라의 외환보유액은 2016년 10월 기준 3778억 달러, 원화로 약 400조 원입니다. 만약 단기간에 환율이 급격히 올라가면 달러를 팔고 원화를 매입해 환율을 떨어뜨립니다. 반대로 환율이 급격히 떨어지면 달러를 사고 원화를 팔지요. 이렇게 각국의 통화당국은 환율 변동폭을 줄이기 위해 다양한 정책을 펼칩니다. 1997년 외환위기나 2008년 세계 금융위기 때가 아니더라도 환율 변동이 상당히 가파르게 일어날 때 한국 정부는 종종 외환시장에 개입했습니다. 그런데 이상하게도 환율이 지나치게 급등하는 때를 제외하고 대체로 오름세일 때는 정부의 개입이 무척 소극적이었습니다. 왜 그럴까요? 앞에서 설명한 것처럼 우리나라 정부가 주로 수출 대기업 입장에서 정책을 펼치기 때문에 그렇습니다. 반대로 환율이 떨어질 때는 정부가 좀 더 적극적으로

> *** 외환보유고**
> 한 나라의 통화당국이 대외지급 준비자산으로 보유하고 있는 외환자산. 이 자산은 통화당국이 필요로 하는 경우 언제라도 사용할 수 있도록 유동성이 있어야 하고, 가치의 안정성이 보장되어야 하며, 일반적인 교환 가능성이 있어야 한다. 외환보유액은 금. SDR. IMF특별인출권. 달러를 비롯한 주요국 통화로 구성되어 있다.

개입해 환율을 일정 수준 이상으로 떠받치는 경향을 보였습니다. 환율이 떨어질 때마다 원화를 팔고 달러를 사면 외환보유액은 어떻게 될까요? 당연히 늘어납니다. 달러를 계속 사놓고 축적한 것이 바로 외환보유고입니다. 이게 지금 약 400조 원이 쌓인 것입니다.

물론 정부가 자금을 통해서만 외환시장에 개입하는 것은 아닙니다. 정부 주요 당국자가 자금을 동원하지 않은 채 "최근 환율 급락세를 좌시하지 않겠다"는 엄포를 놓는 경우가 종종 있는데요. 이런 식으로 외환시장의 투자심리를 진정시키기 위해 정부의 정책 의지를 공개하는 것을 '구두(口頭) 개입'이라고 합니다. 실제로 자금을 동원한 개입보다 구두 개입이 더 자주 일어납니다. 또 자금을 동원하기 이전에도 구두로 개입하는 것이 보통입니다. 하지만 계속 말로만 엄포를 놓다 보면 신뢰성이 떨어져 효과가 반감됩니다. 따라서 정부 당국은 구두 개입을 너무 남발하지 않도록 주의해야 합니다. 또 환율이 급변동하는 때가 아닌데도 정부 당국이 지나치게 자주 개입하는 경우에 다른 나라의 반발을 부를 수 있다는 점도 유념해야 합니다. 실제로 미국 재무부는 2016년 4월과 10월에 중국, 독일, 일본, 대만과 더불어 한국을 '환율 관찰대상국'으로 분류하고 모니터링을 강화했습니다. 보호무역주의 성향이 강한 트럼프 행정부가 들어서면서 미국의 이 같은 압박은 더욱 강화될 것으로 보입니다.

마지막으로 '제2의 외환위기' 가능성에 대해 생각해봅시다. 언제부터 사람들이 환율 문제에 이토록 민감해졌을까요? 바로 1997년 외환위기가 결정적 계기입니다. 또 2008년 세계 금융위기 때도 외국인 자금이 급속히 유출되면서 환율이 급등했기 때문에 많은 사람들이 빠른 속도로 환율이 오를 때마다 외환위기에 대한 걱정을 합니다. 물론 저라고 해서 딱 부러지게 제2의 외환위기 가능성이 어느 정도라고 말씀드릴 수는 없습니다. 다만, 2008년과 비교해봤을 때 지금은 환율 급등 사태에 좀 더 잘 대비할 수 있는 여건이 갖추어져 있다고 생각합니다. 2008년 세계 금융위기가 터지기 전에는 우리나라의 단기외채*가 너무 많았습니다. 세계적으로 저금리 상태에서 경

* 단기외채
정부나 통화당국, 은행권 및 기타 기업이 해외에서 차입한 대외채무에서 해외에 빌려준 대외채권을 뺀 대외순채무를 외채라 한다. 외채는 만기에 따라 1년 미만인 경우 단기외채, 1년 이상인 경우 장기외채로 구분된다.

기가 좋았기 때문에 돈이 넘쳐났고, 이 돈이 전 세계 자산시장에 들어가 자산 거품을 만들었습니다. 미국 달러와 엔화, 유로화 등이 국내에도 많이 쏟아져 들어왔습니다. 국내 시중은행과 외국은행 국내 지점들은 넘쳐나는 전 세계 자금을 끌어와 부동산시장에 펌프질을 했고, 이 과정에서 단기외채가 크게 늘어난 것이지요. 그런데 이때 미국발 금융위기가 발생하면서 국내에 들어왔던 돈이 썰물처럼 빠져나가자 환율이 폭등했습니다. 다행히 그때와 비교해보면 지금은 미국 경기가 당장 침체로 들어서거나 미국 자산시장이 붕괴될 가능성은 낮아 보입니다. 물론 중국이 상당한 수준의 경기침체와 금융위기를 겪을 수도 있고, 브렉시트와 같은 정치적 파장이 여전히 취약한 유럽경제를 더 악화시킬 수 있다는 가능성을 배제할 수는 없습니다. 그럼에도 2008년 세계 금융위기 때처럼 외국인 자금이 순식간에 빠져나가는 사태가 일어날 가능성은 낮다고 생각합니다.

한편으로는 우리나라의 단기외채도 많이 줄었습니다. 채권의 단기와 장기를 구분하는 기준은 보통 1년인데요. 2008년 이후에도 1년 이상의 장기외채는 꾸준히 늘어나긴 했지만, 유사시 단기간에 상환해야 하는 단기외채는 많이 줄어든 상태입니다. 더불어 외환보유고가 2008년 당시에는 2800억 달러 정도였지만, 현재는 3800억 달러 수준입니다. 이런 점들

글로벌 경기침체로 인해 수출이 부진하고 중국 업체들의 부상으로 경쟁 환경이 빠르게 변하면서 국내 주력 산업들이 고전을 면치 못하고 있다. 특히 조선, 해운, 철강 등의 산업군에서 한계기업 비중이 크게 증가함에 따라 앞으로 구조조정이 본격화될 전망이다.

을 복합적으로 고려해볼 때 2008년보다는 내성이 생겼고 방어력이 갖추어졌다고 할 수 있습니다. 즉, 직접적인 외환위기 가능성은 어느 정도 줄어들었다고 볼 수 있습니다.

하지만 진짜 심각한 문제는 내부에 있습니다. 가계부채는 2008년에 비해 600조 원가량 더 늘었습니다. 저금리 상황인데도 원금은커녕 이자도 갚지 못하는 기업이 크게 늘었고, 이들 기업을 중심으로 기업부채 문제도 심각합니다. 조선, 해운, 철강 등 국내 주력 산업군의 기업재무 상태와 경쟁력이 크게 악화된 상황이기도 합니다. 보통 자본 대비 부채 비율이 200%가 넘으면 위험한 수준으로 보는데, 800%가 넘는 대기업들이 꽤 존재합니다. 부채 비율 200%가 넘는 기업들도 전체 대기업 집단의 약 40%에 육박합니다. 그만큼 기업부채 문제가 굉장히 심각하다는 의미입니다. 가계부채나 기업부채가 국내외 상황에 따라 급격히 부실화될 경우, 이는 곧 경제위기로 이어져 외국인 자금이 유출되고 환율이 폭등할 가능성을 배제할 수 없습니다. 물론 부정적인 시나리오를 가정한 것입니다만, 가능성이 아주 낮다고는 볼 수 없는 상황이지요. 예를 들어 새로 집권한 미국의 트럼프 정부가 감세와 재정지출 확대를 동시에 추진한다고 가정해봅시다. 그러면 세수가 부족한 가운데 재정은 확대해야 하므로 국채 발행을 늘리고, 이는 곧 국채가격 하락(=국채금리 상승)으로 이어

질 가능성이 높습니다. 또 그렇게 풀린 돈 때
문에 다시 물가가 가파르게 오르면서 미 연준
이 기준금리를 예상보다 빠르게 올려야 할 수
도 있습니다. 만약 이런 흐름이 가파르게 진
행된다면 외국인 자금이 미국 달러의 강세 흐

* 한계기업
소득수준과 임금상승, 기술개발 등
과 같은 경제적 여건의 변화로 경쟁
력을 잃어 더 이상 성장이 어려울
것으로 예상되는 기업.

름에 따라 국내시장에서 빠져나가게 되고, 이들을 붙잡기 위해 우리도 기
준금리를 일정한 수준으로 올려야 하는 상황에 내몰릴 수 있습니다. 금리
가 올라가면 가계부채 부담이 크게 증가하면서 빚으로 쌓아올린 부동산
시장이 가라앉고, 한계기업*들이 도산하는 상황이 벌어질 것입니다. 이는
곧 경제위기로 이어지겠지요. 그러면 한국경제가 전반적으로 신뢰를 잃
게 되고, 주식시장과 채권시장에서 연쇄반응으로 외국인 자금이 급속히
빠져나가는 악순환이 벌어질 것입니다. 이런 복합적인 경제 충격이 일어
나면 환율이 급등하는, 즉 외환위기에 준하는 상황이 발생하게 됩니다. 물
론 이는 어디까지나 최악의 경우를 가정한 것입니다. 다만, 이런 사태가
혹시라도 현실화되지 않도록 가계는 부채 다이어트를 해야 하고, 한계기
업에 대한 제대로 된 구조조정이 서둘러 이루어져야 합니다.

자, 여기까지가 환율에 대한 설명입니다. 환율 하나가 이렇게 국내외 경
제 흐름과 우리 경제생활의 곳곳에 영향을 미친다는 사실이 놀랍지 않은
가요? 일반 사람들은 해외여행을 가기 전 환율을 알아보고 환전하는 정
도로만 환율 문제를 체감합니다. 하지만 실제로 우리가 생각하는 것 이상
으로 환율 흐름이 경제생활에 직간접적인 영향을 준다는 사실을 이해했
으면 하는 바람입니다.

YTN, 2015-10-21

널뛰는 환율… 기업은 전전긍긍

시중은행의 외환거래실. 요즘은 하루하루가 피를 말리는 긴장의 연속입니다. 하루에 10원 정도를 오르내리는 게 예사이다 보니 잠시도 눈을 돌릴 수가 없습니다.

원-달러 환율은 지난달 초만 해도 1200원을 돌파하며 5년여 만에 최고치까지 올라갔습니다. 하지만 미국의 금리 인상이 지연되면서 사정이 180도 달라졌습니다. 연일 가파르게 떨어지더니, 채 한 달도 안 돼 70원이 넘게 빠졌습니다. 하락 속도만 놓고 보면, 주요 20개국 가운데 러시아와 인도네시아 등에 이어 4번째로 빠른 수준입니다.

세계적인 투자은행들의 예측도 예외 없이 모두 빗나갈 만큼, 누구도 예상치 못한 반전이었습니다.

이렇게 환율이 크게 출렁거리다 보니 기업들의 고민도 깊어지고 있습니다. 내년도는 고사하고 코앞의 사업 계획을 짜는 데도 애를 먹고 있습니다. 또 아직은 버틸 만하지만 환율이 더 떨어지기라도 하면 수출 경쟁력에 타격을 입을 수도 있습니다.

(…후략…)

환율이 떨어져 수출기업에 타격이 간다는, 즉 기업의 입장에서 보도한 전형적인 기사입니다. 실제로 2015년 7~8월에 발생한 차이나쇼크와 미국의 금리 인상 가능성으로 인해 환율이 가파르게 뛰었습니다. 그랬다가 9월에 접어들면서 미국의 금리 인상이 미뤄졌지요. 미국이 전격적으로 금리를 올릴 거란 불안감에 환율이 올라갔는데, 금리 인상이 늦춰지니까 거기에 맞춰 환율이 도로 떨어진 것입니다. 그래서 2015년 7~8월에는 환율이 한때 1200원 수준까지 올라갔는데 다시 1100원대로 떨어졌습니다.

그러면 기업들은 왜 환율이 출렁거리는 흐름에 민감할 수밖에 없을까요? 여러분이 수출기업을 운영하는 대표라고 생각해보세요. 환율이 아주 급격하게 변동하지 않는다면, 혹은 환율이 올라가든 떨어지든 그 추세가 대체로 일정하다면 환율 변동에 대비할 수 있습니다. 환헤지(투자, 수출, 수입 등 거래 시 환율 변동에 따른 위험에 대비해 환율을 현재 시점의 환율에 미리 고정시키는 것) 상품이나 수출보험에 들어 외환 변동에 따른 위험을 일정 부분 줄일 수 있는 거지요. 그런데 환율이 널뛰기하듯 확 올랐다가 다시 확 떨어지면 적절하게 대비할 수 있을까요? 그래서 기사에서는 이런 추세라면 수출기업들의 환위험 대비가 힘들 것이라고 설명합니다.

자, 이런 때에 일반인들은 어떻게 대비하면 좋을까요? 미국이 금리를 인상하면 어느 정도 변동은 있겠지만 원-달러 환율이 꾸준히 올라갈 것입니다. 만약 여러분이 해외여행을 준비다면 환율이 올라가는 추세 속에서 단기적으로 떨어질 때를 노려야겠지요. 자금을 몇 차례 나누어 환전하는 편이 좋다는 뜻입니다. 이게 바로 개인적인 차원의 소소한 환헤지 아닐까요?

초이스경제, 2015-12-07

달러 소폭 상승에도
원화환율은 왜 느닷없이 급등?

미국의 12월과 내년 3월 연쇄 금리 인상 가능성에 원화 가치 급추락

미국 11월 고용지표 호전으로 미국 달러화 가치가 다시 강세로 돌아선 가운데 원-달러 환율이 모처럼 크게 올랐다. 다만 미국 달러 가치는 찔끔 오른 데 반해, 원-달러 환율은 단숨에 급등해 그 배경에 관심이 쏠리고 있다.

7일 서울 외환시장에 따르면 이날 원-달러 환율은 직전 거래일(1156.7원)보다 11.5원이나 오른 1168.2원에 마감됐다. 앞서 마감된 지난 4일(미국시각) 뉴욕 외환시장에서는 달러 가치가 미국 11월 비농업부문 고용지표 호전에 힘입어 강세를 보였다. 주요 6개국 통화가치 대비 미국 달러화 가치 수준을 나타내는 달러인덱스가 98.33으로 올랐다. 이는 전일의 97.77보다 소폭 상승한 것이다. 같은 날 뉴욕에서는 달러 대비 유로화 가치도 소폭 하락에 그쳤다. 1유로당 1.087달러로 전일의 1.094달러보다 약간 하락했다. 그런데 뒤이어 7일(한국시각) 열린 서울 외환시장에서는 원-달러 환율이 크게 솟구쳐 눈길을 끌었다.

(…후략…)

이 기사는 2015년 12월 미국이 기준금리 인상을 발표하기 바로 직전에 나왔습니다. 미 연준이 기준금리를 인상할 때 기준으로 삼는 지표가 두 가지 있는데요. 바로 '고용상황' 과 '물가수준'입니다. 그런데 그중 고용상황이 좋아졌다는 지표가 발표됐습니다. 미 연준 은 자연히 '앞으로 경기가 좋아지겠다'고 판단했고, 금리를 올릴 근거가 더 강화되었겠지 요. 연준이 금리를 인상한다는 공식적인 발표가 나오지 않았음에도, 조만간 금리가 오를 거라는 기대감이 시장에서 커졌습니다. 그래서 달러 가치가 올라가고 달러가 강세로 돌 아섰다는 해석이 나온 겁니다.

그런데 기사에서 달러는 소폭 상승했는데 원화 환율은 급등했다고 말하지 않습니까? 왜 그럴까요? 먼저 기사에 나오는 '달러인덱스'라는 표현을 이해할 필요가 있습니다. 보통 환율이라 하면 달러를 기준으로 삼는다고 말씀드렸습니다. 그러면 달러는 무엇을 기준 으로 삼을까요? 과거에는 달러가 금값을 기준으로 삼을 때도 있었습니다. 그런데 요즘 은 기축통화인 달러 자신이 기준이 되어버렸으니까 다른 걸 기준으로 삼을 수 없게 된 것입니다. 그래서 달러의 가치를 나타내기 위해 달러인덱스라는 지표를 만들었습니다. 미국과 거래가 많은 6개국의 통화인 유럽연합의 유로, 일본의 엔, 영국의 파운드, 캐나다 의 캐나다 달러, 스웨덴의 크로네, 스위스의 프랑 등을 종합한 수치에 대비해 달러 가치 를 지수화한 것이지요. 각 통화의 비중은 그 국가의 경제적 규모에 따라 결정되고요. 이 상 6개국 통화에 대비해 달러의 가치가 얼마나 변화했느냐를 나타낸 것이 달러인덱스입 니다.

기사에서는 달러인덱스로 나타낸 달러 가치가 약간의 강세를 나타냈는데, 원-달러 환율 이 이보다 훨씬 더 크게 뛰었다는 내용을 전달하고 있습니다. 이는 곧 미국의 기준금리 인상 가능성으로 인해 한국에 들어와 있는 외국인 자금이 많이 빠져나가면서 민감하게 반응한 영향이 크다고 해석할 수 있습니다.

Stock

나의 주식 호구 지수는?

☐ 코스피와 코스닥의 차이를 알고 있다

☐ 코스피와 코스닥 시장에서 시가총액이 가장 큰 기업의 이름을 알고 있다

☐ 가치투자의 개념을 알고 있다

☐ 기본적 분석과 기술적 분석의 차이를 알고 있다

☐ PER, PBR, ROE, EPS의 개념을 알고 있다

☐ 장기적으로 주가는 기업의 실적에 대체로 수렴한다는 사실을 알고 있다

☐ 금리가 오르면 주가가 떨어질 가능성이 높다는 사실을 알고 있다

☐ 상장기업에는 공시의무가 있다는 사실과, 기업들의 공시내용을 어디에서 확인할 수 있는지 알고 있다

- -

√ 7~8개 : 경제 상식 척척박사
자만은 금물! 심화 스터디와 최신 신문기사를 통해 경제 시야를 넓혀보세요.

√ 4~6개 : 어설픈 중수
아는 것은 되짚고 모르는 개념은 확실히 잡아 호구에서 탈출하세요.

√ 0~3개 : 호구의 제왕
경제와는 궁합 제로! 이 책을 통해 경제 기초체력을 다져보세요.

◆◆◆◆
기본기 레벨업

√ 코스피와 코스닥의 차이를 알고 있다

보통은 크게 주식과 채권이 상장되어 거래되는 시장을 유가증권시장이라고 합니다. 그중에서도 주식이 상장되어 공개적으로 거래되는 시장에는 '코스피(KOSPI, Korea Composite Stock Price Index)'와 '코스닥(KOSDAQ, Korea Securities Dealers Automated Quotation)'이 있습니다.

먼저 코스피에는 우리가 보통 대형주라고 부르는 주식들이 포함되어 있습니다. 한국의 주력 기업인 삼성전자, 현대차, SK하이닉스, 한국전력과 같이 이름만 들어도 알 만한 기업들이 다수 포진해 있지요. 반면, 코스닥에는 코스피에 비해 상대적으로 규모가 작거나 설립된 지 얼마 되지 않은 기업들, 혹은 기술 관련 벤처기업들이 많이 상장되어 있습니다. 보통 신생 기술기업들은 대부분 코스닥에 상장하는데, 여건만 맞는다면 코스피에도 상장할 수 있습니다. 다만, 코스피의 상장요건이 까다로워 신생 기업들이 진입하기에 어려움은 있지요. 코스닥은 기업의 실적이나 외형이 충분히 크지 않아도 기술특례와 같은 조건들을 이용해 상장하는 경우가 많습니다. 그래서 예전에는 IT기업들이나 게임회사들이 많이 상장했고, 최근에는 바이오·제약 관련 기업들이 진입하고 있습니다.

그러다 보니 코스피 쪽 종목들의 시가총액*이 대체

> *시가총액
> 전 상장주식을 시가로 평가한 금액. 상장 종목별로 그날 종가에 상장주식 수를 곱한 후 합계하여 산출한다. 시가총액은 주식시장의 규모를 나타내는 것은 물론, 한 나라의 경제 규모를 측정할 수 있는 중요한 경제지표로도 활용된다.

* 기관투자자
법인형태를 취하고 있는 기관으로
서의 투자자. 기관에는 은행, 보험
회사, 증권회사, 투자신탁회사 등이
포함된다.

로 큰 편입니다. 코스닥은 상대적으로 설립초기의 기업들이 많아 시가총액이 적은 편입니다. 그리고 코스피를 주도하는 매수주체는 주로 외국인과 국내 기관투자자*들인 반면, 코스닥을 주도하는 투자자들은 대개 개인투자자들입니다. 특히 코스피의 경우, 외국인 투자자들이 순매수할 때는 주가가 오르다가 외국인들이 빠져나갈 때는 주가가 가라앉는 흐름을 보입니다. 이에 반해 상대적으로 코스닥 시장에서는 개인들의 매수 움직임에 따라 주가의 흐름이 좌우되지만, 역시 큰손이라 할 수 있는 국내 기관투자자들과 외국인투자자들의 영향력도 무시할 수 없습니다.

✓ 코스피와 코스닥 시장에서 시가총액이
가장 큰 기업의 이름을 알고 있다

코스피에서 시가총액이 가장 큰 기업은 어디일까요? 바로 삼성전자입니다. 삼성전자의 경우 시가총액이 워낙 압도적으로 크다 보니 앞으로도 순위가 바뀌지 않을 가능성이 큽니다. 하지만 두 번째 이후의 종목들은 순위가 한 번씩 바뀌기도 합니다. 2017년 1월 초 기준으로는 SK하이닉스가 2위, 현대차가 3위, 삼성전자우(우선주)가 4위를 차지했습니다. 몇 년 전까지만 해도 현대차가 2위 자리를 지켰는데, 실적 부진에 따른 주가 하락이 이어지면서 순위가 밀려났습니다. 이처럼 주가는 매일 오르내리기 때문에 시가총액도 얼마든지 바뀔 수 있습니다.

다만, 삼성전자가 전체 시가총액에서 차지하는 비중이 웬만한 다른 국가의 시가총액 1위 기업에 비해 2배 정도 더 높다는 점은 알아두는 게 좋습니다. 시기별로 조금씩 달라지기는 하지만, 삼성전자의 시가총액은 전체 시가총액 대비 16~18%를 차지합니다. 다른 나라에서는 1등 기업이 평균 8~9% 정도를 차지하는데, 삼성전자는 약 2배 정도 비중이 높지요. 그만큼 우리나라의 경제력이 소수 대기업에게 얼마나 많이 집중되어 있는지를 시가총액 비중으로도 알 수 있습니다.

한편, 코스닥 시장 시가총액 1위 기업은 셀트리온입니다. 셀트리온은 바이오시밀러(Biosimilar)*에 주력하고 있는 바이오업종의 회사입니다.

> *바이오시밀러
> 생물의 세포나 조직 등의 유효물질을 이용해 분자생물학적 기법으로 개발한 의약품인 바이오의약품(생물의약품)의 복제약을 뜻하는 말이다.

✓ 가치투자의 개념을 알고 있다

가치투자란 말 그대로 기업의 가치를 보고 투자하는 것입니다. 가치투자의 대가로는 버크셔해서웨이(Berkshire Hathaway)의 CEO 워런 버핏(Warren Buffett)이 가장 대표적입니다.

가치투자를 영어로 표현하면 Value Investing 입니다. 여기에서 Value는 '기업의 가치'를 의미

미국의 5대 갑부이자 전설적인 투자의 귀재 워런 버핏. 그는 가치 있는 주식을 발굴해 매입하고 이를 오랫동안 보유하는 것으로 유명하다. ⓒForbes

합니다. 보통 주가는 기업의 가치에 따라 장기적으로 수렴되지만, 단기적으로는 시장의 상황에 따라 시시각각 변화합니다. 가치투자의 관점에서는 이러한 단기적 흐름에 연연하지 않습니다. 기업의 현재 내재가치를 검토하고, 내재가치에 비해 주가가 현저히 저평가되어 있다면 해당 주식을

* 모멘텀
본래 물리학 용어로 동력을 뜻하며, 추진력이라고도 한다. 주식시장에서는 주가가 상승추세를 형성했을 때 얼마나 가속을 붙여 움직일 수 있는지를 나타내는 지표이다. 예를 들어 증자발표, 신사업 진출, 정부의 정책발표 등이 있다.

* 재무제표
기업의 회계상 재무 현황을 기록하여 정확하게 보고하기 위한 문서. 재무제표의 종류로는 대차대조표와 손익계산서, 자본변동표, 현금흐름표로 구분되며 필요한 재무 정보에 따라 사용되는 문서가 다르다.

사서 향후 주가가 올라갈 때까지 기다리는 자세로 투자에 임합니다. 즉, 타이밍이나 모멘텀*을 포착해 투자하기보다는 알짜배기 기업을 잘 골라 그 기업과 결혼한다는 마음으로 장기투자하는 방법이라 할 수 있습니다.

물론 어떤 기업의 주가가 현재 저평가되어 있다는 점을 일률적으로 판단하기는 어렵습니다. 저평가 여부를 따지기 위해서는 재무제표*와 각종 가치지표들을 분석해야 하기 때문입니다. 아무래도 충분한 학습이 선행되지 않는다면 일반 개인투자자들의 입장에서는 꽤 어려운 작업일 것입니다. 그래서 손해를 보지 않고 주식에 투자하기 위해서는 공부해야 할 것들이 상당히 많습니다. 이 부분에 대해서는 STEP3에서 더 자세히 알아보도록 하겠습니다.

√ 기본적 분석과 기술적 분석의 차이를 알고 있다

기본적 분석은 기업의 기본적인 가치를 분석하는 일입니다. 기업이 얼마나 자산을 축적하고 있고, 향후에 얼마나 수익을 낼 수 있는지와 같이 해당 기업의 기초체력과 가치를 살펴보는 분석법이지요. 그렇다면 기업의 자산이란 무엇일까요? 과거에 얼마나 경영을 잘해왔는지를 판단하는 지표입니다. 쉽게 말해 가정으로 치면 재산입니다. 그런데 옛날에는 돈을 잘 벌었어도 지금은 가장이 실직해 벌이가 시원찮을 수도 있겠지요?

반면, 지금껏 모아놓은 돈은 없어도 앞으로 창창하게 돈을 많이 벌어들일 젊은이도 있을 것입니다. 기업도 이와 마찬가지입니다. 물론 가장 좋은 모델은 자산도 많고 지금도 돈을 많이 벌어서 높은 현금 흐름을 보이는 기업이겠지요. 바로 이러한 기업이 알짜배기 기업입니다. 이처럼 기본적 분석은 한 기업의 가치를 보여주는 재무구조와 실적, 그리고 이들에 영향을 미치는 흐름을 읽어내는 작업입니다.

기본적 분석에서도 가장 중요한 지표는 단연 재무제표입니다. 재무제표의 흐름에 기업의 자산과 실적이 다 반영되어 있기 때문입니다. 과거에도 돈을 잘 벌었고 지금도 버는 돈이 많다면 자산, 특히 순자산이 많고, 현재 영업을 잘해 돈을 많이 벌고 있다면 영업이익률이 높게 나타납니다. 재무제표와 같은 정량적 지표가 아니더라도 CEO가 리더십이 있고 훌륭한 사람이며 기업경영을 잘하는지, 해당 기업의 제품에 기술력과 경쟁력이 있는지, 마케팅 역량이 뛰어난지 등 질적인 부분을 분석하고 평가하는 것도 기본적 분석에 해당합니다. 기본적 분석은 영어로 Fundamental Analysis라고 하는데, 기업의 실적을 이루는 기본적인 부분(Fundamental)을 분석하기 때문입니다. 저는 주식투자를 할 때 무조건 기본적 분석으로 접근해야 한다고 생각합니다. 그런데 이상하게도 우리나라의 개인투자자들은 기술적 분석에 크게 의존합니다.

기술적 분석이란 무엇일까요? 주가가 움직이는 패턴을 보고 향후 주가의 흐름을 예측해 투자하는 기법을 뜻합니다. 흔히 각종 경제 프로그램에서 주식 전문가라는 사람들이 주가의 차트를 보며 향후 주가 흐름을 전망하고 투자 전략을 설명하는데요. 바로 이것이 기술적 분석이라고 보면 됩니다. 그런데 CNN MONEY와 같은 채널에서는 주식시장을 분석할 때 우

사실상 개인투자자들이 차트분석을 통해 주가의 흐름을 예측하기란 불가능에 가깝다. 실제로 많은 개인투자자들이 이런 식으로 주식투자를 감행하는데, 효과가 있다면 상당수가 돈을 벌어야 정상이다. 하지만 현실에서는 돈을 잃는 경우가 훨씬 더 많다.

리나라처럼 차트를 통해 주가를 예측하지 않습니다. 유독 한국만 기술적 분석을 권장하는 분위기이지요. 서점에 가서 주식투자에 관한 책들을 살펴보면 캔들, 양봉·음봉, 5일 이동평균선, 20일 이동평균선과 같은 용어들이 난무하며 이것이 주식투자의 기초이자 왕도인 것처럼 설명하고 있습니다.

하지만 서울대 컴퓨터공학부 문병로 교수가 쓴 『매트릭 스튜디오』라는 책을 보면, 이런 이론이 상당히 터무니없다는 사실을 잘 알 수 있습니다. 문병로 교수가 알고리즘으로 주가를 분석해본 결과, 주가의 흐름이 일정한 패턴으로 나타나기는 합니다만 이는 컴퓨터 프로그램만이 찾아낼 수 있는 현상이지 사람이 찾아내기는 어려운 경우가 많았습니다. 무엇보다도 기술적 분석으로 찾아낸 패턴이 실제 주가와 다른 방향으로 움직이는 경우도 허다하지요. 그래서 문병로 교수는 기술적 분석을 일컬어 '현대판 점성술'이라고까지 표현합니다. 개인투자자들이 이러한 기술적 분석에 의존해 주식투자를 하다 보면, 당연히 실패할 확률이 높아집니다. 특히 우리나라처럼 증권거래세*와 거래수수료가 계속 발생하는 나라에서는 기술적 분석에 따라 단타매매를 이어갈수록 추가적 손실을 보기 십상입니다.

* 증권거래세
주식을 이전하거나 매각하는 경우, 주권 또는 양도자에게 양도가액을 기준으로 부과하는 세금. 주식을 샀을 때는 세금이 없지만 주식을 팔았을 때는 증권거래세를 내야 한다. 세율은 주식을 팔 때는 판 대금의 0.5%를 내고, 유가증권시장에서 양도되는 주권은 0.15%, 코스닥시장에서 양도되는 주권은 0.3%를 부과한다.

✓ PER, PBR, ROE, EPS의 개념을 알고 있다

PER, PBR, ROE, EPS는 기업의 가치를 나타내는 가장 대표적인 지표입니다. 먼저 PER(Price Earnings Ratio)은 우리말로 '퍼'라고 읽기도 하는데요. 주가순이익비율을 뜻합니다. 즉, 주가가 그 회사 1주당 수익의 몇 배가 되는가를 나타내는 지표로, 주가를 1주당 순이익으로 나눈 값입니다. 여기에서 Price는 '주가', Earnings Ratio는 대체로 '수익비율'이라고 번역하는데 저는 개인적으로 '순이익비율'이라는 표현이 더 정확하다고 생각합니다. 어떤 경우에는 수익이 매출로 해석되는 경우도 있기 때문입니다. 예를 들어 삼성전자의 주가가 100만 원이라고 가정해봅시다. 이때 삼성전자의 한 해 주당 순이익이 10만 원이라면 PER은 얼마일까요? 바로 10입니다. 삼성전자의 1주 100만 원을 주당 순이익 10만 원으로 나눈 값이지요.

그렇다면 PBR(Price Book-value Ratio)은 무엇일까요? P는 똑같이 Price이고, B는 Book-value, 즉 '장부가치'를 뜻합니다. 장부가치는 쉽게 말해 순자산 또는 자본입니다. PBR은 주가를 주당순자산가치로 나눈 비율로, 주가와 1주당 순자산을 비교한 수치입니다. 조금 어려운 내용이지만 차근차근 이해해보도록 하지요. 대차대조표*에서 자산은 자본과 부채를 합한 값입니다.

내가 사는 집으로 한번 비유해볼게요. 우리 집값이 5억 원인데 은행에서 3억 원을 빌렸다고 칩시다. 그러면 순자산은 얼마인가요? 2억 원입니다. 즉, 2억 원이 자본이라는 뜻이지요. 엄밀하게는 약간 다른 경우도 있는데, 일

> *** 대차대조표**
> 특정시점에 현재 기업이 보유하고 있는 자산(경제적 자원)과 부채(경제적 의무), 자본의 잔액에 대한 정보를 보고하는 보고서.

단은 '자본=순자산'이라고 이해하는 게 좋겠습니다.

이제 PER과 PBR을 비교해보도록 하겠습니다. PER은 쉽게 말해 이 기업이 얼마나 돈을 잘 벌어들이고 있는지를 보여주는 지표입니다. 순이익이므로 기업이 한 해 동안 장사를 해 세금 및 비용을 모두 떼고 남은 돈을 뜻하지요. 자, 다시 삼성전자의 주식을 예로 들어봅시다. 삼성전자의 주가가 100만 원인데 작년에는 10만 원을 벌다가 올해는 5만 원밖에 못 벌었다고 칩시다. 그러면 PER은 어떻게 되나요? 10에서 20으로 늘었습니다. 기업의 가치는 떨어졌는데 주가는 그대로이니 PER이 올라간 것이지요. 즉, 주가가 작년에 비해 고평가되었다고 볼 수 있습니다. 그래서 PER이 낮으면 기업이 벌어들이는 순이익에 비해 주가가 저평가되어 있는 것이고, PER이 높을수록 기업의 주가가 고평가되어 있다고 볼 수 있습니다.

PBR도 마찬가지입니다. 다만 기준이 다르지요. PBR은 순자산을 기준으로 한다고 설명했습니다. 다시 예를 들어 삼성전자의 주당 순자산이 50만 원이고 주가가 100만 원이라면 PBR은 얼마일까요? 2입니다. 그런데 주당 순자산이 50만 원에서 100만 원으로 뛰었어요. 열심히 벌어서 자본을 확충한 결과이지요. 그러면 PBR은 1이 됩니다. PBR이 2에서 1로 떨어지니까, 기업의 가치는 어떻게 되었나요? 좋아졌지요. 그러면 거꾸로 PBR이 높아지면 기업의 가치가 나빠졌다고 판단할 수 있습니다. 즉, PBR이 올라가면 기업의 가치가 상대적으로 고평가되어 있고, PBR이 떨어지면 저평가되어 있다고 보시면 됩니다.

참고로 각 기업의 PER과 PBR은 '네이버 금융' 사이트를 통해서도 손쉽게 알아볼 수 있습니다. 네이버 금융 홈페이지에서 종목명 검색창에 상장된 기업의 이름을 쳐보세요. 그러면 종합란에 전일, 고가, 거래량, 시가총

액이 나와 있고, 그 밑에 PER과 PBR이
나옵니다. 왜 이러한 정보를 제공하고
있을까요? 그만큼 주식투자에서 매우
중요한 정보이기 때문입니다.

네이버 금융 홈페이지에서 '삼성전자'를 검색하면 해당 정보를 상세
히 확인해볼 수 있다. finance.naver.com

　　그다음으로 ROE(Return On Equity)란
자기자본이익율을 뜻합니다. 기업이 자기자본을 활용해 1년 동안 얼마를
벌어들였는지(Return)를 나타내는 대표적인 수익성 지표로, 경영효율성을
나타냅니다. ROE가 높을수록 좋은 기업이라는 뜻이지요. EPS(Earning Per
Share)란 주당순이익으로 기업이 벌어들인 순이익을 그 기업이 발행한 총
주식 수로 나눈 값입니다. 1주당 이익을 얼마나 창출했는지를 나타내는
지표로 그 회사가 1년간 올린 수익에 대한 주주의 몫을 나타내는 지표라
할 수 있습니다. 따라서 EPS가 높을수록 해당 주식의 투자가치가 높다고
판단할 수 있지요.

> PER = 주가 ÷ 1주당 순이익 = 주가 ÷ EPS
> PBR = 주가 ÷ 1주당 순자산

✓ 장기적으로 주가는 기업의 실적에
대체로 수렴한다는 사실을 알고 있다

　　단기적으로 주가는 늘 출렁이지만, 기업의 실적이 꾸준히 성장하면
장기적으로는 그 실적의 흐름에 대체로 수렴하는 경향이 있습니다. 이는

전 세계 주식시장에서 입증된 분명한 사실입니다. 이러한 전제를 받아들이면 장기투자를 할 수 있습니다. 즉, 실적이 계속 좋아질 종목을 골라 투자하면 일시적인 기복은 있어도 분명 우상향할 것이므로 장기투자가 가능합니다. 이런 관점에서 볼 때 가장 효과적인 주식투자 방법은 좋은 종목을 골라 주가가 오를 때까지 기다리는 것입니다. 이를 '바이 앤 홀드(Buy and Hold)' 전략이라고도 합니다.

그런데 간혹 어떤 분들은 장기적 가치투자를 잘못 이해하기도 합니다. 엉뚱한 종목을 고르고서는 단기간에 수익을 챙겨 팔려고 했는데 주가가 떨어지는 바람에 팔지 못했습니다. 그러면 그때부터 자신이 장기투자자라고 최면을 거는 것입니다. 그러면 안 됩니다. 성장하는 묘목에 물을 주면 자라나지만, 고목에 물을 주면 자랍니까? 주식시장에서도 묘목과 고목을 정확하게 구분해야 합니다. 만약 성장할 기업이 아닌데 좋은 기업으로 착각하고 매수했다면, 그나마 주가가 조금 떨어졌을 때 빨리 빠져나오는 것이 가장 합리적인 묘책입니다. 반대로 해당 기업을 여러 측면에서 분석하고 검토해본 결과 꾸준히 성장할 것이라고 믿음이 간다면 주가가 어느 정도 떨어지더라도 놔두면 됩니다. 그러면 언젠가는 다시 기업의 실적이 좋아지면서 주가도 올라갈 수 있습니다.

✓ 금리가 오르면
주가가 떨어질 가능성이 높다는 사실을 알고 있다

상식적으로 생각해본다면 간단한 문제입니다. 앞서 〈금리〉 편에서도 짚어봤던 내용입니다. 만약 현재 은행 이자율이 2%라고 가정해봅시다. 그러면 은행에 돈을 넣어두는 사람이 많을까요, 리스크를 감수하더라도 주식투자를 해 수익을 올리려는 사람들이 많을까요? 당연히 주식시장으로 돈이 몰립니다. 그러면 그 돈이 모여 실제로 주가가 올라가는 현상이 발생합니다. 반대로 은행 이자율이 7%까지 올랐다고 칩시다. 그러면 굳이 위험을 감수하고 주식시장에 뛰어들 필요가 없겠지요. 이처럼 금리가 높아지면 상대적으로 주식에 투자하는 경우가 줄어들기 때문에 주가가 떨어지고, 금리가 낮아지면 주가가 올라갑니다.

다만 이것은 원론적인 상관관계입니다. 현실경제는 매우 복잡해서 그렇게 간단하게 돌아가지 않습니다. 당장 2011년 이후 코스피시장의 흐름만 봐도 그렇습니다. 그동안 금리가 계속 떨어졌음에도 코스피주가는 게걸음을 쳤습니다. 거꾸로, 드라마 「응답하라 1988」의 배경이 된 시대에는 금리가 15% 수준이었습니다. 그런데 그때는 주가가 상대적으로 계속 오르는 추세였지요. 특히 1980년대 말 주식시장은 급등을 반복했습니다. 즉, 금리의 흐름과 주가는 이론적인 상관관계를 갖지만 현실에서는 그밖에 많은 요인들이 주가에 영향을 미치기 때문에 반드시 반대 방향으로 움직이지는 않습니다. 이론적인 내용은 이해하되 전반적인 경제 흐름을 잘 살펴볼 필요가 있는 것이지요. 예를 들어 현재 저금리 현상이 지속되는 이유는 저성장 시대를 맞아 돈에 대한 수요가 없어졌기 때문입니다. 전반적으로 경기와 기업 실적이 안 좋게 나타나고 있지요. 그러다 보니 저금리 상황에서도 주가가 잘 오르지 않습니다.

✓ 상장기업에는 공시의무가 있다는 사실과,
기업들의 공시내용을 어디에서 확인할 수 있는지 알고 있다

한 기업이 상장을 하면 외부회계감사를 받아 연간 사업보고서와 분기보고서, 반기보고서를 공개해야 하고, 이 밖에 주요 주주의 지분 변동과 인수합병, 주가에 영향을 미칠 수 있는 사업상의 변화 등을 의무적으로 공시해야 합니다. 이러한 정보들을 바탕으로 투자자들이 제대로 된 투자 판단을 내릴 수 있게 해야 하고, 중요한 정보의 누락이나 왜곡을 통해 특수관계인 등이 부당한 방법으로 주가 차익을 얻지 못하게 해야 합니다. 비상장기업들 가운데도 상장기업과 같은 공시의무는 없지만, 주주들을 위해 관련 정보들을 올려둔 경우가 많습니다.

금융감독원 전자공시시스템 DART
dart.fss.or.kr

각종 공시정보는 금융감독원 전자공시시스템(dart.fss.or.kr)에 들어가 확인해볼 수 있습니다. 주식투자를 하는 분들이라면 반드시 이 사이트를 기억해두길 바랍니다. 여기에 들어가면 각 기업들의 사업보고서를 열람할 수 있습니다. 워런 버핏의 취미는 시간이 날 때마다 기업들의 사업보고서를 처음부터 끝까지 읽는 것이라고 합니다. 투자로 세계 최고의 거부가 된 사람의 취미입니다. 워런 버핏처럼 사업보고서를 다 읽지는 못해도 주주관계, 재무제표상의 중요한 내용들(자산, 자본, 이익률, 단기순이익의 흐름 등)은 최대한 꼭 챙겨보세요. 그리고 이 회사가 도대체 어떤 일을 해 돈을 버는지 알아야, 즉 어떤 사업을 하고 어디에서 매출과 영업이익이 발생하는

지를 알아야 기본적인 투자 판단을 내릴 수 있습니다. 나아가 향후 경제의 흐름 속에서 이 기업의 실적이 좋아질지 나빠질지도 확인해볼 수 있습니다.

대한민국 주식시장의 현황과 전망

먼저 국내 주식시장의 현황부터 살펴보도록 하겠습니다. 주식은 주식시장에서 거래되므로 투자에 앞서 주식시장의 구조와 작동원리를 이해할 필요가 있습니다.

우선 투자자별 보유주당 주가 추이를 보면, 외국인투자자의 주당 주가

투자자별 보유주당 주가 추이(2000~2013)

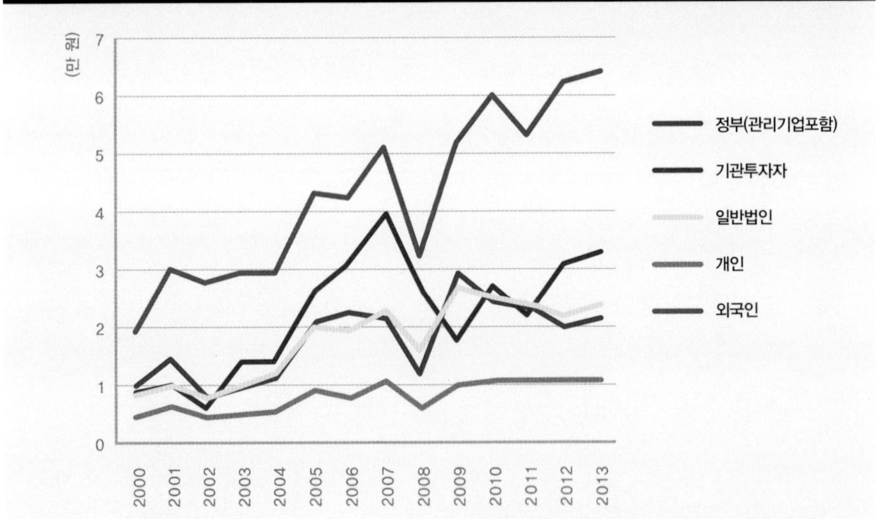

* 한국거래소(KRX) 자료를 바탕으로 선대인경제연구소 작성

가 상당히 높습니다. 외국인투자자들이 대형주에 많이 투자하기 때문에 그렇습니다. 그다음으로 기관투자자들이 높고, 개인투자자의 주당 주가가 가장 낮습니다. 개인투자자들이 1만 원짜리 주식에 투자한다면, 외국인투자자들은 6~7만 원짜리 주식에 투자한다는 의미입니다. 아무래도 주가가 싼 종목에 투자하다 보니 개인투자자들이 코스닥시장에 몰려 있기도 합니다.

이는 거래주체별 투자 성향과도 깊은 연관이 있습니다. 외국인투자자들은 세계경제의 큰 흐름을 보기 때문에 한국의 주요 기업들 가운데 투자대상을 선별하여 주식시장에 들어오는 경우가 많습니다. 주로 큰돈을 움직이므로 단기적 투자보다는 장기적 투자를 하지요. 반면, 개인투자자들은 주가가 싼 주식을 매수해서 단기간에 크게 오르리라 기대합니다. 그런데 개인투자자들이 투자하는 주식의 주가가 낮은 데에는 일종의 착시현상도 작용하는 것 같습니다. 예를 들어 개인투자자들에게 '삼성전자 주식은 왜 사지 않느냐'고 물으면, 비싸서 못 산다고 이야기합니다. 어떻게 보면 일리가 있는 말 같지요? 그런데 1만 원짜리 주식을 100주 사는 것과 100만 원짜리 주식을 1주 사는 투자금액은 각각 100만 원으로 동일합니다. 즉, 삼성전자 주식이 비싸서 못 산다는 말은 논리적으로 설득력이 없습니다. 주가가 1만 원이든 100만 원이든, 주당 가격에 상관없이 내가 투자하려는 기업의 성장 가능성을 판단하고, 투자금에서 이 종목에 얼마의 자금을 배분할 것인지만 결정하면 됩니다. 어떤 종목이 좋아서 100만 원을 투자하겠다고 마음먹었을 때 그 기업의 주식이 1만 원이면 100주, 10만 원이면 10주, 100만 원이면 1주를 매수하면 된다는 말입니다. 그럼에도 많은 개인투자자들이 주가가 낮아야 앞으로도 많이 오를 것이라 착

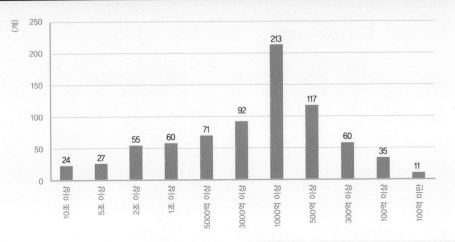

시가총액별 상장회사 수 비율 분포(2015.03)

* 한국거래소(KRX) 자료를 바탕으로 선대인경제연구소 작성

각하고, 또 주가가 싸니까 보유한 자금으로 살 수 있을 것이라고 생각합니다.

위 그래프는 우리나라의 주식시장이 얼마만큼 쏠려 있는지를 나타냅니다. 시가총액이 10조 원 이상 되는 기업의 수는 24개로 전체 상장기업의 3.1%밖에 되지 않습니다. 5조 원 이상 되는 기업은 27개로 3.5%이지요. 그런데 이 둘을 합쳐 전체의 6.6%밖에 되지 않는 기업들이 전체 시가총액의 약 69%를 차지하고 있습니다. 대략적으로 말해 7%의 기업들이 시가총액 70%를 차지하고 있다는 뜻입니다. 이는 국내 주식시장의 집중도를 보여주는 한편, 한국경제가 얼마나 소수의 대기업 위주로 돌아가고 있는지를 나타냅니다. 물론 다른 나라도 이러한 흐름이 있기는 하지만, 앞서 삼성전자의 시가총액 비중에서 보았듯이 한국은 유독 소수 대기업의 시가총액 집중도가 높습니다.

투자 대상별 수익률 비교(1802~2002)

투자대상	연간수익률
주식	6.6%
채권	3.6%
미국 국채	2.7%
금	0.7%
미국 달러	-1.4%

주식 $704,997
채권 $1778
미국 국채 $281
금 $4.52
미국 달러 $0.05

* 『주식에 장기투자하라(원서: Stocks for the Long Run)』

　이어서 한국의 주가가 향후 어떻게 움직일지 장기적인 관점에서 생각해보겠습니다. 지금까지 대다수의 국가에서는 주가가 장기적으로 상승하는 흐름을 이어왔습니다. 위 그래프는 제러미 시겔(Jeremy J. Siegel) 교수의 『주식에 장기투자하라』라는 책에서 인용했는데요. 주식, 채권, 미국 국채, 금, 미국 달러 등의 투자 자산에 장기적으로 투자했을 때 수익률이 어떠했는지를 나타냅니다. 이 가운데 가장 수익률이 높은 것은 주식입니다. 한국도 몇 년 전까지는 이와 비슷한 흐름을 보였습니다. 특히 과거 고성장기 때에는 상대적으로 주식의 투자 수익률이 가장 높았습니다. 그런

* 박스권
주가가 일정 상한선과 하한선 사이
의 간격 안에서만 오르내리며 그 상
한선과 하한선을 깨지 못하는 현상.
매수세력과 매도세력의 힘이 비슷
하거나, 거액투자자나 기관투자자
들이 많이 개입할 때 나타나며, 시
간이 지날수록 거래량이 점차 줄어
든다.

데 2008년 이후로는 우리나라 경제가 침체되고, 국내 주력 기업들의 실적이 정체되거나 나빠지면서 주가가 박스권*에 갇혀버렸습니다. 그래서 우리나라가 미국처럼 앞으로도 계속 주식의 수익률이 높게 나타날지는 의문입니다. 참고로 일본은 부동산버블이 붕괴한 1991년 이후부터 아베노믹스가 시작된 2013년 전까지 주가가 장기간 하락하거나 횡보했습니다.

설사 주가가 미국처럼 장기적으로 상승한다고 해도, 기본적으로 주가는 변동성이 크기 때문에 리스크가 많다고 생각하는 경우가 일반적입니다. 그런데 리스크, 즉 손실위험가능성은 잘 알고 투자할수록 줄이거나 회피할 수 있습니다. 워런 버핏의 명언 중에 이런 말이 있습니다. "리스크란 당신이 무엇을 하고 있는지 모르는 데에서 온다(Risk comes from not knowing what you're doing)." 주식투자를 했다가 손해를 본 사람이라면, 자신이 해당 종목에 대해 잘 알고 투자했는지를 생각해보길 바랍니다. 누군가의 '오른다'는 말만 믿고 아무런 검증 없이 투자하지는 않았는지 냉철하게 점검해보아야 합니다. 만약 그런 자세로 투자에 임했다면 거의 대부분 실패를 경험했을 것입니다.

◆◆◆◆

리스크를 최소화하는
주식투자 비법

수많은 개인투자자들이 주식투자에 실패하는 이유는 무엇일까요? 가장 큰 이유는 우리나라의 주식투자 문화가 매우 잘못 형성되어 있기 때문입니다. 앞에서도 언급했지만, 우리나라는 다른 나라와 달리 기술적 분석에 근거한 단기적 투자가 빈번하게 일어나고 있습니다. 기업의 가치를 제대로 분석하고 투자하기보다는 차트의 흐름만을 이용한, 사실상 투기에 가까운 주식투자법이 매우 당연하게 여겨지고 있습니다.

이런 식으로 시시각각 주가의 흐름에 따라 단기투자를 하면 대부분의 개인투자자들은 손실을 볼 확률이 높습니다. 실제 차트분석을 바탕으로 단기투자를 하는 개인투자자들의 80~90% 이상이 주식으로 돈을 잃고 있습니다. 차트분석이 정말로 유효하고 잘 통하는 방식이라면 개인투자자들이 돈을 벌어야 정상 아니겠습니까? 그런데도 많은 사람들이 기술적 분석에 엄청난 비법이 숨어 있다고 느끼고 있습니다.

무엇보다도 개인투자자들 가운데 흔히 '고수'라고 불리는 투자자들이 그럴 듯해 보이는 기술적 분석으로 많은 사람들을 현혹시키고 있습니다. 한국의 경우, 대주주가 아닌 이상 개인투자자의 주식양도차액에 대해 과세를 하지는 않지만 주식을 사고팔 때는 무조건 증권거래세를 내야 합니다. 또 거래를 할 때마다 증권사에 수수료도 냅니다. 그래서 기술적 분석을 토대로 단기투자를 하면 수익률은 고사하고 세금과 수수료가 계속 빠져나가게 됩니다. 증권사에게만 이득인 셈이지요.

개인투자자들이 주식투자에 실패하는 또 하나의 이유는 잘못된 정보에 휘둘리기 때문입니다.

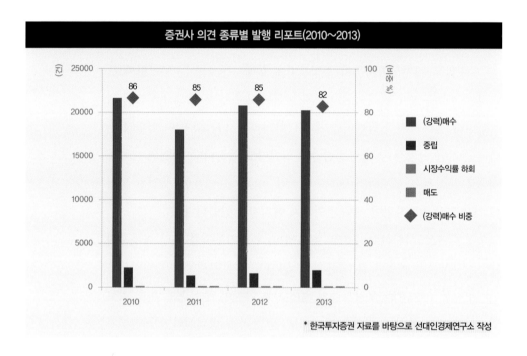

증권사가 발표하는 리포트를 보면, 매도 의견을 제시하는 내용은 사실상 없다고 할 만큼 비중이 적습니다. 반면, 강력매수 의견을 제시하는 리포트는 전체의 85% 이상입니다. 이는 증권사의 이해관계와도 상관이 있는데요. 한국의 많은 증권사들은 고객의 수익보다는 자신들의 실적을 더 우선시합니다. 최대한 자신들을 통해 주식거래를 하게 만들고, 거래를 더

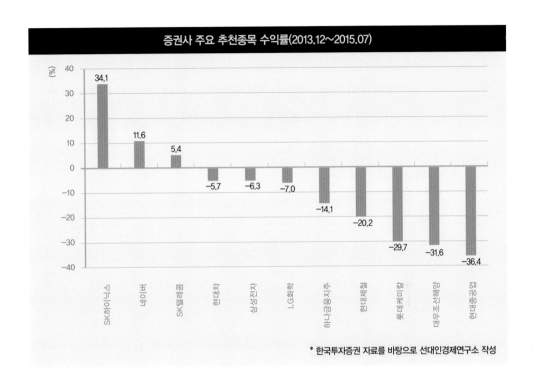

증권사 주요 추천종목 수익률(2013.12~2015.07)

* 한국투자증권 자료를 바탕으로 선대인경제연구소 작성

자주 하도록 부추깁니다. 그러기 위해서는 개인투자자들에게 솔깃할 만한 정보를 뿌려야 하니 자꾸만 장밋빛 전망만을 제시합니다.

위의 그래프는 2013년부터 2015년까지 증권사가 추천한 코스피200 기업들의 수익률을 분석한 자료 중 일부입니다. 증권사들이 제시한 1년 전 실적 전망치에 대비해 전체적으로 평균 32.9%가 과대 추정되었다고 나왔습니다. 증권사들이 A기업의 내년도 영업이익을 10조 원 정도로 예상했는데, 실제로는 7조 원 정도밖에 나오지 못했다는 뜻입니다. 이러한 패턴이 매우 지속적으로 나타나고 있으며, 최근 들어 과장의 정도가 더욱 심해졌습니다. 물론 이와 같은 현상은 경기침체가 장기화되면서 기업들의 실적이 그만큼 따라주지 못한 측면 때문이기도 합니다. 그럼에도 불구하고 계속해서 이런 흐름이 나타난다는 것은 그만큼 증권사들이 습관적으로 실적 전망치를 과대추정하고 있다고밖에 볼 수 없습니다. 한편으로는 증권사들이 해당 기업의 주식 담당자들로부터 정보를 얻는데, 아무래도 기업의 입장에서는 최대한 좋게 포장하여 이야기를 해주겠지요. 물론 냉철한 분석력을 바탕으로 리포트를 작성했다면 보다 정확한 결과가 반영되었을 것입니다.

어쨌든 증권사가 발행하는 리포트의 투자 의견이 상당 부분 왜곡되어 있다 보니, '매수'가 아니라 '중립' 의견이어도 사실상 '매도'로 받아들여야 합니다. 한편, 특별한 사정이 없는데도 어떤 종목에 대해 매수 의견은 그대로 유지하면서 목표주가를 하향 조정하는 리포트도 종종 나옵니다. 이런 경우에도 해당 기업의 향후 실적에 대해 부정적으로 보고 있을 가능성이 크므로 주의 깊게 살펴야 합니다.

앞선 문제들 못지않게 개인투자자들의 심리적 편향 역시 주식투자에 실패하는 원인 중 하나입니다. 오른쪽 그래프는 2015년에 주식투자 주체별로 가장 많이 투자한 종목이 무엇이며, 얼마나 수익이 났는지를 나타내고 있습니다. 어떤가요? 기관과 외국인투자자들의 종목들은 대체로 오름세인 반면, 개인투자자들의 종목은 하나같이 다 빠졌습니다. 포스코, SK하이닉스, 현대차, LG디스플레이, 삼성물산 이들 다섯 개 종목은 공통점이 있는데요. 바로 안정적인 대형주라는 것입니다. 안정적이기는 한데, 안정적으로 주가가 하락한다는 데에 문제가 있지요.

여기에서 개인투자자들이 피해야 할 세 가지 심리적 편향을 소개하겠습니다. 첫 번째가 바로 '도박사의 오류(Gambler's Fallacy)'입니다. 동전을 던

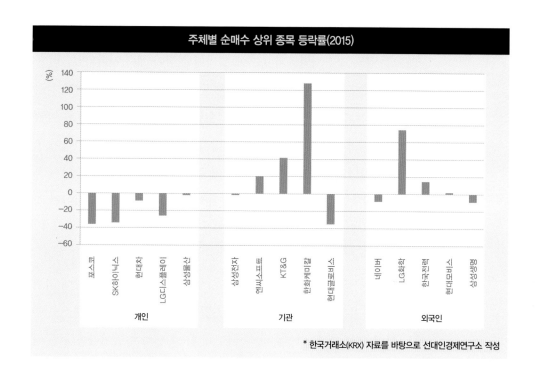

주체별 순매수 상위 종목 등락률(2015)

(%)

	140
	120
	100
	80
	60
	40
	20
	0
	-20
	-40
	-60

포스코 / SK하이닉스 / 현대차 / LG디스플레이 / 삼성물산

개인

삼성전자 / 엔씨소프트 / KT&G / 한화케미칼 / 현대글로비스

기관

네이버 / LG화학 / 한국전력 / 현대머티리스 / 삼성생명

외국인

* 한국거래소(KRX) 자료를 바탕으로 선대인경제연구소 작성

졌는데 다섯 번 연속해서 앞면이 나왔다고 칩시다. 여섯 번째로 동전을 던지면 어떤 면이 나올까요? 정답은 50:50, 즉 앞면과 뒷면이 나올 확률이 똑같습니다. 앞선 다섯 번의 결과는 여섯 번째의 결과에 아무런 영향을 미치지 못합니다. 이를 확률에서는 '독립시행'이라고 하는데요. 의외로 많은 사람들이 다섯 번 연속 앞면이 나왔으니 여섯 번째는 뒷면이 나올 확률이 높다고 착각합니다.

이를 주식에 대입해볼까요? 내가 산 주식이나 혹은 사려고 생각하는 주식의 주가가 계속 떨어집니다. 그러면 사람들은 이렇게 생각합니

주식투자를 할 때 계속 주가가 내렸으니까 다음에 오를 것이라 기대하는 것뿐만 아니라 당첨 확률이 극히 낮은 복권을 계속 사는 것, 슬롯머신에 동전을 넣으며 이번에는 이길 확률이 높다고 판단하는 것, 계속 딸을 낳았으니 이번에는 아들을 낳을 거라고 생각하는 것도 도박사의 오류가 작용한 예시다.

다. '이제는 오를 때가 됐겠지?' 실제 이러한 사례가 바로 '포스코'입니다. 포스코는 중국 철강기업들의 공세에 밀리며 실적이 계속 악화되었습니다. 그래서 주가가 떨어졌는데요. 사람들은 주가의 하락이 기업의 실적 하락 때문이라고는 생각하지 않고, 몇 해나 계속 떨어졌으니 이제는 오를 때가 됐겠지 하는 마음으로 포스코 주식을 많이 매수했습니다. 물론 실적이 좋은 종목이 상당히 오랜 기간 조정을 받아 주가가 떨어진 경우라면 다시 오를 가능성이 높겠지요. 그런데 기업의 실적이 악화되어 주가가 떨어진 경우라면 흐름세만 보고 다시 오를 타이밍을 판단해서는 절대로 안 됩니다.

두 번째는 '앵커링 효과(Anchoring Effect)'입니다. 우리는 무의식중에 자기 나름의 기준점을 설정합니다. 다시 포스코의 예를 들어볼까요? 포스코 주가는 한때 60만 원을 넘었습니다. 그런데 15만 원까지 떨어졌습니다. 어떤가요? 매우 싸졌다는 생각이 듭니까? 도박사의 오류와 마찬가지로 기업의 실적은 고려하지 않은 채 단지 내 마음속의 기준점을 토대로 타이밍을 잡아 주가의 향방을 판단하면 안 됩니다.

마지막으로 '손실회피심리(Loss Aversion)'를 들 수 있습니다. 투자를 할 때는 이익을 내고자 하는 욕구보다 손실을 회피하고 싶은 욕구가 더 큽니다. 실제로 100만 원을 잃었을 경우, 200~250만 원의 이득을 보아야 손실로 인한 고통을 상쇄할 수 있다는 연구결과도 있습니다. 그만큼 사람들은 손실을 싫어합니다. 그런데 아이러니하게도 손실을 회피하고자 하는 심리 때문에 주식투자에서 더 큰 손실을 봅니다. 어떤 사람이 A라는 주식을 샀는데 당초 예상과 달리 주가가 계속 떨어지는 겁니다. 당연히 손해를 보았지요? 그런데 이 주식을 팔아서 현금으로 만들기 전까지는 자신이 손해를 보았다고 생각하지 않습니다. 주식을 팔아 현실화해야만 손실을 확정짓는 것이기 때문에 빨리 팔지 못하고 그대로 방치하는 것이지요. 그래서 냉정하게 손절매*를 하지 못하고 손실의 폭을 계속 키웁니다. 사실은 저도 마이너스 40%대의 큰 손실을 본 뼈

아픈 경험이 있습니다. 가급적 애초에 떨어질 주식을 사면 안 되겠지만, 만약 그런 종목을 샀다면 손실을 최대한 줄이는 방향으로 이성적인 판단을 해야 합니다. 이러한 심리적인 편향들이 합쳐져 개인투자자들이 주식투자에서 많은 손실을 보고 있습니다.

다음으로는 개인투자자들이 주식투자를 할 때 반드시 주의해야 할 점 일곱 가지를 소개해드리겠습니다. 여기에서 제시한 7계명은 항상 유념하길 바랍니다. 첫째, 투자에 앞서 자신의 투자성향을 파악하고, 그에 맞지 않는 투자는 삼가야 합니다. 전국투자자교육협의회(kcie.or.kr) 사이트에 들어가 자신의 투자성향을 체크해보세요. 문항을 체크하고 나면 자신이 안정형, 안정추구형, 위험중립형, 적극투자형, 공격투자형 중에 어떤 유형인지를 파악할 수 있습니다. 안정형의 경우, 은행에 예금만 맡겨야 하는 사람인데 이런 분들이 주식에 투자하면 손실이 날까 봐 밤에 잠도 잘 자지 못합니다. 만약 자신이 안정형이라면 주식투자에 앞서 각오를 하셔야겠습니다.

둘째, 자신의 현재 재무상태를 파악하고, 라이프플랜에 따른 과부족 자금을 추정한 뒤 적절하게 투자자금을 배분해야 합니다. 여기에서 포인트는 인생에 필요한 자금을 마련하기 위해서 투자하라는 말이지, 단순히 돈

을 벌기 위해 자신의 인생을 걸어서는 안 된다는 것입니다.

셋째, 경제의 큰 흐름(거시경제, 산업동향, 메가트렌드)을 파악하여 기회를 포착해야 합니다. 앞선 첫 번째와 두 번째 지침이 지기(知己)에 해당한다면, 세 번째 지침은 지피(知彼)에 해당합니다.

넷째, 기업의 재무구조 등 투자대상에 대한 구체적인 정보를 습득해야 합니다. 언론에 나오는 기사들은 대부분 수익률만을 강조합니다. 그런데 수익률이 높으면 당연히 리스크도 높게 마련입니다. 2013년에 일어난 동양그룹 사태가 좋은 예입니다. 언론이 수익률만 강조하는 바람에 동양 회사채가 마구잡이로 팔렸고, 많은 투자자들이 손해를 입고 개인파산에 이르렀습니다.

다섯 째, 투자대상에 맞는 적절한 투자 상품을 고르고, 리스크와 리턴 수준을 명확하게 계산해야 합니다. 그다음으로 여섯 째, 자신에게 맞는 적절한 투자 기간과 포지션을 정해야 하고요. 마지막으로 일곱 째, 적절한 주기로 투자대상과 기간, 포지션을 점검하고 필요한 경우에는 재조정해야 합니다. 한번 투자했다고 하여 끝나는 게 아니라, 내가 제대로 투자한 게 맞는지 늘 점검하고 재조정할 필요가 있습니다. 예를 들어 어떤 종목에 투자했는데 기대만큼 주가가 오르지 않고, 실적도 나오지 않았다고 칩시다. 그러면 이때는 해당 주식을 다시 검토해보고 여전히 매력적인지를 판단해 비중을 축소하거나 매도해야 합니다. 물론 처음부터 좋은 종목을 잘 고르려는 노력이 최우선이지만요.

저는 처음 주식투자에 입문하는 사람들에게 100~200만 원 정도 소액을 활용해 투자해보라고 권합니다. 이 정도의 액수로도 나름 5~6개의 종목에 분산투자할 수 있습니다. 다만, 한 종목 한 종목을 그 누구보다도 자신이 가장 잘 알고 있어야 합니다. 괜찮은 종목이라는 확신을 바탕으로 포트폴리오를 짰다면, 충분히 펀드매니저 못지않은 수익을 거둘 수 있을 것입니다.

주식투자 7계명 ━━━━━━━━━━━━━━

1. 자신의 투자성향과 맞지 않는 투자는 삼가라

2. 자신의 현재 재무상태를 파악하고, 적절한 투자자금을 배분하라

3. 경제의 큰 흐름을 파악해 기회를 포착하라

4. 투자 대상에 대한 구체적인 정보를 습득하라

5. 적절한 투자 대상을 고르고 리스크-리턴 수준을 계산하라

6. 자신에게 맞는 적절한 투자 기간과 포지션을 정하라

7. 적절한 주기로 투자 대상과 투자 기간, 포지션을 점검하고, 필요한 경우 재조정하라

떠오르는 성장형 우량주에 가치투자하라

    그렇다면 주식투자에서 수익을 거두기 위해 어떤 종목에 어떻게 투자해야 할까요? 사실 주식투자 방법론은 수백 가지가 넘습니다. 또 같은 투자 철학과 방법론에 입각해 투자한다고 해도 사람마다 구체적인 운용 방법이 천차만별입니다. 그래서 이번 장에서는 제가 생각하기에 올바른 주식투자 접근법에 대해서만 소개해드리겠습니다. 앞서 말씀드렸듯이 기술적 분석을 바탕으로 한 단기투자는 올바른 접근법이 아니므로 제외했습니다.

    제가 생각할 때 일반적인 개인투자자들에게 권할 수 있는 투자법은 크게 두 가지입니다. 먼저 기업의 내재적 가치에 초점을 맞추는 '가치투자법'입니다. 즉, 현재 주식시장에서 기업의 본질적 가치보다 저평가되어 있는 종목을 골라 장기간 투자하는 방법입니다. 시장상황에 따라 단기적으로는 주가가 출렁일 수 있지만, 기업의 본질적 가치가 탄탄하다면 언젠가는 반드시 주가가 오를 것이라 장담합니다. 가치투자는 워런 버핏뿐만 아니라 그의 스승인 벤저민 그레이엄(Benjamin Graham)을 비롯해 수많은 투자의 대가들이 정립한 방법론으로, 이미 그 성공률이 보장되어 있다고 할 수 있습니다.

다만, 가치투자의 경우 해당 종목의 가치가 드러 나기까지 기다리는 인내력이 필요합니다. 또한 주 식시장에서 상대적으로 주목을 받지 못하고 있는 종목들이 많아 일반 개인투자자들이 발굴해내기 가 어렵다는 단점도 있습니다. 더군다나 여윳돈이 많지 않은 서민들의 호주머니 상황도 가치투자를 어렵게 만드는 요인입니다. 장기간 목돈을 주식에 묻어둔다는 것이 현실적으로 쉽지는 않겠지요.

증권분석의 창시자이자 아버지로 불리며 가치투자 이론을 정립한 벤저민 그레이엄. 워런 버핏은 그를 스승으로 너무나 존경한 나머지 첫째 아들의 중간 이름에 '그레이엄'을 넣어 '하워드 그레이엄 버핏'이 라고 짓기도 했다.

그래서 저는 가치투자의 대안으로 '성장형 우량주'에 투자하는 방법을 추천합니다. 일반 개인투자자들의 재정적 부담을 덜어주면서도 비교적 높은 수익률을 거둘 수 있는 유일한 방법이라고 생각합니다.

그렇다면 성장형 우량주란 어떤 종목을 의미할 까요? 수십 년간 기록적인 수익률을 올리며 '월가 의 영웅'으로 회자되는 피터 린치(Peter Lynch)는 자 신이 가장 좋아한 기업의 유형을 '성장 기업'으로 꼽았습니다. 그는 자신의 저서 『전설로 떠나는 월 가의 영웅』을 통해 성장 기업을 이렇게 정의했습 니다.

"성장 기업이라고 부를 때는 확장하는 기업이 라고 보면 된다. 이 회사는 매년 계속해서 매출, 이 익, 생산이 증가한다. 개별 기업의 성장률은 경제 전체의 성장률과 대비해서 측정된다. 저성장 기

월가 최고의 주식 전문가 피터 린치. 그는 펀드매 니저로 활동하며 1977년 1800만 달러에 불과했던 마젤란 펀드를 13년간 운용하면서 연 평균 수익률 29.2%를 기록해 1990년 무렵에는 140억 달러 규 모의 세계 최대 뮤추얼펀드로 키워냈다. "주식의 가 격을 보기 전에 기업을 먼저 보라"는 그의 명언은 아직까지 주식투자자들 사이에서 회자되고 있다.

업은 짐작하듯이 매우 느리게 성장한다. 최근 평균 연 3% 수준이 GNP 성장률과 비슷하다. 고성장 기업은 매우 빠르게 성장하는데, 때로는 연 20~30% 성장하기도 한다. 이러한 회사의 주가가 가장 폭발적으로 성장한다."

피터 린치는 주식을 저성장주, 대형우량주, 고성장주, 경기순환주, 회생주, 자산주 등 여섯 가지 유형으로 분류했습니다. 이 가운데 우리는 대형우량주와 고성장주에 주목해야 합니다. 높은 실적을 올리며 주가가 상승하는 종목들이 널려 있는데, 굳이 저성장주에 투자할 이유는 없겠지요. 사실 올바른 주식투자의 첫걸음은 성과가 잘 나지 않는 저성장주를 분별해 걸러내는 것입니다. 더군다나 최근 한국의 상황에 비춰보면, 과거 국내 주력 기업들 상당수가 연간 2~3% 수준으로 성장하는 저성장주를 거쳐, 현재는 실적이 거의 증가하지 않거나 도리어 마이너스 성장을 하는 정체주와 쇠퇴주로 전락하고 있습니다.

여기에서 주의해야 할 점은 '대형우량주'라는 표현을 삼성전자나 현대차, 포스코와 같이 우리가 잘 알고 있는 주식으로 착각하지 말아야 한다는 것입니다. 피터 린치가 말하는 대형우량주란 단순히 대기업을 지칭한다기보다는 이익 성장률이 10%를 넘나드는 탄탄한 우량기업을 뜻합니다. 성장률의 수준에서 본다면 저성장주와 고성장주의 중간 정도에 해당하는 종목이지요. 그렇다고 하여 고성장주도 전부 투자하기에 좋은 종목이라고 말하기도 어렵습니다. 고성장주는 회사의 역사가 상대적으로 짧은 초기 기업이거나, 규모가 작은 회사일 가능성이 높습니다. 이러한 경우, 외부의 경제적 충격이나 경쟁자의 출현으로 쉽게 회사가 위기를 맞을 수 있으며, 실적과 주가의 변동성도 큰 폭으로 움직일 수 있습니다. 따라서 고성장주라고 하더라도 현실 비즈니스 세계에서 사업 역량이 검증되지 않은 종목

가치투자와 성장형 우량주 투자의 장단점		
	가치투자	성장형 우량주 투자
종목 발굴의 난이도	대체로 어려움	대체로 쉬움
종목 발굴 시기	초기 성장기일수록 효과 큼	일정한 성장궤도에 오른 시기
투자 기간	장기(대략 7~10년 이상)	1년 이상 대략 2~3년 정도의 중기나 경우에 따라 단기 손절매도 가능
주가 안정성	장기적으로는 안정적이나 단기적으로는 주가 변동이 클 수 있음	이미 일정한 검증을 거친 기업이므로 단기, 중기 모두 비교적 안정적
수익성	장기적으로 높음	단기, 중기 모두 높음
투자자금 활용	장기투자라는 전제에 따라 자금을 빼기 어려움	상대적으로 자금 활용성이 높음

* 『선대인의 빅픽처』

에 너무 높은 비중으로 투자를 하면 위험할 수 있습니다.

이런 점들을 모두 감안할 때, 일반 개인투자자라면 사업 초기단계인 기업을 제외한 고성장주와 대형우량주를 중심으로 투자하는 편이 좋다고 생각합니다. 바로 이들 종목이 제가 말하는 '성장형 우량주'입니다. 좋은 성장형 우량주를 잘 골라 포트폴리오를 짜고, 중장기적 관점에서 투자한 다면 비교적 안정적으로 높은 수익률을 올릴 수 있지요.

왜 성장형 우량주에 투자하는 것이 좋은지는 기업의 라이프사이클을 보아도 분명하게 드러납니다.

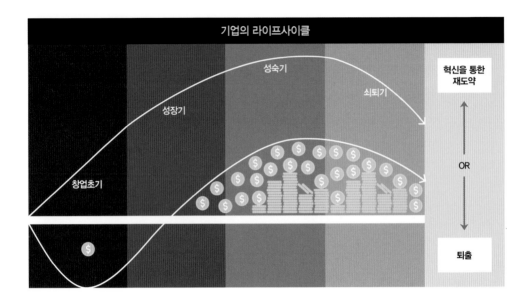

기업의 라이프사이클

혁신을 통한 재도약

OR

퇴출

성숙기

성장기

쇠퇴기

창업초기

그림에서 보이듯이 기업도 사람과 마찬가지로 창업초기 단계, 성장기, 성숙기, 쇠퇴기를 거쳐 파산과 소멸에 이릅니다. 물론 기업이 혁신을 거듭하거나 새로운 사업에 진출해 수익원을 발굴한다면 성장기와 성숙기, 그리고 전체적인 기업의 수명이 연장될 수 있습니다. 한때 애플(Apple)은 마이크로소프트(Microsoft)의 공세에 밀려 고전했는데, 이후 아이팟과 아이폰, 아이패드 시리즈로 크게 부활했지요.

기업의 라이프사이클을 보면, 성장기 초반부터 성숙기 중반까지는 매출과 이익이 늘어나면서 비교적 안정된 성장 흐름을 보입니다. 성장형 우량주는 바로 이 시점의 기업, 즉 성장기 초반부터 성숙기 중반에 걸친 고성장주와 대형우량주를 아우르는 개념입니다.

그러면 구체적으로 어떤 종목들이 성장형 우량주에 해당할까요? 하나씩 예를 들어 살펴보겠습니다.

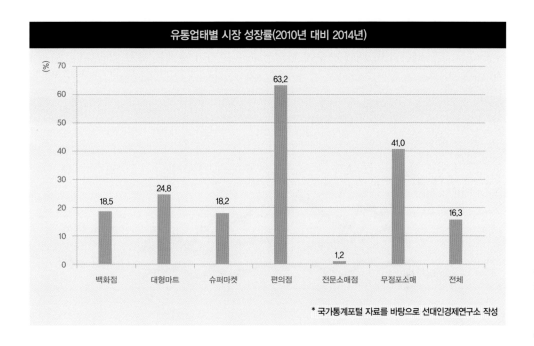

유통업태별 시장 성장률(2010년 대비 2014년)

(%)

백화점	대형마트	슈퍼마켓	편의점	전문소매점	무점포소매	전체
18.5	24.8	18.2	63.2	1.2	41.0	16.3

* 국가통계포털 자료를 바탕으로 선대인경제연구소 작성

　먼저 2010~2014년 사이에 유통업체별 시장 규모 증가율을 보면, 편의점이 63.2%, 인터넷과 모바일 등 온라인 소매유통을 의미하는 무점포소매가 41% 성장했습니다. 대형마트(24.8%), 백화점(18.5%), 슈퍼마켓(18.2%)이 그 뒤를 이었지요. 그렇다면 왜 이렇게 편의점이 급속하게 성장을 했을까요? 기본적으로는 인구구조의 변화 때문입니다. 1~2인 가구가 계속 늘어나고 있으며, 2035년에 이르면 전체 가구 중 67%를 차지할 전망입니다. 1인 가구가 늘어나면 대형마트의 실적이 좋아질까요, 편의점의 실적이 좋아질까요? 당연히 편의점입니다. 식구 수가 적으므로 대형마트에 가서 한꺼번에 많은 장을 보지 않겠지요. 또 1~2인 가구는 노년부부나 배우자와 사별한 독거노인도 많이 포함되어 차량으로 이동해야 하는 대형마트나 백화점을 이용하기가 어렵습니다. 이 때문에 가까운 편의점

에서 소액으로 소량의 물건을 구매하는 패턴이 늘어날 것입니다. 바로 이러한 소비 패턴 때문에 편의점 관련 주가가 수혜를 보고 있습니다.

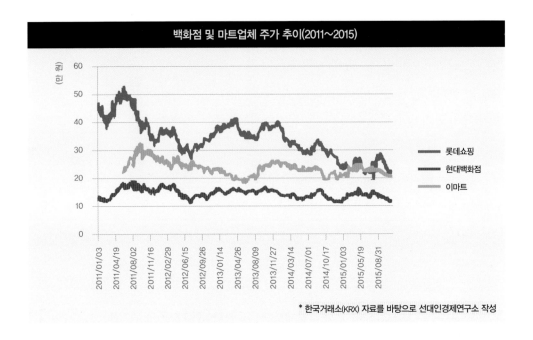

백화점 및 마트업체 주가 추이(2011~2015)

* 한국거래소(KRX) 자료를 바탕으로 선대인경제연구소 작성

실제로 최근 몇 년 사이에 백화점과 대형마트의 실적은 하락세를 보이고 있습니다. 반면, 편의점 업체들은 일시적인 기복은 있지만 실적이 대체로 꾸준히 좋아지고 있습니다. 물론 실적에 비해 기대감이 지나치게 앞서서 고평가될 가능성도 있습니다. 이렇게 고평가가 이어질 때에는 주가가 떨어질 수도 있는데요. 하지만 인구구조라는 메가트렌드 측면에서 볼 때 편의점 업체들의 실적은 상당 기간 성장할 것으로 전망되며, 장기적으로는 주가 또한 꾸준히 올라갈 거라 예측됩니다.

변화하는 인구구조에 의해 장기적으로 성장할 수 있는 종목을 또 하나 살펴보도록 합시다. 현재 국내에서는 급속히 고령화가 진행되고 있고, 주요 선진국들도 한국보다는 느리지만 대체로 고령인구가 늘어나고 있습니다. 이렇게 고령화가 지속되면 치아가 약한 노인들이 많아지겠지요. 그러면 임플란트의 수요는 지속적으로 늘어날 가능성이 높습니다. 실제로 임플란트 업체들의 실적은 꾸준히 상승세를 보이고 있습니다. 물론 일시적으로는 실적이 주춤하거나 주가가 하락할 수도 있겠지만, 긴 흐름에서 보면 여전히 성장성이 높은 업종이라고 생각합니다.

이번에는 중국의 소비재시장을 공략하고 있는 기업을 살펴보겠습니다. 아래 그래프는 각 나라별 인구 100만 명당 스크린 수와 1인당 관람 횟수를 나타내고 있습니다. 중국은 경제가 성장하고 있는 속도에 비해 아직까지 스크린 수가 많지 않습니다. 거꾸로 생각해보면, 중국경제가 성장하고

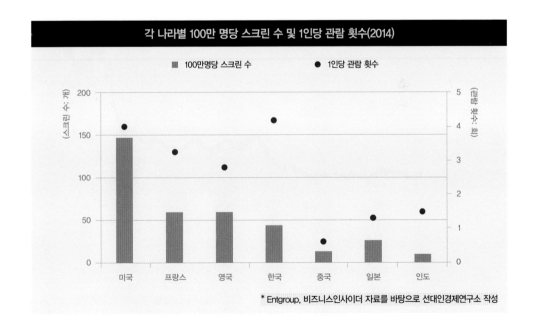

각 나라별 100만 명당 스크린 수 및 1인당 관람 횟수(2014)

* Entgroup, 비즈니스인사이더 자료를 바탕으로 선대인경제연구소 작성

있고 중국 국민들의 소득 수준이 꾸준히 늘어나면 자연히 스크린 수와 관람 횟수가 늘어날 가능성이 높다는 뜻이지요. 그리고 실제 중국의 영화시장 규모를 따져보면, 2018년쯤에는 세계 최대 영화시장인 미국과 거의 비슷한 수준이 될 것이라 전망됩니다. 더군다나 영화산업은 중국 정부가 막대한 지원을 퍼붓고 있는 산업 영역 중 하나입니다. 이런 상황에서 중국 각지에 한국과 같이 쾌적하고 편안한 영화관을 짓는다면 실적이 좋아질 것은 불 보듯 뻔한 결과이겠지요?

　바로 이런 사업을 하고 있는 기업이 CJ CGV입니다. 이 기업은 국내에서도 영화관 체인을 운영하고 있지만, 최근 중국시장에도 진출했습니다. 물론 아직까지는 투자를 지속하고 있는 단계여서 이익이 크지는 않습니

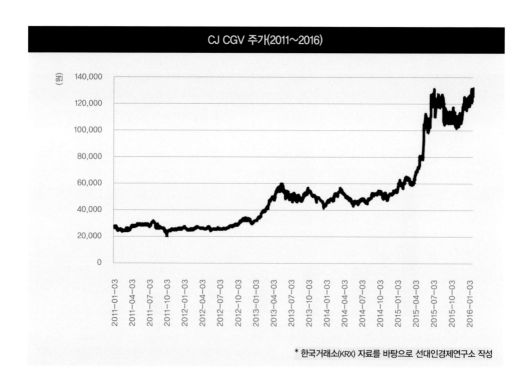

CJ CGV 주가(2011~2016)

* 한국거래소(KRX) 자료를 바탕으로 선대인경제연구소 작성

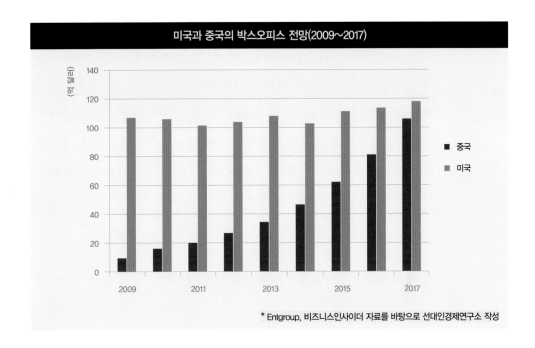

미국과 중국의 박스오피스 전망(2009~2017)

(억 달러)

* Entgroup, 비즈니스인사이더 자료를 바탕으로 선대인경제연구소 작성

다. 이 때문에 재무실적에 비해 단기적으로는 주가가 고평가되어 있다는 주장도 나옵니다. 하지만 중국뿐만 아니라, 중국과 비슷한 영화산업 성장 단계에 놓여 있는 베트남 등지의 국가에도 진출하고 있어 세계적인 영화 체인기업으로 발돋움할 가능성이 무척 큽니다.

제가 여기에서 몇 가지 예시를 보여드렸습니다만, 이러한 흐름만 보고 해당 기업에 대해 투자하라는 의미가 아니라는 점을 분명히 말씀드리고 싶습니다. 지속적인 성장 가능성이 있는 종목을 어떻게 선별하는지, 그예시에 대한 소개일 뿐이니까요. 사실 좋은 주식을 고르기 위해서는 상당 기간 공부와 훈련을 해야 합니다. 특히 기업의 재무제표를 읽고 실적을 분석하거나 세계적인 메가트렌드를 읽을 수 있도록 노력해야 합니다.

아무런 사전 준비 없이 주식을 샀는데 대박이 나기를 바란다면, 이는 요행에 가깝습니다. 현실은 절대로 그렇게 만만하지가 않지요. 그래서 먼저 주식투자와 관련된 좋은 책들을 읽어보기를 권합니다. 가치투자와 관련해서는 벤저민 그레이엄이 쓴 『현명한 투자자』와 『증권분석』을 추천합니다. 성장형 우량주를 알기 위해서는 피터 린치의 『전설로 떠나는 월가의 영웅』이 좋겠습니다. 필립 피셔(Philip Fisher)의 『위대한 기업에 투자하라』는 조금 오래된 책이지만 읽어본다면 많은 도움이 될 것입니다. 존 리(John Lee)의 『왜 주식인가?』는 입문서로 추천합니다.

마지막으로 주식투자를 하는 분들에게 당부하고 싶은 점이 있습니다. 주식투자를 할 때 한 군데 투자 대상에만 집중하지 마십시오. 저는 개인적으로 서로 상관도가 낮은 5~7개의 주식 종목을 골라 포트폴리오를 구성합니다. 이 정도가 개인투자자들이 리스크를 분산하면서도 꾸준히 모니터링할 수 있는 적절한 종목 수라고 생각합니다. 이렇게 일정한 양의 종목을 골라 투자하면, 어떤 종목의 주가가 하락할 때 다른 종목이 뒷받침해주어 전체 포트폴리오상으로는 손실이 날 확률이 크게 낮아집니다. 더불어 제대로 된 성장형 우량주를 골랐다면, 그 종목들의 성장성으로 인해 중장기적으로는 비교적 높은 수익도 올릴 수 있습니다. 사실 적절하게 리스크를 분산하는 포트폴리오 구성은 주식투자에서뿐만 아니라 전체 투자자산에서도 이루어져야 할 중요한 지침입니다. 다만, 투자 대상들을 동일한 비중으로 구성할 필요는 없으며, 확신이 드는 투자 종목이나 자산 종류일수록 비중을 상대적으로 높이면 됩니다.

그리고 주식투자는 한번 투자하고 나면 끝나는 게 아닙니다. 꾸준한 모니터링이 필요합니다. 단기투자자들처럼 매일매일 시세판을 들여다보며 안달할 필요는 없으나, 일정한 기간마다 기업의 실적과 주가의 흐름을 면밀하게 들여다보고 그때그때 적절한 판단을 내려야 합니다. 특히 해당 기업의 분기별 실적은 반드시 챙겨 보아야 하고, 그 실적치가 당초 기대에 미치지 못하는 경우 흐름이 일시적인지 지속될 것인지를 살펴야 합니다. 저조한 흐름이 지속될 거라 판단되거나 실적에 비해 주가가 지나치게 고평가되었다면 해당 주식을 정리하거나 비중을 줄여야겠지요. 반대로 실적치가 당초 기대에 부응하거나, 혹은 기대치를 넘어섰다면 주식 비중을 확대하는 방향으로 조정하면 되겠습니다.

연합뉴스, 2015-12-29

"내년 성장주보다 가치주…
금리 상승 가능성 커"

미국이 금리 정상화에 나선 가운데 내년에는 성장주보다 가치주에 투자하는 게 유리할 것이라는 분석이 나왔다.

김상호 KDB대우증권 연구원은 29일 "가치주와 성장주의 방향성을 결정하는 금리가 내년엔 상승할 가능성이 커 가치주가 긍정적"이라며 "일반적으로 금리 하락기에는 성장주가, 금리 상승기에는 가치주가 시장을 주도한다"고 밝혔다.

이어 "주식의 적정 가치를 산정할 때 금리가 상승하면 가치주보다 성장주의 가치 하락이 크기 때문"이라고 설명했다. 그는 2000년대 들어 미국과 한국의 금리 인상 시기마다 가치주가 성장주보다 더 좋은 실적을 보였다고 지적했다.

김 연구원은 "2016년에는 미국의 기준금리 인상으로 미국 장기 금리 상승과 함께 한국 장기 금리도 1분기를 바닥으로 상승할 가능성이 크다"며 "이는 가치주에 유리한 환경"이라고 분석했다.

이 밖에 그는 내년에 좋은 성적을 낼 종목군으로 배당주, 자사주 매입 회사의 주식, 디플레이션 국면에서 강세를 보이는 담배, 오락, 카지노, 게임 업종 주식 등을 제시했다.

가치주와 성장주의 방향성을 결정하는 금리가 내년에는 상승할 가능성이 커 성장주보다는 다소 가치주가 긍정적이라고 보는 기사입니다. 일반적으로 금리 하락기에는 성장주가, 금리 상승기에는 가치주가 시장을 주도한다는 근거를 들었지요.

100% 맞는 이야기는 아니지만, 그럼에도 어느 정도 일리는 있습니다. 성장주는 보통 주식시장에 자금이 풍부하게 흐를 때 스타처럼 떠오릅니다. 기업의 성장성이 부각됨과 동시에 많은 투자자들이 들어와 주식시장으로 돈이 몰리기 때문입니다.

그런데 앞서 이론적으로는 금리가 올라가면 주식시장에서 돈이 빠져나간다고 말씀드렸지요? 미국이 금리를 인상하면 주식시장에서 돈이 쭉 빠져나감과 동시에 상대적으로 고평가되어 있던 성장주들의 주가가 더 크게 빠질 가능성이 높아지는 게 사실입니다. 장기적으로는 그렇지 않겠지만, 단기적으로는 시장 상황이 악화될 때 상대적으로 주가가 많이 올라 있는 성장주들이 더 큰 타격을 입는 경우가 많습니다. 반면, 금리가 올라가면 주식시장의 유동성이 줄어들면서 조금 더 안정적이라고 평가받는 가치주들이 다시 주목을 받습니다.

매일경제, 2016-02-23

코스피, 외인·기관 동반 매도에
나흘 만에 하락…1910선 유지

코스피가 외국인과 기관의 동반 매도세에 나흘 만에 하락했다.

23일 코스피는 전 거래일보다 2.14포인트(0.11%) 내린 1914.22에 거래
를 마쳤다. 지수는 전일 대비 12.49포인트(0.65%) 오른 1928.85에 출발
해 상승 폭을 줄여가더니 결국 약세로 방향을 틀었다. 미국의 원유 생산
이 감소할 것이라는 국제에너지기구(IEA)의 관측에 지난밤 국제유가가 급
등하고 뉴욕과 유럽 증시도 상승 마감하면서 장 초반 지수가 반짝 올랐
지만 외국인과 기관의 동반 매도에 반등 흐름이 꺾였다. 유가증권시장에
서 외국인은 48억 원어치를 순매도하며 나흘 만에 '팔자'로 돌아섰다. 기
관은 522억 원어치를 팔아 3거래일 연속 매도 행진을 벌였고, 개인도 막
판에 '팔자'로 돌아서 157억 원 순매도했다.

프로그램 매매는 879억 원 순매수했다. 업종별로는 희비가 엇갈렸다. 의
약품이 3.29% 하락했고, 섬유·의복과 음식료품이 1% 가까이 내렸다.
반면 철강·금속은 1.86% 올랐고, 통신, 은행, 의료정밀 등도 소폭 상승
했다.

시가총액 상위주는 혼조세였다. 시총 1위 삼성전자는 전일 대비 0.51%
오른 118만 1000원에 거래를 마쳤다. 네이버는 3% 넘게 상승했고, 포스
코도 2% 넘게 올랐다. 현대차, SK하이닉스, SK텔레콤 등도 1%대 오름세
를 보였다. 반면 삼성생명과 아모레퍼시픽은 2% 가까이 하락했다. 이날
유가증권시장에서는 362개 종목이 올랐고 437개 종목이 내렸다. 코스닥
지수는 전 거래일보다 7.83포인트(1.20%) 내린 642.31에 거래를 마쳤다.

앞에서도 설명한 바와 같이, 주가의 흐름을 좌우하는 데에는 외국인이나 기관투자자들의 영향력이 절대적입니다. 아무래도 큰손이기 때문에 그들이 주가를 팔면 대체로 떨어지고, 매수하면 주가가 올라갈 가능성이 높습니다. 이 기사는 외국인과 기관이 동시에 다량의 주식을 매도하면서 코스피지수가 하락했다는 사실을 나타냅니다.

기사의 내용 중 '혼조세'라는 단어가 나오는데, 주식 관련 기사에는 자주 등장하는 용어이니 여기에서 짚고 넘어가겠습니다. 혼조세란 주가가 상승세와 하락세를 넘나들며 뒤섞여 있는 모습을 말합니다. '보합세'라는 말도 있는데, 이는 혼조세와 반대로 주가가 거의 변동하지 않는 상태를 말합니다. 보합세의 상태에 따라 '강보합세'와 '약보합세'로 구분하는데, 강보합세는 가격이 약간 상승했지만 주가의 변동이 거의 없는 상태이고, 약보합세는 가격이 약간 하락했지만 주가의 변동이 거의 없는 상태를 뜻합니다.

주가가 혼조세를 보였다는 말은 매우 불안정한 상태를 보였다는 의미로 해석하면 됩니다. 이런 경우 주가가 불안하기 때문에 예측이 쉽지가 않습니다.

제4강

부동산

빅데이터로 바라본 주택시장의 미래

대한민국의 집값을 움직이는 힘, 가계부채

정부가 만든 부동산 투기판의 실체

Real Estate

나의 부동산 호구 지수는?

☐ 부동산은 실물자산에 속한다는 사실을 알고 있다

☐ 주택 거래량은 주택가격의 선행지표라는 사실을 알고 있다

☐ 부동산의 실질가격과 명목가격, 호가와 실거래가의 차이를 알고 있다

☐ 한국의 가계자산 가운데 부동산자산의 비중이 OECD 국가들 가운데 가장 높은 수준이라는 사실을 알고 있다

☐ 한국에서 시행되는 선분양제는 세계에서 유례가 없다는 사실을 알고 있다

☐ 생산가능인구와 고령인구가 주택시장의 수요와 공급에 미치는 영향을 알고 있다

☐ 수익형 부동산의 수익은 크게 자본수익과 소득수익으로 나뉜다는 점을 알고 있다

☐ 한국의 주택시장이 일본처럼 장기침체에 접어들면, 매매차익보다는 이용가치가 가격을 결정할 거라는 사실을 알고 있다

- -

√ 7~8개 : 경제 상식 척척박사
자만은 금물! 심화 스터디와 최신 신문기사를 통해 경제 시야를 넓혀보세요.

√ 4~6개 : 어설픈 중수
아는 것은 되짚고 모르는 개념은 확실히 잡아 호구에서 탈출하세요.

√ 0~3개 : 호구의 제왕
경제와는 궁합 제로! 이 책을 통해 경제 기초체력을 다져보세요.

✓ 부동산은 실물자산에 속한다는 사실을 알고 있다

먼저 실물자산의 개념부터 알아보겠습니다. 경제 영역에는 크게 '생산경제'와 '자산경제'라는 두 가지 영역이 있습니다. 한편으로는 생산경제와 자산경제를 각각 실물과 금융으로 나눌 수 있습니다.

먼저 생산경제는 개개인이 일을 하며 상품이나 서비스를 소비하거나, 기업이 제품과 서비스를 제공함으로써 돌아가는 경제 영역입니다. 반면, 자산경제는 새로운 부가가치를 만들어내지는 않지만 자산의 가격이 오르내리면서 교환가격이 달라지고, 이를 통해 돈을 벌거나 잃는 경제 영역을 뜻합니다.

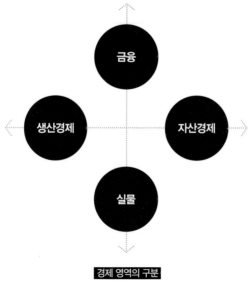

경제 영역의 구분

자산은 다시 '금융자산'과 '실물자산'으로 나눕니다. 예금이나 주식이 대표적인 금융자산이고, 부동산은 실체가 있으므로 실물자산에 속합니다. 금융자산과 실물자산은 서로 밀접한 관계를 맺고 있는데요. 부동산과 같은 실물자산의 시세 움직임을 반영해 자금의 중개가 이루어지고, 기업의 자산 가치를 반영해 주식시장에서 주식이 거래되기도 합니다. 반대로 금융시장의 변화가 부동산과 같은 실물자산에도 영향을 미칩니다. 예를 들어 금리가 떨어지면 전세가격이 대체로 올라가는 경향이 그렇습니다. 실물자산에는 부동산뿐만 아니라 골동품이나 우표, 금, 기념주화 등 형체가 있는 자산이 모두 포함됩니다.

✓ 주택 거래량은 주택가격의 선행지표라는 사실을 알고 있다

선행지표란 말 그대로 경기의 동향을 나타내는 각종 경제지표 중 경기의 움직임보다 앞서 움직이는 지표를 뜻합니다. 부동산시장에서는 주택 거래량이 주택가격의 선행지표입니다. 주택 거래량이 늘어나면 뒤이어 주택가격이 오르고, 주택 거래량이 줄어들면 주택가격이 하락하는 흐름을 보이기 때문입니다. 그래서 부동산시장의 큰 맥을 읽기 위해서는 먼저 주택 거래량과 주택가격의 상관관계를 알아야 합니다. 시기마다 차이는 있을지 모르나, 최근 부동산시장은 이러한 흐름이 분명하게 나타나고 있습니다.

참고로 경기의 움직임과 함께 움직이는 지표를 '일치지표'라고 하고, 경기의 움직임을 뒤따르는 지표를 '지행지표'라고 합니다.

✓ 부동산의 실질가격과 명목가격, 호가와 실거래가의 차이를 알고 있다

제가 초등학생이던 시절에 새우깡 한 봉지의 가격은 100원이었습니다. 소풍을 갈 때마다 많이 사 먹었는데요. 지금은 얼마입니까? 1200원 정도입니다. 새우깡의 가격이 100원에서 1200원으로 뛴 것은 '명목가격'의 변화입니다. 즉, 우리가 실제로 지불하는 돈의 액수가 명목가격입니다. 그렇다면 가격이 오른 만큼 새우깡의 가치도 과거에 비해 12배나 더 좋아졌을까요? 사실 그렇지는 않지요. 바로 여기에서 '실질가격'의 개념이 등장합니다. 실질가격이란 물가상승률을 반영한 새우깡의 상대적인 가격이라고 할 수 있습니다.

그럼 실제로 새우깡의 실질가격이 얼마나 올랐는지 계산해볼까요? 한국은행 사이트에는 연간 물가상승률을 반영해 특정한 시기의 화폐 가치를 비교해볼 수 있는 '화폐 가치 계산기' 서비스를 제공합니다. 여기에 들어가 제가 초등학생이었던 1980년 1월의 화폐 가치와 2016년 10월

한국은행 경제통계시스템 '화폐 가치 계산기'
ecos.bok.or.kr

의 화폐 가치를 비교해보면 5.243배로 나옵니다. 즉, 1980년의 100원과 지금의 약 524원의 가치가 같다는 의미입니다. 만약 현재 새우깡 한 봉지의 실질가치가 1980년대와 똑같다면, 새우깡의 가격은 524원이 되어야 합니다. 그런데 실제로는 1200원이므로 실질가격 기준으로 2.3배(1200÷524)가량 오른 셈입니다.

해마다 물가는 크든 작든 오르기 마련입니다. 그에 따라 화폐 가치도

조금씩 하락해 상품의 명목가격은 대체로 오르는 추세입니다. 하지만 반대의 경우도 드물게 있습니다. 컴퓨터를 예로 들어볼까요? 10년 전의 컴퓨터를 생각해보세요. 지금에 비해 성능이 한참이나 떨어졌지만 가격은 훨씬 더 비쌌습니다. 즉, 컴퓨터의 실질가치가 좋아졌음에도 불구하고 명목가격이 하락한 셈입니다. 다시 한 번 정리해보면 명목가격은 실제로 거래되는 액면가격이고, 실질가격은 명목가격에 소비자 물가상승률을 반영하여 나타낸 가격입니다.

이는 부동산에 대입해도 마찬가지입니다. 물건의 명목가격이 시간이 지날수록 오르듯이 주택가격도 과거에 비해 많이 올랐습니다. 그런데 이를 실질가격의 측면으로 보면 조금은 다른 현상이 나타납니다. 실질가격이 계속 오르지만은 않았다는 뜻입니다. 부동산을 제대로 보기 위해서는 명목가격과 실질가격의 차이를 반드시 알아야 합니다. 실질가격을 기준으로 했을 때에는 부동산가격이 떨어졌는데, 이를 감안하지 않고 명목가격이 올랐다고 해서 좋아하는 사람들이 많습니다.

이제 호가와 실거래가에 대해서 살펴보겠습니다. 호가는 '부를 호(呼)'에 '값 가(價)', 즉 거래에 참여하는 당사자들이 부르는 가격입니다. 매도호가는 매도자가 팔기 위해 요구하는 가격이고, 매수호가는 매수자가 사기 위해 부르는 가격이지요. 반면, 실거래가는 실제 계약이 체결되어 거래가 이루어질 때의 가격을 뜻합니다.

우리나라는 호가, 즉 집주인이 요구하는 매도호가를 시세라고 부르며 가격의 기준으로 삼는 경향이 강하다. 엄밀한 의미에서 호가는 시장가격이 아니며, 호가가 주택거래 시에 가격 협상의 기준점이 되면 시장에서 주택가격이 높게 형성된다. ⓒ연합뉴스

언론에서 흔히 보도되는 주택가격이나, 국민은행 또는 부동산업체들이 발표하는 가격은 주로 호가에 가깝습니다. 국토교통부에서 집계하는 실거래가는 말 그대로 실제 거래가 이루어진 가격이고요. 예를 들어 2016년 9월 하순에 은마아파트 77㎡(4층)의 실거래가는 11억 5000만 원이었습니다. 즉, 실제로 이 가격에 매매계약이 이루어졌다는 뜻입니다.

그런데 우리나라의 부동산시장에서는 실거래가보다 부르는 게 값인 호가를 우선시하는 경향이 강합니다. 사실 모든 품목을 막론하고 '가격'이라 함은 실제로 거래가 되는 시장가격, 즉 실거래가를 의미합니다. 그런데도 우리나라는 호가를 기준으로 부동산 가격지수를 나타냅니다.

게다가 우리나라에서는 실제로 거래가 되지 않을 때, 특히 주택거래가 침체 상태일 때 호가를 '시세'라고 부릅니다. 주택이 실제로 거래되는 가격이 6억 원이라 하더라도, 부동산 중개업자나 집주인은 그 집을 처음 매수할 때의 가격이 7억 원이었기 때문에 7억 원 밑으로는 팔지 않겠다고 말합니다. 그러면 집주인이나 부동산 중개업소가 부르는 가격, 즉 7억 원이라는 호가를 언론에서는 시세라고 보도합니다. 실제 거래가격이 아닌데도, 시세라는 이름으로 진짜 거래 가격처럼 표현되는 것이지요.

✓ 한국의 가계자산 가운데 부동산자산의 비중이 OECD 국가들 가운데 가장 높은 수준이라는 사실을 알고 있다

이 부분은 많은 사람들이 이미 알고 있으리라 생각됩니다. 다른 나라들은 전체 가계자산 중 부동산자산의 비중이 30~50% 정도이지만, 우리나라는 약 70%에 이릅니다. 너무 지나치게 부동산 위주로만 자산을 축적하고 있다는 뜻입니다. 이런 상황에서 부동산가격이 계속 오르기만 한다면 국민 경제에 아무런 문제도 발생하지 않고, 부동산에 투자하려는 사람도 많아질 것입니다. 그런데 반대로 부동산가격이 떨어진다면 어떻게 될까요? 요즘 언론에서는 이런 제목의 기사들이 자주 등장합니다. '정년 퇴직하는데 남은 것은 달랑 집 한 채?' 집값이 계속 올라주어야 하는데 앞으로는 그러지 않을 것이라는 전망이 주요 내용입니다.

우리나라 사람들의 가계자산 중 부동산자산의 비중이 높다는 것은 반대로 금융자산의 비중이 다른 나라들에 비해 한참이나 부족하다는 뜻입니다. 부동산자산의 비중이 지나치게 높기 때문에 부동산가격이 떨어지면 대다수의 한국 가계는 상당한 위험에 처할 수 있습니다. 그런데 현재의 흐름으로 본다면 단기적으로는 몰라도 길게는 부동산이 가라앉아 장기침체로 이어질 가능성이 꽤 높다고 볼 수 있습니다. 가계경제의 앞날이 무척 걱정되는 대목입니다.

✓ 한국에서 시행되는 선분양제는 세계에서 유례가 없다는 사실을 알고 있다

선분양제*를 실시하는 나라가 정말로 우리나라밖에 없는지 전 세계 방방곡곡을 다 뒤져본 건 아니지만, 우리가 알고 있는 웬만한 나라에서는 선분양제를 실시하지 않습니다. 물론 예외적으로 부동산 투자자들을 미리 모집해 프로젝트를 진행하고, 이렇게 개발한 주택이나 아파트를 분양하는 경우는 있습니다. 그런데 한국처럼 기본적으로 주택을 공급하는 방식 자체가 선분양제인 나라는 없습니다.

그렇다면 왜 한국에서는 선분양제가 일반화되었을까요? 경제개발 초기에 수도권으로 인력이 많이 모여들면서 수도권 집중화가 일어났습니다. 단기간에 사람들이 몰리는데 집은 부족했지요. 그 당시에는 건설 자본도 빈약했고, 큰 건설업체도 많지 않았습니다. 그래서 지금의 LH(한국토지주택공사)라고 할 수 있

* 선분양제
아파트 등 주택건설을 위한 터가 확보되면, 건설업체가 착공과 동시에 분양보증을 받아 입주자를 모집하는 제도. 착공과 동시에 입주자를 모집하고, 주택이 완공되지 않은 상태에서도 입주자의 자금 동원이 가능하다.

는 주택공사와 토지공사가 택지를 조성하고 주택을 공급하는 사업을 했습니다. 하지만 공기업만으로는 수요를 감당하기에 턱없이 부족했고, 건설업체들도 어떤 식으로든 단기간에 대량으로 주택을 공급해야 했기 때문에, 불가피하게 주택을 살 사람들로부터 미리 자금을 당겨 받아 집을 짓고 분양을 했던 것입니다.

그런데 지금도 그러한가요? 1970~1980년대와 같이 사람들이 수도권으로 대거 모여들고, 주택공급이 부족해 주택난에 시달리며, 자금이 부족해 건설업체가 집을 짓기 어려운 상황인가요? 절대로 그렇지 않습니다. 이제는 선분양제를 유지해야 할 이유가 없습니다. 사실 선분양제는 주택공급자에게 매우 유리한 방식입니다. 수요자가 일단 돈을 걸어놓고 계약을 하면 나중에 변심하더라도 계약금을 돌려받을 수 없습니다. 그나마 계약금을 포기하고 계약을 해지할 수는 있는데, 시행사 측이 동의를 해야만 가능합니다. 즉, 선분양제는 일단 계약이 이루어지면 수요자가 마음대로 해지할 수 없는 무척 일방적인 제도입니다.

또 주택 공급자인 건설업체 입장에서는 어떻게든 사람들을 혹하게 만들어 계약만 성사시키면, 그다음부터는 집을 어떻게 짓든 품질에 대해서

는 크게 신경 쓸 필요가 없습니다. 실제로 완공된 집을 보여주기에 앞서 화려한 팸플릿이나 모델하우스로 사람들을 현혹시키고 나서는 흠투성이 아파트를 지어 분쟁이 일어나는 사례가 정말 많습니다.

모델하우스에 몰려든 사람들. 부동산 거품에 돈이 묶이다 보니, 생산경제에 돈이 돌지 않아 젊은이들의 일자리가 생겨나지 않고, 베이비부머 세대들이 은퇴하면서 자영업을 많이 차리지만 부동산 임대료를 내면 남는 게 없는 현상이 이어지고 있다. ©연합뉴스

한편으로 선분양제는 주기적으로 투기를 일으키는 원인이 되기도 합니다. 선분양제하에서는 주택을 분양받기 위해 처음부터 목돈이 필요하지 않습니다. 예를 들어 어떤 주택을 분양받기 위해 총 5억 원이 필요하다면, 이 돈을 한꺼번에 지불할 필요가 없습니다. 초기에는 계약금만 필요하고, 그다음에는 몇 차례로 나누어 중

도금을 내고 마지막에 잔금을 치릅니다. 여기서 잠깐 주택금융방식이 어떻게 되어 있는지를 살펴볼까요? 주택담보대출을 받을 때 보통은 3년 정도의 거치 기간을 두고 그동안 이자만 갚은 다음, 원리금을 분할 상환하거나 원금을 한꺼번에 갚습니다. 그런데 알고 보면 이러한 대출방식에는 아주 큰 문제점이 있습니다.

선분양제하에서는 시행사나 건설업체들이 신문에 광고를 의뢰하는 대신, 집값이 앞으로 크게 오를 것처럼 선동적인 기사들을 쏟아내게 하거나 기획부동산 업체들을 동원해 바람몰이를 하는 경우가 많습니다. 건설업체 입장에서는 굳이 2~3년 후의 주택경기나 집값에 대해 걱정할 필요가 없겠지요. 건설업체들이 분양 당시에 무슨 수를 써서라도 분양률을 높이면, 이후에 집값이 떨어져도 계약 당시의 분양가격을 잔금까지 다 받을

수 있기 때문입니다. 그러다 보니 건설업체는 바람을 잡아 과열 분위기를 조성하고, 수요자들은 다른 사람들이 앞다투어 분양받으려는 모습을 보고 자금이 부족한데도 일단 뛰어드는 경우가 많습니다.

게다가 분양받은 사람은 일단 10% 정도의 계약금만 있으면 나머지는 집단대출을 받을 수 있기 때문에, 상대적으로 싼 금리로 자금을 끌어와서 집을 살 수 있습니다. 집단대출이란 분양아파트나 재건축(재개발) 아파트 입주(예정)자 전체를 대상으로 중도금, 이주비, 잔금을 빌려주는 대출을 뜻합니다. 개인의 소득 수준이나 신용도를 따지지 않고, 건설업체들이 보증을 서고 금융공기업들이 신용보강을 해주기 때문에 싼 금리로 대출을 받을 수 있습니다. 집단대출의 거치 기간은 보통 3년이라서 많은 사람들이 3년 안에 집값이 오르리라는 기대를 갖고 분양시장에서 일단 지르고 봅니다. 예전 같으면 보통 분양가보다 실제 집값이 오르는 게 공식이었기 때문에 도저히 대출을 갚지 못할 상황이 오면 나중에 집을 팔아도 괜찮았지요. 그런데 점차 이 공식이 깨지고 있습니다.

지금까지는 주택담보대출의 약 90%가 대출 만기 전까지 이자만 내는, 이른바 '거치식'*이었습니다. 그런데 정부는 2016년 2월부터 수도권, 5월부터 지방에 대해 가계대출심사를 강화하고, 거치 기간을 최대 1년 이내로 줄이기로 했습니다. 가계부채가 눈덩이처럼 늘어나다 보니 거치 기간을 최대한 줄여 처음부터 원리금을 갚게 한 것입니다. 이미 대부분의 나라는 기본적인 대출방식이 거치 기간을 두지 않고 처음부터 원리금을 갚게 하는 '균등분할 상환방식'을 채택하고 있

* **거치식**
투자금액을 일정기간 동안 투자한 뒤, 이자(수익금)의 범위 내에서 일정액을 인출하거나 만기 시에 원금과 이자를 함께 인출할 수 있는 투자방식.

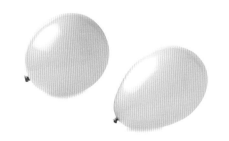

풍선의 입구처럼 처음에는 이자 부담이 적다가, 풍선이 점차 늘어나듯 시간이 지날수록 이자 지급 부담이 커지는 대출방식을 일컬어 '풍선식 대출'이라고 부른다.

습니다. 대출을 받는 사람이 주택가격의 약 20~30%에 해당하는 선금(다운페이먼트, Down Payment)을 내고, 남은 돈의 원리금을 갚아나가는 방식이지요.

이렇게 거치 기간을 두는 경우와, 그렇지 않은 경우를 비교해봅시다. 거치 기간 동안에는 이자만 냈기 때문에 당장은 매월 나가는 돈이 적어 버틸 수 있다고 생각하기 쉽습니다. 자신의 자금사정이나 상환능력을 충분히 고려하지 않고, 이자만 신경을 쓰게 되니까요. 이러한 경우 사람들은 상대적으로 과도하게 빚을 냅니다. 문제는 거치 기간이 끝난 후입니다. 한 달에 원리금까지 모두 갚아야 하는 때가 오면 가계경제에 큰 부담이 될 수 있습니다. 이러한 대출 구조를 '풍선식 대출(Balloon Payment)'이라고 합니다. 우리나라의 주택담보대출이 거의 대부분 이런 식인데요. 1930년대 미국에서도 이런 대출이 많았지만, 대공황 과정에 가계파산과 주택가격 폭락이 이어지면서 이자만 갚는 대출 구조를 없애버렸습니다. 지금의 모기지론과 같은 방식이 미국에서 일반화된 계기이지요. 그런데도 금융규제가 느슨해진 틈을 타 풍선식 대출 구조를 가진 일부 비우량(서브프라임) 모기지론이 늘어나면서 2008년 세계 금융위기를 불러왔습니다. 한국은 오늘날까지 풍선식 대출방식이 주택담보대출의 약 90%를 차지하고 있습니다. 자칫 잘못하면 큰 경제적 충격을 초래할 수 있는 위험한 구조입니다.

✓ 생산가능인구와 고령인구가
주택시장의 수요와 공급에 미치는 영향을 알고 있다

생산가능인구와 고령인구는 주택시장에 상당히 큰 영향을 미칩니다. 먼저 경제 활동을 활발히 하는 생산가능인구는 주로 주택 수요자입니다. 반대로 대부분 경제 활동을 그만둔 고령인구는 노후 자금을 마련하기 위해 큰 주택에서 작은 주택으로 옮겨가거나, 자가 주택을 처분하고 임대 또는 요양시설로 거처를 옮깁니다. 즉, 주택 공급자에 해당합니다.

✓ 수익형 부동산의 수익은 크게 자본수익과
소득수익으로 나뉜다는 점을 알고 있다

임대수익으로 한 달에 40만 원이 나오는 1억 원짜리 오피스텔을 샀다고 가정해봅시다. 요즘은 저금리에 견주어 오피스텔의 임대수익률이 비교적 높다 보니, 오피스텔을 사는 사람들이 많이 늘어났습니다. 자, 이렇게 오피스텔이 인기가 있다 보니까 가격이 1억 3000만 원으로 올랐습니다. 이때 오른 3000만 원은 바로 자본수익입니다. 쉽게 말해 팔았을 때 매매차익을 누릴 수 있는 것이 자본수익입니다.

반면, 소득수익은 오피스텔에서 나오는 임대수익입니다. 매달 꼬박꼬박 나오는 40만 원이 소득수익이지요. 이 돈을 투자원금 1억 원에 대비하여 계산한 4%가 바로 해당 오피스텔의 임대수익률입니다.

√ 한국의 주택시장이 일본처럼 장기침체에 접어들면, 매매차익보다는 이용가치가 가격을 결정할 거라는 사실을 알고 있다

집을 사는 목적에는 여러 가지가 있습니다. 크게 이용가치와 투자가치 두 가지로 나눌 수 있는데요. 이용가치란 그 집에 살면서 주거편익을 누리기 위함이고, 투자가치란 부동산가격이 올라 매매차익을 얻기 위함입니다.

지금까지 많은 우리나라 사람들은 이용가치보다는 재테크의 관점에서 주택가격이 뛸 것을 염두에 두고 집을 샀습니다. 내가 살고 싶은 곳으로써 주택을 찾기보다는, 투자의 목적으로 집을 사는 경우가 많았습니다. 서울 강남의 재건축 아파트들은 살기가 불편함에도 인기가 높은데요. 바로 이러한 측면 때문입니다. 이용가치만 따지자면 굳이 이곳저곳 고장 나고 무너져가는 낡은 재건축 아파트를 살 필요가 있을까요? 그 아파트가 향후 재건축될 것을 염두에 두고 신규 분양으로 이어질 경우 매매차익을 얻을 수 있으니 인기가 높은 것입니다.

그런데 앞으로도 이러한 전략이 통할까요? 단기적으로는 몰라도 앞으로 주택가격은 과거처럼 크게 뛰기가 어렵습니다. 예전처럼 주택을 사고 팔아서 매매차익을 거두기가 쉽지 않은 시대가 올 것입니다. 매매차익을 노리는 투자경향이 약해지면, 자연히 주택의 이용가치가 부각될 것입니다. 주거의 목적으로 내가 정말 살고 싶은 집인지, 남들도 살고 싶은 집인지가 주택을 구입하는 데에 무척 중요해질 전망입니다.

한편, 오피스텔이나 상가와 같은 수익형 부동산[*]에
서는 기본적으로 매월 임대소득이 끊이지 않고 나오
는 것이 무척 중요합니다. 그러기 위해서는 세입자가
들어와 살거나 장사를 할 만한 이용가치가 있어야 임

* 수익형 부동산
  주기적으로 임대수익을 얻을 수 있
  는 부동산. 펜션, 소호사무실, 오피
  스텔, 코쿤피스, 원룸텔 등이 있다.

대소득도 올릴 수 있겠지요. 예를 들어 지하철역과 가깝다거나, 건물이 깨
끗하다거나, 또는 젊은 사람들의 취향에 잘 맞는 인테리어라든가 하는 요
소들이 임대료의 수준을 결정합니다. 그래서 시간이 지날수록 매매차익
보다는 이용가치가 부동산가격을 결정하는 데에 큰 영향을 미칠 것입니
다. 반면, 이용가치가 높지 않은 부동산은 시간이 갈수록 가격이 떨어질
가능성이 높습니다.

STEP
3

빅데이터로 바라본
주택시장의 미래

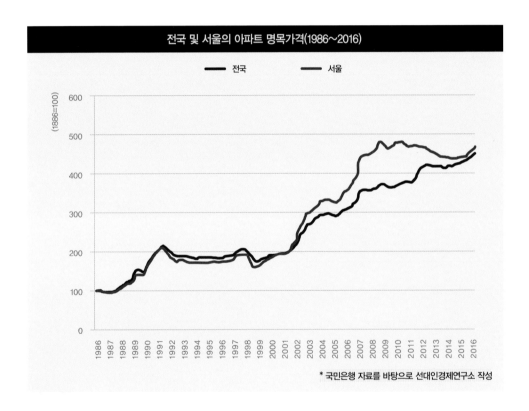

전국 및 서울의 아파트 명목가격(1986~2016)

━━ 전국 ━━ 서울

(1886=100)

* 국민은행 자료를 바탕으로 선대인경제연구소 작성

위 그래프는 1986년부터 2016년 초까지 전국 및 서울의 아파트 명
목가격 추이(매년 1월 기준)를 나타냈습니다. 명목가격으로만 본다면 그래프

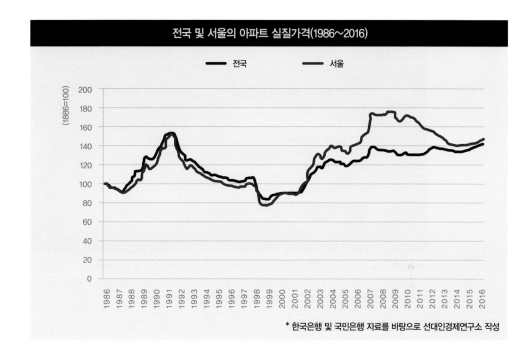

전국 및 서울의 아파트 실질가격(1986~2016)

— 전국   — 서울

(1886=100)

* 한국은행 및 국민은행 자료를 바탕으로 선대인경제연구소 작성

처럼 2016년 초까지 아파트가격이 꾸준히 올랐습니다. 많은 언론에서 보
도한 것처럼 계단식으로 올랐지요.

그렇다면 실질가격도 명목가격처럼 계속 올랐을까요? 앞선 그래프와
비교해보면 패턴이 상당히 다릅니다. 명목가격이 계단식으로 올랐다면,
실질가격은 오르고 내리는 흐름이 사이클을 그리고 있습니다. 위 그래프
를 보면 국민은행이 주택가격지수*를 작성하기 시작
한 1986년부터 두 번의 커다란 장기 사이클을 그리
고 있습니다. 1991년 초까지는 아파트가격이 올랐다
가, 이후 1990년대 중반까지 가격이 떨어졌고, 1990
년대 후반에 가격이 다시 오를 타이밍이었지만 외환

* 주택가격지수
국민은행에서 전국의 주택매매 및
전세가격을 조사해 지역별, 주택유
형별, 주택재고 구성비를 가중치 값
으로 부여하여 산출하는 지수.

서울 은평뉴타운 2지구 건설현장. 뉴타운은 2002년 이명박 당시 서울시장 임기와 함께 태동했으며, 18대 총선의 수도권 승패를 가르기도 했다. 하지만 열풍은 곧 '역풍'이 되어 돌아왔고, 시범지구에 들어선 미분양아파트가 2억 원 가까이 덤핑판매되는 등 뉴타운 사업이 하나둘 멈추기 시작했다. ©연합뉴스

위기(1998~1999년)로 인해 바닥으로 꺼졌습니다. 주춤하던 그래프가 다시 오르기 시작해 2008년 초 수도권을 중심으로 뉴타운* 바람이 불었을 때 상승곡선의 꼭짓점을 찍고, 이후에 떨어졌습니다. 그래프에서 나타나는 사이클만 보면 아파트가격은 지금보다 더 떨어지는 게 맞습니다.

　그런 의미에서 현재의 아파트가격 수준은 그동안 쌓여왔던 거품이 충분히 빠지지 않은 상태라고 생각합니다. 많은 사람들이 느끼기에도 현재의 아파트가격은 여전히 부담스러운 수준이지요. 그래서 현재의 아파트가격 지수가 다소 투기거품이 적었던 1986년 수준, 즉 100정도까지는 떨어져야 한다고 봅니다. 물론 정부의 각종 부동산 부양책과 저금리 상황 등이 겹쳐 주택가격이 단기간에 어떤 방향으로 흘러갈지는 예측하기가 어렵습니다. 하지만 1~2년은 몰라도 그 이

* 뉴타운
기존 대도시의 인구과밀화와 지역별 개발편중, 산업집중 등으로 인한 폐해를 개선하기 위해 재개발된 도시, 또는 합리적이고 새로운 도시기능을 수행할 수 있는 신도시를 뜻한다.

상 오래 계속해서 오르기는 쉽지 않다는 것이 저의 생각입니다.

건설업체들이 자금을 대어 운영하는 '건설산업연구원'이라는 곳이 있습니다. 여기에서도 2017년에 지방의 주택가격이 떨어질 것이라고 전망했습니다. 수도권도 오르기는 하겠지만 0.4% 수준밖에 오르지 못할 것으로 내다보았습니다. 0.4%라는 수치가 감이 잘 안 오나요? 경기침체의 여파로 인해 소비자 물가가 많이 오르지는 않지만, 그래도 대략 1~2%는 오릅니다. 이럴 때 주택가격이 0.4%가 오른다면, 실질가격은 하락한다고 봐야 합니다. 그리고 이러한 흐름이 지속되면 2017년 하반기 이후로는 주택가격이 지금처럼 버티기 힘들 것입니다. 건설산업연구원의 전망이 꼭 옳다고는 할 수 없지만, 주로 건설업체들의 이익에 맞춘 연구결과를 발표하는 이곳에서조차 하락한다는 전망을 내고 있다는 사실에 주목할 필요가 있습니다. 어쨌든 아파트 실질가격 그래프에서는 가격의 흐름이 명목가격과는 다르게 나타납니다.

부동산을 볼 때는 명목가격보다 실질가격으로 흐름을 파악하는 것이 중요합니다. 실질가격은 소비자 물가상승률을 반영한 가격이라고 했지요? 예를 들어 2011년에 소비자 물가가 크게 뛰었을 때 많은 가계의 살림살이가 힘들었습니다. 만약 특정 재화의 가격이 소비자 물가의 상승 수준을 넘어 지속적으로 올라간다면, 더구나 집값과 같이 가장 비싼 물건의 값이 계속 오른다면 생활에 큰 부담이 될 것입니다. 자연히 경제 구조에서 굉장히 큰 왜곡도 발생하겠지요. 집값이 오를 것 같아서 많은 빚을 내어 집을 산 사람들이 늘기 때문에, 모든 돈들이 부동산시장으로 빨려 들어가게 됩니다. 자산경제로만 돈이 쏠리고 반대로 생산경제는 위축됩니다. 생산경제가 위축되니 일자리와 소득이 줄어들어 젊은 사람들이 결혼을 하지 못하는 상황이 벌어집니다.

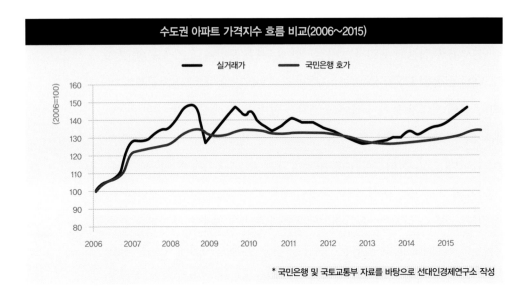

수도권 아파트 가격지수 흐름 비교(2006~2015)

── 실거래가   ── 국민은행 호가

(2006=100)

* 국민은행 및 국토교통부 자료를 바탕으로 선대인경제연구소 작성

이번에는 실거래가와 국민은행 호가를 비교해보겠습니다. 상당한 차이가 있지요? 그렇다면 실거래가는 100% 정확한 가격이라고 볼 수 있을까요? 사실 지금의 실거래가도 문제가 있습니다. 실거래가는 실제로 거래되는 사례를 중심으로 집계되기 때문에, 개별 아파트의 가격 자체는 실제 거래의 흐름을 반영합니다. 하지만 주택가격이 뛰면서 거래가 늘어날 때는 상대적으로 투자 대상으로서 인기가 있는 아파트들이 많이 반영됩니다. 당연히 이들 아파트는 가격의 상승폭이 크겠지요. 그렇다면 주택가격이 떨어질 때는 어떨까요? 이때는 급매물부터 팔립니다. 경제 사정이 어려워져 원래는 6~7억 원 수준에서 거래되던 아파트를 누군가가 급전이 필요해 5억 원으로 내놓았다면 당연히 급매물부터 팔립니다. 이러한 특

성 때문에 실거래가는 가격 진폭이 너무 크다는 문제가 있습니다. 즉, 현재의 실거래가 지수 역시 주택시장의 큰 흐름을 정확히 보여주기에는 한계가 있습니다. 국민은행 호가와 함께 보면서 이해하는 편이 더 좋습니다.

이제 주택가격의 흐름을 요약해보겠습니다. 외환위기 이후 2000년대 초반에 전국적으로 부동산가격이 폭등했습니다. 이때는 외환위기를 거치면서 주택공급도 부족했고, 한편으로는 예상보다 빠르게 경기가 회복되면서 전국적으로 주택거래가 많이 늘어나 가격이 뛰었습니다. 노무현 정부 초기에는 조금 쉬었다가 2000년대 중반, 2005년과 2006년에 수도권을 중심으로 2차 부동산 폭등이 일어났습니다. 그리고 2008년에 뉴타운 바람이 불면서 잠깐 다시 뛰었지만 곧바로 세계 금융위기가 오면서 주택가격이 전국적으로 급락했습니다. 그러다가 이명박 정부가 대대적인 부동산 및 건설 부양책을 쓰면서 2009년 초부터 2009년 10월까지 전국 주택가격이 반등했습니다. 그런데 이후로는 수도권에서 주택가격이 가라앉기 시작했고, 반면 수도권에 남아 있던 투기 에너지들이 지방을 돌아다니며 순차적으로 순환상승장세를 연출했습니다. 부산, 대전, 울산, 제주를 거치고 마지막으로 대구, 광주까지 2~3년간 거의 모든 지역들의 주택가격이 뛰었습니다. 그러다가 주택대출규제를 푼 2014년 8월 이후 서울, 경기 등 수도권 지역의 아파트가격이 다시 뛰기 시작했습니다.

그렇다면 지금까지 주택가격이 오른 이유는 무엇일까요? 사실 오를 만한 이유가 있어서 오른 지역은 제주도가 유일합니다. 생산가능인구가 늘었기 때문입니다. 제주도를 제외한 다른 지역에서 집값이 오른 이유는 단한 가지로 설명이 가능합니다. 인구가 늘어났을까요? 아니면 소득이 늘었나요? 바로 '부채'가 늘어났기 때문입니다.

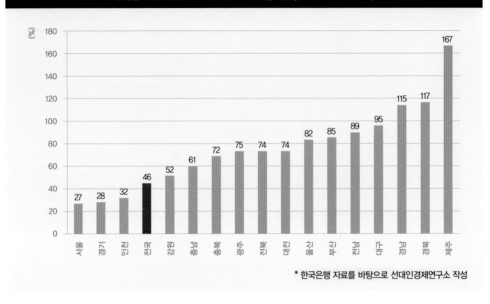

지역별 예금취급기관 주택담보대출 증가율(2010.01~2015.11)

(%)

* 한국은행 자료를 바탕으로 선대인경제연구소 작성

주택담보대출의 증가율을 보면, 집값이 많이 뛴 지역들은 대부분 부채 증가율도 높습니다. 제주, 경북, 경남, 대구, 울산과 같은 지역들은 부채가 거의 2배씩 늘어났습니다. 그렇게 투기 에너지가 지방을 한 차례 돌고 나서는 부동산시장이 침체되어 있는 수도권으로 다시 올라와 수도권 집값을 밀어 올렸습니다. 그런데 이러한 추세가 과연 얼마나 지속될까요? 이미 주택가격이 오를 대로 많이 오른 상태인 데다가, 집값이 오르면서 가계부채가 너무 폭증해 더 이상은 빚을 늘리기가 어려운 상황입니다. 모든 지역의 집값이 부채를 기반으로 올랐기 때문에, 부채를 더 늘리기 어려운 상황이 되면 집값은 다시 주저앉을 가능성이 매우 높습니다.

지금까지 주택가격의 흐름을 보았다면 이번에는 주택 거래량의 흐름

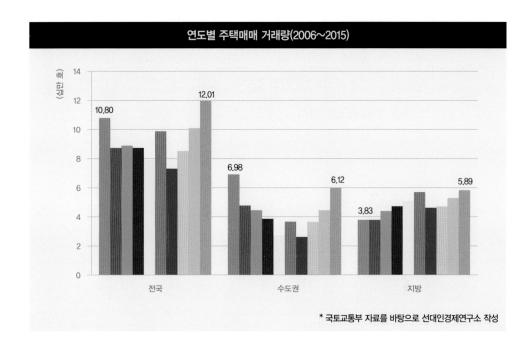

연도별 주택매매 거래량(2006~2015)

(거래량)
(만 호)

10.80

12.01

6.98

6.12

3.83

5.89

전국

수도권

지방

* 국토교통부 자료를 바탕으로 선대인경제연구소 작성

을 살펴보겠습니다. 2006년은 주택 거래에서 실거래가와 거래 건수가 집계되기 시작한 첫 해입니다. 이때 주택 거래량이 가장 많았는데, 2015년(약 120만 1000호)에 최초로 2006년의 거래량을 능가했습니다. 수도권과 지방을 나누어 살펴보면, 수도권의 경우 2006년에 일어난 부동산 폭등으로 인해 여전히 2006년의 거래량(약 69만 8000호)이 가장 많지만, 2015년에는 그에 버금가는 수치를 찍었습니다. 지방의 경우 수도권 주택시장이 침체할 때 거래량이 늘어났습니다. 이후 한 번 고비를 맞았다가 다시 늘어나는 추세입니다. 지방 역시 수도권과 마찬가지로 2015년 거래량이 사상최고 수준을 기록했습니다. 하지만 2016년에는 지방의 거래량이 크게 줄면서 주택가격도 가라앉거나 정체하는 모습을 보였습니다. 잘 알다시피 지방은 이미 경기 상황이 좋지 않습니다. 한편으로는 수도권 주택시장이 가라앉아 있는 동안 지방은 짧게는 2년, 길게는 4년 정도 주택가격이 상승하면서 집값이 많이 올랐고, 그 가운에 많은 사람들이 빚을 내 주택을 구입하면서 추격매수도 거의 끝난 상황입니다. 앞으로 내리막길을 걸을 가능성이 더 높습니다.

대한민국의 집값을 움직이는 힘, 가계부채

그러면 이제 우리나라의 가계부채가 얼마나 늘었는지를 구체적으로 살펴봅시다.

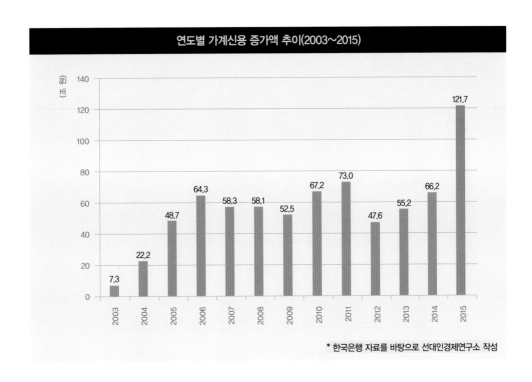

연도별 가계신용 증가액 추이(2003~2015)

* 한국은행 자료를 바탕으로 선대인경제연구소 작성

2005~2014년까지 10년간 가계부채는 연 평균 55조~56조 원 가량 늘어났습니다. 그런데 2015년에 들어서는 정부의 '빚내서 집 사라'는 정책 기조에 따라 가계부채가 약 121조 원이나 늘어났습니다. 2016년에는 2015년보다 더 많은 가계부채가 늘어날 것으로 추정됩니다. 이미 그 과정에서 전체 가계부채는 1300조 원을 돌파했습니다. 부동산 활황기였던 노무현 정부 5년 동안은 약 201조 원가량이 늘었고, 이명박 정부 때에도 298조 원가량이 늘었는데, 박근혜 정부 출범 이후에는 4년 만에 365조 원이 늘어났습니다. 이러한 추세라면 박근혜 정부가 임기를 다 채울 경우 가계부채가 496조 원에 이르게 될 전망입니다. 이게 과연 정상적인 상황일까요?

* 버블세븐
강남, 서초, 송파, 목동, 분당, 용인, 평촌 등 부동산가격이 급등한 7개 지역을 가리킨다. 집값 상승폭이 높아 거품이 끼어 있다는 뜻에서 버블(Bubble, 거품)이라는 이름이 붙었다.

2006년 9~12월 동안 수도권을 중심으로 부동산 폭등이 일어났습니다. 이른바 '버블세븐'* 지역이 이 시기에 고점을 찍었습니다. 보통 폭등기가 오면 집을 사지 않았던 사람들도 분위기에 휩쓸려 집을 삽니다. 2006년 9~12월이 바로 그런 시기였습니다. 그런데 그때와 비교해 박근혜 정부가 주택대출 규제를 풀었던 첫 하반기(2014년 8~11월)와 그로부터 1년 후(2015년 8~11월), 이 두 시기의 주택담보대출액이 2006년의 2배에 이르렀습니다. 왜 그랬을까요? 첫째, 집을 살 여력이 없는 사람들이 정부의 '빚내서 집 사라'는 정책에 따라 집값이 뛰니까 덜컥 무리해서 집을 산 탓입니다. 둘째, 주택대출 규제가 풀렸던 첫 해에는 그나마 조금이라도 여력이 있는 사람들이 집을 샀다면, 뒤로 갈수록 여력이 없는 사람들까지 빚을 더 많이 내어 집을 샀기 때문입니다. 2014년에서 1년밖에 지나지 않았는데도 주택 한 채를 거래할 때마다 주택담보대출 증가액이 더 늘어난 게 이를 입증합니다. 이렇게 빚을 내어 집을 사게 한다면 부동산시장이 앞으로 어떻게 될까요?

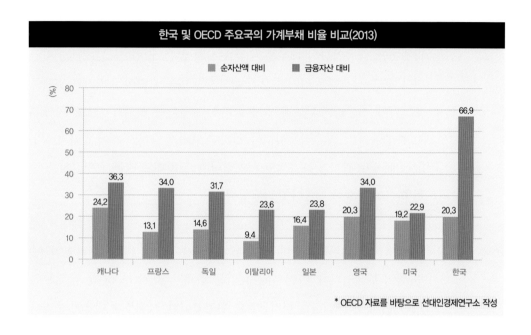

정부에서 가계부채가 많아도 괜찮다고 하는 근거 중 하나는 '금융부채', 즉 대출보다 금융자산이 더 많기 때문입니다. 그래서 유사시에 나쁜 상황이 발생하면 자신이 갖고 있는 금융자산으로 부채를 막을 수 있다는 뜻입니다. 왠지 그럴 듯한 말이지요? 그런데 정부에서 발표하는 통계나 수치는 '평균값'이라는 데에 맹점이 있습니다. 100명의 사람이 있는데 그중 50명이 집을 산다고 가정해봅시다. 보통 사람들은 집을 살 때 자신이 가진 여윳돈을 다 긁어모으고 부족한 부분을 대출로 해결하지요. 나머지 50명은 집을 사지 않았기 때문에 저축한 소득을 금융자산으로 가지고 있습니다. 빚을 내어 집을 산 50명과 그렇지 않은 50명을 합쳐 평균을 내

면, 전체적으로는 빚보다 금융자산이 더 많은 것으로 나올 수 있습니다.

만약 5억 원이던 집값이 3억 원으로 떨어졌다고 가정해봅시다. 이때 빚을 내어 5억 원짜리 집을 산 사람들이 자신들의 금융자산 여력으로 빚을 갚을 수 있을까요? 불가능합니다. 평균으로 보면 빚보다 금융자산이 더 많겠지만, 금융자산의 대부분은 집을 사지 않은 50명이 갖고 있는 것입니다. 금융 시스템은 위기가 오기 전까지는 별문제 없이 굴러가는 것처럼 보입니다. 저금리에 대출을 받아 집을 사는 동안은 이러한 기조를 바탕으로 한 금융 시스템이 작동합니다. 하지만 위기가 닥치면 말이 달라집니다. 2008년 금융위기가 대표적인 사례입니다. 그런데도 정부는 평균치를 들어 지금의 상황이 괜찮다고 낙관합니다.

앞선 그래프는 금융자산 대비 금융부채의 비율과 순자산액 대비 가계부채의 비율을 나타냅니다. 우리나라는 금융자산이 1억 원이라면 6700만 원이 부채입니다. 반면, 다른 나라는 부채가 2000~3000만 원 정도입니다. 이미 한국은 다른 나라들보다 위험합니다. 가계부채 비율이 우리나라보다 훨씬 안전한 수치를 보였던 미국에서도 서브프라임 모기지론 사태가 발생했습니다.

다음 그래프는 선대인경제연구소에서만 보여드릴 수 있는 자료입니다. 서울 2810세대 아파트의 등기부등본을 모두 떼어 부채실태를 조사했습니다. 이에 따르면, 부채를 갖고 있는 가구의 비중(47.22%)이 절반에 조금 못 미치고, 부채를 갖고 있는 가구의 평균 근저당 설정액, 즉 빚을 못 갚아서 아파트가 경매로 처분되었을 때 대출해준 금융기관이 받을 수 있는 금액의 한계가 3억 2600만 원으로 나타났습니다. 보통 근저당 설정액은 실제 대출액의 약 120% 정도이므로, 서울에서 부채가 있는 가구별 대출액은 약 2억 7000만 원 정도라고 생각하면 됩니다. 서울에서 집을 사는 사람들 가운데 절반가량이 빚을 내어 집을 사고, 집을 살 경우 평균 2억 7000만 원 정도의 빚을 진다는 뜻입니다.

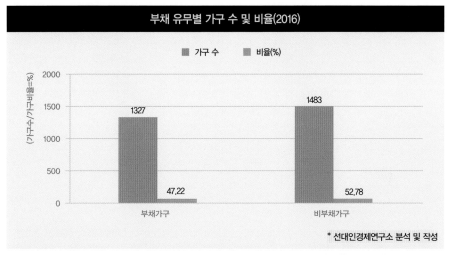

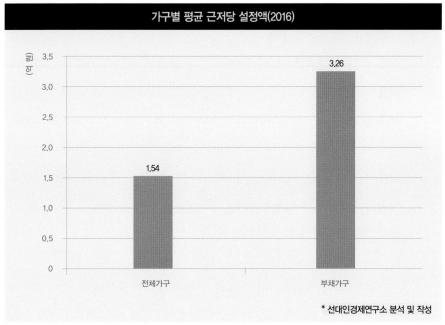

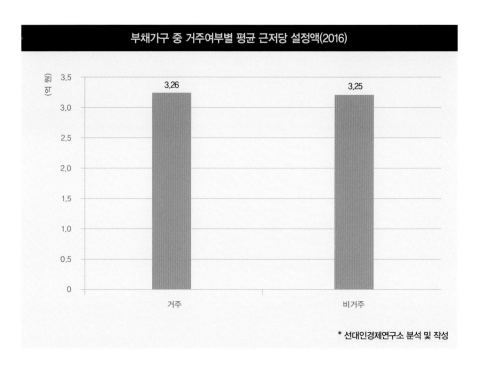

부채가구 중 거주여부별 평균 근저당 설정액(2016)

(억 원)

3.5 ─
3.26
3.0 ─
2.5 ─
2.0 ─
1.5 ─
1.0 ─
0.5 ─
0 ─

3.25

거주   비거주

* 선대인경제연구소 분석 및 작성

　　부채를 진 가구들 중에 자신이 집에서 거주하는 경우와 그렇지 않은 경우를 나누어 살펴보겠습니다. 양쪽 모두 부채의 규모가 거의 비슷합니다. 빚을 내어 집을 산 다음 자신이 거주하지 않는다는 건 전세나 반전세를 끼고 집을 샀다는 뜻입니다. 예를 들어 7억 원 정도의 집을 3억 원은 대출로, 나머지 4억 원은 전세로 충당한다고 해봅시다. 이러면 자기 돈이 거의 안 들어가지요. 요즘은 이런 사례들이 넘쳐납니다. '피 같은 내 돈이 안 들어갔다'고 하여 '무피투자'라고도 부릅니다. 하지만 집값이 떨어지면 깡통전세로 전락할 위험이 큽니다.

　　부동산 이야기를 하면서 부채와 관련된 이야기를 집중적으로 하는 이유는 지금 대한민국의 집값을 움직이는 힘이 '부채'이기 때문입니다. 부채

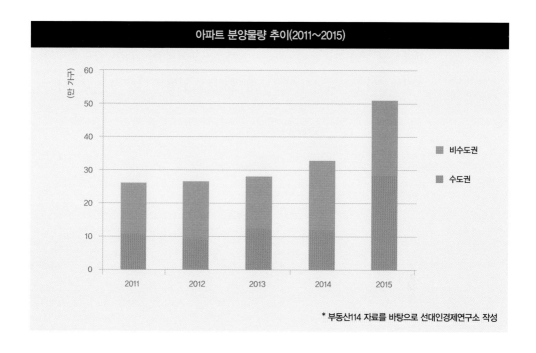

아파트 분양물량 추이(2011~2015)

(만 가구)

* 부동산114 자료를 바탕으로 선대인경제연구소 작성

가 더 이상 공급되지 않으면 집값은 언제라도 가라앉기 마련입니다. 언제까지 이렇게 빚을 내어 집을 살 수 있을까요? 이미 그렇지 않은 흐름으로 가고 있습니다. 정부가 2016년 2월부터 수도권을 중심으로 주택담보대출 요건을 강화했고, 같은 해 5월부터는 지방에도 적용했습니다. 2017년부터는 신규 아파트를 분양받을 때 집단대출의 잔금대출도 거치 기간을 두지 않고 처음부터 원리금을 분할 상환하도록 했습니다.

무엇보다도 이러한 상황에서 미국이 기준금리를 본격적으로 인상할 예정입니다. 그러면 당연히 빚을 내 집을 사는 수요가 위축될 수밖에 없습니다. 그뿐만 아니라 이미 무리하게 빚을 내어 집을 산 사람들 가운데 이자 부담을 감당하기 어려운 사람들도 늘어날 것입니다. 이런 사람들부터 하나둘 집을 매물로 내놓기 시작하면 집값이 하락할 위험이 커집니다. 안타깝게도 이런 사람들의 상당수가 하우스푸어로 전락하고, 금융업체들의 부실채권이 늘어나면서 일부 금융업체들도 위험에 처할 수 있습니다.

◆◆◆◆
심화 스터디 3.

정부가 만든
부동산 투기판의 실체

가계부채가 폭증하고 있는 가운데 주택 공급 물량도 쏟아지고 있습니다. 특히 수도권에서의 분양 물량은 지나치리만큼 많습니다. 2014년부터 시작해 2015년에는 사상 최대치인 51만 호, 2016년에는 46만 호의 분양 물량이 공급되었습니다. 부동산 활황기였던 2000년대에도 전국의 분양 물량이 30만 호 전후 수준이었다는 점을 감안하면 엄청난 물량이라고 할 수 있지요. 앞서 말했듯 우리나라는 선분양제를 시행하고 있기 때문에 분양 시점에는 주택 공급 과잉에 따른 충격이 잘 느껴지지 않습니다.

문제는 2017년부터 지방 주택시장을 중심으로 아파트 입주 물량이 폭탄처럼 쏟아질 것이라는 점입니다. 2017~2018년에만 75만 호가 넘는 아파트 입주 물량이 예정되어 있고, 오피스텔과 도시형 생활주택까지 포함하면 100만 호 넘습니다. 여기에 2019년도 물량은 집계가 되지 않아 빠져 있는데, 역시 적지는 않을 전망입니다. 2017~2018년에 쏟아질 분양 물량은 대략 340만 명을 수용할 만큼의 규모입니다. 대한민국 인구의 약 6.8%가량을 수용해야 할 주택이 불과 3년 만에 쏟아질 것입니다. 경기는 내려가고 소득은 정체되고 생산가능인구는 줄어드는데 이게 과연 가능할지는 모르겠습니다.

이렇게 공급 물량이 급증한 데에는 정부가 경제성적표를 좋게 만들기 위해 부동산 경기를 무리해서 띄운 탓도 있지만, 무엇보다도 건설업계의 내부 사정도 큰 몫을 했습니다. 건설업계는 지난 몇 년간 수도권 주택시장이 부진할 때 지방 주택시장을 공략하는 한편, 중동이나 아시아 등 해외시장 플랜트 수출을 통해 버텨왔습니다. 하지만 건설업계의 구조조정이 제대로 진행되지 않은 상황에서 모두가 해외 플랜트 수주에 나서다 보니, 저가 출혈경쟁이 일어났습니다. 삼성엔지니어링, GS건설, 대우건설 등이 대표적인 업체입니다. 건설업체들의 공급력이 전혀 조정되지 않은 상태인데, 정부가 이들 업체들을 계속 먹여 살리려다 보니 투기적인 가수요를 부추기는 방향으로 흘러온 것입니다. 선분양제를 시행하고 있는 까닭에 건설업체 입장에서는 2~3년 후 입주 물량 과잉으로 집값이 떨어지든 말든 분양에만 성공하면 된다는 심산이지요. 정부도 자신들의 임기 동

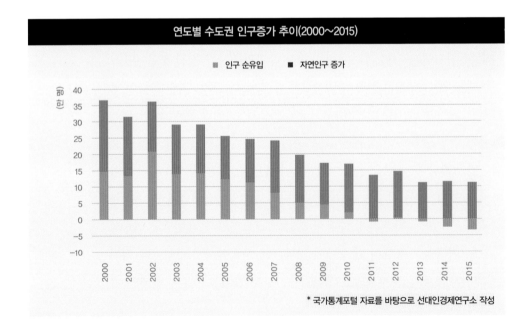

* 국가통계포털 자료를 바탕으로 선대인경제연구소 작성

안만 큰 문제없이 버티면 된다는 식으로 생각하는 것 같습니다.

그런데 수요는 어떨까요? 분양 물량은 쏟아지는데, 수도권 인구는 과거처럼 늘어나지 않는 시대입니다. 2000년에는 인구가 37만 명 정도 늘어났는데, 2015년에는 10만 명이 채 늘지 않았습니다. 37만 명이 늘어나던 시대에서 15년 만에 10만 명밖에 늘어나지 않는, 즉 인구증가가 3.5분의 1로 줄어드는 시대에 사상 최대의 입주 물량이 쏟아지고 있는 것입니다.

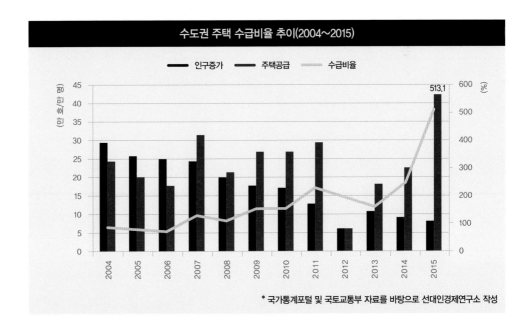

수도권 주택 수급비율 추이(2004~2015)

* 국가통계포털 및 국토교통부 자료를 바탕으로 선대인경제연구소 작성

주택 공급 과잉이라는 주장에 대해 건설업체들은 이렇게 반박합니다. 그동안 주택 공급이 위축되어서 공급되지 않았던 주택들이 지난 2014년 이후에 늘어난 것일 뿐이라고요. 그런데 주택 수급을 어떻게 따집니까? 과거에 비해 한 해에 늘어나는 인구는 3분의 1 이하로 줄어들었는데, 주

택 공급은 더 많이 늘어났습니다. 이것은 명백한 공급 과잉입니다. 그래서 늘어나는 인구수에 대비해 주택 공급이 얼마나 많은지를 따져보기 위해 '주택수급비율'이라는 것을 구해보았습니다. 2015년의 주택수급비율은 약 513이 나오는데, 이는 늘어나는 인구에 비해 공급 물량이 5배 이상 많다는 뜻입니다.

또한 지금까지는 생산가능인구가 계속 늘어왔기 때문에 사람들이 아직까지 인구 감소에 따른 주택시장의 변화에 대해 짐작을 하지 못합니다. 8강 〈인구〉 편에서도 설명하겠지만, 2016년에는 생산가능인구가 정점을 찍고 2017년부터 줄어들기 시작해 5년 후인 2021년에는 한 해 생산가능인구가 28만 명 줄어들고, 2024년에는 약 40만 명 줄어들 전망입니다. 전국의 가구원 수가 2.6명 정도 되니까, 이를 주택수요로 환산하면 5년 후에는 매년 약 10만 호, 2024년부터는 약 15만 호가 줄어드는 셈이지요. 우리는 1960년대 경제개발 이후 지금껏 생산가능인구가 늘어나는 상황만 겪어봤기 때문에 이러한 여파가 얼마나 클지 잘 상상하지 못합니다. 반면, 생산가능인구는 줄어드는 데 반해 고령인구, 즉 주택 공급자는 급속하게 늘어날 전망입니다.

저는 현재 우리나라의 상황이 20여 년 전인 1994~1996년 무렵의 일본과 대단히 비슷하다고 생각됩니다. 일본은 1980년대 후반에 부동산 거품이 일었습니다. 2년 정도 고점을 찍다가 1991년에 확 무너졌지요. 그래서 일본 정부가 1992~1994년까지 엄청난 재정부양책을 썼습니다. 우리나라의 4대강 사업 같은 낭비성 토건사업을 크게 벌렸고, 노루와 토끼가 뛰노는 길에 8차선 도로를 만들고, 전기를 생산하지 않는 댐을 건설했습니다. 그렇게 몇 년간 막대한 재정을 투입해 경기를 부양시키고, 다 죽

일본 신규주택 착공 추이(1982~2006)

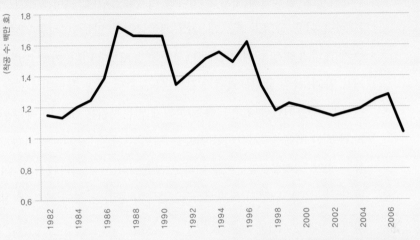

* 일본은행 및 일본총무성 자료를 바탕으로 선대인경제연구소 작성

일본은행의 기준금리 추이(1980~2014)

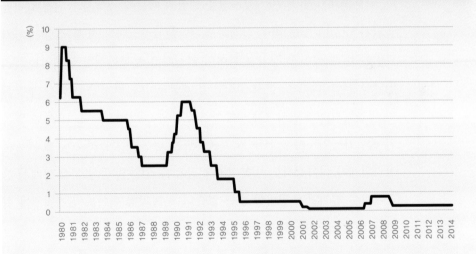

* 일본은행 및 일본총무성 자료를 바탕으로 선대인경제연구소 작성

어가는 부실 건설업체들에게 인공호흡기를 씌워주었습니다. 그러다 보니 나중에는 건설사업에 투입할 세금이 바닥났습니다. 그러자 일본 정부는 1994년 이후 금리를 빠르게 낮춰 제로금리를 만들고, 각종 세제혜택을 주며 가계에 빚을 내어 집을 구매하도록 유도했습니다. 이에 따라 부동산 거품 붕괴 이후 줄어들었던 일본의 신규 주택 착공 물량이 1994~1996년간 다시 늘어났습니다. 많은 일본경제 전문가들은 1980년대 후반 일본의 부동산 폭등을 '가격버블'이라고 부르는 한편, 1994~1996년의 공급 물량 증가 상황을 '공급버블'이라고 부릅니다. 우리나라에서 2014년 하반기부터 2016년까지 아파트 공급 물량이 증가한 것이 바로 '한국판 공급버블'이라고 볼 수 있는 것입니다.

과거 1994~1996년 무렵 일본에서는 많은 사람들이 착시에 빠졌습니다. 일본경제가 몇 년간 제로성장을 해왔기 때문에 소득은 늘지 않았지만 금리가 낮으니 빚을 마구 당겨와 집을 샀던 것입니다. 또한 집값이 과거 고점에 비해 떨어진 것처럼 보이니 안심하고 부동산시장에 뛰어들었고, 덩달아 건설업체들도 분양 물량을 쏟아냈습니다. 하지만 1997년 동아시아 외환위기가 오면서 2차 부동산버블 붕괴가 닥쳤습니다. 1996년 일본의 생산가능인구가 정점을 찍고 줄어드는 현상과 맞물려 20년에 가까운 장기침체가 이어졌지요. 일본처럼 걷잡을 수 없는 부동산 폭락 사태가 한국에서도 일어날지 장담할 수는 없습니다. 하지만 적어도 장기침체에 접어들 가능성은 상당히 높다고 생각합니다.

마지막으로 부동산 투자를 앞둔 분들에게 당부하고 싶은 점이 있습니다. 생산가능인구가 줄어들고 대한민국 경제가 장기적 저성장 국면에 접어들었으며 사상 최대의 분양 물량이 쏟아지는 등 부동산시장이 어려움을 겪을 것으로 예상되는 가운데, 아래에 정리한 10가지 지침만은 꼭 기억하고 투자를 하길 바랍니다.

부동산투자 10계명

1. 자신의 자금 여력으로 감당할 수 있는지, 자신이 선택할 수 있는 여러 투자 대안 가운데 기회비용 측면에서 설득력이 있는 투자인지를 자문하라

2. 시세차익을 노리는 부동산투자는 위험하다. 주거 목적이 아니라면 임대 목적으로만 접근하라

3. 강남 등 가격 거품이 심한 지역이나 가격 대비 월세 수입이 과도하게 높은 지역은 피하라(수익률을 확보하기가 어렵다)

4. 세금(재산세, 소득세, 사회보험료)과 유지관리비, 감가상각, 공실기간(10개월 월세를 놓는다고 생각), 그리고 유지관리 등에 쓰이는 시간과 에너지를 고려하라

5. 예금금리 3~4% 정도의 수익률을 목표로 하되, 실질 수익률은 예금금리 2%를 목표로 하라

6. 수익률을 높이기 위해 레버리지(대출)를 활용할 수는 있으나, 이때 대응 금융자산 또는 현금흐름을 반드시 확보하라

7. 향후 환금 가능성을 생각해 월세 수요나 상권 활성화, 공급 과잉 정도를 충분히 검토하라

8. '10% 수익 보장'과 같은 사기성 광고에 현혹되지 마라. 발품을 충분히 팔아 광고 내용이 현장 상황과 맞는지를 확인하고, 현장 확인 시에는 세입자 입장에서 살펴보라

9. 수익률이 상대적으로 낮은 빌라나 도시형 생활주택은 충분히 선별해야 하고, 향후 공급 과잉이 예상되는 분양형 호텔은 가급적 피하라. 초보의 경우, 투자 단위가 커지는 오피스빌딩은 가급적 피하고, 상가는 상권에 대한 안목을 키운 다음에 접근하라

10. 직접 투자할 자신이 없거나 유지관리에 쓸 시간과 에너지가 부족하다면 간접투자 상품(부동산펀드, 리츠 등)을 활용하라. 다만, 투자 대상에 대해서는 수익률을 면밀히 따져라

조선비즈, 2016-08-10

"집 여전히 부족" vs "2019년부터 하락"

채상욱 하나금융투자 연구원은 "한국은 현재 집이 부족한 상태이며, 집값은 추세적으로 계속 오를 수밖에 없다"고 말했다. 채 연구원이 집값 상승을 예측하는 핵심 근거는 '인구 대비 주택 수가 다른 나라보다 결코 많지 않다'는 것이다. 한국의 '인구 1000명당 주택 수'는 364채이다. 이에 비해 미국은 410채, 영국은 439채, 일본은 473채이다. 채 연구원은 "특히 서울과 경기는 인구 1000명당 주택 수가 각각 347채, 337채로 전국 평균보다도 낮고, 재개발을 통해 가치가 계속 높아지고 있어 가격 상승 폭도 타 지역에 비해 클 것"이라고 말했다. 채 연구원은 또 "주택의 수요 주체인 '가구'를 기준으로 봤을 때도, 한국은 1~2인 가구의 증가로 가구 수가 2010년 1735만여 가구에서 2035년까지 매년 19만 6000가구씩 늘어날 것"이라고 했다.

송인호 한국개발연구원(KDI) 연구위원은 "2019년부터 집값이 추세적으로 하락하기 시작할 것"이라며 "서울 집값도 급락은 없겠지만 하방 압력을 피하긴 어렵다"고 전망했다. 그는 한국의 가계자산 구성이나 인구구조 변화 패턴이 일본의 20여 년 전과 비슷하다는 점에 주목했다. 송 위원은 "일본의 주택 가격 하락 그래프는 15~64세 생산가능인구 비중 하락 곡선과 놀라울 정도로 유사하다"고 말했다. 이어 "국내 생산가능인구도 올해 3704만 명으로 정점을 찍고, 2019년부터는 본격적으로 감소하는데, 약 20년의 시차를 두고 일본을 따라가는 것"이라고 했다. 그는 "생산가능인구 비중 하락은 집을 살 능력을 가진 사람이 줄어든다는 의미이자, 집값이 대세 하락기에 접어든다는 의미"라고 했다.

(…후략…)

집값 상승과 하락 양론을 다룬 기사입니다. 그런데 집값 하락을 주장한 측의 근거는 적절하지만, 상승을 주장한 측의 논거는 맞지 않습니다. 저 역시 하락 측 입장이지만, 집값이 상승한다는 주장을 폄훼하려는 의도는 아닙니다. 집값이 상승한다는 주장에 동의하지 않더라도 그 논거가 적절하다면 존중할 수 있겠지요. 그런데 집값 상승 측의 주장은 오히려 스스로의 주장을 반박하는 논거에 가깝습니다. 그중에서 인구 대비 주택 수가 다른 나라보다 많지 않다는 주장만 따져봅시다. 주택의 유효 수요 단위는 가구이므로, 가구 수 대비 주택 수로 주택보급의 정도를 파악하는 게 맞습니다. 그런데 2000년대 중반부터 국내 주택보급률이 100%를 돌파하자 부동산 전문가라는 사람들이 '인구 1000명당 주택 수'라는 개념을 들고 나왔습니다. 이는 각 나라별로 '가구'에 대한 규정이 달라 UN 등에서 주택 재고가 어느 정도인지를 살펴보기 위해 만든 기준에 불과합니다. 국제적인 비교의 편의를 위한 것이지, 이 지표로 나라의 주택 공급 과부족을 따지지는 않습니다.

굳이 이 기준으로 따진다면, 이때 주택 수는 각국의 사정을 반영해 상당히 달라진다는 점을 감안해야 합니다. 미국이나 일본 등은 사람들이 거처로 삼는 다양한 주거를 포함하기 때문에 한국의 주택 범주보다 상당히 넓습니다. 미국은 거주자만 있으면 텐트, 영업용 창고, 숙박업소까지도 모두 주택 수에 포함합니다. 일본은 취사시설 및 화장실을 공동 사용하는 곳도 포함하지요. 만약 미국(410채)이나 일본(473채)과 같은 범주로 주택 수를 정한다면 한국도 이미 400채를 넘을 것으로 보입니다. 국내 주택 공급의 역사나 소득 수준과 비교해볼 때, 결코 낮은 수준이 아닙니다.
아직까지도 이런 주장을 하는 사람이 많고, 그들의 목소리를 대변하는 언론이 많아 근거 없는 논리가 한국에서 계속 통용되고 있다는 사실이 안타깝습니다.

조선비즈, 2016-10-10

빗나간 定說… 5060 주택구매 급증

고령화로 증가하는 60대 이상이 주택 시장의 '큰손'으로 부상하고 있다. 한국감정원 부동산연구원이 작성한 '최근 5년간 연령대별 아파트 구입자 변화' 보고서에 따르면 2015년 아파트 구입자 중 60세 이상은 11만 2036명으로, 2011년(7만 1254명)보다 57.2% 급증했다. 같은 기간 아파트 구입자가 가장 많이 증가한 연령층은 55~59세로, 58.1%가 증가했다.

이 같은 통계는 60대 이상 연령층은 노후생활 자금을 마련하기 위해 갖고 있던 주택을 대거 매도해 주택가격을 끌어내린다는 기존 주장을 뒤집는 것이다. 한국은행도 작년 말 금융안정보고서를 통해 "노인층이 빚을 갚고 생활자금을 조달하기 위해 아파트 등 부동산을 팔아치워 부동산 가격이 하락할 수 있다"고 경고하기도 했다.

그러나 한국감정원 부동산연구원 보고서에 따르면 60세 이상 아파트 구입자 수 증가 폭(57%)은 같은 기간 전체 아파트 구입자 수 평균 증가폭(17%)보다 3.3배 정도 많다. 반면 같은 기간 29세 이하, 30~34세의 아파트 구입 건수는 각각 16.5%, 17% 줄어들었다. 결혼 시기가 늦어지고, 주택가격 상승 폭에 비해 젊은 층의 소득 수준이 이를 따라가지 못한 영향이 크다.

전체 아파트 구입자에서 60대 이상이 차지하는 비중 자체도 늘었다. 5년 전에는 전체 아파트 구입자 가운데 60대 이상이 10.5%였지만, 작년에는 14.1%로 증가했다. 55~59세 그룹의 비중도 7.4%에서 10%로 증가했다. 한국감정원 보고서는 국토교통부에 신고된 2011~2015년 아파트 실거래가 등록 자료를 분석한 것이다.

(…후략…)

이 기사를 읽어보면 노인층이 생활자금을 조달하기 위해 부동산을 팔 것이라는 정설과 달리, 그들의 주택 구매가 더욱 활발하다고 주장합니다. 제가 앞서 언급한 내용과는 다르지요? 사실 이는 잘못된 보도입니다. 이 기사에서 비교하는 해당 시기(2011~2015년)에는 20대는 11만 1000명, 30대는 43만 5000명, 40대는 6만 6000명이 줄어든 데 반해, 50대는 104만 8000명, 60대는 73만 5000명이 늘어났습니다. 이렇게 50~60대 인구가 늘어나다 보니 그들 가운데 돈이 있는 사람들을 중심으로 주택 구매가 이루어진 것입니다. 그런데 이러한 사실은 쏙 빼놓고, 알고 보니 50~60대 인구가 집을 사는 수요자더라는 식으로 주장하는 것은 해석의 오류입니다.

더불어 분석 대상으로 삼은 시기도 감안해야 합니다. 2011~2015년은 수도권을 중심으로 주택시장이 침체기에서 활황기로 변했습니다. 주택시장 침체기에는 상대적으로 젊은 층의 실수요가 많지만, 최근처럼 투기성이 짙은 주택시장에서는 기사에서도 언급하듯 투자에 익숙한 50~60대가 주택을 많이 살 가능성이 높습니다. 물론 그렇다고 하여 어떤 시장에서도 이러한 흐름이 지속될 것이라고 예단해서는 안 됩니다. 또한 50대 인구는 계속 주택을 구입하는 연령대로 분류되었기 때문에, 이 기사처럼 50~60대를 한꺼번에 묶어서 설명해서는 안 됩니다. 이 기사의 주장이 맞으려면 50대는 제외하고, 60대 인구로만 수요를 따져봐야 합니다. 그래야 60대가 주택을 순매수하는 연령대인지 평가할 수 있습니다.

복합적으로 분석해볼 때 이 기사의 내용은 기존의 현실이 달라졌다고 주장할 만한 뚜렷한 근거를 내세우지 못하고 있습니다. 국내 언론 기사 가운데 상당수가 이해관계에 오염된 정보를 내놓고 있는데요. 언론사 광고 매출의 가장 큰 부분을 부동산이 차지하고 있기 때문입니다. 그래서 부동산 관련 기사는 더욱 주의해서 읽어야 합니다.

소비

지갑을 굳게 닫은 대한민국 가계

기업의 마케팅 전략과 과소비의 함정

합리적 소비, 어떻게 주도할 것인가?

Consumption

나의 소비 호구 지수는?

☐ 소비는 소득과 부, 라이프스타일, 가계가 기대하는 생활 수준, 투자의 성공
   여부, 소비자 신용 규모, 내구재의 보유 여부 등에 영향을 받는다는 사실을
   알고 있다

☐ 내구재와 비내구재의 차이를 알고 있다

☐ 소비 추이가 경기 흐름과 대체로 같은 방향으로 움직인다는 사실을 알고 있다

☐ 부유한 사람들일수록 내구재 소비 비중이 높고, 가난한 사람들일수록 내구
   재 소비 비중이 낮다는 사실을 알고 있다

☐ 소비가 GDP와 총수요의 구성요소라는 사실을 알고 있다

☐ 평균소비성향과 한계소비성향의 차이를 알고 있다

☐ 부의 효과의 개념을 알고 있다

☐ 과시적 소비와 베블런 효과의 개념을 알고 있다

- -

√ 7~8개 : 경제 상식 척척박사
자만은 금물! 심화 스터디와 최신 신문기사를 통해 경제 시야를 넓혀보세요.

√ 4~6개 : 어설픈 중수
아는 것은 되짚고 모르는 개념은 확실히 잡아 호구에서 탈출하세요.

√ 0~3개 : 호구의 제왕
경제와는 궁합 제로! 이 책을 통해 경제 기초체력을 다져보세요.

✓ **소비는 소득과 부, 라이프스타일, 가계가 기대하는 생활 수준,
투자의 성공 여부, 소비자 신용 규모, 내구재의 보유 여부 등에
영향을 받는다는 사실을 알고 있다**

일단 소비를 하려면 돈이 있어야 하므로 소득이 필요합니다. 그런데 만약 현재 소득은 많지만 5년 후 소득은 줄어들 거라고 예상된다면 소비를 많이 할 수 있을까요? 당연히 하지 않겠지요. 대신 절약이나 저축을 많이 할 것입니다. 즉, 현재의 소득뿐만 아니라 미래에 벌어들일 소득에 대한 기대치도 소비에 영향을 미칩니다.

케인스는 '절대소득가설'을 통해 국가 경제의 총수요 구성항목 중 가장 큰 비중을 차지하는 민간소비는 경제 주체들의 '현재 실질소득'에 절대적으로 의존한다고 주장했다. 하지만 금융자산이나 이자율, 미래 소득에 대한 기대 등 소비에 영향을 끼치는 다른 변수를 간과했다는 지적이 잇달아 제기되었다.

많은 경제학자들이 소득과 관련하여 저마다의 소비 이론을 제시했습니다. 먼저 영국의 저명한 경제학자 존 메이너드 케인스(John Maynard Keynes)는 '소비함수'라는 개념을 들어 소득에 따른 소비의 증감을 설명했습니다. 소비를 결정하는 가장 중요한 요인은 현재의 소득이며, 소득 이외의 요인은 2차적인 영향만 미친다는 '절대소득가설'을 주장했지요. 그런데 실제로 다른 학자들이 관찰해보니, 현재의 소득이 높아도 미래에 벌어들일 소득이 불안하면 대체로 소비를 줄이는 경향이 나타났습니다. 그래

서 미국의 경제학자 밀턴 프리드먼(Milton Friedman)은 어떤 사람이 일생 동안 획득할 수 있으리라고 기대되는 평균 소득, 즉 항상 소득이 개인의 소비에 큰 영향을 미친다는 '항상소득가설'을 제시했습니다.

카드사들은 판촉경쟁을 벌이며 미성년자, 학생, 실업자 등 개인의 신용상태를 고려하지 않고 무분별하게 신용카드를 발급했는데, 이는 결국 2004년 신용카드 대란이라는 참사를 불러왔다. 신용카드가 신용불량카드가 되고, 신용불량자의 '돌려막기' 수단이 된 것은 바로 이때부터.

한편으로는 이렇게 생각해볼 수도 있습니다. 사람은 생애주기의 각 단계에 따라 돈을 버는 규모와 소비하는 규모가 다릅니다. 바로 여기에 바탕을 둔 이론이 '생애주기가설'입니다. 이탈리아의 경제학자 프랑코 모딜리아니(Franco Modigliani)가 주장한 소비 이론인데요. 모딜리아니에 따르면 사람들은 대체로 평생을 염두에 두고 현재의 소비를 결정한다고 합니다. 우리도 역시 노후를 대비하기 위해 소득이 발생하는 젊은 시절에 저축을 많이 해두지요? 이처럼 생애주기가설은 한 해의 소비가 그 해의 소득에 의해서만 결정되는 것이 아니라, 평생에 걸친 소득이 얼마일지를 예상하고 연령대에 따라 다른 소비 패턴을 보인다는 사실을 입증합니다. 이 이론은 케인스와 밀턴의 소비 이론을 한 단계 더 발전시켰다고 평가받습니다.

그 밖에도 쉽게 갖다 쓸 수 있는 돈, '이지 머니(Easy Money)' 역시 소비에 큰 영향을 미칩니다. 대표적인 예가 2004년 신용카드 대란입니다. 당시에는 '개도 골드카드를 물고 다닌다'고 할 정도로 신용카드 발급이 남발되었습니다. 많은 사람들이 자신의 재무상태를 고려하지 않고 카드를 열심히 긁었다가 신용불량자로 전락했고, 연체도 눈덩이처럼 쌓여 신용카드사들이 위기에 처했습니다. 또 지금처럼 저금리로 은행에서 쉽게 돈을 빌려 쓸 수 있는 것도 이지 머니의 한 예입니다.

√ 내구재와 비내구재의 차이를 알고 있다

먼저 내구재는 영어로 Durable Goods, 비내구재는 Non-durable Goods라고 합니다. 쉽게 말해 내구재란 오랜 기간 지속적으로 사용할 수 있는 제품이고, 비내구재란 사용 기간이 다소 짧은 제품을 뜻합니다. 비내구재의 사용 기간에 대해서는 미국 상무성에서 3년 이내로 규정하고 있는데요. 사실상 3년이라는 기준으로 딱 잘라 내구재와 비내구재를 구별하기란 쉽지 않습니다.

그러면 내구재에는 어떤 제품이 있을까요? 자동차나 가전제품, 가구와 같이 한번 사면 오래 쓰는 제품들이 포함됩니다. 반면, 식료품이나 담배, 화장품은 대표적인 비내구재입니다. 옷이나 서적은 비교적 장시간 견딜 수 있는 재화이기는 하지만 비내구재로 분류합니다.

소비는 내구재의 보유 여부에 따라서도 영향을 받습니다. 만약 우리 집에 대형 LCD 텔레비전을 들여놓았다고 칩시다. 사운드도 굉장히 좋아요. 그러면 영화관에 자주 가지 않고 집에서 영화를 보겠지요? 영화관에 들이는 소비가 줄어듭니다. 차를 샀다면 대중교통 이용에 드는 비용 대신 연료비를 쓸 것입니다. 이처럼 소비에 영향을 미치는 요소는 무척 다양합니다.

✓ 소비 추이가 경기 흐름과 대체로
같은 방향으로 움직인다는 사실을 알고 있다

경기가 좋아지면 사람들의 소득이 늘고, 소득이 늘면 자연히 소비
가 늘어납니다. 재화와 서비스에 대한 소비가 늘어나기 때문에 기업 경기
도 좋아지지요. 또 기업 경기가 좋아지면 고용이 늘고, 이로 인해 다시 소
득이 늘어나므로 경기는 선순환은 그립니다. 반대로 경기가 악화되어 소
득이 줄면 소비가 줄어들고, 기업 경기가 나빠져 고용이 줄어들기 때문에
결과적으로 다시 소비가 줄어드는 악순환이 일어납니다.

경기의 선순환

✓ 부유한 사람들일수록 내구재 소비 비중이 높고,
가난한 사람들일수록
내구재 소비 비중이 낮다는 사실을 알고 있다

내구재와 비내구재의 차이를 알았으니 쉽게 이해가 되시지요? 부유
한 사람들일수록 고급 자동차나 가구, 전자제품을 살 가능성이 높습니다.
참고로 요즘은 고가 외제차를 타는 사람들이 늘어나는 추세인데요. 외제차
는 수리비가 만만치 않습니다. 자동차책임보험의 수리비 보장 한도가 예전

에는 1억 원이면 충분했는데, 이제는 1억 원으로도 커버가
안 되는 경우가 있어 2016년 4월부터는 1억 5000만 원
까지 한도가 올랐습니다. 그러면 전반적으로 보험료
가 올라갑니다. 이러한 현상을 '부정적 외부효과'
라고 합니다. 나는 국산 소형차를 몰고 다니는
데 외제차가 늘어났다는 이유로, 즉 사회 전
체적으로 외부효과가 발생했다는 이유로
내 보험료까지 올라가는 부정적인 결
과가 일어난 것입니다.

최상위층
엥겔지수 25% 이하

상위층
엥겔지수 25~30%

중위층
엥겔지수 30~50%

하위층
엥겔지수 50~70%

극빈층
엥겔지수 70% 이상

엥겔지수에 따른 가계의 생활 수준

  반면, 부유한 사람들에 비해 가난한 사람들일수록 내구재 소비 비중이
낮습니다. 대신 전체 소득 가운데 비내구재에 들이는 비용이 많습니다.
엥겔지수라는 말을 들어보셨나요? 일정 기간 가계의 소비지출 총액에서
식료품비가 차지하는 비율로, 가계의 생활 수준을 가늠하는 척도입니다.
가계 소득이 높을수록 식료품비의 비중이 감소하며, 한 사회의 엥겔지수
가 높으면 대체로 가난한 사람들이 많다는 의미로 해석할 수 있습니다.

✓ 소비가 GDP와 총수요의
구성요소라는 사실을 알고 있다

  총수요*는 GDP(국내총생산)와 같은 공식으로
산출되는 개념이라고 보면 됩니다. 이를 산출하는
공식은 'C+I+G+(X-M)'입니다. 여기에서 C는 소비
(Consumption)를 의미합니다. I는 기업 투자(Investment),

> *총수요
> 국가경제 전체에 걸쳐 가계, 기업, 정
> 부, 해외부문 등 그 나라의 최종 생
> 산물에 대한 수요를 모두 합한 것.
> 다시 말해 총수요란 가계의 민간 소
> 비, 기업 투자, 정부 지출, 순수출의
> 합계를 말한다.

G는 정부의 재정지출(Government)이고요. X-M은 수출액(Export)에서 수입액(Import)을 뺀 순수출입니다. 이들 요소를 합산하여 GDP를 구합니다.

소비(C) + 기업투자(I) + 정부의 재정지출(G) + [수출액(X) - 수입액(M)]

총수요 = GDP

　민간 경기가 침체되고 위축되었을 때, "정부가 재정지출(G)을 늘려야 한다"는 기사가 종종 나오는데요. 정부가 재정 확대를 통해서라도 민간 소비(C)의 부족한 부분을 늘려주어야 한다는 의미입니다. 그러면 자연히 총수요가 늘어나겠지요. 이게 바로 정부의 '재정부양책'입니다. 미국의 민간 소비 비중은 GDP의 약 70%를 차지합니다. 한국은 얼마나 될까요? 50% 정도밖에 되지 않습니다. 그만큼 한국은 민간 소비, 즉 내수가 굉장히 위축되어 있는 나라이자 수출 의존도가 높은 나라라고 할 수 있습니다.

　중국은 지난 30년 동안 경제개발을 추진하면서 지속적으로 수출 의존도를 높여왔습니다. 그럼에도 불구하고 내수의 비중이 우리나라보다는 조금 더 높은데요. 지금 중국 정부는 내수의 비중을 최대로 키우기 위해 가계 소득을 늘리려고 하고 있습니다. 최저임금을 빠른 속도로 상향조정하는 이유도 수출 의존도가 높아진 문제를 극복하기 위한 일환입니다. 한국은 말로만 내수 위축을 해결하겠다고 하면서, 실제 정책은 늘 수출기업 위주로 펼칩니다. 정부는 원화 가치를 떨어뜨려, 즉 환율을 높여 수출하기 좋은 여건을 만들어주는데요. 반대로 국내 소비자 입장에서는 수입품의 가격이 올라가므로 오히려 내수를 위축시키는 효과가 발생하고 있습니다.

✓ 평균소비성향과 한계소비성향의 차이를 알고 있다

평균소비성향을 알기 위해서는 먼저 가처분소득의 개념을 알아야합니다. 내가 이번 달에 500만 원을 벌었다고 가정해봅시다. 이때 500만원 전체를 소비에 쓸 수 있을까요? 그렇지 않지요. 소득세를 내야 합니다. 소득세는 내가 마음대로 처분할 수 있는 소득이 아니라 의무로 내야 하는 돈입니다. 이번에는 집에 장애인이 있다고 생각해봅시다. 그러면 매달 정부에서 장애인 수당이 나오는데요. 이 돈은 내가 번 돈은 아니지만 정부가 지급해준 수당이므로 처분할 수 있는 소득입니다. 즉, 가처분소득은 개인이 실제로 자유롭게 소비 또는 저축으로 처분할 수 있는 소득으로, 소득에서 세금, 이자지급 등 비소비지출을 공제하고 여기에 이전소득(사회보장금, 연금)을 더한 소득입니다.

평균소비성향은 가처분소득 중에서 실제로 소비하는 금액의 비중을 나타냅니다. 예를 들어 가처분소득이 400만 원인데 그중 200만 원을 쓴다면 평균소비성향은 50%입니다. 한편, 한계소비성향은 가처분소득이 늘어났을 때, 소비성향이 어떻게 변화하는가를 나타내는 개념입니다. 그러니까 원래 100만 원을 벌던 사람이 200만 원으로 가처분소득이 늘었을 때, 저축하지 않고 소비하는 금액의 비율을 뜻합니다. 일반적으로 소득이 많은 사람은 소득이 적은 사람에 비해 한계소비성향이 낮고, 한계저축성향*은 높게 나타납니다.

예를 들어 어떤 부자가 연봉이 5억 원 정도 된다고 가정해봅시다. 이 사람이 아무리 돈을 많이 쓴다고 해도 1년 안에 5억 원을 다 쓸 수 있을까요? 비싼 레스토랑에 가고 명품 옷

> * 한계저축성향
> 한계소비성향에 반대되는 개념으로, 추가적 소득에 의해 이루어지는 추가적 저축을 뜻하는 말. 소득의 변화분에 대한 저축의 변화 비율로 나타낸다.

을 입는다고 해도 다 쓰기는 어려울 것입니다. 나머지는 재산으로 축적되겠지요. 그래서 부자는 한계소비성향이 낮습니다. 반면, 월 소득이 100만 원인 사람은 식비, 교통비, 생필품을 사는 데 돈을 쓰고 나면 저축하기가 빠듯합니다. 이 사람들은 100만 원을 받아 전부 쓰지요. 즉, 저소득층은 한계소비성향이 굉장히 높습니다.

사실 한계소비성향을 설명할 때 자주 등장하는 개념이 '낙수효과'와 '분수효과'입니다. 앞서 〈환율〉편에서 한 번 언급했던 개념이지요? 만약 정부가 경기를 활성화시키기 위해 1억 원을 쓴다면 부자에게 쓰는 게 나을까요, 가난한 사람에게 쓰는 게 나을까요? 부자에게 가면 1억 원 중 5000만 원 정도만 소비에 쓰이겠지만, 가난한 사람에게 가면 1억 원이 거의 다 쓰일 것입니다. 그러면 경기 파급효과는 어느 쪽이 더 클지 쉽게 알 수 있습니다. 그래서 낙수효과가 아니라 분수효과, 즉 피라미드 밑바닥을 따뜻하게 데워서 밑바닥에 있는 사람들의 소득이 올라가고 소비가 늘어나야 경기 전반에 선순환이 일어납니다.

✓ 부의 효과의 개념을 알고 있다

가령 내가 주식에 5000만 원을 투자했는데 1억 원이 된 거예요. 실제로는 이 주식을 팔아 차액을 남기지 않았는데, 5000만 원이던 주식이 1억 원이 되었다는 이유만으로 돈을 벌었다는 기대감이 들겠지요? 이렇게 실현되지 않은 이익, 즉 아직 현금으로 전환되지 않은 이익이라고 해도 사람들은 '이미 부자가 된 기분'을 느끼고 소비를 늘립니다.

2006~2007년에도 주가가 많이 뛰었을 때 소비가 확 늘어났습니다. 2000년대 초중반에는 집값도 많이 뛰어 집을 사거나 분양을 받기만 하면 대박이라고 말 했지요. 아직 실현되지 않은 자산가격*만 믿고 사람 들이 소비를 늘렸습니다. 이렇게 되면 그 돈이 시장 에 돌아 경기가 활성화됩니다. 즉, 부의 효과란 보유

* 자산가격
   현재 보유한 자산으로부터 얻을 수 있는 미래의 소득을 현재가치화한 것. 주가는 미래의 배당소득을 현재가치화한 것이고, 부동산가격은 미래의 임대료를 현재가치화한 것이다.

한 자산의 가치가 높아지면 소비지출이 늘어나는 효과를 말합니다. 반대로 주가나 부동산가격이 떨어져 개인의 소비 심리 및 여력이 위축되는 경우를 '역(逆) 부의 효과'라고 합니다.

√ 과시적 소비와 베블런 효과의 개념을 알고 있다

과시적 소비란 말 그대로 남에게 과시하거나 드러내기 위한 소비

경기침체가 지속되면서 가치 소비를 추구하는 사람들이 늘고 있는 가운데, 한국의 명품시장만은 비쌀수록 더 잘 팔리는 베블런 효과가 여전히 통용되고 있다. 이에 따라 해외 고가 브랜드들은 국내에서 가격을 잇달아 인상하고 있다.

미국의 사회학자 소스타인 베블런. 그는 저서 『유한계급론』에서 "확실한 신분제도가 없는 현대 사회에서 누가 더 잘 살고 우월한지를 명확히 판별하기 어렵기 때문에 소비를 통해 자신을 표현하고 과시하고 싶은 경향이 있다"는 말로 과시적 소비의 원인을 분석했다.
ⓒYale University Library Art Gallery

를 뜻합니다. 예전에는 경제학에서 소비를 설명할 때 소득이 반드시 전제되거나, 소득이 많은 사람만 비싼 물건을 산다고 여겼는데, 실제로는 부자가 아닌 사람들도 자신의 사회적 지위나 체면 때문에 보여주기식 소비를 하는 경우가 많습니다. 소득이 많지 않은데도 몇백만 원짜리 명품 가방을 여러 개 산다든지, 비좁은 원룸에 살면서 외제 스포츠카를 구입하는 경우가 바로 과시적 소비의 예입니다.

이러한 개념을 최초로 주장한 사람이 바로 소스타인 베블런(Thorstein Bunde Veblen)입니다. 보통 상품의 가격이 높으면 수요가 줄어들어 소비가 줄어든다는 게 전통적인 경제학의 법칙입니다. 그런데 간혹 상품의 가격을 매우 비싸게 매겨놓았는데도 수요가 더 올라가는 기이한 현상이 벌어지곤 합니다. 왜일까요? '이 물건은 비싼 물건이야'라는 인식이 널리 퍼져 있으면 과시하기에 좋은 대상이 되어 오히려 수요가 늘기 때문입니다. 즉, 베블런 효과는 수요-공급 곡선으로 결정되는 전통적인 가격 이론과 달리, 가격이 올라가면 오히려 과시적 소비 때문에 수요가 더 늘어나는 역설적인 상황을 뜻합니다.

다만 소득에 비해 비싼 물건이나 서비스를 소비했다고 하여 무조건 과시적 소비로 보기는 어렵습니다. 아르바이트를 열심히 해 유럽여행을 계획하고 있는 청년에게 과시적 소비의 잣대를 댈 수는 없으니까요. 그 세대의 라이프스타일일 수도 있고, 개인적으로 멋진 옷이나 가방을 사는 것보다 여행을 가는 데에 돈을 쓰는 편이 훨씬 더 가치 있다고 여길 수 있습니다. 즉, 남에게 드러내 보이고 과시하기 위해서가 아니라 자신이 충분히 욕구를 느껴서 소비하고 또 그러한 소비로 인해 행복해진다면 과시적 소비라 보기 어렵습니다.

지갑을 굳게 닫은
대한민국 가계

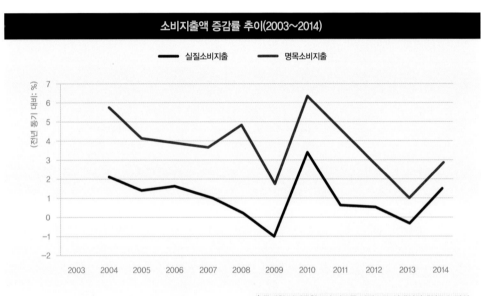

* 통계청 가계동향조사 자료를 바탕으로 선대인경제연구소 작성

소비는 경기와 밀접한 관련이 있습니다. 위 그래프는 우리나라의 연도별 소비지출액 증감률을 나타냈는데요. 세계 금융위기가 왔던 2008 년에는 소비지출액이 크게 떨어졌다가, 다시 경기가 회복되면서 그래프가 올라가는 모습을 보입니다. 그런데 2010년 이후로 경기가 점차 악화

되고 장기적 저성장 국면에 접어들면서 소비도 계속 떨어졌습니다. 다만 2014년 하반기부터는 정부에서 빚을 내어 집을 사게끔 금리를 낮춰주니까 부채가 늘어나고 소비지출액도 일시적으로 증가했습니다.

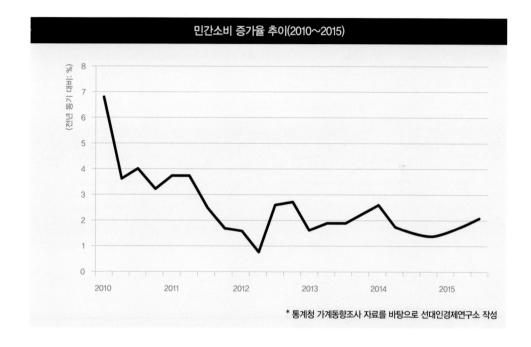

민간소비 증가율 추이(2010~2015)

* 통계청 가계동향조사 자료를 바탕으로 선대인경제연구소 작성

그래프에 나타난 것처럼 한국의 민간소비는 현채 침체 상태에 머물러 있습니다. 이제는 '부의 효과'보다 '부채 효과'가 더 커졌고, 한편으로는 재벌독식 구조 때문에 산업 생태계가 살아나지 않다 보니 일자리와 소득도 늘어나지 않습니다. 소득이 제자리걸음이니 당연히 민간소비가 늘어나지 않을 수밖에요. 게다가 복지체계도 잘 갖춰져 있지 않아 사람들이 노후에 대해 큰 불안을 느끼고는 좀처럼 지갑을 열지 않습니다. 연령별 평균소비성향을 봐도 한창 돈을 써야 할 젊은 세대들조차 노후에 대한 예기불안(Expectation Anxiety)에 시달리며 소비를 점점 줄이고 있습니다.

이번에는 소득 대비 소비지출 비율의 추이를 살펴보겠습니다. 소득에서 지출되는 돈은 크게 '소비지출'과 '비소비지출'로 나뉩니다. 소비지출은 일상생활을 할 때 필요한 소비재를 구입하는 지출로, 2010년부터 계

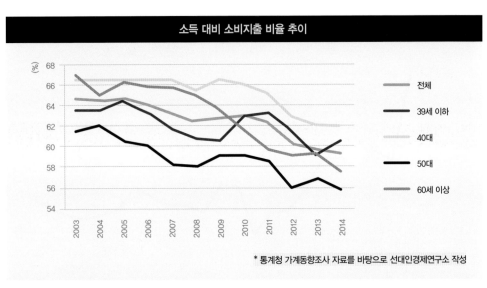

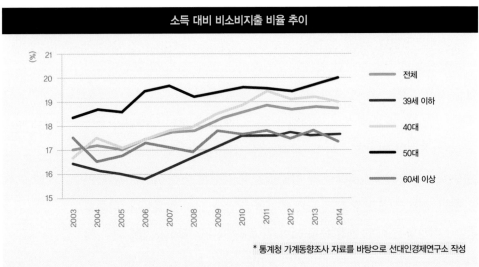

속 줄어드는 흐름을 보입니다. 반면, 비소비지출이란 은행이자, 보험료, 국민연금과 같은 소비지출 이외의 추가적인 지출을 말하는데, 점점 늘어나고 있습니다. 물건을 소비하지 않아도 가정에서 지출하는 부담이 계속 커지고 있다는 뜻입니다. 왜 그럴까요? 바로 '부채' 때문입니다. 부채가 가처분소득에서 차지하는 비율이 높아지면 이자 부담도 그만큼 늘어납니다. 결국 비소비지출이 늘어나다 보니 소비지출까지 줄어드는 흐름이 나타나게 됩니다.

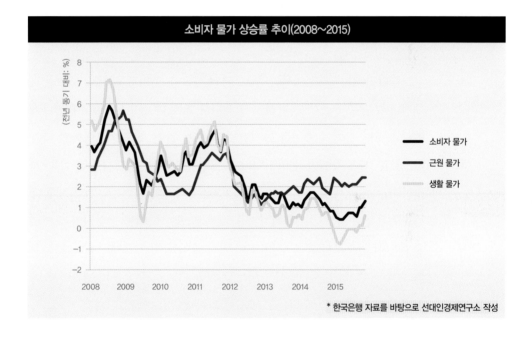

소비자 물가 상승률 추이(2008~2015)

* 한국은행 자료를 바탕으로 선대인경제연구소 작성

또한 소비는 물가에도 영향을 미칩니다. 경기가 안 좋아서 소비를 줄이면 물건이 안 팔리니까 소비자 물가는 떨어집니다. 그래서 소득 대비 소비지출 추이와 소비자 물가의 추이는 무척 비슷하게 나타납니다.

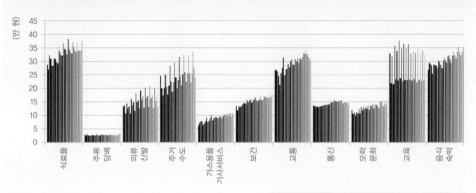

(만 원)

식료품
주류 담배
의류 신발
주거 수수
가스용품 가사서비스
건강
교통
통신
여락 문화
교육
음식 숙박

* 통계청 가계동향조사를 바탕으로 선대인경제연구소 작성

그렇다면 일반 가정에서는 주로 어떤 항목을 소비했을까요? 식료품과 주거비 부담은 꾸준히 증가하고 있습니다. 의료나 신발은 소비가 늘다가 최근 1~2년 사이에 줄어들고 있습니다. 보건 관련 소비는 고령화에 따라 앞으로도 계속 늘어날 전망입니다. 교육은 들쭉날쭉한 모습인데 이는 계절성이 작용하기 때문입니다. 시험을 앞두고 과외를 받는다거나 방학에 사교육이 집중적으로 이루어지지요. 교육을 받는 아이들의 숫자가 대체로 줄고 있어 앞으로는 교육 관련 소비 역시 줄어들 것으로 예상됩니다. 음식과 숙박 관련 소비는 꾸준히 늘어나고 있습니다. 소득이 좀 줄어들어도 예전과 달리 여행도 많이 다니고 맛집도 찾아다니기 때문입니다.

지금까지의 추이뿐만 아니라 앞으로의 소비 추이에 대해서도 살펴볼 필요가 있습니다. 계속 언급한 것처럼 2016년에 생산가능인구, 즉 돈을 벌고 쓰는 인구가 정점에 다다랐다가 2017년부터는 가파르게 줄어들 전망입니다. 그러면 인구절벽, 더 정확히는 소비절벽도 함께 옵니다. 2013년의 소비지수를 100으로 잡았을 때 2035년에는 88.1밖에 되지 않습니다. 많

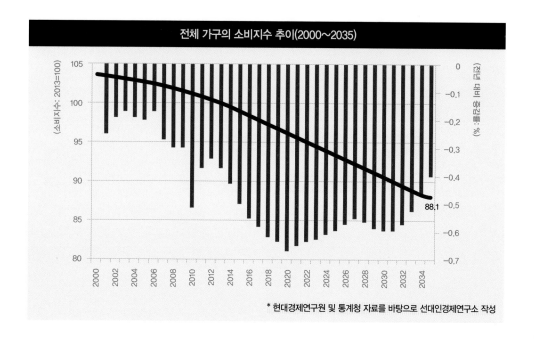

전체 가구의 소비지수 추이(2000~2035)

*현대경제연구원 및 통계청 자료를 바탕으로 선대인경제연구소 작성

이 안 떨어진다고 생각할지 모르겠지만, 지금까지는 수십 년 동안 계속 소비지수가 올랐습니다. 그런데 이렇게 갑자기 떨어진다면 굉장히 큰 충격으로 다가오겠지요. 앞으로는 대부분의 품목에서 소비지수가 떨어질 것이라 예상됩니다. 다만 고령화에 따라 의료 및 보건 부문만 오를 가능성이 높습니다.

아직까지 우리는 본격적인 소비절벽을 경험하지 못했습니다. 지금 경기가 어렵다고는 하지만 이제 시작에 불과합니다. 일본이 잃어버린 20년을 맞았던 것은 부동산버블의 충격이 워낙 컸기도 했지만, 인구구조의 변화가 가져왔던 충격이 훨씬 더 결정적이었습니다. 인구가 성장할 때는 플러스효과를 만드는 대신 인구가 줄어들 때는 계속 마이너스효과를 만들어냅니다. 인구 감소는 우리 경제에 매우 큰 부담으로 작용할 것입니다.

기업의 마케팅 전략과
과소비의 함정

이제 행동경제학에 근거하여 다양한 소비 유형을 살펴보겠습니다. 이는 주로 기업이 실행하는 마케팅 전략의 기저인데, 소비자의 입장에서 잘 이해하고 숙지한다면 무의식중에 빠져 있던 과소비의 함정에서 벗어날 수 있습니다.

먼저 '밴드웨건 효과'를 알아보겠습니다. 우리말로 편승 효과라고 하는데, 쉽게 말해 남이 하니까 나도 따라 한다는 심리에서 비롯된 소비 현상입니다. 여기에서 '밴드웨건(Bandwagon)'이란 곡예나 퍼레이드 맨 앞에서 행렬을 선도하는 악대차입니다. 밴드웨건 효과는 주로 분양시장에서 일어납니다. 처음에는 돈이 없어서 분양을 포기했던 사람들도 다른 사람들이 줄을 서서 분양을 받으니까 '일단 나도 빚을 내서 청약을 받아볼까?'라고 생각합니다. 누구보다도 건설업체 관계자들이 이러한 심리를 가장 잘 알고 있습니다. 그래서 분양이 있을 때면 임직원부터 임직원의 가족까지 총동원해 계약을 하는 사람처럼 바람잡이 역할을 시킵니다. 모델하우스 안으로 들어가 "와, 이 집 정말 근사하네!", "이 집은 사자마자 오르겠어!"라는 식으로 말하며 구매심리를 마구 자극합니다. 밴드웨건 효과를 노린 건설업체들의 전략이라고 볼 수 있습니다.

많은 대형마트에서 실시하고 있는 전략 중에 '미끼 효과'라는 게 있습니다. 고객을 유인하기 위해 특정 상품을 통상 가격보다 대폭 할인하여 판매하는 전략입니다. 미끼상품은 일반적으로 소비자의 신뢰를 받는 공식 브랜드를 대상으로 하며, 경쟁력이 강한 상품일수록 효과가 높습니다. 몇 년 전 한 대형마트가 '통큰치킨', '통큰피자'와 같은 저가 상품을 출시해 논란의 중심에 섰습니다. 원가 대비 마진이 없거나 오히려 손해를 볼 만큼 저렴한 가격이었기 때문입니다. 상식적으로 기업은 물건을 팔아 이익을 남겨야 하는데, 왜 손해를 보면서까지 상품을 값싸게 내놓았을까요? 바로 여기에 미끼 전략이 숨어 있습니다.

사실 미끼상품을 사러 마트에 왔다가 그것만 사서 돌아가는 사람은 거의 없습니다. 마트에 온 시간과 기회비용*을 생각해 봤을 때 미끼상품만 달랑 사서 돌아가기에는 아깝다는 생각이 들기 마련입니다. 그래서 온 김에 다른 상품도 삽니다. 또 그날따라 왠지 눈에 띄는 상품도 주위에 많은데, 이는 실제로 미끼상품 주변에 그 상품을 사러 온 사람들이 살 법한 상품들을 많이 진열해 놓기 때문에 그렇습니다.

* 기회비용
시간, 돈, 능력 등 자원이 한정된 상황에서 다양한 기회를 모두 선택할 수 없는데, 이때 어떤 선택으로 인해 포기하게 된 기회들 가운데 가장 큰 가치를 갖는 기회나 포기한 것에 대한 대가를 말한다.

이번에는 '미리 주기 효과'입니다. 바꿔 말하면 '빚진 마음 만들기'입니다. 요구사항을 제시하기 전에 상대방에게 호의를 베풀어 순응을 이끌어내는 일종의 설득 전략입니다. 화장품가게 앞을 지나가다 보면 들어가기만 해도 공짜 샘플을 준다는 호객행위를 많이 볼 수 있습니다. 공짜로 준

화장품가게 앞 호객행위. '빚지고는 못 사는' 한국인의 성향 때문에 화장품업계를 비롯한 다양한 업계에서는 미리 주기 전략을 이용해 소비자의 구매를 이끌어내고 있다.

다니 그냥 받아도 되는데, 왠지 속으로는 미안한 마음이 들어 작은 것 하나라도 사서 나오게 되지요. 마트의 시식코너 역시 마찬가지입니다. 이것저것 맛보다 보면 왠지 미안해서 하나 사줘야 할 것 같은 마음이 듭니다. 대형마트나 백화점, 체인점의 미끼상품 전략과 미리 주기 전략은 행동경제학에 바탕을 둔 대표적인 마케팅 전략입니다.

* PPL
영화나 드라마 속에 소품으로 등장하는 상품. 브랜드명이 보이는 상품뿐만 아니라 이미지, 명칭 등을 노출시켜 관객들에게 홍보하는 일종의 광고마케팅 전략이다.

'후광 효과'라는 개념도 있습니다. PPL*(Product Placement)이 대표적인데요. 인기 드라마에 나오는 주인공이 입은 옷이나 화장품은 어김없이 화제가 되고 품절대란이 일어납니다. 그래서 많은 업체들이 이런 후광 효과를 노리고 인기 프로그램에 간접광고를 넣기 위해 애를 씁니다.

이번에는 '디드로 효과'에 대해 알아보겠습니다. 18세기 프랑스의 철학자 드니 디드로(Denis Diderot)의 이름을 딴 소비 현상인데요. 예를 들자면 이런 것입니다. 산악자전거를 타기로 마음먹었는데, 마침 가지고 있던 재킷이 너무 낡아 큰마음을 먹고 명품 아웃도어 재킷을 한 벌 샀습니다. 그런데 재킷을 입고 보니까 다른 옷들과 영 안 어울리는 거예요. 그래서 바지랑 신발도 명품으로 바꿨습니다. 옷을 전부 명품으로 바꿨는데, 이번에는 자전거가 초라해 보이고, 자전거를 바꾸니 또 헬멧과 고글이 저렴해

디드로 효과를 가장 잘 이용하여 구매를 유도하는 기업은 단연 애플이다. 애플 특유의 심플한 디자인과 비슷한 컬러, 사과 모양의 로고를 통해 심미적·정서적 동질감을 제품에 녹여내어, 한번 구입한 사용자들은 계속 주변 기기를 추가로 구매할 확률이 높아진다. 또 아이패드를 구매하면서 전용 케이스를 주문하는 일 역시 디드로 효과의 예다.

보여 필요한 모든 것들을 줄줄이 새로 사버렸습니다. 이런 식으로 하나의 소비로 인해 그와 연관된 다른 소비가 덩달아 늘어나는 현상을 디드로 효과라고 합니다.

원래 디드로 효과의 유래는 다음과 같습니다. 디드로가 친구에게 세련된 가운 하나를 선물로 받았는데요. 서재에서 일할 때 이 가운을 입어보니 주위의 다른 물건과 가운이 전혀 조화롭지 않은 것입니다. 그래서 서재의 책상과 의자를 바꾸고, 나중에는 서재를 전부 다 바꿔버렸습니다. 디드로는 실제 자신의 이런 경험을 「나의 오래된 가운을 버림으로 인한 후회(Regrets on Parting with My Old Dressing Gown)」라는 에세이에서 언급했는데, 후세에 디드로 효과라고 이름 붙여졌습니다.

다양한 옵션을 두어 판매자가 팔고자 하는 상품을 소비자가 고르게 하는 '대조 효과'도 있습니다. 다음 잡지 구독 광고에서 사고 싶은 것 하나를 골라보세요.

선택 1 **1년 구독권** 선택 2 선택 3

종이잡지 구독권(1년) 디지털잡지 구독권(1년) 티셔츠 재킷

+ + + = **19만 원**

선택 1 선택 2 **6개월 구독권** 선택 3

종이잡지 구독권(6개월) 디지털잡지 구독권(6개월) 티셔츠

+ + + = **14만 원**

선택 1 선택 2 선택 3 **1년 구독권**

종이잡지 구독권(1년) 디지털잡지 구독권(1년) 티셔츠

+ + + = **17만 원**

어떤 옵션을 골랐나요? 아마 대부분은 1번을 선택했을 것입니다. 2번과 3번에 비해 1번이 월등히 좋아 보이니까요. 종이잡지도 없고 재킷도 없는데 가격은 겨우 2만 원 차이인 3번을 선택하는 사람은 없겠지요. 그런데 왜 이렇게 아무도 선택하지 않을 것 같은 3번이 옵션에 포함되어 있을까요?

사실 이 잡지사가 팔려고 하는 구독 옵션은 당연히 1번입니다. 그런데 3번이 있어서 상대적으로 1번이 더욱 가치 있고 싼 것처럼 보이는 효과가 발생합니다. 이것이 바로 대조 효과입니다. 먼저 사람들은 옵션만 보고 1번이 정말로 합리적인 가격인지를 객관적으로 생각하지 않습니다. 오직 다른 옵션과 비교해 가치를 판단할 뿐입니다.

자, 그렇다면 2번 옵션은 어떨까요? 1년 구독권이 19만 원인데 기간이 절반인 6개월 구독권은 14만 원이니까 5만 원밖에 저렴하지 않습니다. 게다가 재킷도 주지 않습니다. 즉, 2번은 장기 구독을 유도하기 위해 넣어놓은 비교 대상입니다. 2번 역시 대조 효과를 노린 상품이라 볼 수 있지요.

이번에는 '앵커링 효과', 즉 닻(Anchor) 내리기 효과에 대해 알아보겠습니다. 앞서 보았던 주식투자에서 뿐만 아니라 소비에 있어서도 앵커링 효과가 나타납니다. 먼저 사람들을 두 그룹으로 나누어 A그룹에게는 스스로를 재벌 2세가 되었다고 상상하게 합니다. 고급 양장점에 가서 점원들의 에스코트를 받으며 재킷을 걸쳐보는 듯한 느낌을 떠올리는 것이지요. 반면, B그룹에게는 밥 한 끼 먹기 힘든 가난한 나라에서 태어난 사람이라고 생각하게 합니다. 몇 분간 상상한 후 다시 현실로 돌아와 두 그룹에게 가

배가 닻을 내리면 닻과 배를 연결한 밧줄의 범위 내에서만 움직일 수 있듯이, 처음 인상을 받았거나 혹은 상상했던 숫자가 기준점이 되어 이후 가치 판단에 왜곡 또는 편파적인 영향을 미치는 현상을 앵커링 효과라고 한다.

격을 알 수 없는 재킷 하나를 보여줍니다. 그러고는 가격을 매겨보라고 합니다. 과연 어떤 결과가 나올까요?

실제로 수많은 실험을 통해 A그룹이 월등히 높은 가격을 매긴다는 사실이 입증되었습니다. 분명 현실로 돌아왔음에도 불구하고 마음속 닻은 여전히 상상 속에 머물러 있던 것입니다. 심지어 A그룹에게는 700, 600, 500과 같은 큰 숫자를, B그룹에게는 3, 4, 5와 같은 작은 숫자를 한동안 보여준 뒤 가격을 매겨보라고 했을 때에도 이와 똑같은 결과가 나왔습니다.

경제학에서는 일반적으로 수요와 공급에 따라 가격이 결정된다고 봅니다. 하지만 특정한 상황에 따라서, 즉 소비자의 마음속 기준점이 어디에 있느냐에 따라서 가치 판단에 엄청난 차이가 나타납니다. 예를 들어 어떤 식당에서 팔고 싶은 주요 메뉴가 7만 원짜리 코스요리라고 칩시다. 평범한 사람들이 보기에는 꽤 비싸 보이지요. 그런데 같은 메뉴판에 아주 고급스럽게 꾸민 코스요리 가격을 20만 원으로 책정해놓으면 어떨까요? 20만 원짜리는 왠지 부담스럽고 비싸게 느껴지는데 상대적으로 7만 원짜리는 합리적으로 보이기 마련입니다. 즉, 고객의 마음속에 20만 원이라는 기준점을 던져놓아서 '7만 원은 저렴하다'고 생각하게 만드는 것입니다.

다음은 '프레이밍 효과'입니다. 프레임(Frame)이란 액자틀이라는 뜻입니다. 사람들은 사물이나 현상을 볼 때 전체적인 시각보다는 특정한 프레임에 넣어 자기 방식대로 편집하여 보는 경우가 많습니다. 어떤 각도로 보느냐에 따라 똑같은 현상도 굉장히 다르게 보이는데 말입니다. 마치 반쯤 남은 물을 보고 '절반이나 남았네'라며 기뻐하는 것과, '절반밖에 남지 않았네'라고 슬퍼하는 것처럼 말입니다.

이러한 프레이밍은 마케팅에서도 굉장히 강력한 힘을 발휘합니다. 소비란 무엇인가요? 돈을 쓰는 것입니다. 그런데 기업에서는 이렇게 바꾸어 말합니다. '돈 버는 소비!' 그래서 사람들은 불필요한 소비를 마구 하면서도 돈을 아끼고, 심지어는 번다고까지 생각합니다. 해외에 나가면 할인율이 큰 아웃렛에 많이들 가는데요. 어차피 사야 할 물건을 샀다면 괜찮겠지만, 할인을 많이 한다는 이유로 대부분 넘쳐나게 쇼핑을 합니다. 그러고는 '나 얼마 벌었어!'라고 생각하지요. 사실은 싸다는 생각 때문에 애초에 살 생각도, 필요도 없는 물건을 마구 샀는데 말이지요.

합리적 소비,
어떻게 주도할 것인가?

그렇다면 경제학에서 말하는 합리적인 소비란 무엇일까요? 아주 단순합니다. 최소 비용으로 최대의 효과를 얻는 것이지요. 즉, 한계효용*을 극대화하고 기회비용을 최소화하는 계획적 소비를 말합니다.

더불어 앞에서 소개한 여러 가지 심리적 편향에 빠지지 않는 자세도 중요합니다. 집에 있는 물건들 중에 구매했음에도 잘 사용하지 않는 물건이 어떤 게 있는지를 리스트로 뽑아보세요. 사놓고 입지 않는 옷, 오래 쓰지 않아 먼지가 가득 쌓인 전자제품이 있을 것입니다. 그런 품목들은 가능한 한 앞으로 사지 않도록 주의해야 합니다.

* 한계효용
재화나 서비스를 소비할 때 얻는 주관적인 만족. 일반적으로 재화의 소비량이 증가할 때 한계효용은 차츰 감소하는데, 이를 '한계효용 체감의 법칙'이라고 한다.

또 소비할 예산을 미리 정해놓는 것도 합리적 소비의 한 방법입니다. 소득에 맞게 한 달 동안 사용할 용돈을 정해두고 가계부를 쓰면 충동적으로 마구 지르는 소비를 억제할 수 있습니다. 만약 이번 달에 한 달 용돈보다 적게 썼으면 다음 달로 이월하고, 5월과 같이 소비가 느는 달이 있으면 미리미리 돈을 아껴 소비 여력을 만들어두면 좋습니다.

'소비통장' 만들기도 추천합니다. 통장을 쪼개서 소비에 쓰이는 통장만 따로 만드는 방법인데요. 소비통장에 체크카드를 연결해두면 신용카드를 적게 쓰게 되고 절제된 소비 습관을 들일 수 있습니다.

급여, 용돈, 비상금, 투자 등 목적과 용도에 맞게 통장을 나누어 관리하면 과소비를 막고 무심코 새어나가는 돈도 줄일 수 있다.

'바람직한 소비'가 무엇인지 생각해보는 일도 중요합니다. 소비에는 여러 가지 형태가 있겠지만, 물건을 사는 소비보다는 '경험 소비'를 추천합니다. 예를 들어 아파트를 사는 데에도 5억 원, 전원주택을 짓는 데에도 5억 원이 든다고 가정해봅시다. 어떤 쪽의 만족감이 더 클까요? 당연히 자신이 직접 짓는 편이 더욱 만족스럽고 즐거울 것입니다. 또 요즘에는 딸기를 직접 따고 먹어보는 체험형 농장이 많은데요. 사실 딸기를 사 먹는 것보다 가격이 더 비쌈에도 사람들이 많이 찾습니다. 체험하고 경험하는 소비가 훨씬 더 많은 행복과 만족을 주기 때문입니다.

그리고 일상적인 소비에 돈을 많이 쓰는 것보다 이벤트성으로 소비하는 기회를 늘리면 만족감이 대체로 더 높아집니다. '만족 지연(Delayed Satisfaction)'이라는 말이 있는데요. 스탠포드 대학의 월터 미셸(Walter Mischel) 박사가 50년에 걸쳐 시행한 '마시멜로 테스트'에서 입증된 이론입니다.

미셸 박사는 네 살배기 아이들 653명을 대상으로 각각 마시멜로를 하나씩 나누어주고, 15분간 먹지 않고 참으면 한 개를 더 주겠다고 했습니다. 그 결과 약 30%의 아이들이 15분을 기다려 두 개의 마시멜로를 먹었는데요. 14년 뒤 실험에 참가한 아이들을 추적해보니, 참고 기다렸던 30%의 아이들이 학업점수도 더 높고 삶에 대한 만족감도 더 컸습니다.

쉽게 말해 만족 지연이란 지금 당장 하고 싶은 일이 있지만 더 큰 효용을 위해 참고 인내하는 것을 의미합니다. 이는 소비에도 큰 영향을 미치는데요. 매일 작은 물건을 충동적으로 하나씩 사는 것보다, 특정한 이벤트를 계획하고 이를 위해 잠깐의 소비를 참는다면 만족감이 높아지는 것은 물론 허투루 새어나가는 돈도 절약할 수 있습니다.

1988년 11월 15일에 만들어진 공정무역 인증마크. 국제공정무역기구(FLO) 회원사인 네덜란드 막스 하벨라르(Max Havelaar) 사가 마크를 고안했는데, 사람이 한쪽 팔을 치켜들고 환호하는 모습을 형상화한 것으로 희망, 가능성, 성장을 의미한다.

마지막으로 '공정무역'을 소개해드리고자 합니다. 착한 소비의 한 예인데요. 경제 선진국과 개발도상국 간에 형성된 불공정한 무역 구조로 인해 부의 편중, 노동력 착취, 인권 침해와 같은 여러 가지 문제들이 발생했고, 이를 해결하기 위해 등장한 사회운동이 바로 공정무역입니다. 경제 선진국이나 기업들은 개발도상국에서 생산한 커피나 초콜릿을 사오는 과정에서 꽤 많은 폭리를 취하는데, 소비자가 가급적 생산자단체와 직거래하여 유통과정을 줄이고 이윤을 더 취하게 해주자는 게 목적입니다. 일종의 윤리적 소비이지요. 우리도 이왕이면 세상에 이롭고 어려운 사람에게 도움이 되는 방향으로 소비를 해보는 건 어떨까요? 이를 테면 지리산 자락에서 유기농으로 소규모 생산된 농산품을 소비한다든지, 공정무역 인증마크가 부착된 상품을 구입해보는 방법도 있습니다. 사실 우리 한 사람 한 사람의 소비가 사회 전체의 경제에 어떤 영향을 미칠까 싶지만, 실제로는 이런 것들이 차곡차곡 모여 시장이 형성되고 문화가 만들어집니다. 좋은 소비, 착한 소비로 우리 주변을 조금 더 밝게 만들고 지구도 더 건강하게 만들 수 있습니다.

국회. 2016-05-23

소비자 물가 1%시대…
"왜 내가 느끼는 물가는 다를까?"

소비자 물가는 제자리걸음하고 있다는데 체감 물가는 그렇지 않다고 보는
사람이 많다. 왜 내가 느끼는 물가와 정부가 발표하는 물가는 다른 걸까.

◆ 소비자 물가 · 체감 물가, 2배차… 손실회피 현상 탓
소비자 물가지수는 국가재정에 중요한 영향을 미치는 지수이며, 정부는
'2016년 경제정책방향'을 통해 적정 수준의 물가와 성장이 결합된 경상
성장률 관리가 필요하다고 강조한 바 있다. 그러나 소비자 물가지수와 체
감 물가 간의 괴리는 큰 상황이다. 2013년 이후 소비자 물가지수 상승률
은 연평균 1.1%에 머문 데 비해 체감 물가 상승률은 2.7%로 두 배 이상
높았다. 물가체감도가 소비자 물가지수와 다른 이유 중 하나는 물가인식
이 기본적으로 심리현상이기 때문이다. 소비자 물가지수는 매월 전국 점
포에서 거래된 실제 가격을 판매자를 통해 측정한 것이다. 하지만 소비자
의 물가 인식은 자신의 체험과 정보를 토대로 해 심리적인 요소에 영향
을 받는다.

◆ 대표성 문제도…"저소득 · 고소득, 따로 분석해야"
소비자 물가지수를 도출하는 과정에서의 대표성 문제가 있다. 저소득층
가구는 필수재의 지출 비중이 높지만 고소득층 가구는 사치재의 비중이
높은 편이다. 이처럼 개별 가계의 품목별 지출비중은 서로 다르지만 소비
자 물가지수는 평균 지출패턴을 기준으로 작성한다. 실제 예산처가 계층
별 물가지수를 작성한 결과, 저소득층 가구의 물가지수는 물가상승기에
평균보다 더 높은 폭으로 오르고, 하락기에는 더 낮은 수준으로 떨어졌다.

(…후략…)

요즘 들어 물가가 오르지 않는, 이른바 '디플레이션 공포'를 다루는 기사가 많습니다. 물론 틀린 말은 아닙니다. 앞서 살펴보았듯이 경기가 어렵고 소비 인구도 줄어들면서 소비자 물가가 전반적으로 낮은 수준에 머물러 있습니다. 그런데 이런 기사를 보면 사람들은 고개를 갸웃거립니다. 내가 체감하는 물가는 비싸거든요. 시장이나 마트에 만 원짜리 한 장 들고 가면 살 게 없다고 고개를 내젓습니다.

소비자 물가와 체감 물가가 다른 데에는 여러 가지 이유가 있습니다. 일단 과거에 물가가 크게 오르고 나면, 현재의 추가 상승폭이 단 1%라도 여전히 높게 느껴집니다. 예를 들어 10만 원이던 옷이 1~2년 사이에 갑자기 20만 원으로 뛰었다고 가정해봅시다. 그러고 난 뒤 이듬해에는 20만 5000원으로 올랐어요. 상승폭이 주춤해져도 여전히 비싸다고 느껴지지요? 전세가도 마찬가지입니다. 요즘은 예전에 비해 전세가 상승률이 조금은 낮아졌다고 하지만, 이미 한 차례 폭등을 겪은지라 아직까지도 무척 비싸게 느껴집니다.
체감 물가가 높다고 느끼는 또 한 가지 이유는 물가지수 도출 시 포함되는 소비 품목의 대표성 때문입니다. 고소득층과 저소득층은 주로 소비하는 품목이 상당히 다릅니다. 대중교통 요금이 오르면 누가 타격을 받을까요? 자주 이용하는 서민들이 부담을 많이 느낍니다. 반면, 자동차세를 내려주면 누구에게 이익이 돌아갈까요? 비싼 차를 많이 사는 고소득층이 혜택을 받습니다. 이처럼 서로 영향을 받는 품목이 다른데도 소비자 물가지수는 평균치로 계산을 하기 때문에 체감 물가와 상당한 괴리를 발생시킵니다.

그래서 소비자 물가를 산출하는 체계를 개편해야 한다는 이야기가 나오고 있습니다. 일반인들이 많이 쓰는 소비 품목에 가중치를 높인다면 체감 물가와 조금은 더 가까워지겠지요?

아시아투데이, 2016-05-25

4월 카드승인액 58조
"소비심리 회복세 주춤 증가율 감소"

소비심리 회복세가 주춤하면서 지난 4월 카드 승인금액 증가율도 크게 감소한 것으로 나타났다. 25일 여신금융연구소의 '2016년 4월 카드승인실적 분석' 자료에 따르면 지난 4월 전체카드 승인금액은 58조 500억 원으로 전년 동기 대비 6.9% 증가했다. 승인금액 증가율은 지난해 4월 기록한 증가율인 15.4%보다 8.5%포인트 하락한 수준이다. 공과금을 제외한 개인카드 승인금액은 42조 5000억 원으로 전년 동기 대비 8.8% 증가했다. 전년 동월 증가율인 7.8%보다 1.0%포인트 상승하는 데 그쳐 소비심리 회복세는 주춤한 것으로 분석됐다. 정채중 여신금융연구소 연구원은 "소비자심리지수는 점진적으로 개선되고 있으나 가계부채 및 전세가격 상승에 따른 주거비 부담 증가 등의 구조적 요인들이 소비를 제약했다"고 설명했다. 체크카드의 승인금액 비중은 지난해 2월 이후 20% 이상을 꾸준히 유지하고 있는 것으로 나타났다. 4월 체크카드 승인금액 비중은 21.1%로 집계됐다. 체크카드 승인금액은 12조 3000억 원으로 12.1% 늘었다. 하지만 전년 동기 증가율인 20.9%보다는 8.8%포인트 하락한 수준이다. 공과금을 제외한 개인카드 승인금액은 42조 5000억 원으로 전년 동기 대비 8.8% 증가했다. 전년 동월 증가율인 7.8%보다 1.0%포인트 상승하는 데 그쳐 소비심리 회복세는 주춤한 것으로 분석됐다.

(…후략…)

소비에 영향을 미치는 요소 중 하나가 '신용'입니다. 즉, 빚을 쉽고 싸게 빌릴 수 있도록 해주면 소비가 늘어납니다. 4월 카드 승인액이 58조 원이라는 기사를 살펴보면, 사람들이 자기 소득보다는 대체로 카드를 통해 외상 구매를 많이 하고 있다는 사실을 알 수 있습니다. 특히나 우리나라는 신용카드사들이 충분한 신용 심사 없이 신용카드 발급을 남발하고 있기 때문에, 신용카드로 급하게 소비를 하는 사람이 많습니다.

신용카드 승인액이 늘어나는 현상은 사람들이 향후에 돈을 벌어 외상값을 갚을 수 있다거나 그럴 자신감이 있다는 의미이기도 합니다. 반면, 승인액이 줄어드는 현상은 소비자들이 신용카드를 쓸 만큼 경기가 회복되었다거나 소득이 증가할 거라는 기대심리가 개선되지 않았다는 것을 의미합니다. 즉, 소득 증가에 대한 기대치가 크지 않으니 카드를 긁는 횟수가 줄어들었다는 뜻이지요. 그래서 소비심리 회복세가 주춤하고 있다고 분석한 것입니다.

더불어 기사에 인용된 연구원의 말처럼, 가계부채가 늘어나고 전세가격이 오르면 사람들의 소비 여력이 줄어들기 때문에 소비에 쓸 돈도 줄어듭니다. 가계부채를 끌어다 쓸 때에는 당장 소득이 늘지 않아도 소비를 늘릴 수 있었지만, 이것이 계속 쌓여 이자 부담이 늘어나면 오히려 소비를 제약하는 구조적 요인이 됩니다.

Retirement

나의 노후 호구 지수는?

☐ 장수리스크의 의미를 알고 있다

☐ 한국의 노후세대 평균소득이 매우 낮은 수준이라는 사실을 알고 있다

☐ 한국의 노후세대 빈곤율이 OECD 국가들 가운데 가장 높다는 사실을 알고
   있다

☐ 한국 노후세대의 자산 가운데 실물자산 비중이 매우 높다는 사실을 알고 있다

☐ 한국 가계의 평균노동중단 시기가 OECD 국가들 가운데 가장 늦다는 사실
   을 알고 있다

☐ 보험은 재테크 상품이 아니라는 사실을 알고 있다

☐ 보험회사에서 발표하는 노후 생활비가 실제 필요한 금액보다 부풀려져 있다
   는 사실을 알고 있다

☐ 한국 노후세대의 소득 가운데 공공이전소득 비중이 매우 낮다는 사실을 알
   고 있다

- -

✓ 7~8개 : 경제 상식 척척박사
자만은 금물! 심화 스터디와 최신 신문기사를 통해 경제 시야를 넓혀보세요.

✓ 4~6개 : 어설픈 중수
아는 것은 되짚고 모르는 개념은 확실히 잡아 호구에서 탈출하세요.

✓ 0~3개 : 호구의 제왕
경제와는 궁합 제로! 이 책을 통해 경제 기초체력을 다져보세요.

√ 장수리스크의 의미를 알고 있다

우리에게 장수는 축복일까요, 재앙일까요? 건강하고 풍족하게 살지 않으면 오래 사는 일은 고통이 될 것입니다. 즉, 장수리스크(Longevity Risk)란 퇴직 후 예상보다 더 오래 살게 됨으로써 발생하는 위험을 의미합니다.

과거에는 장수를 축복으로 여겼습니다. 평균수명 40~50세 시대에는 70세까지 산 사람을 위해 마을에서 잔치를 벌이기도 했으니까요. 또 기대수명이 짧았기 때문에 젊은 시절 30년간 바짝 돈을 벌고 50대에 은퇴한 뒤, 길어도 20년 정도를 더 살고 인생을 마무리해도 큰 문제가 없었습니다. 하지만 지금의 상황은 다릅니다. 의학기술의 발달로 인해 우리는 퇴직 후 20년이 아니라 40년 가까이 더 살게 되었습니다. 만약 이때 모아둔 돈이 부족하다면 장수가 큰 위험이 될 것입니다. 우리나라는 전 세계에서 유례를 찾기 힘들 만큼 빠른 속도로 고령화가 진행되고 있습니다. 이 때문에 장수리스크 문제 역시 앞으로 더욱 가속화될 거라 전망합니다.

√ 한국의 노후세대 평균소득이
매우 낮은 수준이라는 사실을 알고 있다

우리나라 노후세대의 평균소득*은 실제로 굉장

> * 평균소득
> 월 평균 가구의 소득. 가구원 전체가 벌어들인 지난 1년간의 총소득액을 바탕으로 계산한 한 달 평균소득을 말한다. 가족의 소득을 의미하므로 동거인처럼 사실혼 관계에 있지 않은 사람은 제외한다.

히 낮은 수준입니다. 전체 인구 평균소득의 약 60%에 불과한데요. 더 큰 문제는 지금도 낮은데 앞으로 더 낮아지는 추세를 보일 거라는 점입니다. 반면, 다른 나라에서는 노후세대의 평균소득이 점차 늘어나고 있습니다. 우리나라가 복지제도를 전면적으로 개혁해야 하는 이유입니다.

√ **한국의 노후세대 빈곤율이 OECD 국가들 가운데 가장 높다는 사실을 알고 있다**

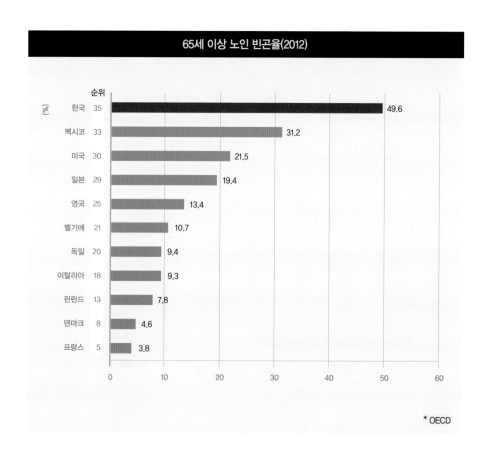

65세 이상 노인 빈곤율(2012)

순위	(%)
한국 35	49.6
멕시코 33	31.2
미국 30	21.5
일본 29	19.4
영국 25	13.4
벨기에 21	10.7
독일 20	9.4
이탈리아 18	9.3
핀란드 13	7.8
덴마크 8	4.6
프랑스 5	3.8

* OECD

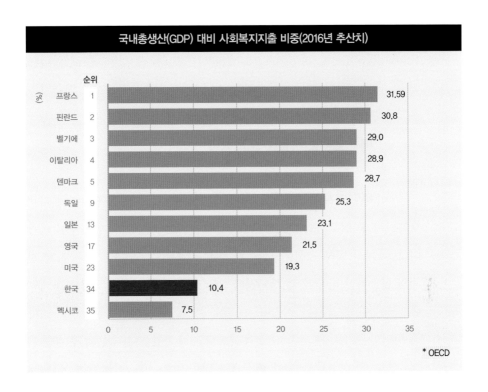

국내총생산(GDP) 대비 사회복지지출 비중(2016년 추산치)

(%)	순위	
프랑스	1	31.59
핀란드	2	30.8
벨기에	3	29.0
이탈리아	4	28.9
덴마크	5	28.7
독일	9	25.3
일본	13	23.1
영국	17	21.5
미국	23	19.3
한국	34	10.4
멕시코	35	7.5

* OECD

　　2012년 기준, 우리나라의 노후세대 빈곤율은 49.6%로 OECD 국가들 가운데 압도적으로 높았습니다. OECD 평균이 12.6%임을 감안하면 매우 높은 수치입니다. 노인층의 자살률이 높은 것도 이와 연관이 있습니다. 상황이 이런데도 2016년 우리나라의 GDP 대비 사회복지지출[*] 비중은 10.4%로, OECD 평균(21%)의 절반에도 미치지 못합니다. 한국보다 사회복지지출 비중이 낮은 국가는 멕시코(7.5%) 단 한 곳뿐이지요. 노인들을 위한 의료시설도 태부족이고, 노인들이 자부심을 가지고 일할 만한 일자리도 거의 없는 게 현실입니다. 이러한 우리나라의 사정을 보고 있으면, 영화로도 제

* 사회복지지출
노인, 보건, 실업, 주거, 가족급여 등 9개 분야의 급여 및 사회보험 비용을 합한 값. GDP 대비 사회복지지출이 높을수록 사회보호 시스템이 잘 갖춰져 있다고 볼 수 있다.

작된 『노인을 위한 나라는 없다』라는 소설의 제목이 절로 떠오릅니다.

√ 한국 노후세대의 자산 가운데 실물자산 비중이 매우 높다는 사실을 알고 있다

이와 관련해 구체적인 수치를 알 필요는 없지만, 노후세대의 가계 보유자산 중 실물자산* 비중이 매우 높다는 사실만큼은 꼭 알아두길 바랍니다. 여기서 말하는 실물자산이란 대부분 '부동산'입니다. 한국 가계 전체의 실물자산 비중이 약 75%인데, OECD 국가들 가운데 프랑스를 제외한 나라들은 실물자산 비중이 30~50%에 불과합니다. 지금까지 우리나라 사람들은 소득을 거의 다 부동산으로 저축해왔습니다. 은퇴 후 부동산을 팔아 현금으로 만들어 쓴다는 계산이지요. 그런데 이러한 플랜은 부동산가격이 계속 올라야만 유효합니다. 만약 부동산가격이 오르지 않는다면 어떻게 될까요? 당연히 소유한 부동산을 노후 자금으로 활용하기가 힘들어집니다. 안정된 노후를 위해서라도 보유한 자산을 다양하게 분산해둘 필요가 있습니다.

* 실물자산
금융자산을 제외한 자산. 건물·토지 등의 부동산, 자동차와 같은 운송장비, 골동품·우표·기념주화 등 형체가 있는 자산 모두를 일컫는다. 반대로 금융자산은 주식이나 채권, 예금과 신탁 등을 가리킨다.

√ 한국 가계의 평균노동중단 시기가 OECD 국가들 가운데 가장 늦다는 사실을 알고 있다

우리나라 사람들의 퇴직 시점은 상당히 빠른 편입니다. 물론 법적

정년퇴직 나이가 60세이기는 하지만, 실제로 민간기업에서 명예퇴직을 하는 나이는 대략 52세 전후입니다.

이스라엘과 아이슬란드의 정년은 67세이고, 영국, 독일, 일본, 스페인 등 대부분의 선진국들은 65세이며, 비교적 이르다는 프랑스와 이탈리아도 60세 전후입니다. 영국은 아예 정년을 폐지하려 하고, 일본은 정년을 70세까지 연장하는 방안도 논의하고 있지요. 그런데 우리나라는 퇴직 등을 이유로 직장을 나오는 시기는 빠른 반면, 노동중단 시기는 매우 늦습니다. 퇴직 이후 오랫동안 일을 지속한다는 의미입니다.

왜 그럴까요? 많은 OECD 국가의 노인들은 정년이 되면 일을 그만두고 은퇴한 뒤, 그동안 벌어놓은 소득과 연금에 의존해 생활하는 반면, 한국은 소득과 연금이 부족해 정년 이후에도 어쩔 수 없이 일을 지속하기 때문입니다. 무엇보다도 그 일이 자신의 경력을 살릴 수 있는 일이 아니라 대부분 저임금노동입니다. 은퇴 후 편안하게 노후를 보내기는커녕 소득과 조건을 따지지 않고 취업해 저소득·과로 노동에 시달리는 것입니다. 하지만 이렇게 늦은 나이까지 일해도 부족한 소득을 채우지 못해 OECD 국가들 가운데 노인 빈곤율은 가장 높습니다.

✓ 보험은 재테크 상품이 아니라는 사실을 알고 있다

단도직입적으로 말해 보험은 재테크 상품이 아닙니다. 리스크에 대해 보장을 제공받고 비용을 지불하는 상품입니다. 평상시에 보험을 재테크 상품으로 알고 가입했다면 이런 내용이 생소할 수 있겠습니다.

보험광고나 보험판매원들이 말하는 홍보문구에는 '수익률'에 대한 이야기가 많이 나옵니다. 실제로 재무설계사(FP)들이 변액보험 등을 설명할 때 상해보장은 물론이고, 돈을 굴려 수익도 내는 일석이조의 상품이라고 소개합니다. 하지만 사실 일석이조가 아니라 둘 다 제대로 안 된다고 보는 편이 맞습니다.

보험을 재테크 수단으로 생각하고 가입하는 일은 없어야 합니다. 보험은 미래에 발생할 리스크에 대비해 적절한 비용을 지불하고 가입하는 상품입니다. 만일 사고가 발생하면 혜택을 받는 것이고, 사고가 발생하지 않고 건강하게 살면 비용을 지불하고 사고에 대비했다고 생각해야 합니다.

✔ 보험회사에서 발표하는 노후 생활비가 실제 필요한 금액보다 부풀려져 있다는 사실을 알고 있다

"노후 30년 위해 최소 10억 필요!" 이처럼 노후 생활을 위한 자금으로 얼마 정도의 돈이 필요하고, 이를 위해 지금부터 관련 보험에 가입해야 한다는 신문기사가 많이 보도되고 있습니다. 연금상품을 팔고자 하는 업체들은 실제로 노후에 필요한 돈보다 훨씬 더 금액을 부풀려 이야기합니다. 일반적으로 한 달에 150만 원 정도면 충분한데, 매달 300만 원의 생활비가 필요할 것이라 주장하지요. 매달 300만 원이면, 30년 동안 기본 생활비로만 최소 10억 원이 필요한 셈입니다.

이런 이야기를 들으면 사람들은 당황합니다. 가진 돈이 많지 않은 젊은 세대들은 '어느 세월에 10억 원을 모으지?'라며 걱정하는 게 당연합니다. 이른바 '공포 마케팅'이지요. 하지만 너무 당황하지 않아도 괜찮습니다. 노후에 소득이 줄어드는 것도 사실이지만 그에 맞춰 소비도 줄어들고, 또 다양한 지원 제도가 있기 때문입니다. 금융사의 과장된 광고에 지레 겁먹고 현혹될 필요는 없습니다.

✓ 한국 노후세대의 소득 가운데 공공이전소득 비중이 매우 낮다는 사실을 알고 있다

실제로 우리나라 노후세대의 소득 가운데 공공이전소득의 비중은 OECD 국가들 중 가장 낮은 수준입니다. 대부분 근로소득으로 생계를 이어가고 있지요. 우리나라와 꼴찌를 다투는 나라는 역시 멕시코와 칠레입니다.

공공이전소득이란 복지정책을 통해 정부나 지자체에서 지원해주는 소득이라고 보면 됩니다. 복지체계가 잘 잡혀 있는 핀란드나 오스트리아 같은 나라들은 공공이전소득의 비중이 전체 소득 가운데 80% 이상을 차지합니다. 또 우리나라보다 소득 수준이 낮은 헝가리, 폴란드, 체코와 같은 과거 동구 공산권 국가들도 그 비중이 매우 높지요. 이렇게 복지에 따른 공공이전소득이 많은 나라일수록 노인 빈곤율이 낮고, 복지 지출이 적은 나라일수록 노인 빈곤율이 높습니다.

세계에서 가장 빠르게
늙어가는 나라

노후 문제를 알기 위해서는 현재 우리나라의 노후 상황이 어떠한지
에 대해서부터 알아야겠지요? 한국은 고령화 진행 속도가 세계에서 가장
빠른 나라입니다. 특히 OECD 국가들 중에서는 일본보다도 더 빠릅니다.

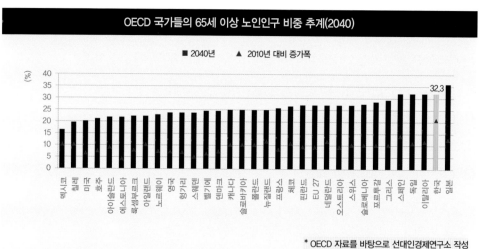

OECD 통계를 보면 이들 국가 중 한국이 2010년에 비해 2040년 65세
고령인구의 증가폭이 가장 큽니다. 그리고 2040년이 되면 전체 인구에서

고령인구가 차지하는 비중(32.3%)이 일본에 약간 못 미치는 수준까지 늘어났다가, 2050년 후반이 되면 일본을 추월할 것으로 전망됩니다. 한국이 일본보다 더 심각한 고령화 국가가 되는 것입니다.

여기서 잠시 「인 타임」이라는 영화를 살펴볼까 합니다. 소재나 문제의식이 돋보이는 영화입니다. 내용을 간단히 소개하자면, 의학기술의 발달로 사람들이 불로장생하는 시대가 옵니다. 단, 돈이 있는 사람들에게만 생명 연장의 기회가 허락됩니다. 상위 1%의 재력을 가지고 있어야 불로장생

돈으로 거래되는 인간의 수명을 다룬 영화 「인 타임」.

할 수 있는데요. 나머지 99%는 하루 정도의 시간밖에 가지고 있지 않아서 매일매일 노동하지 않으면 죽습니다. 상상만으로도 끔찍한 사회이지요. 인 타임(IN TIME)이라는 제목은 영화에 나오는 은행의 이름입니다. 이 은행은 시간을 충전해주는데 은행에 남은 시간이 없으면 'Out of time', 시간이 다시 들어오면 'In time'이라는 불이 켜집니다. 간판에 In time이라는 불이 켜지면 사람들은 시간을 받기 위해 마치 노숙자가 밥을 얻어먹듯 줄을 서서 시간을 얻습니다. 작품성이 매우 뛰어나다고는 할 수 없지만 충분히 재미있기 때문에 한 번쯤 보기를 추천합니다.

노후를 이야기하다말고 갑자기 이 영화를 소개한 이유는 영화 속 상황이 우리 앞에 펼쳐진 현실과 꽤나 유사하기 때문입니다. 생명공학분야 전문가들의 말에 따르면 금세기 안에 인간의 평균수명은 120세, 심지어는 140세까지 늘어난다고 합니다. 이제는 퇴직 후 20년을 더 산다는 전제로 노후를 대비해서는 안 됩니다. 더욱이 소득양극화가 수명양극화로 이어

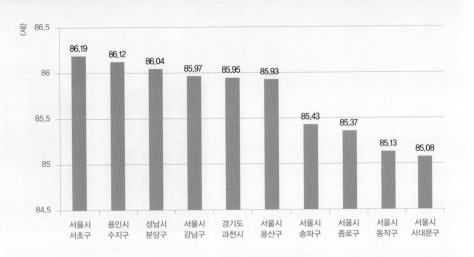

고소득층 평균 기대수명 상위 10지역(2009~2014)

(세)

86.19 서울시 서초구
86.12 용인시 수지구
86.04 성남시 분당구
85.97 서울시 강남구
85.95 경기도 과천시
85.93 서울시 용산구
85.43 서울시 송파구
85.37 서울시 종로구
85.13 서울시 동작구
85.08 서울시 서대문구

* 강영호 서울대 의대 교수팀 및 국민건강보험공단 빅데이터 운영실

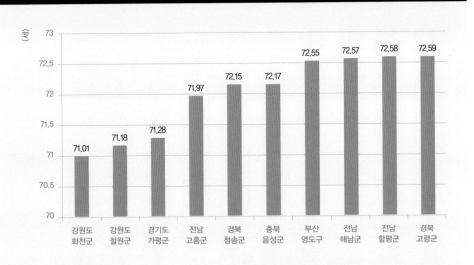

저소득층 평균 기대수명 하위 10지역(2009~2014)

(세)

71.01 강원도 화천군
71.18 강원도 철원군
71.28 경기도 가평군
71.97 전남 고흥군
72.15 경북 청송군
72.17 충북 음성군
72.55 부산 영도구
72.57 전남 해남군
72.58 전남 함평군
72.59 경북 고령군

* 강영호 서울대 의대 교수팀 및 국민건강보험공단 빅데이터 운영실

지고 있습니다. 영화에서는 조금 극단적으로 표현되었지만, 이미 수명양
극화는 현실로 나타나고 있습니다.

서울대 의대 강영호 교수가 2009~2014년
건강보험 가입자 및 사망자를 분석한 결과, 소
득 상위 20%(5분위)*에 속한 사람들의 평균 기
대수명은 83.7세로, 소득 하위 20%(1분위)의
기대수명 77.6세보다 6.1년이나 더 긴 것으
로 나타났습니다. 단적인 예로 기대수명이 가
장 높은 곳은 서울시 서초구로 86.19세인 반
면, 저소득 지역인 강원도 화천군은 71.01세
에 불과합니다. 우리는 이미 소득에 따라 질병
을 치료하고 수명을 연장하는 시대에 살고 있습니다.

* **소득5분위**
국민의 소득을 5구간으로 나눈 계
층별 분류. 5분위는 최상위 20%, 4
분위는 소득 상위 60~80%, 3분
위는 소득 상위 40~60%, 2분위는
소득 상위 20~40%, 1분위는 하위
20%를 나타낸다. 5분위 계층의 평
균소득을 1분위 계층의 평균소득으
로 나눈 값을 소득5분위 배율이라
고 하는데, 이는 지니계수와 함께
소득의 분배 상태를 나타내는 대표
적인 지표로 사용된다.

언제까지
일해야 할까?

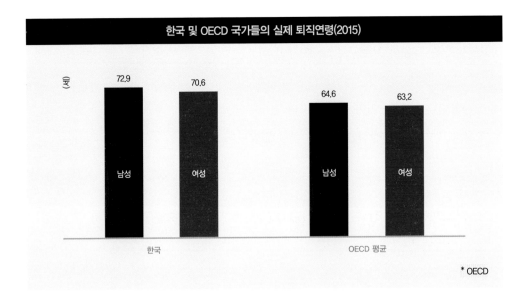

한국 및 OECD 국가들의 실제 퇴직연령(2015)

(세)

72.9 남성 / 70.6 여성 — 한국

64.6 남성 / 63.2 여성 — OECD 평균

* OECD

OECD 통계에 따르면, 우리나라 사람들은 약 73세(남성 기준)가 되어서야 노동을 중단한다고 합니다. 반면, 은퇴 연령이 가장 빠른 나라는 그리스입니다. 관광 국가인 그리스는 사람들이 놀기를 좋아해서 그런 거라 이해할 수 있다지만, 우리나라는 현역 시절부터 가장 많은 시간을 노동함에도 불구하고 가장 늦은 나이까지 일을 지속하고 있습니다. 사실 노

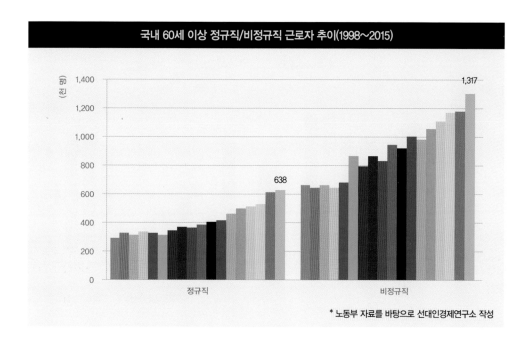

국내 60세 이상 정규직/비정규직 근로자 추이(1998~2015)

(천 명)

1,317

638

정규직   비정규직

* 노동부 자료를 바탕으로 선대인경제연구소 작성

동을 중단하는 시기가 빠른 국가들은 대부분 복지국가*입니다. 벨기에(남성 60세), 핀란드(남성 61.9세), 룩셈부르크(남성 61.9세)처럼 소득 수준이 높고 복지체계가 잘 갖춰진 국가들이 대표적이지요. 즉, 은퇴 후 국가로부터 풍부한 복지혜택을 받기 때문에 나이가 들어도 걱정 없이 잘 산다는 의미입니다. 그렇다면 우리나라 사람들은 왜 이토록 늦은 나이까지 일을 지속하는 걸까요? 자아실현을 위해서라든가 인생의 보람을 찾기 위함은 아닐 것입니다. 자신이 정말로 좋아하고 재능을 살릴 수 있는 일을 하면 좋겠지만, 현실은 그렇지 않다는 게 심각한 사회적 문제입니다.

이러한 현실은 60세 이상 노후세대의 고용 현황을 통해서도 확인할 수 있습니다. 이들 중 대부분은 정규직이 아닌, 고용이 불안하고 임금이 낮으며 저부가

* **복지국가**
국민의 복지증진과 확보, 행복추구를 국가의 가장 중요한 사명으로 여기는 국가. 자본주의 국가에서는 완전고용, 최저임금보장, 사회보장제도 등이 가장 중요한 시책이며, 스웨덴, 노르웨이, 핀란드, 덴마크 등의 북유럽 국가들이 복지국가로 손꼽힌다.

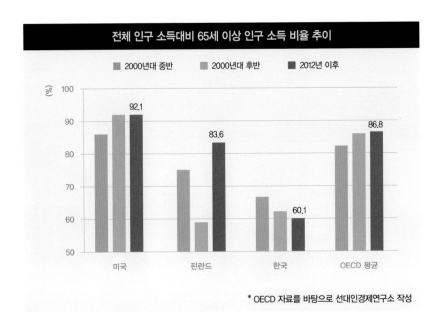

전체 인구 소득대비 65세 이상 인구 소득 비율 추이

■ 2000년대 중반　■ 2000년대 후반　■ 2012년 이후

(미국 92.1 / 핀란드 83.6 / 한국 60.1 / OECD 평균 86.8)

* OECD 자료를 바탕으로 선대인경제연구소 작성

가치 업종에 속한 비정규직으로 일하고 있습니다. 우리 주변에서도 나이 드신 분들이 아파트 경비, 청소 용역, 택시 운전, 고물 수집, 주유소 아르바이트와 같은 업종에 종사하시는 모습을 어렵지 않게 볼 수 있습니다. 매우 안타까운 현실이지요. 우리나라는 직장을 잡는 시기도 늦고, 민간기업에 다니는 경우 직장에서 일하는 기간도 짧습니다. 생애소득기간이 다른 OECD 국가들보다 약 5~10년 정도 짧은 셈입니다. 즉, 일은 하고 있지만 일자리가 불안정하고 복지가 취약한데 모아둔 돈도 없다 보니 늦은 나이에도 쉬지 못하고 저임금 노동직군에 종사해야 하는 것입니다.

이렇게 노후세대가 뼈 빠지게 일해도 우리나라의 노인 빈곤율은 거의 50%에 육박합니다. 노인 2명 중 1명이 빈곤한 상태입니다. 경제적 성장을 이루었다고 자부하지만 정작 노인 복지는 개선되지 않았습니다. 지금이라

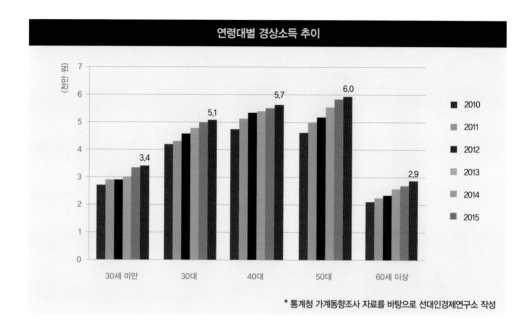

연령대별 경상소득 추이

(천만 원)

3.4

5.1

5.7

6.0

2.9

30세 미만   30대   40대   50대   60세 이상

2010
2011
2012
2013
2014
2015

* 통계청 가계동향조사 자료를 바탕으로 선대인경제연구소 작성

도 복지정책을 전면적으로 개혁하지 않으면 1인당 국민소득이 3~4만 달러가 되어도 상황은 나아지지 않을 것입니다. 전 세계적으로 노인 빈곤율이 낮은 나라들은 대체로 소득 수준이 높거나 아니면 노후 보장이 확실하게 되어 있는 북유럽 국가들과 노후 보장을 국가적 책임으로 인식하는 과거 동구 공산권 국가들입니다. 수치에서 나타나듯이 한국의 노인 빈곤율은 비정상적으로 높습니다. OECD 평균(12.6%)의 4배 수준입니다.

더불어 65세 이상 노후세대의 소득 수준은 전체 인구의 소득에 비해 60% 정도밖에 되지 않습니다. 설상가상으로 그 소득 수준이 매년 지속적으로 하락하고 있습니다. 실제로 통계청이 조사한 2015년 연령별 가구소득 조사에 따르면, 50대 평균 경상소득*은 연간 5964만 원인데 반해, 60대는 2844만 원으

* 경상소득
가구원이 근로 제공 등의 대가로 받는, 비교적 정기적이고 예측이 가능한 소득. 근로소득, 자영사업으로 얻는 사업소득, 자산으로부터 얻는 이자 · 배당금 등의 재산소득, 정부 · 비영리단체 · 타 가구로부터 이전되는 이전소득 등이 있다.

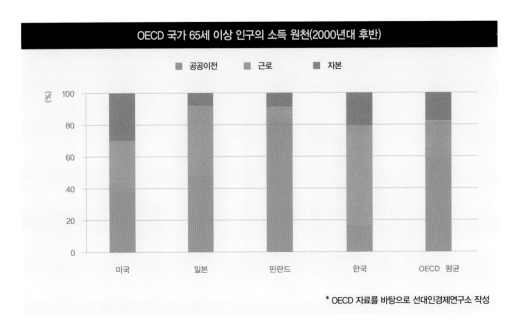

OECD 국가 65세 이상 인구의 소득 원천(2000년대 후반)

■ 공공이전   ■ 근로   ■ 자본

미국   일본   핀란드   한국   OECD 평균

* OECD 자료를 바탕으로 선대인경제연구소 작성

로 절반 이하입니다. 은퇴로 인해 소득이 반 토막 났다는 뜻입니다. 이렇게 노후 빈곤이 심각하다 보니 이제는 젊은 사람들도 자신의 미래를 미리 걱정하는 지경에 이르렀습니다. 부모 세대의 빈곤한 노후를 지켜보며 '나도 저 나이가 되면 빈곤하고 힘들어지겠구나'라는 불안한 마음을 안고 살아갑니다.

과거에는 자식이 부모를 부양하려는 의식이 강했습니다. 요즘에는 그렇지 않지요. 부모도 자녀와 함께 살고 싶어 하지 않을 뿐만 아니라, 자녀도 팍팍한 삶을 살아가느라 부모를 돕기가 어려워졌습니다. 그래서 가족의 유대를 통한 가족 간 소득 이전도 많이 줄어들었습니다. 그렇다고 하여 우리나라가 선진 복지국가처럼 재정지출을 통해 공공의 소득을 이전해주는 것도 아닙니다. 가족 간의 유대도 끊어진 데다 복지 시스템마저 취약하니 노인들이 생활고에 시달리는 건 어쩌면 당연한 결과입니다.

노후세대의 빈곤과 관련해 OECD 국가들의 노후세대 소득이 어디에서 나오는지 살펴보는 일도 의미가 있습니다. 왼쪽 그래프를 보면 핀란드 노후세대의 경우, 소득의 약 80%가 공공이전으로부터 나옵니다. 다소 복지 시스템이 빈약한 미국을 보면 OECD 평균에 비해 상대적으로 공공이전 소득이 낮다는 걸 확인할 수 있지요. 그런데 한국은 어떤가요? OECD 평균은 고사하고 미국보다도 더 낮습니다. 사실 고령인구가 급속도로 늘어나는 나라 중에 한국만큼 복지가 취약한 나라는 없습니다. 더욱이 미국은 복지 시스템이 취약해도 근로소득이 어느 정도 받쳐줄 뿐만 아니라, 자본소득의 비중도 상당히 큽니다. 미국의 자본소득을 설명하려면 '401K 제도*'를 이해해야 하는데요. 401K란 기업퇴직연금제도로 근로자들의 퇴직금을 일정 부분 떼고, 기업들도 일정 금액을 지원해 이를 펀드나 신탁에 맡겨 자금을 운용하게 만드는 제도를 말합니다. 이렇게 조성된 자금에 대해 미국 정부는 굉장히 많은 세제 혜택을 줍니다. 퇴직연금이 쌓여 꾸준히 주식 시장에 자금이 유입되면 주가가 전반적으로 우상향하고, 근로자들이 노후세대가 되었을 때 그 혜택을 받는 구조이지요.

* **401K 제도**
1980년대에 도입된 미국의 대표적인 기업연금 중 하나로, 확정기여형(DC) 기업연금제도를 말한다. 401K라는 이름은 미국의 근로자 퇴직소득보장법의 401조 K항에 규정되어 있다는 데에서 유래했다. 근로자들이 연간 최대 1만 7500달러(약 2100만 원)를 적립하면 소득공제를 받거나, 인출할 때 비과세혜택을 받을 수 있다.

이와 함께 미국 사람들은 개인적으로도 주식투자를 많이 하는데, 우리나라처럼 단기투자가 아닌 장기투자를 주로 합니다. 돈 놓고 돈 먹기식이나 주가의 단기적인 움직임만 보고 투자하는 것이 아니라 장기적인 투자를 해 자본소득을 높인다는 뜻입니다. 일본도 노후세대의 소득 중 공공이전소득 비율이 상당히 높은 편입니다. 근로소득 또한 어느 정도 차지하는

데, 이는 오래 전부터 고령화가 진행된 탓에 노후세대를 위한 일자리가
잘 준비되어 있기 때문입니다.

STEP
3

심화 스터디 3.

대한민국 가계의
노후대비 자산현황

미국의 주식시장에는 기관투자자뿐만 아니라 개인투자자도 상당히 많이 참여하고 있습니다. 이들은 장기적인 투자를 통해 자본소득을 높이고 노후를 대비합니다. 반면, 한국의 개인투자자들은 대부분 단기매매를 해 소중한 돈을 잃는 경우가 많습니다. 서울대학교 컴퓨터공학부 문병로 교수의 표현에 의하면, 우리나라의 개인투자자들은 형편도 넉넉지 않으면서 자금을 주식시장에 대주는 '공익적 투자자'라고 합니다. 돈을 벌고 싶지만 의도와는 반대로 주식시장에 자금을 대주는 역할을 하고 있다는 것이지요.

실제로 우리나라 가계는 부동산 위주의 실물자산 비중이 굉장히 높습니다. 부동산가격이 꾸준히 올라준다면야 실물자산 비중이 높아도 큰 문제는 없습니다. 은퇴할 시점까지 부동산을 가지고 있다가 젊은 세대에게 팔아 노후 자금을 마련하면 되니까요. 그런데 부동산가격이 떨어지면 어떻게 될까요? 고령화가 진행될수록 집을 살 수 있는 연령대의 인구는 줄어듭니다. 동시에 집을 팔아 노후 자금을 마련하려는 세대 수는 늘어나지요. 이런 시각에서 볼 때 집값이 장기적으로 떨어지거나 주택시장이 침체

제6강 · 노후

243.

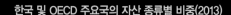

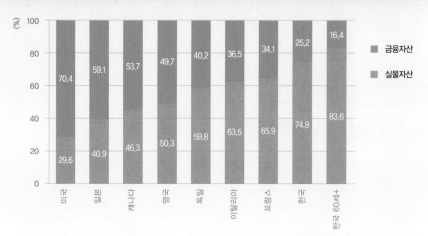

한국 및 OECD 주요국의 자산 종류별 비중(2013)

* OECD 자료를 바탕으로 선대인경제연구소 작성

될 가능성은 적지 않습니다. 물론 미래는 누구도 정확하게 예측할 수 없습니다. 다만 합리적인 추론을 해볼 때, 부동산을 통해 노후를 대비한다는 과거의 공식이 앞으로는 통하지 않을 것 같습니다. 사람들은 대체로 미래를 합리적으로 예측해 행동하기보다는 과거에 통했던 익숙한 방식대로 살기를 원합니다. 그래서 지금도 아파트를 청약하고 빚을 내서 집을 사는 일이 현명한 재테크 방법이라 착각하고 있습니다. 조금만 멀리 내다보면 그게 아니라는 걸 알 수 있을 텐데 말입니다.

우리나라의 가계는 실물자산 비중이 높은 반면, 금융자산 비중은 매우 낮은 편입니다. 특히 연금자산이나 펀드는 거의 없습니다. 그나마 보험은 주변 소개나 친인척을 통해 많이 가입해서 그런지 조금 있습니다. 이를 통해 보면 우리나라 사람들은 부동산투자 말고는 자산을 어떻게 굴려

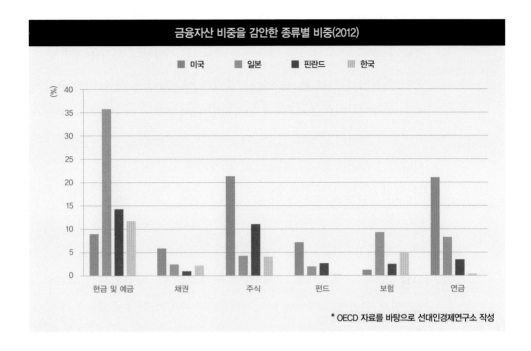

金融资산 비중을 감안한 종류별 비중(2012)

■ 미국　■ 일본　■ 핀란드　■ 한국

(%)

* OECD 자료를 바탕으로 선대인경제연구소 작성

야 하는지 전혀 알지 못하는 것 같습니다. 모든 자산을 부동산에 투자하고 그나마 남아 있는 금융자산도 대부분 현금으로 갖고 있다 보니, 이 자산을 증식시켜서 노후자금으로 사용하지 못합니다.

　현금 흐름면에서 보면 우리나라 가계는 많은 돈을 자녀의 사교육비에 투자하고 있습니다. OECD 국가들 가운데 사교육 참여 시간과 사교육비 지출 규모 모두 압도적인 1위입니다. 이런 통계들을 볼 때마다 왜 우리나라가 OECD 가입국인지 이해가 되지 않습니다. OECD에 가입한 지가 20년이 넘었는데 아직도 평균 수준에 미치지 못하고 있으며, 노인 빈곤율부터 사교육비 지출까지 나쁜 것들은 모두 1등을 차지하고 있으니까요. 무엇보다도 사교육비 지출은 가계의 노후 대비에 있어 가장 큰 걸림돌입니다.

사실 과거에는 사교육이 대다수 사람들에게 이른바 '통하는 전략'이었습니다. 소를 팔아 장남을 대학에 보내고 나면, 장남이 대학을 졸업해 번듯한 직장에 들어가 온 가족을 부양했기 때문입니다. 투자 대비 효율이 높은 전략이었지요. 또 교육에 투자하면 신분상승도 가능해 사교육이 계층이동의 사다리 역할도 했습니다. 하지만 지금은 어떤가요? 계층이동의 사다리가 끊어졌습니다. 사교육비가 가계에 상당한 부담이 된다는 점에서, 연간소득액 2~3억 원 이상인 최상위계층에게만 유효한 전략이 되었습니다. 이들에게 10년간 3000~4000만 원을 투자하는 일은 노후 대비에 크게 위협이 되지 않습니다. 그렇다면 연봉이 5000~7000만 원인 부모가 1년에 1000만 원씩 사교육에 투자하는 건 효과가 있는 전략일까요? 절대 합리적인 선택이 아닙니다. 만약 아이가 한국식 교육에서 두각을 나타낸다면 사교육을 시키지 않아도 어느 정도는 스스로 공부를 할 수 있습니다. 만약 그렇지 않다면 재능을 나타내거나 흥미를 보이는 다른 분야에서 경험을 쌓게 하는 것이 훨씬 우월한 전략입니다. 그런데도 여전히 한국의 많은 부모들은 부자에게 좋은 전략이 나에게도 좋을 것이라 착각을 하고 그대로 따라 하는 우를 범하고 있습니다.

가장 심각한 문제는 이로 인해 망가지는 부모의 노후입니다. 자녀가 부모의 노후를 책임져주지 못하는 상황에서 가진 돈 대부분을 아이의 교육에 투자한다면 부모와 아이 모두 불행해지는 결과를 초래합니다. 노후를 대비하기 위해 사교육비 지출을 줄여야 합니다. 그 대신 아이들이 미래에 갖춰야 할 자질을 키우는 데 투자하거나, 아니면 자금을 적절히 운용해 이를 노후 대비 자금으로 활용해야 윤택한 노후를 보낼 수 있습니다.

◆◆◆◆
심화 스터디 4.

행복한 인생 2막을 위한
노후대비 솔루션

    그렇다면 행복한 노후를 맞이하기 위해 우리는 무엇을 준비해야 할까요? 구체적인 전략에 앞서 근본적인 관점의 변화부터 짚어보겠습니다.

    첫째, 자녀가 빨리 경제적으로 독립할 수 있게 해야 합니다. 그러면 그만큼 빨리 부모가 노후를 준비할 수 있습니다. 더불어 빠른 독립은 자녀의 정신적 성장에도 큰 도움이 됩니다. 둘째, 사교육비 지출을 줄여 노후 자금으로 비축해야 합니다. 앞에서 말씀드린 대로 일반적인 가정의 수입에 대비해 사교육비는 결코 적지 않은 금액입니다. 이 돈을 모아 다양한 방식으로 운용하면 부모가 은퇴할 시점에 상당한 규모의 노후 자금이 됩니다. 셋째, 부동산을 유동화해야 합니다. 당장 부동산을 처분하기가 힘들다면 주택연금*으로 유동화하는 전략도 나쁘지 않습니다. 더욱이 현재의 주택연금은 주택가격이 매년 오를 것을 전제로 설계되어 있기 때문에 가입하는 편이 유리합니다. 넷째, 부동산에서 금융자산으로 자산을 구조조정해야 합니다. 이렇게 마련한 금융자산을 현금으로 묻어두는 게 아니라 부를 증식시킬 수 있는 적절한 투자 방법을 찾아 굴려야 합니다. 다섯째, 노

> * 주택연금
> 일명 역모기지론. 만 60세 이상의 고령자가 금융기관에 자신이 살고 있는 주택을 담보로 제공한 후, 매달 고정적인 생활 자금을 연금식으로 받는 장기주택저당대출이다. 연금은 가입 당시 집값을 기준으로 매년 3.3% 상승할 것으로 보고 계산한다.

후에 지출될 의료비 감소를 위해 지금부터라도 꼭 건강관리를 해야 합니다. 은퇴 시기가 점점 늦어지는 상황에서 몸과 마음이 건강하면 조금 더 양질의 일자리를 얻을 수 있습니다. 노후에 지출되는 비용의 대부분이 의료비인데요. 노후에 적게 벌어도 적게 쓰는 구조를 만든다면 어느 정도 안정된 생활을 유지할 수 있습니다. 건강관리 자체가 돈을 버는 일이라고 생각하길 바랍니다.

그러면 이제부터 구체적으로 노후를 대비하기 위해 무엇을 해야 하는지 하나하나 점검해보겠습니다.

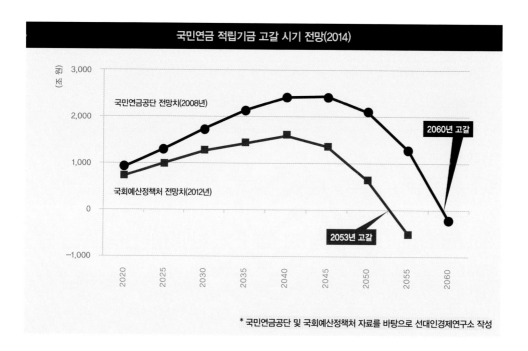

국민연금 적립기금 고갈 시기 전망(2014)

(조 원)

국민연금공단 전망치(2008년)

국회예산정책처 전망치(2012년)

2060년 고갈

2053년 고갈

* 국민연금공단 및 국회예산정책처 자료를 바탕으로 선대인경제연구소 작성

우선 국민연금에 의존해 노후를 준비해도 되는지부터 살펴보겠습니다. 현재 우리나라의 국민연금은 적립식 구조입니다. 국민들을 국민연금에 가입시켜 돈을 내게 한 후, 그 돈을 은퇴한 사람들에게 지급합니다. 즉, 젊

은 세대가 국민연금 보험료를 납부하고 이를 노후세대에게 지급하는 방식입니다. 그런데 앞으로 고령화가 빠르게 진행되면 어떤 일이 발생할까요? 생산가능인구, 즉 보험료를 내는 인구는 줄어들고 연금을 받는 노인들이 많아집니다. 아직까지는 보험료를 납부하는 사람이 많아 기금이 계속 쌓이고 있지만, 어느 시점이 되면 급속도로 고갈되겠지요. 실제로 국민연금공단은 2060년, 국회예산정책처는 2053년을 국민연금 고갈시기로 발표했습니다. 정부에서는 국민연금 고갈을 방지하기 위해 보험료를 더 내고 연금을 늦게 받도록 제도를 조정해나가고 있습니다. 더불어 자신이 은퇴하기 전에 받던 소득을 대체하는 소득대체율*도 점점 낮아지고 있는 실정입니다.

왜 이렇게 빠른 속도로 연금이 고갈되고 있을까요? 앞에서 설명한 바와 같이 우리나라의 고령화 속도가 예상보다 훨씬 빠르게 진행되고 있기 때문입니다. 지금도 국민연금을 '더 많이 내고, 덜 받고, 늦게 받고' 있는데, 이 흐름이 지속되면 국민연금이 용돈 수준으로 전락할 가능성이 높습니다. 물론 현재로서는 국민연금이 노후세대가 혜택을 보는 중요한 소득원임에는 분명합니다. 다만 세대 간 불평등 문제를 야기하지 않고 지속가능하게 운용되도록 설계했어야 하는데, 실제로는 그렇지 못한 구조입니다. 현재 40~50대 이하 연령대에 속한 분들은 이전 세대보다 국민연금으로 받는 혜택이 훨씬 적을 것입니다.

우리나라는 노인 빈곤 문제가 심각하기 때문에 다른 재원이 없는 한 국민연금으로 빈곤을 막아야 합니다. 하지만 이것이 당장의 급한 불을 끄기에는 유효하나, 20~30년 후 닥쳐올 문제들을 감당하기에는 역부족입니

> * 소득대체율
> 연금액이 개인의 생애평균소득의 몇 퍼센트가 되는지를 보여주는 비율. 만약 소득대체율이 50%라면, 연금액이 연금 가입기간 평균소득의 절반 정도 된다는 의미이다. 일반적으로 안락한 노후보장을 위한 소득대체율은 65~70%로 알려져 있다.

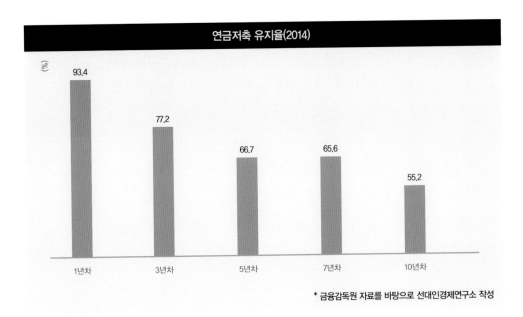

연금저축 유지율(2014)

(%)

- 1년차: 93.4
- 3년차: 77.2
- 5년차: 66.7
- 7년차: 65.6
- 10년차: 55.2

* 금융감독원 자료를 바탕으로 선대인경제연구소 작성

다. 이를 해결하기 위해 현재 적립식인 국민연금을 조세방식으로 전환하는 일도 고민해볼만 합니다. 기득권층이 엄청난 불로소득을 벌고 있음에도 세금을 잘 내지 않고 있는데, 이에 대해서도 철저히 과세하여 그 해에 필요한 연금수요만큼 지출을 해주는 것이지요. 하지만 이미 국민연금 기금이 400조 원 가까이 쌓여 있고 이를 둘러싼 기득권이 형성되어 있기 때문에 앞으로 구조가 쉽게 변할 것 같지는 않습니다. 그럼에도 국민연금 고갈 문제에 대해 해결책을 내놓는 작업이 매우 중요하다는 사실에는 변함이 없습니다.

국민연금만으로 부족한 노후 대비를 위해 연금저축에 가입하라는 말을 들어보신 적 있나요? 그런데 여기에도 고려해야 할 사항들이 있습니다. 일단 연금저축에 가입하면 여러 세제혜택을 받는데, 의무가입 기간을 못

채우고 중도에 해지하면 그간 받았던 비과세혜택을 모두 토해내야 합니다. 문제는 연금저축을 10년 동안 유지하는 비율이 절반에 그친다는 사실입니다. 만약 연금저축에 가입할 거라면 자신이 10년간 가입을 유지할 수 있는지부터 생각해봐야 합니다. 처음부터 많은 금액을 저축하겠다고 의욕을 앞세웠다가 중간에 감당하지 못하는 경우가 빈번하기 때문에, 처음 가입할 때 자신의 소득과 소비 수준을 냉정하게 판단해야 합니다.

이번에는 보험을 살펴볼까요? 사실 우리나라 사람들은 이미 지나치게 많이 보험에 가입되어 있습니다. 한국의 GDP 대비 연간 생명보험료 비중은 세계 4위입니다. 보험 광고를 보면 '고수익 재테크 변액보험 무료상담'과 같은 문구가 많이 적혀 있는데요. 세상에 공짜는 없다는 사실을 명심해야 합니다. 무료상담을 해준다고 써놓았지만 실제로는 금융상품을 팔기 위한 목적이 숨어 있으니까요. 상담하는 내용을 들여다보면, 노후에 대비하기 위해서는 10억 원이 필요한데 지금 수중에 3억 원밖에 없기 때문에 앞으로 7억 원이 더 필요하다는 이야기를 늘어놓습니다. 불안한 마음에 덥석 가입하게 되는 것이지요. 자신의 노후를 무료상담에 의존하기보다는 몇십만 원을 들이더라도 검증된 전문가와 상의하고 제대로 된 재무구조 평가를 받는 편이 훨씬 낫습니다. 또 보험은 수익이 아니라 보장이고, 투자가 아니라 비용이라는 사실을 항상 기억하길 바랍니다.

보험에 가입할 때는 어떤 점을 고려해야 할까요? 먼저 자신의 소득에 맞는 보험을 선택해야 합니다. 월급의 10%를 보험에 쓰라는 말은 보험회사 입장에서 하는 근거 없는 이야기입니다. 실제로는 소득의 5~7% 수준을 보험료로 쓰는 게 적당합니다. 맞벌이 부부라면 소득의 지속 여부를 신중히 판단해야 합니다. 둘째, 건강 상태와 가족력을 고려해야 합니다.

심장병과 같은 혈관계통 질병은 유전율이 높은데, 그런 위험을 대비하는 상품이라면 가입하는 것이 좋습니다. 셋째, 실손보험을 모두 다 들 필요는 없습니다. 실손보험이 자동차보험이라고 말씀하시는 분들이 있는데, 이제는 과거처럼 자동차보험에 가입하듯이 모두 실손보험에 가입하지 않습니다. 넷째, 사소한 진료는 비상금으로 해결하는 편이 낫습니다. 병원에 가끔 한 번씩 가서 몇 천 원밖에 내지 않는 진료비를 보험으로 충당하기 위해 매달 2만 원 정도의 실손보험료를 내야 할까요? 물론 보험가입 기간 동안 몇십만 원을 병원 진료비로 내야 할 경우도 있습니다. 그런데 그 돈을 지불한다고 해서 대부분의 가계경제가 큰 영향을 받지는 않습니다. 다섯째, 중복되는 보장은 정리하고, 돈 버는 사람에게 보장을 집중해야 합니다. 가족 중 돈을 버는 사람이 근로능력을 상실할 때 가계경제에 미치는 타격이 크기 때문입니다.

그렇다면 보유한 자산을 어떻게 굴려야 효과적으로 노후를 대비할 수 있을까요? 자산을 굴리는 방법을 논할 때 많은 사람들이 '수익형 부동산'이라는 말을 많이 합니다. 수익형 부동산의 수익률은 5% 정도(2016년 기준)인데, 이마저도 계속 떨어지는 추세입니다. 그리고 5%의 수익률도 하나하나 뜯어보면 모두 손에 들어오지 않습니다. 오피스텔처럼 임대를 하는 곳은 공실 기간이 꽤 길고, 세입자를 새로 들이는 과정에서 부동산 중개업소에 수수료도 내야 하기 때문입니다. 물론 세금도 있고요. 전세와 달리 월세는 꾸준히 관리를 해주어야 경쟁력을 유지할 수 있습니다. 이런 비용을 다 따져보면 실제 수익률은 대략 3%에 불과합니다. 최소 1~2억 원을 투자해야 겨우 3%의 수익률을 올린다는 뜻입니다. 오피스텔 임대사업을 제대로 하는 게 아니라 개인적인 차원에서 투자하려 한다면 별로 권하고 싶지 않은 자산운용법입니다.

그래서 제가 제안하는 방법은 '자본이 스스로 일하게 하는 것'입니다. 여러분이 자본을 위해 일하는 게 아니라 자본이 우리를 위해 일하게 만드는 방법입니다. 미래에 제2의 기계시대가 도래하면 인공지능이 수많은 인간의 일자리를 대체할 것입니다. 이러한 상황에서 수혜를 입기 위해서는 혁신을 선도하며 성장하는 기업에 밥숟가락을 얹어야 합니다. 여러분이 그 기업의 주식을 보유하면 그만큼의 주주가 됩니다. 만약 그 기업이 실적을 내고 주가가 오르면 수익을 얻을 수 있습니다.

그렇다면 성장하는 기업에는 어떻게 투자해야 할까요? 주식에 대해 잘 모르신다면 배당주에 투자해보아도 좋습니다. 현재 은행의 예금금리는 2%에도 미치지 못합니다. 그런데 주식시장에는 아직도 6~7%씩 수익을 안겨주는 배당주들이 존재합니다. 실적도 비교적 꾸준하게 나옵니다. 배당을 몇 년 하고 망할 회사가 아니라는 의미입니다. 이런 회사들의 배당주를 사놓으면 해마다 6~7%의 배당금이 나옵니다. 물론 배당소득세가 나오기는 합니다만, 매년 배당수익률을 계속해서 올린다면 복리효과까지 거둘 수 있습니다. 배당주 이외에도 앞서 제3강 〈주식〉 편에서 자세하게 소개한 '성장형 우량주'에 투자하는 방법도 있습니다. 사실 노후를 대비하기 위해서는 현명한 주식투자 비법을 익혀두어야 합니다. 만약 삼성전자와 현대자동차의 주식을 일찌감치 사두고 2000년대 초중반까지 계속 보유하고 있었다면 그 수익률이 얼마나 되었을까요? 삼성전자는 40배, 현대자동차는 25배 정도 뛰었습니다. 그때는 이 기업들의 주식이 성장형 우량주였기 때문입니

주식투자에서 성공할 수 있는 가장 간단한 방법은 좋은 종목을 사고 오를 때까지 기다리는 것이다. 일단 가치가 있는 종목이 무엇인지를 선별하고, 하루하루 주가의 흐름만 보고 투자하는 자세를 버려야 한다.

다. 타임머신을 타고 과거로 돌아갈 수만 있다면 당연히 투자했겠지만, 이런 일은 현실적으로 불가능하기에 그때의 삼성전자와 현대자동차와 같은 기업을 찾자는 말입니다. 오랫동안 꾸준히 성장할 수 있는 기업의 주식을 사길 바랍니다. 이렇게 제대로 알고 주식투자를 하면 근로소득 이외에도 추가적인 자본소득을 올릴 수 있습니다.

더불어 노후 대비를 위한 가장 확실한 방법은 '은퇴'를 하지 않는 것입니다. 이를 위해 앞으로는 직장을 찾지 말고 '직업'을 찾아야 합니다. 평균 은퇴 연령인 50세에 직장에서 나온 사람들은 어쩌면 자신의 직무능력과는 상관없는 저임금노동을 새로이 시작해야 할지도 모릅니다. 그리고 70세가 넘어야 노동을 중단하지요. 그런데 만약 75세까지 전문성을 활용할 수 있는 직업을 갖고 수입을 번다고 생각해보세요. 은퇴를 10~20년 늦추기만 해도 노후생활 비용은 절반으로 줄어듭니다. 50세에 직장생활을 그만둔다는 전제하에 40세부터 미리미리 다음 커리어를 준비해야 합니다.

흔히 100세 시대라는 말을 합니다. 한정된 자산으로 노후를 준비해야 하는 입장에서 이 말의 의미를 잘 생각해볼 필요가 있습니다. 25세 이전에는 취직을 준비하고, 이후 50세까지는 직장에서 일을 하다가 55세 이후에는 직장을 떠나야 합니다. 그런데 지금은 한 직장에만 다니는 게 아니지요. 계속 이직을 하면서 옮겨 다닙니다. 또 최근에는 기술혁신이 급속화되고 산업과 기업의 재편이 빠르게 일어나면서 일자리 역시 빠른 속도로 변화하고 있습니다. 이렇게 재편된 일자리에 맞춰 개인도 한 직장에 오래 머무르는 게 아니라 평생 2~3번 직장을 옮겨야 합니다. 가능하다면 자원이 있고 자신의 몸값이 높을 때 직업을 바꾸길 추천합니다. 55세 이후로는 사회적 수요가 떨어지기 때문에 젊을 때처럼 상향이동을 하지 못할 가능성이 높습니다. 대기업에 다니며 현재 직장의 안정성이 보장되어 있다는 착각 속에 살 것인가, 아니면 직장이라는 틀을 벗어나도 생존할 수 있는가에 따라 우리의 노후가 크게 달라집니다.

기업은 냉정합니다. 조직원이 필요 없어지거나 조금만 능력이 도태되면 서슴지 않고 내쫓거나 감봉합니다. 회사는 이렇게 냉정한데, 정작 직장인들은 냉정하지 못합니다. 독립할 자신이 없기 때문이지요. 어떻게 보면 바람직하지 않은 태도입니다. 젊은 시절부터 자신만의 전문성을 오랜 시간 갈고닦아보세요. 반드시 지금과는 다른 노후를 맞이하게 될 것입니다.

한국경제, 2016-07-12

노후 불안에…
경제행복지수 5년 만에 최저

한경-현대경제연구원 조사, 상반기 행복지수 38.9점

기업 구조조정과 영국의 유럽연합(EU) 탈퇴(브렉시트) 등 국내외 경제 불확실성으로 인해 경제심리가 크게 위축된 것으로 나타났다. 경제적 행복감을 저해하는 가장 큰 장애물로는 일자리 문제나 주택 문제를 제치고 '노후 준비에 대한 불안감'이 꼽혔다. 연령대별로는 '60대 이상'이 경제적으로 가장 불행한 것으로 분석됐다.

(…중략…)

'노후 준비'가 최대 문제

한국의 저성장 · 저금리 기조는 50대 이상 베이비부머와 노년층의 불안감을 키우고 있는 것으로 조사됐다. 경제적 행복의 가장 큰 장애물을 묻는 질문에 '노후 준비 부족'이라고 답한 응답자가 34.1%로 가장 많았다. 작년 하반기 조사(28.8%)에 비해 5.3%포인트 높아졌다. 빚을 갚고 자녀 교육비를 대느라 노후를 충분히 준비하지 못한 채 은퇴했기 때문에 나이가 들수록 경제 여건에 대한 걱정이 커지고 있다는 분석이다. 연 1%대 초저금리로 인해 이자로 생활하는 게 어려워진 것도 요인 중 하나다. 김 실장은 "고령화율이 점점 높아지는 데다 노인 고용의 불안정성, 베이비붐 세대 은퇴 시기가 겹치며 노후 준비에 대한 불안감이 갈수록 증폭되고 있다"고 분석했다.

(…후략…)

사람들은 현재의 상황뿐만 아니라 미래의 상황에 대해서도 큰 불안을 느끼고 있습니다. 기사에서 말해주듯이 대한민국 국민의 경제적 행복감에 있어 가장 큰 장애물은 '노후 준비 부족'입니다. 그만큼 노후 불안이 심각하다는 의미입니다.

그런데 잘 생각해보면 이는 다른 사회적 문제와 밀접하게 관련되어 있습니다. 공교육 시스템이 무너지다 보니 사교육비 지출이 늘어나 부모세대의 노후가 불안해지는 현상이 대표적인 예입니다. 또 소득은 제자리걸음을 걷는데 주거비만 오르다 보니 저축을 하지 못합니다. 일자리가 부족한 데다 그나마 있는 일자리마저도 불안하니 노후 대비는커녕 현재 삶의 질도 크게 떨어질 수밖에 없는 게 현실입니다.

참고로 노후 준비에 대한 불안감 다음으로 경제적 행복을 저해하는 요인으로는 자녀 양육 · 교육(19.3%), 주택 문제(17.6%), 일자리 부족(17.2%)이 뒤를 이었습니다.

이투데이, 2016-07-15

실직·은퇴자 생계난에 노후자금 당겨쓴다…
노령연금 조기 수급자 50만 명 육박

급여 연 6% 감액률 적용 불구 신청자 늘어…
20~30만 원 수령 가장 많아

노후 생계난에 국민연금을 미리 타서 쓰는 사람이 50만 명에 육박하고
있다. 15일 국민연금연구원의 국민연금 통계에 따르면 조기노령연금 수
급자는 올해 4월 기준 48만 8095명이다. 이는 1년 전(45만 5081명)보다
6.76%(3만 3014명) 증가한 규모다. 조기노령연금은 노령연금 수급권을
확보한 사람이 자신의 선택으로 정해진 수급 나이보다 앞서 노령연금을
1~5년 먼저 받을 수 있는 제도다. 은퇴 후 소득이 없거나, 일을 하더라도
소득이 적은 사람의 노후소득을 보장하려는 취지로 도입됐다. 이처럼 조
기연금 수급자가 느는 것은 실직과 명예퇴직 등으로 일자리를 잃은 은퇴
자들이 국민연금을 받지 않으면 생계가 곤란하기 때문이다.

(…중략…)

조기연금 수급자들은 노령연금 수급 개시 연령보다 연금을 일찍 수급할
수 있다는 장점이 있지만, 연 6%(월 0.5%)의 감액률이 적용된 급여를 사망
시까지 받게 된다는 단점도 있다. 이 같은 저연금 문제는 조기퇴직 등으
로 생계유지가 곤란할 때 국민연금의 중요한 역할인 노후소득보장을 약
화시킬 수 있다. 특히 국민연금의 미성숙으로 인해 급여 수준이 상당히
낮고, 향후 국민연금의 평균 가입기간과 급여수준도 획기적으로 증가하
지 않을 것으로 예상돼 대책 마련이 필요하다는 지적이다. 연금 전문가들
은 장기적으로 안정적 노후생활을 하려면 정상 수급연령에서 노령연금
을 받는 게 바람직하다고 조언했다.

만약 노후대비가 제대로 되지 않은 상태로 50대에 은퇴를 하면, 노령연금을 받는 65세 까지의 기간 동안 경제적 어려움을 겪을 가능성이 높습니다. 이 때문에 65세가 되지 않 았음에도 생활고로 인해 미리 노령연금을 신청하는 사람들이 많아졌습니다. 국가에서 는 이러한 문제를 해소하고자 조기노령연금제도를 만들었습니다. 다만 연 6%의 감액률 이 적용되어 지급되는데, 그럼에도 불구하고 노령연금을 앞당겨 받는 사람들이 늘어나 고 있습니다. 이런 기사를 보면 우리나라 노후세대의 빈곤 문제가 상당히 심각하고, 노 후 대비가 부실하다는 사실을 절실히 깨달을 수 있습니다.

세금과

복지

걷는 것도 쓰는 것도 엉터리인 대한민국 세금

부자가 세금을 더 많이 낼 거라는 편견

한국은 법인세가 높아 기업하기 힘든 나라일까?

세금은 서민의 복지를 위해 쓰이고 있을까?

Tax and Welfare

나의 세금과 복지 호구 지수는?

☐ 조세수입의 3대축을 알고 있다

☐ 개인소득세의 최고 세율이 얼마인지 알고 있다

☐ 소득공제와 세액공제의 차이를 알고 있다

☐ 일반인들의 주식양도차액에 대해 과세하지 않는 나라는 매우 드물다는 사실을 알고 있다

☐ 종합부동산세와 재산세는 보유세에 속한다는 사실을 알고 있다

☐ 워런 버핏이 제안한 '버핏세'의 내용과 취지를 알고 있다

☐ 재정지출과 조세지출의 개념을 알고 있다

☐ 한국의 사회복지지출 비중이 OECD 국가들 가운데 가장 낮은 수준이라는 사실을 알고 있다

- -

√ 7~8개 : 경제 상식 척척박사
자만은 금물! 심화 스터디와 최신 신문기사를 통해 경제 시야를 넓혀보세요.

√ 4~6개 : 어설픈 중수
아는 것은 되짚고 모르는 개념은 확실히 잡아 호구에서 탈출하세요.

√ 0~3개 : 호구의 제왕
경제와는 궁합 제로! 이 책을 통해 경제 기초체력을 다져보세요.

√ 조세수입의 3대축을 알고 있다

조세수입의 3대축은 소득세, 법인세, 부가가치세입니다. 2015년도의 세수 실적을 보면 소득세가 60조 원, 법인세가 45조 원, 부가가치세가 54조 원 정도입니다. 이 세 가지 조세수입이 전체 국세수입의 40%를 차지하고 있습니다. 참고로 네 번째로 큰 조세수입은 교통에너지세입니다. 휘발유나 경유 등에 붙는 세금으로 흔히 유류세라고 부릅니다. 2015년을 기준으로 약 14조 원이 걷혔습니다.

3대 조세수입 가운데 부가가치세만 간접세이고, 소득세와 법인세는 직접세입니다. 그렇다면 직접세와 간접세의 차이는 무엇일까요? 직접세란 소득과 자산으로 인한 납세의 의무가 있는 사람이 직접 내는 세금을 뜻합니다. 납세의무자와 조세부담자가 일치하지요. 이 외에도 직접세에는 재산세, 상속세, 증여세, 취득세 등이 있습니다.

반면, 간접세는 세금을 내야 할 사람의 부담이 다른 사람에게 전가되어 납부되는 세금을 뜻합니다. 즉, 납세의무자와 조세부담자가 일치하지 않습니다. 예를 들어 가게에서 물건을 사면 부가가치세를 내는데, 이때 납세의 의무가 있는 사람은 제조업자이지만 10%의 부가가치세를 실제로 부담하는 건 최종 소비자입니다. 제조업자가 부담해야 할 부가가치세가 최종 가격에 포함되어 결국 물건을 산 소비자에게 전가된 것입니다. 간접세에는 부가가치세 말고도 개별소비세, 주세, 유류세, 증권거래세 등이 있습니다.

간접세는 직접세에 비해 조세저항*이 덜합니다. 소비를 할 때 상품가격에 이미 세금이 포함되어 있지만, 소비자는 이를 원래의 가격이라고 생각하기 때문입니다. 반면, 소득세나 법인세는 자신이 벌어들인 소득이나 축적한 자산의 일부를 세율에 따라 내게끔 되어 있습니다. 아무래도 납세의무자가 직접 세금을 내니 그에 따른 부담이 고스란히 느껴지지요.

✓ 개인소득세의 최고 세율이 얼마인지 알고 있다

2016년까지 소득세 세율구간은 소득의 액수에 따라 6%(1200만 원 이하), 15%(1200만~4600만 원 이하), 24%(4600만~8800만 원 이하), 35%(8800만~1억 5000만 원 이하), 38%(1억 5000만 원 초과)로 나뉘었습니다. 최고세율은 38%였고, 여기에 부가되는 지방소득세*까지를 포함하면 최고 41.8%의 세율이 적용되었습니다. 2016년까지 최고세율이 적용되는 구간은 1억 5000만 원을 초과하는 소득이었습니다. 그런데 2016년 국회에서 세법 개정을 통해 2017년부터는 소득이 5억 원을 넘는 구간에 대해 40%의 최고세율을 부담하게 하는 법이 신설되었습니다. 부가되는 지방소득세까지 포함하면 44%가 됩니다.

그런데 여기에서 말하는 소득은 실제 소득이 아니라 '과표소득', 즉 과세표준*소득입니다. 즉, 소득에서 각종 소득공제를 적용한 다음 산출되는 과세표준소득을 기준으로 하기 때문에 실제 소득은 이보다 더 많다고 봐야 합니다. 세법상에서 소득이 1억 5000만

원이라 하면, 실제 소득은 2억 원을 넘는 경우도 흔하다는 것입니다. 이렇게 과세표준소득에 세율을 매겨서 세액이 결정됩니다. 그러고 난 후 세액에 대해 또다시 세금공제나 세액감면을 적용하여 이중으로 깎아줍니다. 따라서 실제로 1억 5000만 원을 초과하여 버는 사람이 각종 소득공제를 통해 실제로 내는 소득세율이 38%에 미치지 못하는 경우가 있습니다. 물론 다른 세율구간을 적용 받는 사람들도 이들과 마찬가지로 각종 공제나 감면을 받아 원래의 세율만큼 세금을 내지 않는 게 보통입니다. 하지만 국내에서는 과표소득 3억 원 이상 구간의 고소득자들에게 지나친 세액공제를 해주어 세금의 누진적 부담이 잘 실현되지 않고 있습니다.

✓ 소득공제와 세액공제의 차이를 알고 있다

소득세를 매길 때에는 과세표준에 따라서 소득에 세율을 적용하기에 앞서, 소득에서 이런저런 항목으로 소득액을 줄여줍니다. 예를 들어 연소득이 4600만 원 초과 8800만 원 이하인 사람은 24%의 세율을 적용받는다고 했지요? 만약 이대로라면 6000만 원을 버는 사람은 1440만 원을 세금으로 내야 합니다. 그런데 여러 가지 명목으로 1000만 원의 소득공제를 받았다면, 6000만 원이 아닌 5000만 원에 24%를 적용하여 1200

만 원의 세금만 내면 됩니다. 즉, 240만 원의 세금을 소득공제를 통해 감면받습니다.

그런데 이보다 더 많이 세금을 감면받는 경우도 있습니다. 연 소득이 5000만 원인 사람이 소득공제를 1000만 원 받았다면, 4000만 원에 대해 세금을 내게 됩니다. 이때 적용되는 세율은 24% 구간(4600만~8800만 원 이하)이 아니라, 15% 구간(1200만~4600만 원 이하)입니다. 세율을 결정할 때는 과세표준소득, 즉 소득공제를 적용한 소득으로 따지기 때문입니다. 따라서 5000만 원일 때는 24%를 적용받아 1200만 원의 세금을 내야 했지만, 소득공제의 결과로 인해 600만 원(4000만 원×0.15)만 세금으로 내면 됩니다. 세금이 절반이나 줄어드는 셈이지요. 신용카드 공제, 국민연금 공제 등이 이에 속합니다.

자녀(입양자 및 위탁아동 포함)에 대해 우리나라는 1명인 경우 연 15만 원, 2명인 경우 연 30만 원, 3명 이상인 경우 연 30만 원(2명 초과 1명당 30만 원)을 세액공제해주고 있다.

반면, 세액공제는 소득공제를 적용해 산출된 세액에서 이런저런 명목으로 다시 세금 자체를 깎아주는 것을 말합니다. 다자녀 공제나 의료비 공제와 같은 것들이 여기에 속합니다. 일반적으로 고소득층이 혜택을 많이 받는 소득공제에 비해, 산출된 세액에 대해 공제를 해주는 세액공제가 저소득층에게 더 유리하다고 말하지만, 이는 구체적인 공제 항목을 어떻게 설계하느냐에 따라 달라질 수 있습니다. 실제로 소득공제를 세액공제로 변경해 나온 2014년 소득 귀속분에 대한 조세현실이 이를 말해줍니다. 이에 대해서는 뒤에서 자세하게 살펴보도록 하겠습니다.

✓ 일반인들의 주식양도차액에 대해 과세하지 않는 나라는 매우 드물다는 사실을 알고 있다

주식양도차액, 즉 주식으로 인해 얻게 된 수익에 대해 과세하지 않는 나라는 매우 드뭅니다. 그런데 우리나라는 일정한 규모의 대주주가 아닌 이상, 일반인들의 주식양도차액에 대해서는 과세하지 않고 있습니다. 그러면서 언론에서는 주식양도차액에 대해 과세를 하면 주식시장이 위축된다는 식으로 보도하고 있습니다. 문제는 주식양도 소득에 대한 세금은 없는 반면, 증권거래세는 내야 한다는 사실입니다. 사실 주식거래를 가장 위축시키는 요인은 거래 자체에 매기는 증권거래세입니다. 그런데 증권거래세는 줄이거나 없애지 않으면서 주식양도차액에 대해 과세를 하면 주식시장이 위축될 거라고 주장하니 설득력이 떨어지지요. 한국과 몇몇 국가를 제외한 대부분의 OECD 국가들은 모두 주식양도차액에 대해 과세를 하고 있습니다.

그러면 이들 나라의 주식시장은 위축된 상태일까요? 대표적으로 미국이 우리와 반대입니다. 미국만큼 주식거래가 활발한 나라는 없지요. 우리나라보다 주식시장이 훨씬 크고 거래량도 많은 나라들 대부분이 주식양도차액에 대해서는 과세를 하는데, 오히려 증권거래세는 적거나 없습니다.

증권거래세는 거래를 자주 하는 사람들이 냅니다. 특히 한국은 개미투자자들이 돈도 많이 못 벌면서 자주 사고팝니다. 반면, 덩치가 큰 투자주체들은 돈을 묵혀두고 굴립니다. 돈을 넣어놓고 기다렸다가 목표했던 차익이 발생하면 주식을 팔지요. 절대로 자주 사고팔지 않습니다. 이렇게 해서 큰 차익이 발생해도 우리나라는 여기에 대해 과세하지 않습니다. 오히려 소액을 벌고, 자주 사고파는 개인투자자들에게 증권거래세를 내도록 하고 있습니다. 주식시장을 활성화시키는 데에도 전혀 도움이 안 될 뿐만 아니라, 실제로는 빈부격차를 더 벌리는 결과를 낳고 있습니다.

✓ 종합부동산세와 재산세는 보유세에 속한다는 사실을 알고 있다

보유세란 말 그대로 기업이나 개인이 보유하고 있는 토지나 주택 등의 부동산에 대해 부과하는 세금입니다. 종합부동산세와 재산세가 대표적인 보유세입니다. 종합부동산세는 노무현 정부 시절, 고가의 주택이나 토지를 보유한 사람들을 대상으로 처음 도입되었으나 이명박 정부 초기에 감세정책의 하나로 채택되어 대폭 축소되었습니다. 이러한 보유세의 과세표준은 매년 발표되는 주택 공시가격의 40~80% 수준에서 정해집니다. 보유세를 두고 '반(反)시장적인 세금'이라는 왜곡된 주장이 있습니다. 하지만 보유세는 부자들에게 높은 세금을 부과할 수 있고, 이를 활용해 가장 높은 가치를 창출할 수 있는 경제주체들에게 유한한 경제 자원인 부동산을 배분하는 효과가 있습니다. 또한 보유세는 부동산가격이 올라갈 때 보유에 따른 부담을 키움으로써 부동산 투기에 대해 강한 내성을 갖게 하는 긍정적 효과도 있습니다. 그런 점에서 보유세는 자원 배분 왜곡을 가장 최소화하는 세금이라고 볼 수 있습니다. 즉, 가장 시장친화적인 세금입니다. 실제로 미국의 부동산 보유세는 한국보다 몇 배나 더 높습니다.

참고로 종합부동산세는 국세, 즉 중앙정부의 수입이고 재산세는 지방세로 지방자치단체의 수입입니다. 서로 다른 주체가 세금을 매기다 보니 가끔은 이중과세가 일어나는 경우도 있습니다. 이럴 때에는 초과분에 대해 국세로 치기 때문에 다음 재산세를 낼 때 그만큼 감액이 됩니다.

✓ 워런 버핏이 제안한 '버핏세'의 내용과 취지를 알고 있다

어느 날 워런 버핏은 이런 생각을 했습니다. 사무실에서 자신과 함께 일하는 비서의 근로소득세율이 35% 정도인데, 자신이 주식거래를 통해 받는 배당소득 또는 자본을 굴려서 버는 이자소득에 대한 과세율은 근로소득세율의 절반밖에 되지 않았던 것입니다. 버핏이 아무리 생각해도 이게 참 이상했던 모양이에요. 땀 흘리며 일을 해 돈을 버는 사람에 대한 소득세율이 자신처럼 돈을 굴려 버는 사람의 소득세율보다 어떻게 더 높을 수 있는지 의아했던 것입니다. 그래서 버핏은 자신과 같은 부자들이 이자나 배당, 주가의 차익으로 버는 자본소득에 대해 세율을 더 올려달라고 제안합니다. 이것이 바로 버핏세입니다.

그런데 한국은 어떤가요? 앞서 우리나라는 주식양도차액에 대해 과세하지 않는다고 했지요? 또 임대소득세도 거의 걷지 않습니다. 부동산임대소득세를 내는 집주인을 본 적 있나요? 한국만큼 버핏세가 절실한 나라는 없습니다. 그런데 2011년 12월에 '한국판 버핏세'라고 해서 여야 정당들이 통과시킨 법안의 내용을 보면 참으로 황당합니다. 소득세 최고세율구간을 신설했는데, 1억 5000만 원 초과 소득에 대해 최고세율 38%를 과세하도록 했습니다. 반면, 이보다 규모가 훨씬 큰 자산이나 자본소득에 대해서는 과세를 거의 하지 않고, 얼마 되지 않는 1억 5000만 원 초과의 근로

실제로 우리나라에는 임대소득을 정확히 신고하는 사람이나 사업주들이 많지 않다. 임차인이 간이과세자나 면제사업자로 세금계산서를 요구하지 않거나, 임차료를 깎아주는 대신 세금계산서 발행을 생략하고 있기 때문이다.

소득에 한해서만 세율을 올린 것입니다. 그래놓고서는 '버핏세'라는 이름을 갖다 붙이다니, 버핏이 어이가 없어서 웃을 일이지요.

✓ 재정지출과 조세지출의 개념을 알고 있다

재정지출은 정부가 세금으로 마련한 예산을 지출하는 것입니다. 보통 경기가 악화될 때, 즉 민간의 수요가 부족할 때 정부는 재정지출을 통해 공공의 수요를 늘려 총수요를 보완합니다. 사회 전체의 경기를 부양시키고, 한편으로는 소득도 재분배할 수 있습니다. 시장에서 결정된 소득을 정부가 재정지출로 가난한 사람들에게 조금 더 많이 배분해주면, 즉 복지 혜택을 주거나 장애인 수당 등으로 취약 계층에게 도움을 주면 소득을 재분배하는 효과가 있습니다.

그렇다면 조세지출은 무엇일까요? 말 그대로 조세 상태로 지출을 하는 것입니다. 앞서 세액공제와 소득공제를 알아보았는데요. 비과세, 감면, 공제 등 세금을 걷기 전에 세금을 줄여주는 것이 바로 조세지출입니다. 즉, 앞선 예에서 원래 세금을 1200만 원 내야 하는 사람이 소득공제로 600만 원만 냈다면 정부의 입장에서는 600만 원만큼 조세지출이 발생한 셈입니다.

개인의 소득세뿐만 아니라 법인세와 같은 다른 모든 세목에서도 조세지출이 일어납니다. 고용창출 세액공제, R&D투자 세액공제와 같은 말을 들어본 적 있나요? 이는 대기업들에게 주는 조세지출 혜택입니다. 정부나 언론에서는 이러한 조세지출 혜택, 즉 걷어야 할 세금을 걷지 않고 그만큼 조세부담을 덜어주면 경기를 살리는 효과가 있다고 말을 합니다. 어느 정도 맞는 부분도 있지만, 이게 지나치게 남발되면 많은 문제를 발생시킵니다. 자, 과연 세금감면 혜택을 누가 더 많이 받을까요? 세금을 많이 내는 사람이 받을까요, 적게 내는 사람이 받을까요? 일단 소득이 있어야 내는 세금도 많겠지요. 따라서 소득이 많은 사람이나 기업이 감면혜택도 더 많이 받습니다. 어차피 소득이 없는 사람에게 공제나 감면혜택을 준다고 해봐야 그 규모는 크지 않을 테니까요. 즉, 조세지출의 혜택은 대부분 대기업이나 소득이 많은 부자들에게 돌아갑니다. 이런 식으로 조세지출이 남발되면 필요한 세수가 충분히 걷히지 못하고, 소득불평등을 완화하기는커녕 더욱 악화시키는 결과를 초래합니다.

한국은 재정지출도 기업들을 도와주는 쪽으로 쏠려 있습니다. '4대강 사업'의 경우, 건설업체들을 도와주는 재정지출이 되어버렸고, R&D 예산의 상당 부분은 대기업이 직접 투자해야 할 연구비를 대신 메워주는 역할을 하고 있습니다. 그래서 공공이전소득, 즉 재정지출을 통해 불평등을 완화하는 효과가 OECD 국가들 가운데 꼴찌입니다. 한국은 재정지출도 이런데, 조세지출의 비중도 굉장히 높은 나라입니다. 법인세의 명목세율과 실효세율의 차이가 가장 큰 나라 역시 우리나라입니다. 즉, 주로 대기업에게 각종 명목으로 비과세 및 감면 혜택을 주어 조세지출을 엄청나게 베풀어주는 것입니다. 이런 식으로 대기업의 세금을 많이 깎아주면 기업 간의 양극화는 오히려 심화됩니다.

✓ 한국의 사회복지지출 비중이 OECD 국가들 가운데 가장 낮은 수준이라는 사실을 알고 있다

우리나라의 사회복지지출 비중은 다른 OECD 국가들에 비해 굉장히 낮습니다. 어느 정도일까요? OECD 평균의 약 40%입니다. '평균의 40%'밖에 되지 않습니다. 우리나라와 꼴찌를 다투는 나라는 멕시코와 칠레입니다. 물론 앞으로 고령화가 빠르게 진행되면서 한국의 복지지출도 꾸준히 늘어나기는 할 것입니다. 하지만 노인들이 늘어나서 의료 부문 등의 복지지출이 자연적으로 늘어나는 수준을 넘어, 취약한 복지체계를 획기적으로 강화할 필요가 있습니다. 물론 복지로 모든 어려움을 해소할 수는 없고 개인들도 각자의 노력을 다해야겠지만, 일정 수준으로 복지를 강화하는 일은 사회경제적 안정성을 높이고 저소득층을 중심으로 소득 여력을 늘려 경제의 활력을 높이는 데에 기여할 수 있습니다.

걷는 것도 쓰는 것도
엉터리인 대한민국 세금

　　제7강의 진짜 제목은 '세금혁명과 복지재원의 마련'입니다. 복지를 구체적으로 어떻게 실행해야 하는지에 대한 이야기보다는, 경제와 관련해 세금을 어떻게 걷어야 하고 복지에 어떻게 쓸 수 있는지를 중심으로 설명해보겠습니다.

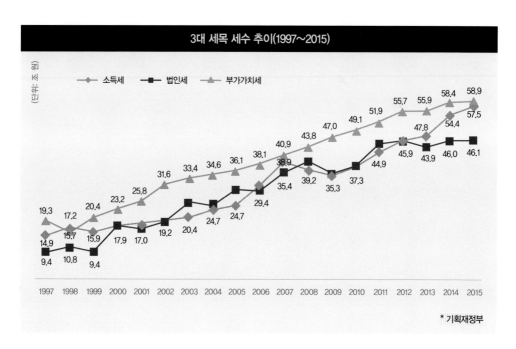

3대 세목 세수 추이(1997~2015)

(단위: 조 원)

◆ 소득세　■ 법인세　▲ 부가가치세

소득세: 19.3, 17.2, 20.4, 23.2, 25.8, 31.6, 33.4, 34.6, 36.1, 38.1, 40.9, 43.8, 47.0, 49.1, 51.9, 55.7, 55.9, 58.4, 58.9

법인세: 9.4, 10.8, 9.4, 17.9, 17.0, 19.2, 20.4, 24.7, 24.7, 29.4, 35.4, 39.2, 35.3, 37.3, 44.9, 45.9, 43.9, 46.0, 46.1

부가가치세: 14.9, 15.7, 15.9, ... , 38.9, ... , 47.8, 54.4, 57.5

1997 1998 1999 2000 2001 2002 2003 2004 2005 2006 2007 2008 2009 2010 2011 2012 2013 2014 2015

* 기획재정부

이 그래프를 보면 어딘가 이상하다는 생각이 듭니다. 소득세 수입은 계속 늘어났고, 부가가치세도 최근 몇 년간 늘지 않고 있지만 그래도 전체적으로 꾸준히 늘어난 모양새입니다. 그런데 2008년부터 법인세는 조금 늘어나는 것 같다가 계속 줄어들고 있습니다. 국세수입을 떠받치는 3대 기둥 중에 소득세와 부가가치세는 늘어나는 반면, 법인세는 줄어들었습니다. 왜 그럴까요? 이명박 정부가 이른바 '낙수효과'를 내세워 법인세를 중심으로 대대적인 감세정책을 펼쳤기 때문입니다.

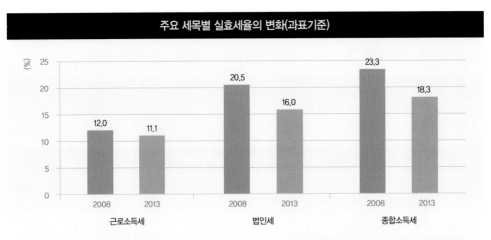

주요 세목별 실효세율의 변화(과표기준)

* 국세통계연보를 바탕으로 선대인경제연구소 작성

명목세율이라는 것은 세법에 정해져 있는 세율을 뜻합니다. 앞서 과표소득이 1억 5000만 원 초과이면 38%의 세율이 적용된다고 설명했는데요. 이게 바로 명목세율입니다. 그런데 여기에 각종 비과세나 감면혜택을 받아서 실제로 내는 세율은 32% 정도입니다. 즉, 6%는 비과세나 공제·감면혜택을 받는 것입니다. 이때 32%, 즉 과표소득 대비 실제로 내는 세액의 비율이 바로 실효세율입니다. 위 그래프는 실효세율을 나타냈습니다. 현실에서는 명목세율보다 실제로 부담하는 실효세율이 더 중요하겠지요.

세목별 실효세율의 변화를 살펴보면 근로소득세는 조금 낮아진 반면, 법인세는 크게 낮아졌습니다. 종합소득세[*] 역시 확 낮아졌지요. 저는 개인적으로 법인도 운영하고 다른 한편으로는 종합소득세도 내는 입장이지만, 이 그래프를 보면 기분이 좋지 않습니다. 불공정한 세율 구조라고 생각하기 때문입니다.

실제로 최근 10여 년간 법인의 소득은 크게 늘어났습니다. 반면, 가계를 포함한 개인의 소득은 법인소득에 비해 늘어나지 않았습니다. 그런데 법인세는 많이 낮아졌습니다. 2015년에 근로소득세를 둘러싸고 '연말정산 파동'이 벌어졌는데요. 정부는 근로소득 계층별로 누진 구조를 강화해 세 부담의 형평성을 강화한다는 명목으로 정책을 펼쳤지만, 실제로는 거의 개선되지 않았습니다. 진짜 중요한 것은 근로소득세 안에서 해결하는 게 아니라, 세목 간의 수평적 형평성을 바로세우는 일입니다.

수평적 형평성의 측면에서 한국의 조세 구조는 정말로 문제가 많습니다. 소득을 아주 많이 버는 대기업이나 고소득자들이 주로 내는 법인세와 종합소득세는 대폭 깎아주는 구조로 만들어져 있습니다. 물론 종합소득세는 영세 자영업자들도 내지만, 세액의 비율을 보면 한 해에 수십억 원을 버는 고소득자들이 더 많이 냅니다. 이명박 정부는 감세정책을 통해 이런 사람들의 세금을 대폭 깎아주었습니다. 근로소득자의 입장에서 보면 정말로 기분 나쁜 일이지요. 그런데 한겨레신문과 같은 이른바 진보언

> [*] **종합소득세**
> 개인에게 귀속되는 각종 소득을 종합해 하나의 과세 단위로 보고 세금을 부과하는 누진세 제도. 우리나라는 종합소득세 제도를 채택하고 있기는 하지만, 근로소득, 사업·부동산소득, 이자소득, 배당소득, 연금소득, 기타소득 등 6가지의 소득만을 묶어 하나의 과세 단위로 보아 부과하고 있다.

론에서도 연말정산 파동이 있을 때, 정부의 정책이 근로소득세 안에서 세 부담 형평성을 개선하는 방향이기 때문에 '원칙적으로 옳다'는 보도를 했습니다. 세목 간 세 부담의 형평성을 제고해야 한다는 큰 방향을 놓치고, 근로소득세 부담만 지속적으로 늘어나는 현실을 매우 가볍게 여기는 보도였습니다.

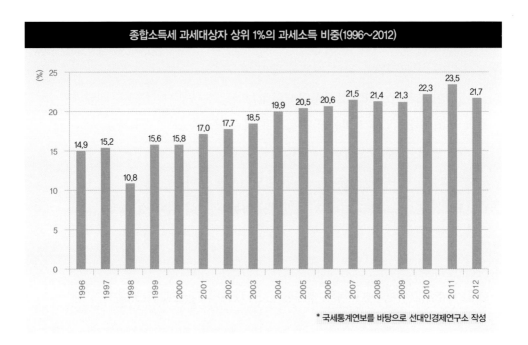

종합소득세 과세대상자 상위 1%의 과세소득 비중(1996~2012)

* 국세통계연보를 바탕으로 선대인경제연구소 작성

지금 한국의 소득불평등을 잘 보여주는 것이 종합소득세입니다. 위 그래프는 종합소득세 납세자 가운데 상위 1%의 과세소득 비중을 나타낸 것입니다. 이 상위 1%가 1998년 외환위기 전에는 약 15% 정도를 차지했다가, 2011년쯤이 되면 23.5%로 크게 늘어났습니다. 소득 상위 1%가 전체 소득의 약 24%를 차지한다는 뜻입니다. 이러한 소득의 집중이 얼마나 심각한 수준인지를 근로소득세와 비교해보면 단번에 감이 옵니다. 근

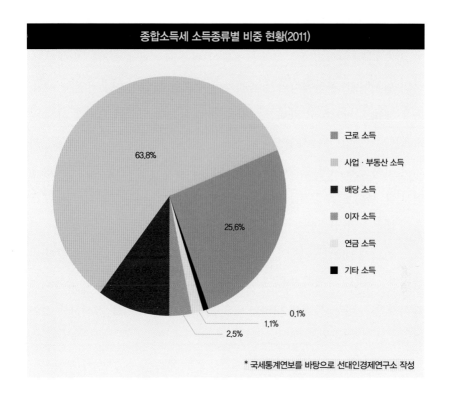

종합소득세 소득종류별 비중 현황(2011)

- 근로 소득
- 사업 · 부동산 소득
- 배당 소득
- 이자 소득
- 연금 소득
- 기타 소득

63.8%

25.6%

6.9%

0.1%

1.1%

2.5%

* 국세통계연보를 바탕으로 선대인경제연구소 작성

로소득세에서는 상위 1%의 과세소득 비중이 전체의 6~7%를 차지하는
데에 그칩니다. 즉, 종합소득세를 내는 사람들 가운데 상대적으로 엄청난
고소득자가 많다는 뜻이지요. 그리고 소득의 변화를 봐도 2006년 대비
2011년에 상위 1%의 소득은 다른 소득계층에 비해 2배 이상 크게 증가
했습니다.

　종합소득세의 소득원천을 살펴보면 그중 근로소득은 4분의 1 정도
(25.6%)입니다. 대부분은 사업 · 부동산소득(63.8%)이지요. 그런데 우리나
라는 엄청난 부동산소득이 발생하는 국가임에도 이 규모가 잘 잡히지 않
습니다. 많은 부유층과 자산가들이 부동산으로 부를 축적하고, 또 여기
에서 엄청난 자산소득이 발생한다는 것도 뻔히 알면서 우리나라 국세청

은 부동산소득이 얼마나 되는지 파악하려고 하지 않습니다. 정말 한심하고 화가 나는 현실입니다. 부동산소득이 세금을 부과해야 하는 막대한 소득의 원천이고, 자산격차와 소득격차의 주요한 원인이라면 당연히 이 소득을 제대로 파악하고 과세할 생각을 해야 하는데 정부가 그렇게 하지 않고 있다는 뜻입니다. 사업소득을 신고할 때 부동산소득도 같이 뭉뚱그려서 신고하도록 되어 있습니다. 그래서 매년 국세청이 발간하는 '국세통계연보'를 보아도 부동산소득에 대한 별도의 통계가 없는 실정입니다. 또 국내 대다수의 경제학자들이 소득불평등에 대해 이야기할 때에도 부동산소득 격차에 대해서는 거의 언급을 하지 않거나 매우 경시하는 경향이 있습니다. 제대로 과세하지 않고 제대로 된 통계가 없어서 거대한 소득원이 잡히지 않는데도, 통계에 나타나지 않는다는 이유로 이를 경시하는 것이지요.

그런데 상식적으로 생각해보세요. 한국 가계자산 중 75%가 부동산이고, 한국 국부의 80%가 부동산자산으로 구성되어 있습니다. 그러면 이렇게 막대한 부동산자산에서 발생하는 소득도 어마어마할 것이라는 점은 설명할 필요도 없이 당연한 사실이겠지요. 현실이 이런데도 부동산소득 격차가 큰 문제 아니라는 분석이 나오는 것을 보면 너무나 안타깝습니다.

◆◆◆◆
심화 스터디 2.

부자가 세금을 더 많이
낼 거라는 편견

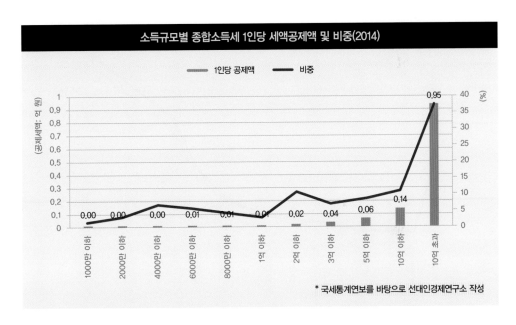

소득규모별 종합소득세 1인당 세액공제액 및 비중(2014)

━━ 1인당 공제액   ━━ 비중

* 국세통계연보를 바탕으로 선대인경제연구소 작성

　　위 그래프를 보면 10억 초과의 종합소득을 가진 소수의 사람들이
전체 세액공제 혜택의 약 38%를 차지하고 있습니다. 근로소득세는 어떨
까요? 우리가 연말정산 파동까지 겪어가며 형평성을 바로잡겠다고 개편
한 근로소득세에도 이처럼 문제가 많을까요? 물론 근로소득세도 소득이
높은 사람들에게 많은 혜택이 돌아가기는 합니다만, 기본적으로는 그래

프의 흐름이 종합소득세와는 다르게 나타납니다. 종합소득세에서는 종합소득을 가장 많이 올리는 사람들이 세액공제 혜택을 가장 많이 받는 반면, 근로소득세에서는 상대적으로 다양한 소득계층에게 골고루 세액공제 혜택이 돌아가고 있습니다. 종합소득세나 법인세에 비하면 근로소득세는 비과세 감면의 혜택이 고소득층이나 대기업으로 쏠려 있지 않다고 할 수 있습니다.

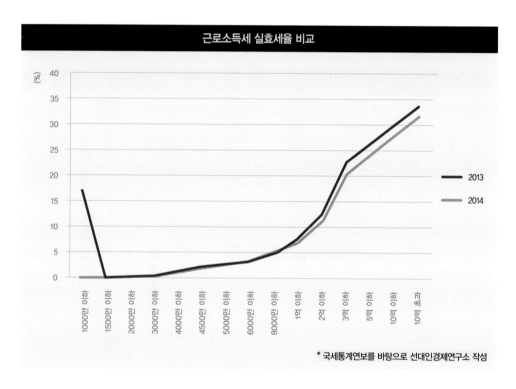

근로소득세 실효세율 비교

* 국세통계연보를 바탕으로 선대인경제연구소 작성

자, 그럼 이쯤에서 연말정산 파동 전후를 비교해보겠습니다. 한겨레신문에서 2013~2014년의 근로소득 구간별 과세실적을 비교해 보도하면서, 고소득층을 중심으로 과세 비중이 크게 강화되어 부자 증세가 이루어졌다고 한 적이 있습니다. 연말정산 파동에도 불구하고 결과적으로는 세제개편이 잘되었다고 평가한 것입니다. 그런데 그래프를 보면 부자 증세가 잘 실현되지 않은 것으로 나타납니다. 2013~2014년의 소득구간별 근로소득세 실효세율을 보면, 3억 원 초과 구간의 세율이 조금 올라간 모습을 볼 수 있습니다. 하지만 거의 대부분의 소득구간에서 세율이 올라갔다는 점을 볼 때, 부자 증세보다는 보편적 증세를 했다고 봐야 맞습니다.

다른 세목과의 수평적 형평성을 감안하지 않고, 비록 근로소득세 내에서의 수직적 형평성만 제고한다고 하더라도 저라면 달리 적용하겠습니다. 이 그래프를 보고 제대로 된 정책 입안자라면 어느 소득구간에 세금을 가장 많이 매기겠습니까? 가장 소득이 많은 구간 쪽으로 갈수록 실효세율도 많이 올라가도록 하는 게 정상입니다. 그래프를 보면 1억 원 초과인 소득구간부터 누진세가 적용되어 실효세율의 기울기가 가파르게 올라갑니다. 그런데 3억 원 초과인 구간부터는 실효세율이 오르기는 하지만 그 기울기가 확 꺾입니다. 이 소득구간에 있는 사람들이 재벌이나 대기업 경영진 등 진짜 부자들인데도 말입니다.

현재 우리나라의 명목세율은 누진 구조로 되어 있습니다. 정부도 그렇게 한다고 말합니다. 그런데 명목세율은 누진 구조이지만, 실제로 세금을 내는 실효세율은 누진 구조가 제대로 실현되지 않고 있습니다. 예를 들어 세제개편이 이루어진 2014년에는 3억 원 초과~5억 원 이하 구간의 실효세율이 26.3%였습니다. 명목세율인 38%보다 무려 11.7%나 낮은 수준이었지요. 물론 소득이 많은 사람에 대한 최고세율이 낮은 탓도 있었지만, 각종 비과세나 감면, 공제혜택이 최고소득층에게 상대적으로 쏠려 있다는 원인도 작용했습니다.

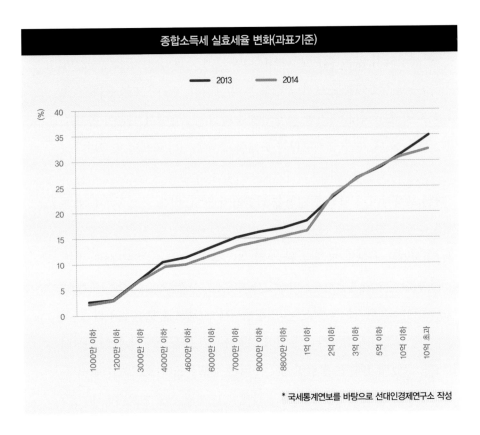

종합소득세 실효세율 변화(과표기준)

— 2013 — 2014

(%)

40

35

30

25

20

15

10

5

0

1000만 이하 · 1200만 이하 · 3000만 이하 · 4000만 이하 · 4600만 이하 · 6000만 이하 · 7000만 이하 · 8000만 이하 · 8800만 이하 · 1억 이하 · 2억 이하 · 3억 이하 · 5억 이하 · 10억 이하 · 10억 초과

* 국세통계연보를 바탕으로 선대인경제연구소 작성

　　근로소득세 안에서 수직적 과세 형평성이라도 제대로 달성하고 싶다면, 3억 원 초과 구간의 최고 소득세율을 더 높이고, 이들 구간에 대한 감면혜택을 줄여 실효세율이 누진 구조로 나타나게끔 해야 합니다. 2017년부터 소득 5억 원 초과 구간에 대해 40%의 세율을 신설하는 것만으로는 매우 부족합니다.

　　연말정산 파동의 결과, 연 소득 2000만 원 이하의 사람들을 제외하고는 모든 소득 구간에 대해 골고루 증세를 했습니다. 2013년에 비해 2014년에 과표소득 자체가 늘어 세금도 늘어난 효과를 제외하고, 순수하게 세제개편을 통해 추가로 늘어난 세수는 8000억 원 정도입니다. 그런데 이 가운데 1억 원 초과 소득자들에 대해 늘어난 세수는 1600억 원에 불과합니다. 나머지 6400억 원은 1억 원 이하 근로소득자들이 낸 세수이지요. 구체적인 설계에 따라 달라질 수는 있겠지만, 3억 원 초과 구간에 대해 최고 세율을 강화하고 누진 구조만 제대로 실현해도 그렇게 난리법석을 떨어 확보한 8000억 원 정도는 충분히 확보할 수 있습니다. 그런데도 우리나라는 연말정산 파동을 겪으면서까지 근로소득자의 세 부담을 늘렸습니다.

이번에는 종합소득세의 실효세율을 살펴보겠습니다. 근로소득세는 조금이라도 형평성이 개선되었다고 칩시다. 그러면 같은 시기에 종합소득세는 어떻게 변했을까요? 그나마 있던 누진 구조가 더욱 완화되었습니다. 조세 형평성을 제고하는 측면에서 먼저 손을 대야 하는 곳은 전혀 대지 않았을 뿐만 아니라, 오히려 조세 형평성을 더 악화시킨 셈입니다. 이런 데도 그나마 근로소득세만 조세 형평성을 확보해 보편적 증세를 했으니 제대로 된 개혁을 했다고 말할 수 있을까요? 항상 진짜로 가진 자들이 포진되어 있는 곳에는 누진 구조가 제대로 실현되지 못하고 있으니, 이것을 계속 두고만 봐야 하는 것일까요?

한국은 법인세가 높아
기업하기 힘든 나라일까?

이번에는 소득세와 법인세를 비교하여 설명해보겠습니다. 아래 그래프에서 말하는 '개인가처분소득'이란 대체로 가계 부문의 소득이라고 보면 됩니다. 2011년 가계 부문의 소득, 즉 가정의 소득은 2000년에 비

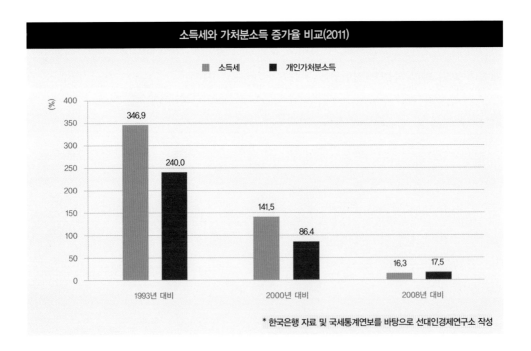

소득세와 가처분소득 증가율 비교(2011)

■ 소득세   ■ 개인가처분소득

(%)

- 346.9
- 240.0
- 141.5
- 86.4
- 16.3
- 17.5

1993년 대비   2000년 대비   2008년 대비

* 한국은행 자료 및 국세통계연보를 바탕으로 선대인경제연구소 작성

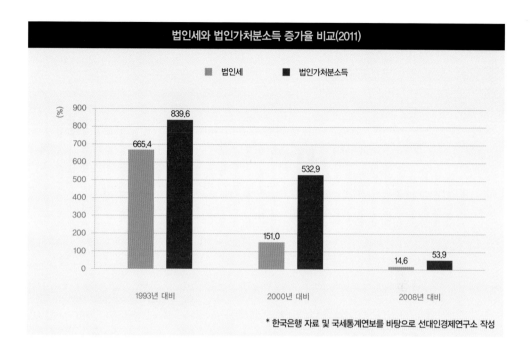

해 86.4% 늘어났습니다. 반면, 같은 기간에 법인의 소득은 532.9%가 늘
어났지요. 가정에서 내는 세금, 즉 개인소득세는 141.5%가 늘어났고 법
인의 소득세인 법인세는 151%가 늘어났습니다. 소득은 개인에 비해 법
인이 6배 이상 더 많이 늘어났는데, 세금은 거의 비슷하게 늘어났습니다.
이게 바로 대한민국 법인세의 현실입니다.

　그런데도 재벌 대기업들의 이익집단이라고 할 수 있는 전경련에서는
한국의 법인세 부담이 너무 높다고 이야기합니다. 법인세 부담이 높아 기
업을 운영할 맛이 안 난다는 소리까지 합니다. 이어지는 뒤의 그래프를 보
면 2012년 한국의 명목법인세율은 24.2%입니다(지방세까지 추가했을 때). 이
정도 세율로 기업할 맛이 안 난다고 하면 다른 나라의 기업들은 아예 사업
을 접어야 할 판입니다. 한국의 명목법인세율은 결코 높은 편이 아닙니다.

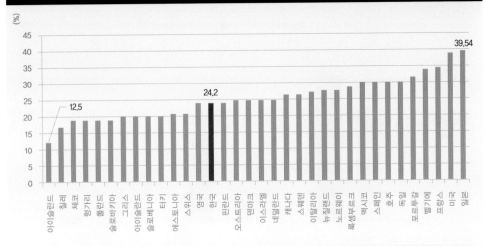

(%)

45
40
35
30
25
20
15
10
5
0

12.5

24.2

39.54

아이슬란드
칠레
체코
헝가리
폴란드
슬로바키아
그리스
아이슬란드
슬로베니아
터키
에스토니아
스위스
영국
한국
핀란드
오스트리아
이스라엘
덴마크
네덜란드
캐나다
스웨덴
이탈리아
뉴질랜드
노르웨이
룩셈부르크
멕시코
스페인
호주
독일
포르투갈
벨기에
프랑스
미국
일본

* OECD 자료를 바탕으로 선대인경제연구소 작성

전경련이나 이곳에 속한 재벌 대기업들로부터 광고를 받는 많은 언론들은 법인세가 올라가면 기업들의 경쟁력이 낮아지고 경제 활력이 떨어져 나라가 어려움에 처할 것이라고 주장합니다. 그렇다면 법인세가 정말 높아 '기업을 운영할 맛이 안 나는 나라들'을 한번 살펴볼까요?

세계에서 법인세 부담이 제일 높은 나라는 일본입니다. 두 번째는 미국이지요. 룩셈부르크, 노르웨이, 뉴질랜드, 이탈리아, 스웨덴, 네덜란드, 이스라엘, 덴마크, 오스트리아, 핀란드 등의 나라가 우리나라보다 법인세 부담이 높습니다. 이들 나라가 우리나라보다 못 사는 나라는 절대 아니지요.

이번에는 우리나라보다 법인세율이 낮은 나라를 살펴봅시다. 스위스나 아이슬란드와 같은 나라들은 홍콩, 싱가포르와 같은 도시국가들과 비슷하게 내수 규모가 작습니다. 슬로베니아, 슬로바키아, 폴란드, 헝가리, 체코와 같은 나라들은 과거 동구 공산권에서 탈피해 자본주의를 받아들이는 과정에서 해외 자본을 유치했어야 하는 나라들입니다. 충분한 내수시장을 갖고 있는 나라들 가운데 영국을 제외하고 한국보다 법인세율이 낮은 나라는 거의 없습니다.

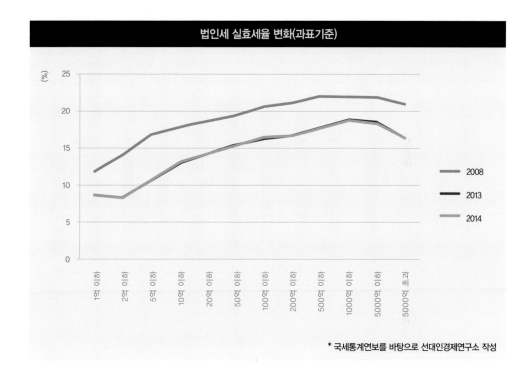

법인세 실효세율 변화(과표기준)

* 국세통계연보를 바탕으로 선대인경제연구소 작성

이명박 정부에서 감세정책을 펼친 이후, 법인세 실효세율의 변화를 살펴보겠습니다. 위 그래프를 보면 2008년에 비해 2013~2014년에 실효세율이 뚝 떨어진 것을 확인할 수 있습니다. 그래서 법인세 세수가 줄어든 것입니다. 소득세와 부가가치세 세수는 계속 늘어나는데, 법인세 세수만 줄어든 원인이 바로 이것입니다. 법인세를 깎아주면 기업들은 좋겠습니다만, 거기에서 모자라는 세수는 결국 누가 충당할까요? 국민들이 부가세와 소득세를 더 많이 내야 합니다. 그것도 부자들보다는 서민들이 골고루 더 많이 냅니다. 소득세 개편을 통해 근로소득세 부담이 전체적으로 늘어나고, 담뱃세가 큰 폭으로 뛴 것이 이러한 현실을 단적으로 보여줍니다.

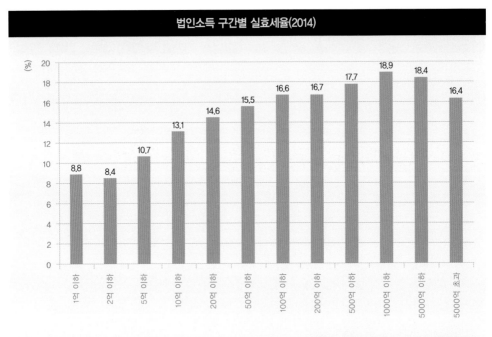

법인소득 구간별 실효세율(2014)

* 국세통계연보를 바탕으로 선대인경제연구소 작성

또 하나 어처구니없는 자료를 보여드리겠습니다. 많은 분들이 최소한 소득이 올라갈수록 세금이 많이 붙는 '누진 구조'는 잘 정립되어 있을 거라고 생각하는데요. 앞서 설명한 근로소득세도 누진 구조가 최고 소득 구간에서만 제대로 작동하지 않을 뿐, 최소한 소득이 높을수록 세율이 더 높게 부과되는 구조를 갖고 있습니다. 그런데 법인세에서는 법인소득 최고 구간에서 누진 구조가 아니라 '역누진 구조'가 적용되고 있습니다. 그래프에서 보이듯이 가장 법인소득이 많은 소수 대기업들에게 적용되는 법인세율은 중견기업들보다 더 낮습니다. 이처럼 대기업에게 엄청난 특혜성 세율이 적용되고 있는 것입니다. 한국은 서민 복지는 소홀히 하고, 대기업 복지는 확실하게 하고 있습니다. 그래프를 보면 매출 규모가 클수록 실효세율이 점점 올라가는 모습을 보입니다. 여기까지는 정상이지요? 그런데 1000억 원을 초과하는 구간부터는 실효세율이 도로 떨어져버립니다. 여기에 어떤 기업들이 속해 있을까요? 삼성전자, 현대자동차, LG전자, SK하이닉스 등과 같은 150여 개의 대기업들입니다.

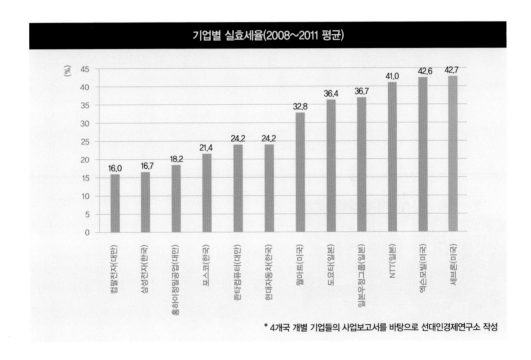

이번에는 정말로 우리나라의 법인세율이 높은지를 확인하기 위해 한국, 미국, 일본, 대만 네 나라의 법인실효세율을 살펴보겠습니다. 각 나라

에서 법인소득이 가장 높은 기업 세 군데씩을 예로 들어 이들이 부담하는 실효세율을 비교해보았는데요. 해마다의 들쭉날쭉한 수치를 보완하기 위해 4년간의 평균치를 계산했습니다. 보이는 것처럼 삼성전자, 현대자동차, 포스코는 낮은 축에 속합니다. 우리나라보다 2배 이상 높은 법인세율을 부담하는 나라들도 있습니다. 그런데 전경련은 18~24%의 법인세율이 부담되어 기업 활동을 못하겠다고 소리칩니다. 이런 기업들에게 미국이나 일본에 가서 30~40%씩 법인세를 내고 기업 활동을 해보라고 말하고 싶습니다. 종합소득세와 마찬가지로 5000억 초과의 법인소득을 가진 상위 49개의 기업이 약 40%의 비과세 감면혜택을 싹쓸이하고 있습니다. 이런 곳에 제대로 과세를 해야 조세 형평성이 달성되는 것인데, 오히려 세금을 깎아주지 못해 안달이 난 게 대한민국의 현실입니다.

이렇게 생산경제에서 발생하는 세금에만 문제가 있는 것이 아닙니다. 자산에 대한 과세는 훨씬 더 문제가 심각합니다. 우리가 아파트와 같은 공동주택을 소유하고 있다면 대략 시세의 80~90% 정도에 해당하는 금액을 기준으로 재산세를 매깁니다. 하지만 한국에서 가장 비싸다는 삼성의 이건희 회장 자택에 대해서는 대략 시세의 30%를 기준으로 과세하고 있습니다. 일반인들에게는 시세의 80~90%를 기준으로 과세하면서 소수의 고급 주택들에는 30%를 기준으로 과세한다는 의미입니다. 왜 그럴까요? 아파트와 같은 공동주택은 거래가 많이 되는 반면, 소수의 고가 주택은 거래가

한국 기업들의 법인세 부담이 높아 국제경쟁력이 떨어진다는 주장은 설득력이 크게 떨어진다. 오히려 한국 기업들의 실효법인세 부담은 한국의 인구나 경제 규모 등을 고려할 때 국제적으로 매우 낮은 수준이다. 또한 한국 대기업들은 명목세율에 비해 상대적으로 크게 낮은 실효세율을 부담하고 있다.

거의 없어서 시세 파악이 어렵기 때문입니다. 그러한 이유로 시세에 한참 못 미치는 가격으로 과세를 하는 것입니다.

예를 들어 이건희 회장의 자택이 300억 원 정도의 가치가 있다고 가정해봅시다. 즉, 은행에 이 주택을 담보로 맡기면 300억 원 정도의 담보 가치를 쳐 준다는 뜻입니다. 그런데 실제로 과표기준이 되는 공시주택가격*은 100억 원 수준으로 낮춰서 잡습니다. 기업이 소유한 빌딩도 이와 마찬가지로 공시가격을 낮게 잡습니다.

> * 공시주택가격
> 정부가 매년 전국의 대표적인 토지와 건물에 대해 조사해 발표하는 부동산가격. 주택의 경우, 통상 실거래가의 80~90% 수준이며, 재산세와 종부세의 산정기준이 된다. 땅에 대한 공시가격은 '공시지가'라고 한다.

흔히들 소득이 있는 곳에 세금이 있다고 말합니다. 대한민국에서도 이 말이 통하기는 합니다. 단, 중산층 이하의 사람들에게만 말입니다. 그 위로 올라가면 세금을 선택적으로 내거나 회피하고 줄일 수 있는 경우가 너무 많습니다. 다른 나라에서도 돈을 많이 버는 기업이나 사람들이 세금을 적게 내기 위해 노력을 합니다만, 한국처럼 정부가 원칙적으로 대기업이나 부유층의 세 부담을 제도적으로 줄여놓은 나라는 극히 드뭅니다.

세금은 서민의 복지를 위해
쓰이고 있을까?

부유층과 최고 소득층을 위한 조세정책과 제도가 계속 누적되다 보니, 세 부담의 계층별 형평성은 전체적으로 나빠지고 있습니다. 2008년 이명박 정부가 내놓은 감세정책의 명칭은 '경제 재도약과 서민지원을 위한 세제개편안'이었습니다. 그렇다면 정말로 서민지원이 이루어졌는지 한번 보겠습니다.

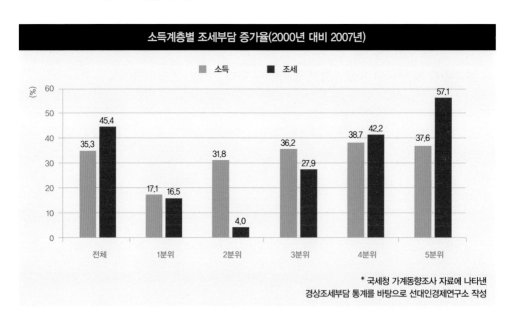

소득계층별 조세부담 증가율(2000년 대비 2007년)

* 국세청 가계동향조사 자료에 나타낸
경상조세부담 통계를 바탕으로 선대인경제연구소 작성

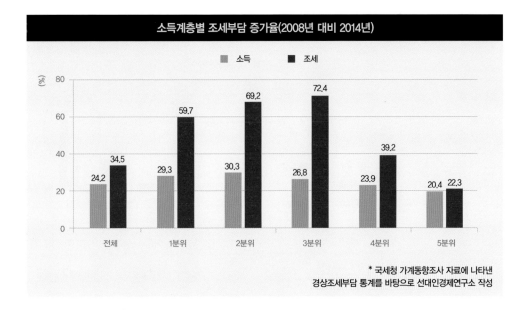

소득계층별 조세부담 증가율(2008년 대비 2014년)

■ 소득   ■ 조세

	전체	1분위	2분위	3분위	4분위	5분위
소득	24.2	29.3	30.3	26.8	23.9	20.4
조세	34.5	59.7	69.2	72.4	39.2	22.3

* 국세청 가계동향조사 자료에 나타낸
경상조세부담 통계를 바탕으로 선대인경제연구소 작성

　왼쪽 그래프는 2008년 감세정책 이전에 2000년 대비 2007년의 소득 계층별 조세부담 증가율을 나타냈습니다. 앞서 제6강 〈노후〉 편에서 소득 5분위를 살펴보았지요? 1분위는 하위 20%, 5분위는 상위 20%를 뜻합니다. 이 그래프에서는 소득이 높은 구간일수록 세 부담이 늘어난 것으로 나타납니다. 얼핏 보아도 정상적인 구조이지요.

　이번에는 2008년 이후를 보겠습니다. 중간 소득자라 할 수 있는 3분위는 세 부담이 72.4%가 늘어났습니다. 심지어 하위 1분위도 59.7%가 늘어났습니다. 이렇게 하위 구간의 세 부담이 늘어나는 동안, 5분위의 세 부담은 22.3%밖에 늘어나지 않았습니다. 이렇게 서민들의 세 부담을 더 많이 늘리고서는 '서민지원을 위한 세제개편안'이라고 이름 붙인 것입니다.

　이번에는 정부가 세금을 거둬서 모은 세수를 어떻게 쓰는지 보겠습니다. 오세훈 전 서울시장이 무상급식 반대 주민투표를 밀어붙이면서, '망국적 복지 포퓰리즘'이라는 말을 사용했습니다. 복지에 돈을 너무 많이 쓰

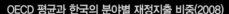

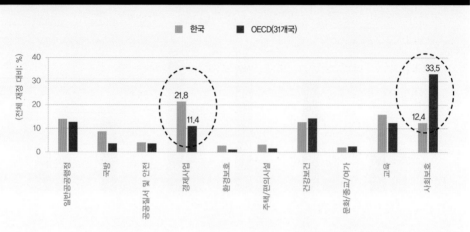

OECD 평균과 한국의 분야별 재정지출 비중(2008)

■ 한국 ■ OECD(31개국)

(전체 재정 대비: %)

21.8
11.4

33.5
12.4

일반공공행정 / 국방 / 공공질서 및 안전 / 경제사업 / 환경보호 / 주택/편의시설 / 건강보건 / 문화/종교/여가 / 교육 / 사회보호

* OECD 자료를 바탕으로 선대인경제연구소 작성

면 나라가 망하는 지경에 이를 것이라는 주장이었는데요. 정말로 그런지를 한번 보겠습니다.

OECD 국가들은 평균적으로 예산의 3분의 1가량을 사회보호, 즉 복지에 씁니다. 한국의 복지예산은 전체 예산의 3분의 1이 아니라, OECD 평균의 3분의 1을 조금 넘는 수준에 그칩니다. 실제로 한국은 GDP 대비 복지지출 비중이 10.4%(2016년 추산치)로 멕시코, 칠레와 꼴찌를 다투고 있습니다. 이런 수준을 가지고 망국적 복지 포퓰리즘이라고 하는 것은 어불성설입니다. 핀란드나 노르웨이 같이 복지에 돈을 많이 쓰는 나라들은 이미 망했을 것입니다.

그렇다면 우리나라는 복지에 지출하는 비용을 아껴서 어디에 투자하고 있을까요? 그래프에서 나타나듯 복지 지출은 다른 나라보다 훨씬 낮은데, 경제사업 부문에 대한 지출은 2배 가까이 높습니다. 앞서 말한 기업 복지에 쓰이는 돈이라고 할 수 있습니다. 서민 복지에 들어가야 할 돈을 줄여 기업 복지에 쓰는 꼴입니다. 한국의 R&D 예산 비중은 OECD 국가들 가운데 매우 높은 편인데, 이는 거의 대부분 대기업으로 들어가고 있습니다. 삼성전자나 현대자동차가 기술개발을 위해 자체적으로 투자해야 할 돈을 정부 차원에서 '신성장동력 프로젝트'라고 해서 대신 투자해주는 것입니다. 물론 이들 예산 가운데는 어느 정도 정부가 지원해야 하는 부분도 있습니다만, 그 정도가 너무 지나칩니다.

그런데 우리나라가 R&D 예산보다 더 많이 쓰는 경제사업 예산이 있습니다. 바로 '건설' 부문입니다. 우리나라는 이른바 건설업의 비중이 OECD 평균에 비해 2배 이상 높고, 관련 예산도 2배 이상 많습니다. 그만큼 흔히 '건설마피아'나 '토건족'으로 불리는 건설업계를 중심으로 기득권 구조가 공고히 자리 잡고 있습니다. 이런 식으로 R&D와 건설 등 기업들에게 도움이 되는 경제사업에는 막대한 예산을 쓰면서, 서민을 위해 복지에 돈을 쓰자고 하면 정부는 돈이 없다거나 조금만 참자는 말을 합니다. 한국경제가 창조경제는 몰라도 '참죠경제'는 확실히 했다는 핀잔을 들을 만합니다.

또 우리나라는 철도 건설, 도로 건설, 지하철 건설과 같은 교통시설 사업에 막대한 예산을 투자하고 있습니다. 이를 교통시설 특별회계라고 하는데요. 교통시설 특별회계 수입의 80%는 유류세에서 나옵니다. 그런데 유류세를 거둬서 다른 나라들처럼 신재생에너지사업에 투자하거나, 환경을 보호하는 명목으로 사용한다면 얼마나 좋겠습니까? 또는 폭염에도 불구하고 에어컨 한번 마음 놓고 틀지 못하는 사람들이나 겨울에 난방비가 없어 추위에 시달리는 저소득층을 도와주면 얼마나 좋을까요? 다른 나라에서는 이런 식으로 복지사업을 많이 하고 있습니다.

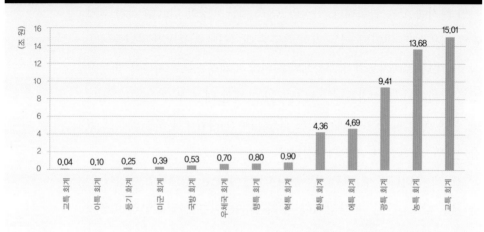

특별회계 현황(2012, 기업특별회계 제외)

16 (조 원)
14
12   15.01
10   13.68
8
6   9.41
4   4.36 4.69
2   0.04 0.10 0.25 0.39 0.53 0.70 0.80 0.90
0

교통 회계
우편 회계
등기 회계
금감 회계
국유 회계
아세안 회계
행복 회계
혁특 회계
환특 회계
에특 회계
광특 회계
농특 회계
교특 회계

* 2012년 예산안 자료를 바탕으로 선대인경제연구소 작성

그런데 우리나라는 교통시설 특별회계의 15조 원 정도 되는 총수입 중 유류세 12조 원을 대부분 토건사업에 쓰고 있습니다. 유류세 중 교통에너지환경세가 가장 큰 비중을 차지하고 있는데요. 환경세라는 명목으로 걷은 세금을 토건사업에 들여 자동차를 더 많이 달리게 하고, 결국은 환경을 더 오염시키고 있습니다.

이렇게 막대한 예산을 들여 토건사업을 계속하기 위해 정부 산하 연구기관이 잘못된 예측을 내놓는 경우도 종종 있습니다. 예를 들어 '경인 아라뱃길 사업'의 경우, KDI(한국개발연구원)는 이 사업이 완료될 때 컨테이너 물동량을 6만 2000TEU(Twenty-foot Equivalent unit, 20피트 길이의 컨테이너를 뜻하는 단위)로 예측했습니다. 즉, 아라뱃길이 완공되면 하루에 6만 2000개의 컨테이너를 서울로 실어 나를 수 있다고 예측한 것입니다. 실제로는

KDI 예측	수자원공사 발표	실제
62,000TEU	176TEU	3TEU

아라뱃길 김포 물동량
MBC「시사매거진 2580」

어떨까요? 한국수자원공사는 하루 물동량의 수치가 176TEU라고 발표했습니다. KDI의 예측치에 비해 정말 형편없지요. 그런데 MBC「시사매거진 2580」에서 실제 하루 물동량이 얼마나 되는지를 조사해본 적이 있습니다. 그랬더니 하루 물동량이 달랑 컨테이너 3개였습니다. 공항철도와 같은 민자유치 철도의 경우에도, 교통수요 예측이 실제의 7%밖에 되지 않아서 세금으로 민간투자 사업자의 손실을 메워주었습니다. 하지만 이 정도 예측도 아라뱃길 사업의 예측치에 비하면 아주 양호한 편입니다. 아라뱃길 사업의 예측치는 실제의 2만 분의 1도 안 되니까요. 이런데도 3조 원이 넘는 막대한 돈을 낭비한 일에 대해 책임지는 사람이 없습니다. 사실 이보다 더 어이없이 예산을 낭비한 사례가 바로 '4대강 사업'입니다. 22조 원을 들여 국토의 젖줄을 거대한 '녹조라떼'로 만들어버린 그 사업 말입니다.

녹색 물감을 풀어놓은 듯한 녹조현상으로 몸살을 앓고 있는 낙동강. 낙동강 녹조는 4대강 사업 이후 거의 해마다 반복되고 있으며, 취수장을 위협하는 사태에 이르렀다. ©연합뉴스

이렇게 국민들이 민간시장에서 비싼 분양가로 아파트를 분양받아주면 공공부문에서는 낭비성 건설사업들을 벌여 건설업체들의 배를 불려주고 있습니다. 그런데도 정작 OECD 국가들 가운데 최저 수준인 복지를 확충해 서민들의 삶을 윤택하게 해주자고 하면 쓸 돈이 없다고 말하는 것입니다. 65세 이상 노인 빈곤율이 OECD 국가들 가운데 가장 높은 이유도 바로 여기에서 기인한 결과입니다.

총 사업비 2315억 원을 들려 건립한 킨텍스 제1전시관의 연중 가동률은 53%에 불과하다. 그럼에도 불구하고 고양시에서는 제2킨텍스를 지어 2009년 당시 고양시 전체 예산의 31%에 해당하는 약 3600억 원을 투자했다.

사실 제 아내가 사회복지사였습니다. 제가 경기도 고양시에 있을 때 아내와 함께 저소득층이 사는 곳을 함께 돌아다녀보았습니다. 일산종합사회복지관에서 사무소 분소를 냈는데요. 컨테이너 박스를 사무실로 사용하면서 사회복지사 네 명이 여기에서 일을 했습니다. 그리고 고양시에서 복지 사각지대에 있는 사람들을 찾아내는 업무를 수행했습니다. 배정된 예산은 이들 네 명의 인건비를 포함해 고작 1억 원이었습니다. 반면, 고양시가 제1킨텍스도 충분히 가동하지 못하는 상태에서 제2킨텍스를 지을 때에는 국비와 경기도비의 지원을 받아 무려 3600억 원을 투자했습니다. 그렇게 비싼 돈을 들여가면서 지어놓고 제대로 활용조차 하지 못하고 있습니다.

겨울에 여기저기 돌아다니면서 저소득층과 취약계층 사람들이 사는 모습을 보면 정말 눈물이 납니다. 이런 사람들이 우리 눈에 잘 안 띄어서 그렇지, 혜택을 받지 못하고 어렵게 살아가는 사람들이 너무 많습니다. 그리고 이 사람들은 복지혜택을 제대로 받아본 적이 없기 때문에 어려운 사정을 무조건 자기 탓으로 돌리곤 합니다. 나라가 자신을 위해 최소한의 무언가를 해줘야 한다고 생각하지 않습니다. 그래서 드러나지 않게 숨어서 지냅니다.

자, 그럼 서민 복지를 위해 쓸 돈이 없다고 말하는 정부의 입장을 반박해봅시다. 대표적으로 공정과세와 재정지출 개혁, 그리고 사회적 합의를 통한 합리적 수준의 증세라는 3대 세금혁명의 과제만 잘 실행한다면 결코 서민을 위한 세금은 부족하지 않다고 생각합니다.

먼저 공정과세 문제를 생각해봅시다. 앞에서 언급했듯이 우리나라의 조세구조는 왜곡되어 있고, 걷어야 할 세금을 제대로 걷지 못하고 있습니다. 바꾸어 말하면 세금을 제대로 걷기만 해도 세수는 지금보다 훨씬 더 많이 확보할 수 있습니다. 대표적인 것들만 예로 들어볼까요? 앞서 설명한 주식양도차액에 대해서는 대주주를 제외하고는 과세하지 않고 있고, 부동산 임대소득은 명목상으로 과세한다고 하지만 실제로는 과세하는 비율이 20%에도 미치지 못하는 것으로 추정됩니다. 그나마 과세를 해도 실효세율이 평균 2.5% 수준에 그치고요. 부동산 양도소득세는 시행되고 있기는 한다지만, 1가구 1주택자들의 비과세혜택을 '탈세구멍'으로 활용하거나 다운계약서를 작성해 많은 사람들이 사실상 세금을 줄이고 탈세를 하고 있습니다. 재산세나 종합부동산세 등 부동산 보유세는 미국과 같은 선진국들에 비해 3분의 1도 채 되지 않습니다. 앞서 설명한 것처럼 소득세나 법인세에 누진 구조를 제대로 적용하기만 해도 확보할 수 있는 세수가 많습니다.

또 재벌 3, 4세의 승계과정에서 발생하는 증여나 상속재산에 대한 과세도 제대로 이루어져야 합니다. 예를 들어, 이재용 삼성전자 부회장의 경우 16억 원의 증여세만 내고 받은 64억 원을 종잣돈으로 삼아 각종 탈불법이나 그룹 차원의 일감 몰아주기 등의 편법을 통해 수조 원대로 자산을 불렸습니다. 만약 이 과정에서 정식으로 증여세나 주식양도 소득세 등을 물렸더라면 이 부회장은 최소 1조 원의 세금을 내야 했을 것입니다. 그만큼 우리 사회가 세수로 확보할 수 있는 돈을 정경유착과 잘못된 조세구조, 허술한 법망과 왜곡된 사법체계로 인해 놓치고 있습니다.

두 번째로 재정지출 개혁도 실행해야 합니다. 내가 낸 세금으로 쓸 데 없이 강바닥을 헤집고, 건설업체들끼리 담합하여 눈 먼 돈을 빼먹는 모습을 보면 누가 세금을 내고 싶겠습니까? 그래서 재정지출 개혁을 뜻하는 '전세'가 필요합니다. 여기에서 전세란 월세나 전세를 말할 때 그 전세가 아니라, 바꾼다는 의미의 '전(轉)'과 세금을 뜻하는 '세(稅)'를 합친 말입니다. 재정지출 구조를 개혁해 일반 중산층 서민들의 삶을 윤택하게 만드는 데에 세금을 써야 한다는 것이 여기에서 말하는 전세입니다. 서민들의 삶의 질을 끌어올리고, 어렵게 사는 사회경제적 약자들을 돕는 데에 우리의 공공자금인 세금이 제대로 쓰인다는 신뢰가 있어야 사람들이 세금을 더 흔쾌히 내려 할 것입니다.

제가 보기에는 공정과세와 재정지출 개혁만 제대로 되어도 당장은 증세의 필요성이 크게 줄어들 것입니다. 하지만 노인 빈곤율에서 알 수 있듯이 심각한 문제들을 해소하기 위해 세수가 부족하다면 그때 공정과세와 전세를 전제로 증세를 할 수 있다고 생각합니다. 다만, 공정과세와 전세를 제대로 하지 않은 상태에서 무작정 증세부터 하자고 하면 사람들이 쉽게 동의하지 않겠지요. 복지국가를 만들기 위해 보편적 증세를 해야 한다고 주장하는 분들이 종종 있습니다. 그런데 우리나라는 보편적 증세는 커녕 서민들에게만 편중된 증세를 하고 있는 실정입니다. 결국 이 나라

살림살이에 대한 서민들의 불신만 커져 조세저항이 더욱 거세질 수 있습니다. 저 역시 한국의 복지 수준이 획기적으로 높아져야 한다고 믿지만, 복지 수준을 높이기 위한 세수를 확보하는 일에도 순서가 있습니다.

결론을 말하자면 한국의 조세재정 구조는 너무나 문제가 많습니다. 바꾸어나가야 하지요. 전체적으로 너무 엉망이기 때문에 미세조정식의 땜질 처방으로는 한계가 있습니다. 조세재정 구조의 근본적인 틀을 시대에 걸맞게 바꿔야 합니다. 이런 개혁의 큰 틀을 가지고 국민들을 차분히 설득하고 체계적으로 실행해나간다면, 이 나라의 미래는 충분히 밝아질 수 있습니다. 공정과세와 전세, 사회적 합의에 따른 증세를 통해 세금을 제대로 걷어 제대로 쓴다면 1~2년은 몰라도 향후 10~20년 후에는 서민들이 훨씬 살기 좋은 나라가 될 것입니다. 심지어 경제성장률이 1~2%에 그쳐도 지금보다는 나아질 것입니다.

장기적 저성장 국면에 접어들었어도 이제 우리나라의 소득은 일정 수준 이상 올라왔습니다. 이렇게 확보된 과실이 국민의 삶을 편안하게 하는 데에 좀 더 제대로 쓰일 수 있도록 구조를 개편해야 합니다. 그 기본이 바로 '세금'입니다. 저성장 기조가 시간이 갈수록 더욱 심해질 텐데, 지금처럼 경제성장의 많은 과실이 대기업과 부유층에게만 집중되는 상태가 지속되면 서민들이 살기가 너무 힘들어집니다. 그래서 정치권이 정경유착 고리에 묶여 재벌 대기업이나 부유층을 위해 일해서는 안 됩니다. 우리의 조세현실을 제대로 파악하고, 올바른 변화와 개혁을 위해 힘써야 합니다. 이 나라의 살림살이를 근본적으로 바꾸는 개혁, 바로 세금혁명이 그래서 절실히 필요합니다.

조선일보, 2011-04-17

만일 삼성이 한국을 떠난다면

세금 4100억 원을 추징당한 '선박왕' 권혁 씨의 너무도 당당한 인터뷰를 보면서 문득 든 생각이다. 그는 160여 척의 배를 빌려줘 한국의 자동차 등을 해외로 실어 나르게 하는 사업을 하면서도 배나 회사의 적(籍)을 한국이 아니라 10여 개의 조세피난처와 홍콩에 뒀다. 세금을 피하기 위해서였다. 권혁 씨의 경우는 기업이 마음대로 국가를 선택할 수 있다는 글로벌시대의 현실을 새삼 일깨워줬다. 세계 일류 기업인 삼성도 얼마든지 권혁 씨의 길을 선택할 수 있다. 실제로 삼성전자 본사 이전 설(說)이 여러 차례 대두된 적이 있다. 2005년에 외국인 투자자가 삼성전자 본사의 해외 이전을 요구했다는 이야기가 나왔고, 삼성 비자금 특검이 있었던 2008년에도 해외 이전설이 나왔다. 핀란드의 대표기업 노키아도 마이크로소프트 출신의 새 대표이사가 취임한 뒤 본사의 미국 이전을 추진하고 있다는 외신 보도가 최근에 있었다. 삼성이 본사를 해외로 옮긴다면 그 파장은 선박왕 권혁 씨에 비교할 수 없을 것이다. 2009년 삼성그룹 계열사 71개의 총매출은 220조 원에 달해 우리 GDP의 5분의 1을 차지한다. 주식시장 시가총액은 전체의 23%이고, 수출에서 차지하는 비중은 24%에 이른다. 삼성 같은 한 나라의 대표기업이 국적을 통째로 옮기는 경우는 역사적으로 드물지만, 국가 안보 차원에서도 유념해야 할 문제임에는 틀림없다. 물론 탈세(脫稅)는 어떤 경우에도 막아야 한다. 그러나 그 못지않게 중요한 것은 기업하기 좋은 환경을 만들어 많은 기업을 한국에 유치하는 것이다. 그렇지 않으면 좋은 기업들은 죄다 해외로 빠져나가고, 한국은 빈껍데기가 될 것이다. 한국의 법인세 최고세율은 22%로 대만(20%), 싱가포르(17%), 홍콩(16.5%)에 비해 높다. 미국이나 일본보다는 낮지만 아시아의 주요 경쟁국들보다 높다는 게 문제다. 초(超)국적 시대의 국가 생존법은 세원(稅源)은 넓히되 세율(稅率)은 낮추는 것이다.

(…후략…)

2011년 조선일보에 실린 칼럼입니다. 내용을 보면 법인세 부담이 높아 삼성이 한국을 떠나면 어떻게 할 것이냐고 물으면서, 우리나라가 법인세 부담을 더 낮춰야 한다고 주장합니다. 그러고는 경쟁 대상국인 대만, 홍콩, 싱가포르에 비해 한국의 법인세율이 높다고 이야기합니다. 물론 실제로 대만, 홍콩, 싱가포르의 법인세율은 낮은 편입니다. 그런데 왜 콕 집어 이들 국가와 비교했을까요?

홍콩과 싱가포르는 인구가 400만~500만 명 수준인 도시국가여서 내수시장이 작습니다. 따라서 교역과 금융을 중개해서 돈을 벌어야 합니다. 이를 위해 전 세계의 자본을 유치해야 하는데, 그러려면 법인세율을 낮춰야 하지요. 이러한 경향이 워낙 강하다 보니까 홍콩과 싱가포르를 '조세피난처' 국가로 분류하기도 합니다. 조선일보의 보도대로라면 한국도 이들 국가처럼 조세피난처가 되어야 할까요? 이들 국가를 우리의 비교대상으로 삼는 건 공정하지 못합니다. 또 대만은 홍콩과 싱가포르만큼은 아니더라도 역시 내수가 큰 나라는 아닙니다. 무엇보다도 대만의 법인세율은 한국에 비해 그리 낮지 않습니다. 중요한 건 OECD 국가들 가운데 한국의 법인세율이 내수 규모에 대비해 낮은 편이라는 사실입니다.

엄연한 사실은 배제한 채 편향된 일부 사례를 근거로 자신들의 주장을 내세운 해당 기사는 왜곡된 보도의 전형입니다. 이 기사에 대해서는 제가 당시 한겨레신문에 「삼성이 한국을 떠날 수 있을까?」라는 제목으로 논박 칼럼을 쓴 적이 있으니, 참고하여 읽어보길 바랍니다.

헤럴드경제, 2016-10-18

세수 쌍곡선…
'법인세 줄고, 소득세 늘고'…
법인세 논란 가중

이명박 정부가 단행한 법인세 인하 이후 법인세와 소득세 세수가 '쌍곡선'을 그리고 있다. 법인세는 정체 또는 감소한 반면, 소득세는 지속적인 증가세를 보이면서 소득세 세수가 법인세를 웃도는 역전현상이 심화되고 있는 것이다. 이러한 법인세와 소득세의 역전현상은 법인세 증세 논란을 가중시키면서 이번 20대 국회의 최대 쟁점이 되고 있다. 야권에서는 법인세 세수 공백을 근로자를 포함한 국민들의 소득세로 메우고 있다면서 법인세를 인상해야 한다고 주장하는 반면, 정부와 여당은 경기가 침체한 데다 세계 주요국들이 감세에 나서는 상황에서 법인세를 올릴 경우 역효과가 더 클 것이라며 반대하고 있다.

(…중략…)

박근혜 정부 출범 직전인 2012년과 비교하면 지난해까지 3년 동안 법인세가 2.0%(9023억 원) 감소한 반면 소득세는 32.7%(14조 9547억 원) 늘었다. 국세에서 차지하는 비중도 같은 기간 법인세는 22.6%에서 20.7%로 1.9%포인트 낮아진 반면 소득세 비중은 22.5%에서 27.9%로 5.4%포인트 높아졌다. 법인세가 인하되고, 근로소득세 과세제도 개편과 담뱃세 인상 등이 반영된 것이다. 올해는 이 격차가 다소 좁혀졌지만 큰 추세에는 변함이 없다. 올 들어 8월까지 소득세가 46조 7000억 원 걷힌 반면 법인세는 이보다 7조 원 적은 39조 7000억 원이 걷혔다. 전체 국세에서 차지하는 비중도 소득세가 27.1%, 법인세가 23.0%를 보이고 있다.

(…후략…)

앞에서 살펴봤듯이, 법인세 세수는 줄어들고 소득세 세수는 점점 비중이 늘어나는 상황을 보여주는 기사입니다. 박근혜 정부 출범 직전인 2012년에 비해, 2015년까지 3년 동안 법인세 세수는 2.0%(9023억 원) 감소한 반면, 소득세는 32.7%(14조 9547억 원)가 늘었다는 내용입니다. 이 기간 동안 국세에서 차지하는 비중도 같은 기간 법인세는 줄고 소득세는 늘어났습니다. 물론 법인세 세수 자체가 줄어든 영향도 있지만, 근로소득세 세제개편과 담뱃값 인상 등의 영향으로 법인세 비중이 더 줄어든 것으로 나타납니다. 법인세 세수가 줄어든 부분을 근로소득세와 담뱃세 증세로 메운 것이지요.

또한 기업들은 경기 활성화를 위해 법인세를 깎아달라고 하는데, 법인세를 깎아준 대신 상대적으로 소득세, 담뱃세, 부가가치세 등의 부담이 올라간다면 어떨까요? 또 다른 경제주체인 가계의 세금 부담이 늘어 오히려 경기가 위축되는 효과가 발생할 것입니다. 이런 점들을 종합적으로 고려하지 않고, 법인세를 인하해주면 경기가 활성화될 거라는 주장은 '가계를 쥐어짜 기업들의 세금 부담을 줄여준다는 주장'이라고밖에 볼 수 없습니다.

기업들의 법인세 비중이 줄어든 현상이 법인소득이 줄어든 이유 때문이라면 이해할 수 있습니다. 하지만 기사에도 언급하듯이 여전히 국민총소득에서 차지하는 법인소득은 크게 늘었고, 가계소득은 줄었는데 세수 비중이 올라간다면 이는 잘못된 조세방향이 분명합니다.

인구

드디어 시작된 인구절벽의 공포

인구절벽은 집값에 어떤 영향을 줄까?

대한민국 저출산정책, 그 해결책은?

인구를 알면 미래의 투자처가 보인다

Demographics

나의 인구 호구 지수는?

☐ 생산가능인구의 개념을 알고 있다

☐ 고령화사회, 고령사회, 초고령사회의 차이를 알고 있다

☐ 노인부양비의 개념을 알고 있다

☐ 베이비부머와 에코부머의 의미와 연령 범위를 알고 있다

☐ 인구절벽이 소비절벽으로 이어질 수 있다는 사실을 알고 있다

☐ 대학의 통폐합과 구조조정이 인구감소 때문이라는 사실을 알고 있다

☐ 고령화가 내수위축 및 자산가치 하락 압력으로 작용한다는 사실을 알고 있다

☐ 인구구조가 미래를 예측하는 데 매우 중요한 지표라는 사실을 알고 있다

- -

√ 7~8개 : 경제 상식 척척박사
자만은 금물! 심화 스터디와 최신 신문기사를 통해 경제 시야를 넓혀보세요.

√ 4~6개 : 어설픈 중수
아는 것은 되짚고 모르는 개념은 확실히 잡아 호구에서 탈출하세요.

√ 0~3개 : 호구의 제왕
경제와는 궁합 제로! 이 책을 통해 경제 기초체력을 다져보세요.

✓ **생산가능인구의 개념을 알고 있다**

생산가능인구란 경제 활동이 가능한 15~64세 인구를 뜻합니다. 물론 생산가능인구라고 해서 모두 경제 활동에 참여하는 것은 아닙니다. 생산가능인구는 경제활동인구와 비경제활동인구로 나뉘는데, 비경제활동인구에는 주부와 학생, 그리고 실업 기간이 길어지면서 구직을 포기한 사람 등이 포함됩니다.

✓ **고령화사회, 고령사회, 초고령사회의 차이를 알고 있다**

현재 일본은 물론이고 한국과 중국, 미국 등 상당수 국가에서 고령화가 진행되고 있습니다. 고령화란 전체 인구 중 노인 인구의 비중이 점차 커지는 현상을 말하는데요. UN에서는 65세 이상 인구 비중에 따라 고령화의 단계를 구체적으로 나누어 제시했습니다. 먼저 전체 인구에서 65세 이상 인구가 차지하는 비중이 7%가 넘으면 '고령화사회(Aging Society)', 14%가 넘으면 '고령사회(Aged Society)'입니다. 그리고 20%가 넘으면 '초고령사회(Post-aged Society/Super Aged Society)'로 분류됩니다. 오랜 시간 고령화 문제를 겪어온 일본은 1970년에 고령화사회, 1994년에 고령사회가 된 이후 2006년 초고령사회에 진입했습니다.

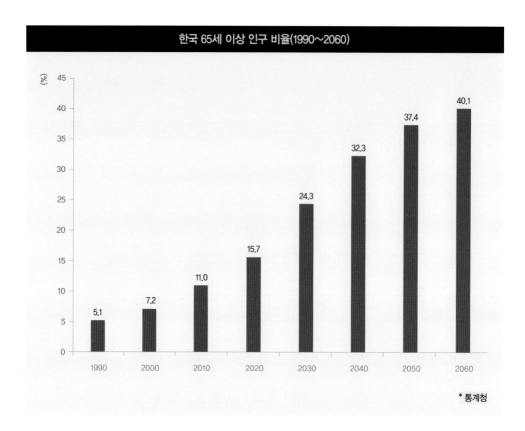

* 통계청

한국 65세 이상 인구 비율(1990~2060)

　　아직까지 한국은 고령화사회에 속합니다. 하지만 고령인구 비율의 상
승 속도가 전 세계에서 가장 빨라 향후 심각한 문제가 될 가능성이 높습
니다.

　　한국의 고령화 비율은 1990년 5.1%에서 2000년 7.2%로 고령화사회
에 진입했고, 2020년에는 15.7%, 2030년에는 24.3%에 이르러 2030년
이후에는 초고령사회에 진입할 것으로 전망됩니다. 참고로 통계청에서
발표한 고령자 통계자료에 따르면 2016년 고령화 비율은 13.2%입니다.

✓ 노인부양비의 개념을 알고 있다

노인부양비란 생산가능인구 대비 65세 이상 인구의 비율을 뜻합니다. 쉽게 말해 생산가능인구 100명이 부양해야 할 65세 이상 고령인구의 수를 의미합니다. 2015년을 기준으로 노인부양비가 가장 높은 나라는 43.6%를 기록한 일본입니다. 일본의 15~64세 인구 100명이 43.6명의 노인을 부양해야 한다는 뜻입니다. 한국은 어떨까요? 2016년을 기준으로 한국의 노인부양비는 18.5%입니다. 아직까지는 상대적으로 낮은 수준입니다. 하지만 고령인구 비율과 마찬가지로 노인부양비 역시 매우 빠

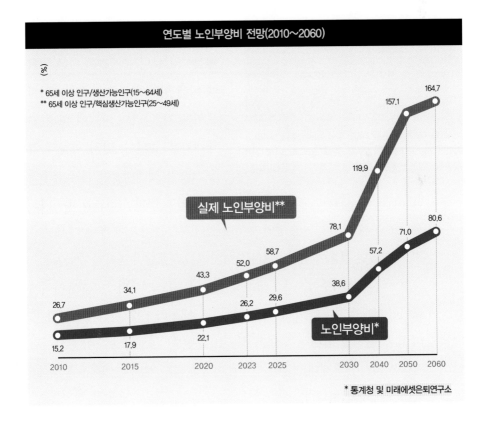

연도별 노인부양비 전망(2010~2060)

(%)

* 65세 이상 인구/생산가능인구(15~64세)
** 65세 이상 인구/핵심생산가능인구(25~49세)

실제 노인부양비**

노인부양비*

164.7
157.1
119.9
78.1
58.7
52.0
43.3
34.1
26.7

80.6
71.0
57.2
38.6
29.6
26.2
22.1
17.9
15.2

2010 2015 2020 2023 2025 2030 2040 2050 2060

* 통계청 및 미래에셋은퇴연구소

르게 증가할 것으로 전망됩니다. OECD 자료에 따르면 2060년 한국의 노인부양비는 80.6%로 카타르(85.8%), 오만(83.7%)에 이어 세계 3위입니다. 그리고 이는 같은 시기 일본의 73.3%보다도 높은 수치입니다.

✓ 베이비부머와 에코부머의 의미와 연령 범위를 알고 있다

일본의 단카이 세대는 2016년 기준 약 680만 명에 이른다. 한때 일본의 고도성장을 이끌었던 이들은 현재 대거 은퇴를 앞두고 있으며, 노후를 위해 지갑을 닫은 단카이 세대로 인해 일본 경제에 대한 우려가 제기되고 있다.

베이비부머란 전쟁 또는 심각한 불경기 이후 사회적·경제적으로 안정된 시기에 태어난 세대를 가리키는 용어입니다. 아무래도 안정적이다 보니 출생률이 다른 시기에 비해 현저하게 높습니다. 베이비부머는 각 나라의 사정에 따라 연령대가 다릅니다. 먼저 미국의 경우, 제2차 세계대전이 끝난 직후인 1946년부터 1965년 사이에 태어난 약 7600만 명의 사람들을 베이비붐 세대로 분류합니다. 전쟁 동안 떨어져 있던 부부들이 전쟁 후에 다시 만나고, 미뤄졌던 결혼이 한꺼번에 이루어지면서 출생률이 높아진 것이지요.

한국의 베이비부머는 6·25전쟁 이후인 1955년부터 1963년 사이에 태어난 세대입니다. 경우에 따라서는 1955년부터 1972년까지 범위를 좀 더 넓게 잡기도 합니다. 일본에서는 1947년부터 1949년 사이에 태어난 세대를 베이비붐 세대로 분류하는데, 이들을 다른 말로 '단카이(團塊, 덩어리) 세대'*라고 지칭합니다.

한편 '에코부머'의 에코(Echo)는 메아리라는 뜻입니다. 즉, 베이비부머의 자녀 세대를 가리킵니다. 베이비부머가 많이 태어났으니 이들이 낳은 자녀의 수도 많았습니다. 베이비부머가 비교적 안정적인 시기에 부를 축적한 만큼 에코부머는 이 같은 물질적인 풍요를 바탕으로 적극적인 소비성향을 보입니다. 베이비부머에 비해 자기 정체성이 강한 것도 특징입니다.

> * 단카이 세대
> 제2차 세계대전 패전 직후인 1947~1949년 사이에 태어난 일본의 베이비붐 세대. 1967년 경제평론가 사카이야 다이치가 『단카이의 세대』라는 소설에서 처음 사용한 용어로, '단카이'라는 명칭은 이들 세대가 대량생산형 조직사회에 순응적이면서, 동세대끼리 흙덩이처럼 잘 뭉치는 성향 때문에 붙어진 말이다.

✓ 인구절벽이 소비절벽으로 이어질 수 있다는 사실을 알고 있다

인구절벽이란 생산가능인구가 확 줄어드는 시기를 뜻합니다. 미국의 경제학자 해리 덴트(Harry Dent)가 저서 『The Demographic Cliff』에서 제시한 개념입니다. 한국에서는 『2018 인구절벽이 온다』라는 제목으로 출간되었습니다. 인구절벽 현상이 발생하면 자연히 소비절벽도 함께 옵니다. 돈을 버는 생산가능인구가 급감하면 소비도 덩달아 줄어들기 때문입니다.

실제로 우리나라에서도 최근 몇 년간 소비가 계속 위축되고 있고, 특히 전 연령대에 걸쳐 소비성향이 낮아지고 있는 것도 이런 소비절벽 현상과 무관하지 않습니다. 소비절벽이 본격화되지 않은 시기에 이런 상황이 벌어지고 있는 것입니다.

√ 대학의 통폐합과 구조조정이
인구감소 때문이라는 사실을 알고 있다

　　대학의 통폐합과 구조조정은 인구감소라는 현상이 우리 사회에 어떤 영향을 미치는지 단적으로 보여주는 사례입니다. 제가 얼마 전 대구 소재 대학교에 계신 한 교수님을 만난 적이 있는데요. 그 교수님께서 지방 대학교들이 향후 3년 안에 대학을 계속 운영해야 할지 말지를 결정해야 할 시점이 올 거라는 이야기를 해주셨습니다.

　　실제로 학생은 점점 줄고 있는 데 반해 2016년 학교의 수는 늘어났습니다. 특히 앞으로 학생 수의 감소폭이 더욱 커져 대학들은 신입생 모집에 비상이 걸릴 것으로 전망됩니다. 교육부는 소규모 학교 통폐합에 대한 권고기준을 마련하고 다양한 인센티브를 주는 등의 구조조정을 추진하고 있지만, 사실 교육부 관료들에게 대학은 밥그릇이나 다름없기 때문에 그다지 적극적인 모습을 보이고 있지는 않습니다.

√ 고령화가 내수위축 및 자산가치 하락 압력으로
작용한다는 사실을 알고 있다

　　앞에서 설명했듯이 고령인구가 늘어나면 우리 사회에 다양한 변화가 발생합니다. 일단 소비절벽이 일어나 내수위축이 심화됩니다. 더불어 고령화는 부동산시장에도 큰 영향을 미칩니다. 나이가 들면 소득이 줄어드는 만큼 주택을 활발히 구매하기보다는, 기존에 갖고 있던 비교적 큰 평형의 집을 매도하려고 합니다. 일부 부동산 전문가들은 고령인구가 집을 사는 주체라고 주장하지만, 이 같은 주장은 실제 현실과는 거리가 멉니다.

저희 연구소가 고령화에 따른 전국의 주택구매력지수를 추정해보니, 이미 2000년부터 줄기 시작해 2010년대에는 더욱 가파르게 내려가고 있습니다. 2000년에 5억 원짜리 집을 100가구가 살 수 있었다고 가정할 때 2030년에는 24.4가구로 뚝 떨어집니다. 특히 고령화가 진행돼 노후세대가 증가하면 매물까지 늘어나면서 주택시장에 큰 충격을 줄 수 있습니다.

✓ 인구구조가 미래를 예측하는 데 매우 중요한 지표라는 사실을 알고 있다

20세기의 가장 영향력 있는 경영학자 피터 드러커(Peter Drucker)는 이런 말을 남겼습니다. "인구구조는 인구의 변화와 크기, 연령구조, 고용, 교육상태, 그리고 소득추이를 가장 명확하게 정의하고, 가장 예측 가능한 결과를 수반한다(Demographics-defined as changes in population, its size, age structure, composition, employment, educational status, and income-are the clearest. They are unambiguous. They have the most predictable consequences)." 실제로 피터 드러커는 미래를 예측하기 위해 단 하나의 지표만을 봐야 한다면 기꺼이 인구지표를 볼 것이라고 말하기도 했습니다. 이러한 피터 드러커의 말은 인구가 가진 힘과 예측 가능성이 매우 크고 뚜렷하다는 것을 의미합니다.

미국의 경영학자 피터 드러커는 21세기에 세계 각국이 직면한 문제 중 가장 심각한 것은 고령화에 따른 경제 활동 참여 인구의 감소와 이로 인한 성장 활력 저하라고 말했다.

드디어 시작된
인구절벽의 공포

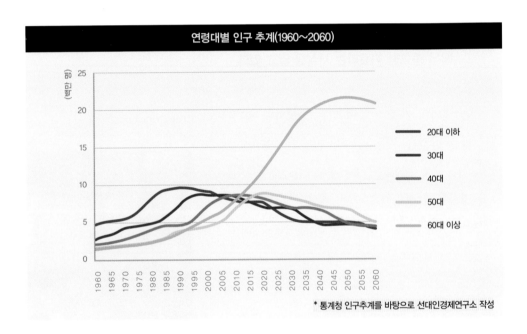

연령대별 인구 추계(1960~2060)

범례
20대 이하
30대
40대
50대
60대 이상

* 통계청 인구추계를 바탕으로 선대인경제연구소 작성

　　　1960년부터 2060년까지 연령별로 한국의 인구구조가 어떻게 변해왔고 또 어떻게 변화할지를 살펴보겠습니다. 과거에는 대체로 인구가 늘어나는 모습을 보이는 반면, 2016년 이후로는 점차 줄어들고 있습니다. 딱 한 세대만 빼고요. 바로 60대 이상 인구입니다. 그래프에서 보이듯

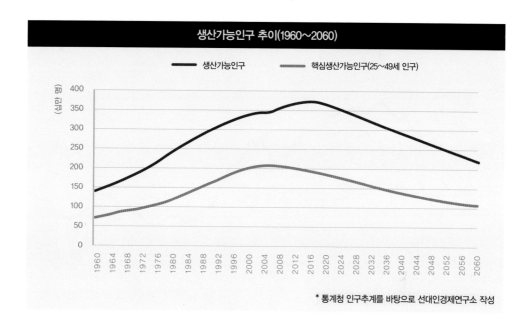

생산가능인구 추이(1960~2060)

━━━ 생산가능인구　　　▬▬▬ 핵심생산가능인구(25~49세 인구)

(단위: 만 명)

* 통계청 인구추계를 바탕으로 선대인경제연구소 작성

이 60대 이상 고령인구만 아주 가파르게 증가하고 있습니다.

같은 기간 생산가능인구 추이를 봐도 역시 비슷한 흐름을 보입니다. 2016년에 생산가능인구는 3701만 8000명으로 정점을 찍고, 2017년부터 감소하기 시작합니다. 또 생산가능인구 중에 가장 활발하게 경제 활동을 하는 25~49세 인구는 이미 2008년에 2075만 4000명으로 정점을 찍은 뒤 계속 줄어들고 있습니다. 물론 아직까지 일반인들이 체감할 수 있는 수준의 큰 변화는 나타나지 않았습니다. 가장 활발히 생산하고 소비하는 생산가능인구는 계속 늘어났기 때문입니다.

생산가능인구가 점점 줄어드는 현상은 그 증감 추이를 살펴보면 더욱 명확하게 드러납니다. 앞에서 언급했듯이 지금까지는 수치가 오르고 내리기는 했어도 대체적으로 생산가능인구가 계속 증가해왔습니다. 불과 5~6년 전만 해도 매해 20~30만 명 정도 늘어났으니까요. 하지만 2017

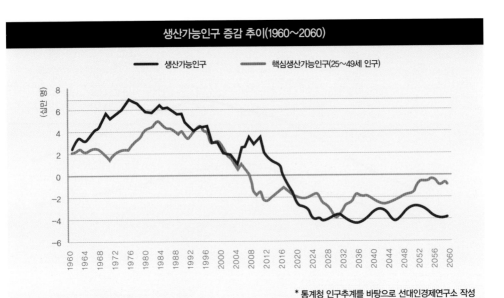

생산가능인구 증감 추이(1960~2060)

——— 생산가능인구　　　■■■■■■■ 핵심생산가능인구(25~49세 인구)

(단위: 만 명)

* 통계청 인구추계를 바탕으로 선대인경제연구소 작성

년부터는 상당히 가파른 속도로 줄어들 것입니다. 이와 같은 현상을 바로 '인구절벽'이라고 합니다. 2024년이 되면 한 해에 줄어드는 생산가능인구가 40만 명이나 됩니다. 40만 명이라고 하면 체감하기 어려우니 주택 수요로 환산해보겠습니다. 수도권의 가구당 평균 가구원 수는 대략 2.7명입니다. 이렇게 따졌을 때 한 해에 40만 명이 줄어든다는 것은 주택 15만 호가 사라진다는 것을 의미합니다. 즉, 과거와 달리 앞으로는 가만히 있어도 15만 호 정도의 주택 수요가 줄어들 것입니다. 한 해에 생산가능인구는 60만 명이 늘어나고, 주택 수요는 약 20~30만 호씩 증가하던 1970~1980년대와는 무척 대조적인 모습입니다. 이처럼 생산가능인구가 줄어드는 여파는 2017년부터 시작해 향후 5~10년 사이에 매우 뚜렷하게 나타날 전망입니다.

반면, 같은 시기에 고령인구는 가파르게 늘어납니다. 2020년대 중반이 되면 65세 이상 고령인구가 한 해에 50만 명 가량 늘어납니다. 생산가능인구는 40만 명이 줄어들지요. 예전에는 고령인구가 조금 많아져도 그만큼 생산가능인구가 늘어났기 때문에 큰 문제가 되지 않았습니다. 2000년대 초만 해도 생산가능인구 10명이 고령인구 1명을 부양할 수 있었습니다. 그러나 앞으로 몇 년 후에는 5명이 고령인구 1명을 부양해야 할 것입니다. 심지어 2060년이 되면 생산가능인구 1.2명이 고령인구 1명을 먹여 살려야 합니다.

미국의 경제예측 전문가 해리 덴트. 그는 한국에서 열린 2015년 세계지식포럼에서 "선진국들이 인구절벽에 도달하면서 결국 GDP 성장률 0%를 기록했는데, 그다음이 한국의 차례다. 강력한 출산장려와 함께 노인근로를 늘려 소비를 확대해야만 닥쳐올 위기를 극복할 수 있다"고 조언했다.

인구절벽은
집값에 어떤 영향을 줄까?

인구구조의 변화를 주택시장에 적용하여 좀 더 자세히 설명해보겠습니다. 앞에서 말씀드린 대로 고령인구는 집을 구매하기보다는 매도하려는 성향이 강합니다. 이를 달리 말하면 고령인구는 주택 수요자가 아닌 주택 공급자라는 뜻입니다. 지금까지는 주택을 공급하는 주체가 주로 건설업체들이었다면, 앞으로는 집을 새로 짓지 않아도 고령인구가 주택을 공급하게 될 것입니다. 예를 들어 고령인구가 한 해에 50만 명씩 증가하면 약 16만 호의 주택이 시장에 공급됩니다. 물론 고령인구가 모두 집을 내놓지는 않겠지요? 따라서 3분의 1 정도만 집을 내놓는다고 가정해보면, 그래도 대략 5만 호가 1년 동안 공급되는 효과가 발생합니다.

이는 과거 우리나라의 주택시장 흐름과는 매우 다른 양상입니다. 앞서 살펴보았듯이 생산가능인구가 줄어들면서 주택 수요가 15만 호 가량 줄어드는데(2024년 기준), 동시에 고령인구가 증가하면서 5만 호의 주택이 공급되니 저절로 20만 호 정도의 주택이 공급되는 셈이지요. 이 주택들을 누군가가 사주지 않는다면 당연히 빈집이 될 것입니다.

이러한 모습을 가장 잘 보여준 사례가 바로 옆 나라 일본입니다. 일본

일본의 부동산시장은 지난 1991년 정점 이후 25년 정도 하락을 지속하고 있다. 주거용 토지는 지난 2013년에 1991년(최고점) 대비 49.1%였고, 하락폭이 더 컸던 상업용 토지는 22.8%에 불과했다. 같은 기간 도쿄의 평균 주택가격은 27.5%나 떨어졌다.

은 1991년에 주택시장이 붕괴되었고, 1997년부터 장기침체에 빠졌습니다. 그리고 이 같은 침체를 초래한 가장 큰 요인 중 하나가 바로 인구구조의 변화였습니다. 일본은 1996년에 생산가능인구가 정점을 찍었습니다.

물론 1997년 동아시아 외환위기도 장기침체를 유발한 원인 중 하나입니다. 그러나 생산가능인구가 증가하는 시기라면 충분히 극복할 수 있는 경제적 충격을 생산가능인구가 감소하는 시기에는 쉽게 벗어나지 못한다는 점에 주목할 필요가 있습니다. 기본적으로 수요가 계속 줄어들기 때문입니다. 인구구조가 갖는 영향력은 이렇게 막대합니다.

인구구조의 변화에 대해 우리나라는 대수롭지 않게 생각하는 경향이 있습니다. 정부조차도 여전히 경기침체가 뚜렷하지 않다거나 주택시장이 장기침체에 빠지지 않았다는 보도자료를 냅니다. 하지만 우리는 일본의 지난 20년을 참고해 보다 구체적이고 실질적인 대책을 마련해야 합니다. 사실 우리나라의 인구구조 변화는 일본보다 더 빠른 속도로 일어날 것입니다. 2040년 OECD 국가들의 고령인구 비중을 살펴보면 여전히 일본이 1위, 한국이 2위를 차지할 것으로 전망됩니다. 그런데 문제는 증가폭입니다. 2010~2040년까지 고령인구의 증가폭은 한국이 일본은 물론 다른 나라들을 압도할 만큼 큽니다. 즉, 다른 나라들은 인구구조의 변화에 따른 충격을 어느 정도 흡수할 수 있는 시간적 여력을 갖는 데 반해 한국은 그렇지 못합니다.

어떤 학자는 인구 변화에 따른 주택시장 전망에 대해 이런 궤변도 늘어놓았습니다. 부동산 전문가라고 불리는 한 대학교수는 「신규주택 수요, 지속적으로 발생할 것」이라는 기사에서 '1인 가구가 계속 증가하니 신규주택 수요도 지속적으로 발생한다'고 주장했습니다. 그리고 이러한 주장의 근거로 인구가 줄어도 가구 수가 늘어날 것이라는 말을 했습니다.

물론 1인 가구는 앞으로도 계속 증가할 것입니다. 실제로 우리나라의 가구원 수별 가구 수를 보면, 1~2인 가구가 가파르게 늘어나고 있고 3인 가구도 완만하게 늘어나는 반면, 4~5인 이상 가구는 빠르게 줄어들고 있습니다. 그런데 이 교수의 발언에는 한 가지 맹점이 있습니다. 바로 1~2인 가구의 소득이 매우 낮다는 점입니다. 이들은 대부분 88만 원 세대*나 독거노인입니다. 하숙집, 쪽방, 심지어 컨테이너에 사는 사람들까지 모두 포함됩니다. 이런 사람들이 수도권에서 최소 3~4억 원을 호가하는 집을 살 수 있을까요? 정말로 이들로 인해 주택 수요가 늘어날까요? 말이 안 되는 이야기입니다.

수요와 관련한 영단어 중에 'Want'와 'Demand'가 있습니다. 얼핏 비슷해 보이는 이 두 단어 사이에는 상당한 차이가 있습니다. 먼저 Want는 우리말로 '원하다'라는 뜻입니다. 그런데 Want는 내가 단순히 원하는 것일 뿐이지, 그것을 실제로 살 수 있는 여력이 있다는 것까지 전제하지 않습니다. 반면 Demand는 구입할 의사뿐만 아니라 실제로 구입할 수 있는 구매력까지 갖춘 상태를 의미합니다. 모든 사람들이 벤

츠를 타고 싶다고 해서 전부 벤츠의 수요자가 되는 것은 아니라는 이치입니다. 이렇게 볼 때 1인 가구의 증가로 인해 신규주택 수요도 지속적으로 발생할 것이라는 논리에는 커다란 허점이 있습니다.

점점 인구가 줄고 주택 수요가 줄어드는 가운데, 최근 집값이 크게 상

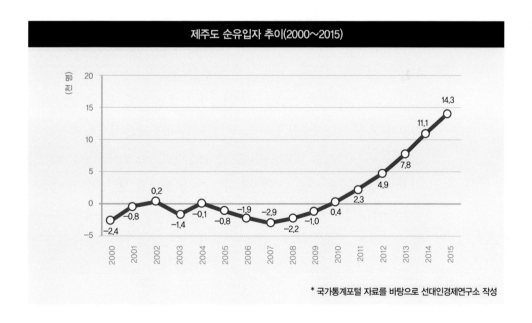

제주도 순유입자 추이(2000~2015)

* 국가통계포털 자료를 바탕으로 선대인경제연구소 작성

승한 지역이 있습니다. 어디일까요? 바로 제주도입니다. 물론 제주도에 중국인들이 많이 유입된 영향도 배제할 수는 없습니다만, 제주도의 집값이 상승한 가장 큰 이유는 제주도에 '인구'가 늘어났기 때문입니다.

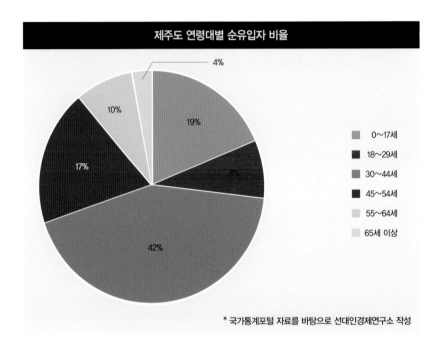

제주도 연령대별 순유입자 비율

- 0~17세
- 18~29세
- 30~44세
- 45~54세
- 55~64세
- 65세 이상

4%
19%
10%
8%
17%
42%

* 국가통계포털 자료를 바탕으로 선대인경제연구소 작성

　제주도에 순유입된 인구를 연령대별로 살펴보면 30~44세, 45~54세까지 한창 일할 나이대의 인구가 제주도로 많이 건너간 사실을 확인할 수 있습니다. 0~17세는 그들의 자녀들이지요. 반면 55~64세, 65세 이상 인구의 유입 비율은 그리 많지 않습니다. 가장 활발히 생산하고 소비하는 사람들이 유입되니까 집도 필요하고, 덩달아 집값도 오르는 것입니다. 물론 이러한 인구 유입 현상과 함께 투기바람이 일어나기도 했습니다.

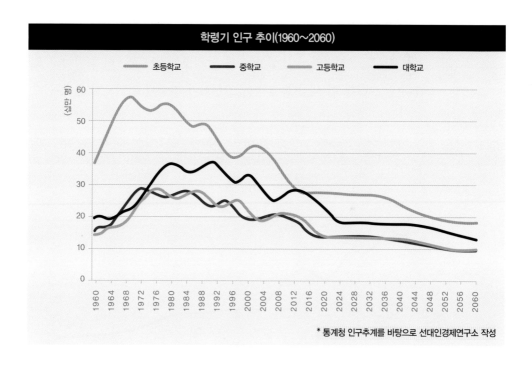

심화 스터디 3.

대한민국 저출산정책,
그 해결책은?

학령기 인구 추이(1960~2060)

―― 초등학교   ―― 중학교   ―― 고등학교   ―― 대학교

(단위: 만 명)

* 통계청 인구추계를 바탕으로 선대인경제연구소 작성

    저출산 문제를 말씀드리기에 앞서 우리나라의 학령기 인구 추이를
살펴보겠습니다. 베이비붐 세대가 태어난 1960년대에는 초등학생 인구
가 약 550만 명까지 늘기도 했습니다. 그런데 현재는 약 270만 명으로

절반 가까이 줄어들었습니다. 중학생과 고등학생 인구도 같은 궤적을 그리고 있습니다. 초등학교 6년, 중학교 3년, 고등학교 3년의 간격을 두고 그래프가 파도처럼 밀려서 움직입니다.

이 같은 흐름의 기저에는 역시 신생아 수의 급감이 자리하고 있습니다. 1960년대만 해도 0~4세 인구가 400~500만 명 수준이었으나, 2000년 대 이후로는 200만 명이 조금 넘는 수준으로 반 토막 났습니다. 그리고 앞으로는 더욱 가파르게 줄어들어 2040년 후에는 150만 명 수준이 될 전망입니다.

실제로도 우리나라의 출생아 수와 합계출산율은 꾸준히 하락하고 있습니다. 그런데 이 와중에 정부는 고령화가 진행되고 있으니 출생아 수

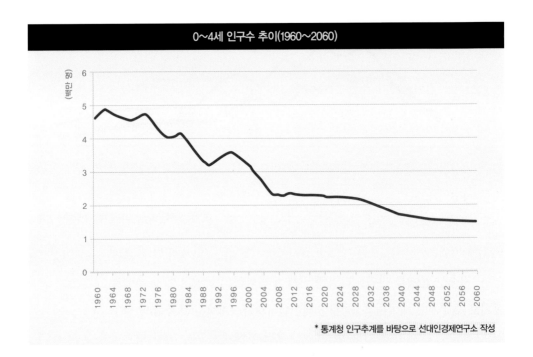

0~4세 인구수 추이(1960~2060)

* 통계청 인구추계를 바탕으로 선대인경제연구소 작성

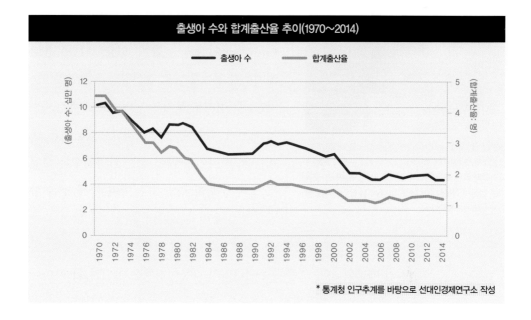

를 늘려서 만회하겠다고 말합니다. 지금 태어난 아이들이 생산가능인구
로 진입하는 데에 몇 년이 걸릴까요? 한국에서 제대로 일자리를 잡으려
면 최소한 25세는 되어야 합니다. 군대에 가지 않는 여성이 대학을 졸업
해 바로 일자리를 잡는다고 해도 이 정도의 기간이 걸립니다.

　더 심각한 문제는 정부의 출산장려정책이 전혀 효과를 보지 못하고 있
다는 사실입니다. 사람들이 출산을 하지 않는 데에는 근본적인 이유들이
있습니다. 주택비에 대한 과도한 부담 때문에 결혼하기가 힘들고, 치솟
는 양육비와 교육비 때문에 아이를 낳아 양육하기도 힘이 듭니다. 가정이
나 직장에서의 가부장적인 문화 때문에 여성이 아이를 키우기도 너무 어
렵습니다. 이러한 시장구조나 사회적·경제적인 문화를 바꾸지 않고서는
그 어떤 출산장려정책도 효과를 거둘 수 없습니다.

정부는 출산율을 높이기 위해 다양한 대책을 내놓았지만 출산율은 오히려 더 떨어지고 있다. 사회구조의 변화는 고려하지 않은 채 저출산의 원인을 만혼, 비혼에만 맞췄다는 점에서 정부정책에 대해 시대착오적 판단이라는 평가가 이어지고 있다.

허술한 지원정책도 문제입니다. 대표적인 예로 '다둥이정책'을 들 수 있습니다. 한 유명 여배우가 둘째를 낳고 출산장려금을 받았다는 말을 해 '정책도 부익부 빈익빈으로 적용되는 게 아닌가' 하는 논란을 불러일으켰는데요. 통계를 보면 아이를 많이 낳는 가정일수록 대체로 소득 수준이 높습니다. 아이를 세 명 이상 낳으면 양육비와 교육비가 상당히 많이 드는데, 이를 어느 정도 감당할 수 있는 고소득층이 상대적으로 아이를 더 많이 낳기 때문입니다. 그런데 우리나라의 다둥이정책은 어떤가요? 아이를 세 명 이상 낳는 가정에게 보조금을 줍니다. 결국 저소득층보다는 돈이 많은 사람들에게 혜택이 돌아가는 구조이지요.

현재 저출산 문제의 핵심은 아이를 한 명 낳은 부모가 추가로 한 명을 더 낳을지 고민하고 있다는 점입니다. 즉, 마음 놓고 아이를 한 명 더 낳을 수 있도록 하는 것이 저출산 대책의 초점이 되어야 하며, 그런 사회적 · 경제적인 문화를 만드는 데에 정부가 앞장서야 합니다. 그런데도 정부는 정책을 시행하며 생색은 내야 하니까 '다둥이정책'과 같은 실효성도 없고, 고소득자에게 혜택이 더 가는 소득역진적 지원책을 계속 주장하고 있습니다.

저출산 문제를 조금 더 입체적으로 보기 위해 30대 전반 여성의 비중과 합계출산율을 비교해볼 필요가 있습니다. 2000년대 초반부터 2007년까지를 제외하면 30대 전반 여성의 비중과 합계출산률 추이가 거의 비슷한 흐름을 보입니다. 30대 전반 여성들이 가장 활발하게 출산을 하기 때

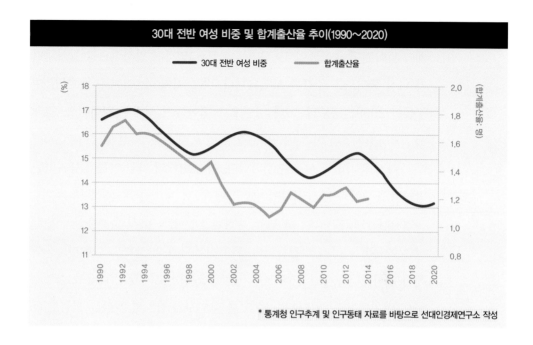

30대 전반 여성 비중 및 합계출산율 추이(1990~2020)

— 30대 전반 여성 비중   ⸱⸱⸱⸱⸱⸱⸱⸱ 합계출산율

* 통계청 인구추계 및 인구동태 자료를 바탕으로 선대인경제연구소 작성

문입니다. 참고로 2000년대 초반은 외환위기 이후 고용 불안과 집값 폭
등으로 인해 저출산이 심해졌고, 2007년에는 황금돼지해 열풍에 따라 일
시적으로 증가한 모습을 보였습니다.

그런데 이러한 출산율 흐름과 관련해 매우 황당한 기사가 있었습니다.
2013년 1월에 나온 「작년 출산율 1.3명으로 증가… 11년 만에 초저출산
국 벗어날 듯」이라는 제목의 기사입니다. 내용을 보면 "2005년 저출산·
고령사회기본법 제정 이후 결혼과 출산 및 육아에 드는 비용을 줄이려는
노력의 성과가 나타나고 있다"는 정부관계자의 진단이 나옵니다. 그러니
까 정부가 막대한 돈을 퍼부은 결과 정책이 효과를 봤다는 말입니다.

당시 저는 다른 신문의 시론에서 출산율이 증가한 진짜 이유는 '가임
여성의 수가 일시적으로 증가했기 때문'이라고 지적했습니다. 구체적으

로 통계청 자료를 보면 베이비붐 세대의 출산이 마무리된 1972년 이후, 계속 낮아지던 출산률이 1978년부터 1982년까지 일시적으로 늘어나다가 다시 줄어드는 추세를 보였습니다. 바로 이때(1978~1982년) 태어난 여성들이 2009년경부터 30대 전반으로 접어들기 시작한 것이지요. 그래서 2000년대 초반 이후 내리막길을 걷던 30대 전반 여성 인구가 2009년부터 다시 증가하기 시작한 것입니다. 이 연령대의 가임 여성이 증가하면 당연히 출생아 수는 늘어나기 마련입니다.

역시나 1년 후「작년 한 달간 출산율 1.19명… 다시 초저출산국으로」라는 제목의 기사가 나왔습니다. 1년 전에 정부의 노력으로 초저출산국에서 벗어났다가, 1년 만에 정부가 입장을 뒤집고 변명한 내용을 실었더군요. 여기에는 "29~33세의 주요 출산 인구가 감소했고"라는 표현도 등장합니다. 1년 전 출산율이 늘었을 때는 출산 인구가 증가했다는 말은 전혀 언급하지 않은 채 정부정책의 효과 때문이라고 칭찬만 늘어놓다가, 정작 출산율이 줄어드니 출산 인구가 감소했고 초혼연령이 늦어졌기 때문이라고 변명을 했습니다. 이처럼 정부와 언론이 많은 사람들을 속이고 있습니다.

무엇보다도 지금처럼 우리가 '저출산'과 '고령화'라는 엄청난 문제의 심각성과 근본적인 원인을 외면한다면, 그에 따른 부작용은 더 커질 것입니다. 우리나라는 2020년 후반이 되면 결혼 적령기 남녀 인구수가 매우 가파르게 줄어들 전망입니다. 당연히 출산율도 더 떨어지겠지요. 이렇게 본다면 현재 정부의 대응은 너무나 안일하다고밖에 설명이 안 됩니다. 정부가 나서서 남녀를 빨리 결혼시켜야 한다는 말만 할뿐, 정작 집값·전셋값의 상승과 일자리 부족 등 결혼의 여건이 악화되고 있는 현실을 개선할 의지는 부족해 보이기 때문입니다.

◆◆◆◆
심화 스터디 4.

인구를 알면
미래의 투자처가 보인다

한편으로 인구구조의 변화는 새로운 산업과 기업들이 출현하고 성장하는 기회를 제공합니다. 우리나라에서 고령화가 진행되면 치아가 튼튼한 사람이 늘어날까요, 부실한 사람이 늘어날까요? 당연히 고령인구가 많아지니 치아가 약한 사람이 늘어나겠지요. 그래서 주가가 상승한 종목이 바로 '오스템임플란트'입니다. 이러한 사례에서 알 수 있듯이, 인구구조의 변화만 보더라도 투자할 수 있는 주식 종목이 최소한 몇십 개나 됩니다. 크게 보면 이러한 인구구조의 변화가 곧 메가트렌드이기 때문입니다. 물론 저출산과 고령화, 1인 가구의 증가라는 흐름 자체가 우리 사회와 경제에 큰 부담으로 작용하고 있지만, 동시에 새로운 기회를 만들어내고 있는 것도 사실입니다.

'3분 카레'와 같은 간편식을 주로 내놓는 '오뚜기'의 실적도 꾸준히 좋아지고 있습니다. 1인 가구가 늘어나면서 혼자서도 쉽고 간편하게 섭취할 수 있는 식품들이 각광을 받기 때문입니다. 혼자 외식하는 사람은 많지 않지요? 혼자 살면 근처 편의점에서 이런 즉석식품을 많이 구입합니다. 오뚜기와 같이 1~2인 가구가 증가하는 추세에 맞춰 그들을 타깃으로 한 제품을 내놓는 기업들은 실적이 계속 좋아질 거라 예측됩니다.

오스템임플란트

주가

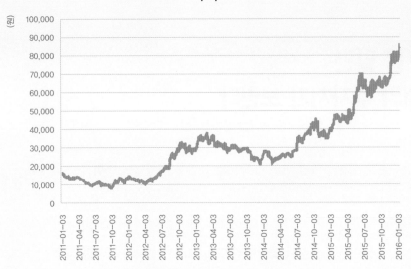

매출

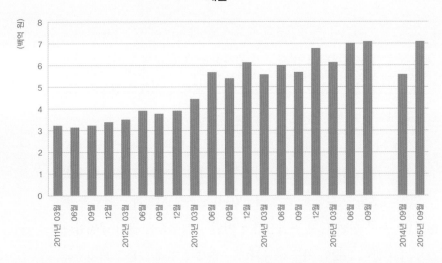

* 오스템임플란트 사업보고서를 바탕으로 선대인경제연구소 작성

오뚜기

주가

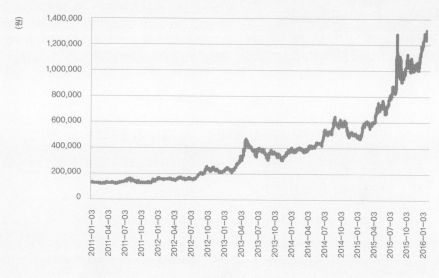

매출

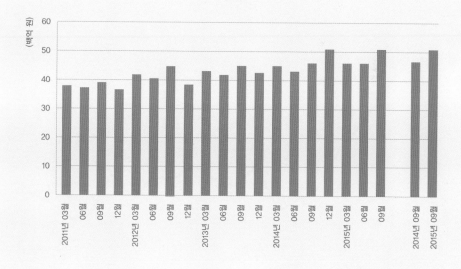

* 오뚜기 사업보고서를 바탕으로 선대인경제연구소 작성

1인 가구의 증가로 인해 식품산업에서는 편의성을 추구하려는 성향이 점점 커지고 있다. 2015년 냉동조리식품과 레토르트식품의 출하량이 2000년 대비 각각 2.3배, 4.6배 증가한 것으로 나타났다. 반면, 전통 장류와 분유의 성장세는 주춤하고 있다.

자연히 편의점 매출도 올라 주가가 많이 뛰었습니다. 최근에는 조정을 조금 받았지요. 그러나 길게 봤을 때 이러한 회사들의 주가는 계속 오를 가능성이 무척 큽니다.

또 고령화가 진행되어 소비절벽이 오면 대부분의 품목에서 소비가 줄

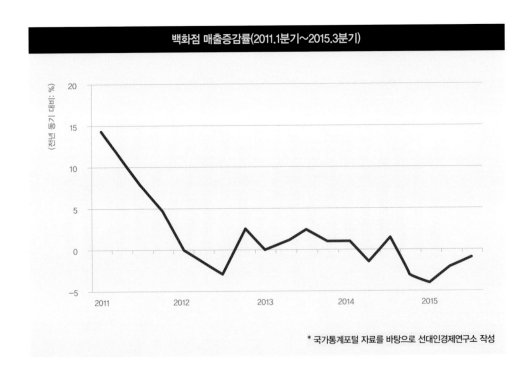

백화점 매출증감률(2011.1분기~2015.3분기)

(전년 동기 대비: %)

* 국가통계포털 자료를 바탕으로 선대인경제연구소 작성

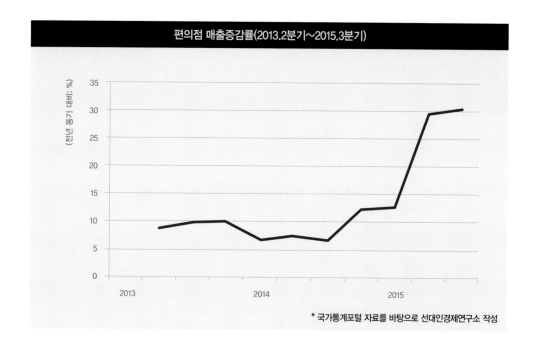

편의점 매출증감률(2013.2분기~2015.3분기)

(전년 동기 대비: %)

* 국가통계포털 자료를 바탕으로 선대인경제연구소 작성

어들 것입니다. 예를 들어 교육 연령대 아이들의 수가 줄어들면 사교육시장이 어떻게 될까요? 당연히 줄어듭니다. 최근 몇 년간 사교육업체들의 주가를 한번 보길 바랍니다. 보통 주가는 예측하기 힘든 방향으로 움직인다고 생각하시는데요. 물론 단기적인 주가가 어떻게 오르내릴지는 예측하기 어렵습니다만, 사회적인 메가트렌드를 고려하면 몇 년 후 어떤 기업이 좋은 실적을 낼지 대략적으로 가늠할 수 있습니다.

지금껏 살펴봤듯이 인구구조의 변화는 미래 산업과 기업의 운명을 좌우하고, 가계의 경제 상황에도 매우 큰 영향을 미칩니다. 인구구조라는 메가트렌드를 잘 읽고 그 흐름 속에서 지속적으로 성장하는 기업을 골라 적절한 타이밍에 투자한다면 가계경제에 큰 도움이 될 것입니다.

국제신문, 2016-02-22

인구절벽, 내년부터 생산가능인구 감소…
경제 악영향 우려

중소기업연구원은 인구 감소로 인한 경제문제를 중소기업의 생산성 향상으로 풀어야 한다고 주장했다. 중소기업연구원은 '2016년 제5호 중소기업 포커스'에서 "내년부터 도래하는 생산가능인구 감소는 경제성장에 악영향을 미칠 우려가 크지만, 출산장려와 이민 등 인구를 늘리는 방식만으로는 한계가 있다"고 주장했다. 이어 "1인당 노동생산성을 높여야 하고 특히 생산성이 낮은 중소기업과 서비스 부문을 중점 개선해야 한다"고 밝혔다. 생산가능인구는 경제 활동을 할 수 있는 15~64세 사이의 인구로 중소기업연구원에 따르면 올해(3074만 명)를 정점으로 내년(3072만 명)부터는 생산가능인구가 줄어든다.

중소기업연구원은 "다양한 출산장려정책에도 국내 합계출산율은 10년간 1.2명 수준에서 정체되어 있고, 이민정책도 사회적 갈등 조정 등 다소 시간이 필요하다"고 주장했다. 그러면서 "양적으로 생산가능인구를 늘리기보다 질적으로 1인당 노동생산성을 높이는 노력이 선행되어야 한다"고 밝혔다. 중소기업연구원은 "정부는 연구개발(R&D)과 수출지원을 연계한 고부가가치화, 시설·장비 공동활용, 동반성장 강화, 스마트 서비스 육성, 소상공인 생산성 향상 등을 해야 한다"고 밝혔다.

이 기사에서는 생산가능인구 감소에 대한 대책으로 '출산장려 등 인위적으로 인구를 늘리는 방식에는 한계가 있다'면서, '중소기업의 생산성을 높여야 한다'고 말하고 있습니다. 질적으로 1인당 노동생산성을 높여야 한다는 뜻입니다.

그런데 앞에서 본 것처럼 인구절벽으로 인한 생산가능인구의 감소는 기업의 노동생산성을 높인다고 하여 해결되는 문제가 아닙니다. 노동생산성은 일정 시간이 투입된 노동량과 그 성과인 생산량과의 비율로, 쉽게 말해 노동자 1명이 일정 기간 동안 산출하는 생산량을 뜻합니다. 분모가 바로 '노동자 수'이지요. 인구가 줄면 자연히 노동자 수도 줄어들기 마련입니다. 즉, 생산가능인구가 감소하면 분모인 노동자 수가 줄어들기 때문에 생산량이 증가하지 않고도 수치상으로는 생산성이 올라가는 것으로 나타납니다. 다시 말해 생산가능인구 감소 자체가 생산성의 수치를 올린다는 뜻입니다. 가만히 나둬도 수치상으로 생산성이 올라갈 것이므로, '중소기업의 생산성을 높여야 한다'는 식의 주장은 사실 하나마나한 주장입니다. 실제로 일본의 경우도 생산가능인구가 감소한 영향으로 생산성은 계속 높아졌는데 장기침체를 겪었습니다. 생산성을 높인다고 하여 인구절벽 문제나 이에 따른 경기침체를 근본적으로 해결하기는 어렵습니다. 이처럼 언론 기사에 나온 이야기들은 그럴 듯하게 들리지만 종종 엉터리인 경우가 있습니다.

소비 주력층 감소… '소비절벽' 온다

연합뉴스, 2016-12-24

내년부터 우리나라 생산가능인구(만15~64세)가 줄어들면서 소비 부문에도 빨간 불이 켜졌다. 생산가능인구는 올해 3074만 명을 기록한 뒤 내년에는 3072만 명으로 감소하게 된다. 이 같은 노동력 감소가 소비 주력층 감소로 이어져 장기적인 소비절벽을 만들 것으로 예상된다.

◇ 현실로 나타난 소비절벽

한국은행이 지난달 발표한 '2016년 11월 소비자동향조사 결과'를 보면 11월 소비자심리지수(CCSI)는 95.8로, 글로벌 금융위기 직후인 지난 2009년 4월 이후 7년 7개월 만에 가장 낮은 수준이다. 소비자심리지수가 100을 넘으면 소비자들이 앞으로 경제 상황을 낙관적으로 본다는 뜻이고 반대면 비관적으로 본다는 뜻이다.

소비를 뜻하는 소매판매 관련 지표의 경우 11월 백화점 매출액은 1년 전보다 1.6%, 할인점 매출액은 3.9% 각각 감소한 것으로 나타났다. 11월뿐만 아니라 이번 달 초까지 이어진 백화점 겨울 정기 세일 매출이 작년보다 1% 안팎 감소하는 등 평소라면 연말 특수를 누려야 할 백화점 업계에는 불황 한파가 몰아치고 있다. 생산인구가 본격적으로 감소하기 전부터 민간소비가 크게 줄어들고 있는 것이다.

이정희 중앙대 경제학과 교수는 "인구 절벽·소비 절벽이 닥쳐올 것으로 우려되고, 그 영향으로 지금 소비 위축이 나타난 것"이라고 전했다. 실제로 롯데백화점에 따르면 전체 매출 중 40대가 차지하는 비중은 30% 정도로 연령대 중 가장 높으며 베이비붐 세대를 포함한 40대 이상 고객이 차지하는 매출은 65%에 달한다.

소비절벽의 조짐이 우리 경제를 짓누르고 있습니다. 이 기사는 백화점 매출이 줄어드는 사례를 바탕으로 인구구조의 변화가 소비 감소로 이어지는 양상을 소개하고 있습니다. 기사의 내용처럼 백화점의 주요 소비층인 40대 인구마저 줄어들고, 50대 이상 고령인구가 증가하면서 매출이 줄어들고 있습니다. 만약 베이비붐 세대들이 정년을 맞아 고령화가 진전된다면, 이 같은 소비 위축 양상이 더욱 심각해질 것이라고 분석합니다.

다만, 이 기사와 같이 2016년 11월의 소비자심리지수가 글로벌 금융위기 직후보다 가장 낮은 수준인 것이 소비절벽 때문이라고 부풀리는 해석은 경계해야 합니다. 물론 인구구조의 변화에 따른 소비절벽 현상은 분명 실제 소비 위축으로 이어지는 구조적이고 장기적인 요인입니다. 하지만 월간 단위의 소비자심리지수를 소비절벽 현상 때문으로 직결시키는 것은 다소 무리가 있습니다. 오히려 2016년 11월의 소비자심리지수가 악화된 것은 '최순실-박근혜 게이트'가 불거지면서 시국 상황에 영향을 받은 측면이 큽니다. 이처럼 기사를 읽을 땐 논리적인 연관성을 곰곰이 따져보는 노력도 필요합니다.

기술과
일자리

기술의 발전이 일자리에 미치는 영향

이미 시작된 기계의 기하급수적 성장

제2의 기계시대에 따른 직업의 미래

Technologies
and Jobs

나의 기술과 일자리 호구 지수는?

☐ 한국의 R&D 예산 비중이 OECD 국가들 가운데 상당히 높은 편이라는 사실을 알고 있다

☐ 총요소생산성의 개념을 알고 있다

☐ 빅뱅파괴의 개념을 알고 있다

☐ 무어의 법칙의 의미를 알고 있다

☐ 엘론 머스크가 운영하는 세 회사의 이름을 알고 있다

☐ 싱귤래리티의 개념을 알고 있다

☐ 제1의 기계시대와 제2의 기계시대의 차이를 알고 있다

☐ 4차 산업혁명의 의미를 알고 있다

- -

√ 7~8개 : 경제 상식 척척박사
자만은 금물! 심화 스터디와 최신 신문기사를 통해 경제 시야를 넓혀보세요.

√ 4~6개 : 어설픈 중수
아는 것은 되짚고 모르는 개념은 확실히 잡아 호구에서 탈출하세요.

√ 0~3개 : 호구의 제왕
경제와는 궁합 제로! 이 책을 통해 경제 기초체력을 다져보세요.

√ 한국의 R&D 예산 비중이 OECD 국가들 가운데 상당히 높은 편이라는 사실을 알고 있다

R&D는 Research and Development, 즉 연구개발의 약자입니다. OECD에서는 R&D를 '인간·문화·사회를 망라하는 지식의 축적분을 늘리고, 그것을 새롭게 응용함으로써 활용성을 높이기 위해 체계적으로 이루어지는 창조적 모든 활동'이라고 정의합니다. 우리나라는 R&D 예산 비중이 OECD 국가들 가운데 상당히 높은 편입니다. 최근 통계를 보면 OECD 국가들 중 우리나라는 4위를 차지했습니다. 세계 각국의 기술혁신 경쟁이 치열하게 이루어지고 있는 시기에 R&D 비중이 높다는 것을 부정적으로 볼 필요는 없습니다. 그런데 문제는 실질적인 효과가 매우 떨어진다는 사실입니다. 우리나라는 R&D 투자 비중이 높지만, 반대로 R&D 투자 효율성은 OECD 국가들 가운데 매우 낮은 편입니다. 돈을 제대로 쓰지 못하고 있다는 뜻이지요.

더불어 R&D 투자 예산이 주로 어느 곳으로 가고 있는지도 따져볼 필요가 있습니다. 다른 나라들은 중소기업으로 가는 비중이 높지만, 한국은 상당 부분 대기업으로 갑니다. 이는 우리나라의 산업구조와도 연결된 문제입니다. 대기업 위주의 산업구조에서 국가가 공공의 돈을 대기업의 R&D 예산으로 채워주고 있는 셈이지요.

실제로 우리나라의 R&D 예산 항목을 들여다보면, 삼성이나 LG, 현대와 같은 대기업들이 자사의 연구개발 과제를 신성장동력 사업 등으로 포장해 정부 예산으로 편성하게 하는 경우가 굉장히 많습니다. 자신들에게 필요한 과제를 세금으로 개발하고, 그 과실을 활용하는 것입니다. 이처럼 구체적인 내용을 따져보면 R&D 예산 비중이 높다는 사실이 꼭 긍정적이지는 않다는 것을 알 수 있습니다. R&D 투자 효율성을 높이고, 대기업뿐만 아니라 중소기업이나 스타트업을 포함해 산업 전반에 골고루 혜택이 돌아가도록 만드는 일이 매우 중요한 과제입니다.

√ 총요소생산성의 개념을 알고 있다

총요소생산성(TFP, Total Factor Productivity)이란 전통적으로 자본과 노동 투입으로 측정되던 경제성장 이외에, 전체 산출물 성장을 설명하기 위한 생산성 개념입니다. 쉽게 말해 자본과 노동의 생산성, 즉 자본생산성과 노동생산성이 경제성장에 기여한 부분 이외에 다른 모든 요소들이 생산성 향상에 기여한 부분을 측정합니다. 이 가운데 기술발전이나 효율성 향상, 인적자본의 향상 등이 총요소생산성의 가장 중요한 요소로 간주됩니다. 조금 더 구체적으로 설명하자면, 기술혁신과 활발성, 기술혁신이 제도 및 조직에 적용되어 효율화되거나 이것이 인적자본 및 경영품질 향상에 기여하는 부분 등 생산성 전반에 미치는 효과를 측정하는 개념이 총요소생산성입니다.

√ 빅뱅파괴의 개념을 알고 있다

빅뱅파괴(Bigbang Disruption)란 기존에 있던 제품이나 서비스를 개선하는 데에 그치지 않고, 스마트폰이나 자율주행자동차처럼 새로운 시장을 창조하며 기존 질서와 시장을 전면적으로 뒤흔드는 혁신을 뜻합니다. 최근에는 ICT(Information and Communications Technology)[*] 기술이 발전하면서 그 변화의 속도와 이에 따른 파급효과가 상당히 빨라지고 있는데, 빅뱅파괴는 이러한 현상을 설명하기 위해 새로이 만들어진 용어입니다. 대표적인 예로 노키아(Nokia)가 있습니다. 노키아는 2000년대 중반까지 휴대폰시장을 휩쓸었던 업계 1위의 회사였습니다. 그런데 애플의 아이폰이 등장한 후 불과 3년 만에 무너졌습니다. 예전 같으면 상상도 할 수 없는 일이 벌어진 것입니다. 이처럼 빠른 속도로 기술 변화가 일어나고, 기존 산업의 비즈니스 모델을 붕괴시키면서 급속한 파괴를 일으키는 현상이 바로 빅뱅파괴입니다. 참고로 Disruption이라는 단어를 우리말로 옮길 때 '파괴'라고 번역되었는데, 이보다는 '와해'가 조금 더 적절한 표현일 것 같습니다.

> [*] ICT
> 정보기술(Information Technology)과 통신기술(Communication Technology)의 합성어로, 정보기기의 하드웨어 및 이들 기기의 운영·정보 관리에 필요한 소프트웨어기술을 이용하여 정보를 수집, 생산, 가공, 보존, 전달, 활용하는 모든 방법을 의미한다.

√ 무어의 법칙의 의미를 알고 있다

무어의 법칙이란 1965년 페어차일드(Fairchild, 미국 반도체 기업)의 연구원으로 재직하던 고든 무어(Gordon Moore)가 마이크로칩의 용량이 매년

고든 무어. 인텔의 공동창립자이자 명예회장이다. 1965년 일렉트로닉스 매거진에 무어의 법칙을 발표했다. ⓒIntel

2배씩 증가할 것으로 예측하며 만든 법칙입니다. 다만 용량이 증가하는 데 걸리는 기간이 1975년에 24개월로 수정되었고, 이후 18개월로 재조정되었습니다. 고든 무어가 처음으로 이러한 기술발전의 속도를 예상한 이후, 실제로 이와 같은 궤적으로 발전이 진행되어 왔습니다. 무어의 법칙이 중요한 이유는 현재 우리가 사용하는 많은 제품들에 전자기술이 적용되어 있기 때문입니다. 예를 들어 대부분의 사람들이 갖고 있는 스마트폰의 성능이 아폴로 14호(1971년 달에 착륙한 유인우주선)에 탑재된 모든 컴퓨터의 시스템 성능보다 더 뛰어나다는 사실을 알고 계신가요? 바꾸어 말하면 우리 한 사람 한 사람이 각자 손에 아폴로 14호를 들고 다니는 거라고 할 수 있습니다. 무어의 법칙은 기술발전의 속도가 이만큼 빠르다는 것을 나타냅니다.

더욱 중요한 것은 반도체 용량뿐만 아니라 다른 기술 분야에서도 무어의 법칙과 유사한 속도로 발전이 이루어지고 있다는 사실입니다. 20년 전의 노트북보다 지금의 노트북이 성능은 좋아졌음에도 불구하고 가격은 크게 오르지 않았는데요. 사실 이러한 현상은 빅뱅파괴의 특성 중 하나이기도 합니다. 값싸고 성능이 낮은 제품들을 대량으로 팔아서 기존의 질서를 파괴하는 것이 아니라, 빠른 기술발전을 바탕으로 기존의 가격과 비슷하면서도 혁신적인 제품을 내놓아 시장의 판도를 바꾸는 게 빅뱅파괴의 핵심이라 할 수 있겠습니다.

√ 엘론 머스크가 운영하는 세 회사의 이름을 알고 있다

엘론 머스크(Elon Musk)라는 이름을 들어보셨지요? 영화 「아이언맨」의 주인공 토니 스타크의 모델입니다. 그는 현재 미국의 전기자동차 회사 테슬라(TESLA)의 CEO입니다. 동시에 태양광업체인 솔라시티(Solar City)와 저가 우주선을 개발하는 스페이스엑스(Space X)도 운영하고 있습니다. 그런데 엘론 머스크가 저가 우주선을 개발하는 이유가 참 흥미롭습니다. 그는 언젠가 일어날 지구의 멸망에 대비해 화성에 거주지를 건설하려고 합니다. 그래서 반복적으로 사용할 수 있는 저가 우주탐사선을 만들려고 하는 것이지요.

저는 개인적으로 엘론 머스크를 굉장히 높게 평가합니다. 많은 사람들이 아이디어는 가지고 있지만 이를 실제로 실행하지 않습니다. 하지만 그는 사람들이 황당하다고 생각할 정도로 엄청난 규모의 아이디어를 실제 실행에 옮깁니다. 무엇보다도 아이디어를 실행에 옮기는 배경에 철학과 비전이 분명히 존재합니다. 테슬라의 전기자동차 모델을 발표할 때는 지구온난화 문제와 기후변화에 대한 문제의식을 제기하면서 전기자동차 개발의 중요성을 강조했습니다. 엘론 머스크의 창업 연대기를 보면 테슬라, 스페이스엑스, 솔라시티 이전에 Zip2라는 작은 지역 커뮤니티 서비스를 만들었습니다. 그 다음으로 우리가 잘 아는 페이팔(PayPal)을 만들었지요. 페이팔은 인터넷을 이용한 결제 서비스로 거래를 하면서 신용카

미국의 전기자동차 회사 테슬라. 물리학자이자 전기공학자인 니콜라 테슬라의 이름을 따서 지었다. 2012년부터 테슬라는 전 세계에 무료 급속 충전소 '테슬라 슈퍼차저(Supercharger)'를 설치해 전기자동차 보급에 앞장서고 있다.

드번호나 계좌번호를 알리지 않아도 되기 때문에 보안에 안전합니다.

√ 싱귤래리티의 개념을 알고 있다

싱귤래리티(Singularity)라는 단어는 흔히 우리말로 '특이점'이라 번역합니다. 이 단어는 컴퓨터의 선구자라 할 수 있는 미국의 수학자 존 폰 노이만(John von Neumann)이 1953년에 가장 먼저 언급했다고 알려져 있습니다. 이후 싱귤래리티 유니버시티(Singularity University)의 창업자이자 구글(Google)의 이사인 레이 커즈와일(Ray Kurzweil)이 싱귤래리티를 언급하면서 최근 10년 사이에 다시 주목을 받기 시작했지요.

기계학습(머신러닝)이라는 말을 들어본 적 있나요? 인공지능의 한 분야로, 사람이 컴퓨터에 데이터를 입력해 학습하게 함으로써 새로운 지식을 얻어내는 기술을 말합니다. 처음에는 인공지능이 기계학습을 했습니다. 알파고가 이세돌을 뛰어넘을 수 있었던 비결은 바둑 대국과 관련한 수많은 기보들을 짧은 시간에 통째로 학습했기 때문입니다. 학습한 과거의 기보를 토대로 특정한 상황에서 성공 가능성이 가장 높은 최적의 수를 도출하는 방식으로 대국을 벌인 것이지요. 그런데 인공지능의 학습 속도가 점점 빨라지면 인간의 두뇌를 넘어서는 단계로까지 도달하겠지요? 인공지능이 인간의 두뇌보다 0.00001%만 좋아져도 무한학습을 토대로 순식간에 인간의 지능 수준을 뛰어넘게 됩니다. 즉, 슈퍼휴먼(Super-human)과 같은 존재가 됩니다. 인공지능이 인간을 뛰어넘어 슈퍼휴먼 단계에 이를 때를 바로 싱귤래리티, 즉 '특이점'이라고 합니다. 기계가 인간을 지배하는 시대가 오는 것입니다.

2016년 3월 서울에서 열린 구글 딥마인드 챌린지 매치. 인간 최고 실력자 이세돌과 바둑 인공지능 프로그램 알파고 간의 대결로 주목받았으며, 알파고가 4승 1패로 이세돌에게 승리했다.

레이 커즈와일은 자신의 저서 『특이점이 온다』에서 2045년에 싱귤래리티(특이점의 시대)가 온다고 주장합니다. 하지만 아직까지는 이 예측에 대해 의견이 분분합니다. 일각에서는 레이 커즈와일의 예측이 지나치게 과장됐다고 이야기하기도 합니다. 인공지능이라는 것이 인간의 두뇌가 작동하는 방식을 연구한 뒤 이와 비슷하게 작동하도록 만든 것인데, 아직까지 인류는 인간 두뇌의 작동 메커니즘을 1%도 풀지 못했기 때문입니다.

✓ 제1의 기계시대와 제2의 기계시대의 차이를 알고 있다

제1의 기계시대는 증기기관이 발명되고 난 이후 인간의 육체적 능력을 대체하는 기계가 주류를 이루던 시대를 말합니다. 제2의 기계시대는 제1의 기계시대에서 더 나아가, 기계가 인간의 육체적 능력뿐만 아니라 정신적·지적 능력을 대체하는 시대를 말하지요. 데이터 분석과 같은 영역에서 인공지능 기술을 활용하는 것이 대표적 예입니다.

√ **4차 산업혁명의 의미를 알고 있다**

4차 산업혁명이란 인공지능, 로봇기술, 생명과학이 주도하는 차세대 산업혁명으로 정보통신기술(ICT)의 융합으로 이루어집니다. 참고로 앞선 산업혁명들을 살펴볼까요? 1차 산업혁명은 영국에서 시작된 증기기관으로부터 촉발되었습니다. 2차 산업혁명은 전기가 산업에 활용되면서 제조업 분야에서 대량생산이 본격화되었지요. 3차 산업혁명은 인터넷이 이끈 컴퓨터의 정보화 및 자동화 생산 시스템이 주도했습니다. 이후 자동화 단계를 넘어 굉장히 빠른 속도로 기술 간에 융합이 일어나고 있습니다. 빅데이터*, 그리고 이에 기반한 기계학습과 새로운 의사결정 방식 등은 기술융합의 대표적인 예입니다. 이러한 기술융합은 기존의 제조업뿐만 아니라 ICT산업과 소프트웨어산업에 영향을 미치며, 서로 다른 산업 간에 융합이 이루어지는 새로운 현상을 불러일으킵니다. 예를 들어 GE(General Eletric Company)는 토머스 에디슨(Thomas Edison)이 설립한 회사로 제조업의 대명사로 손꼽혔지만, 2020년까지 소프트웨어 기업으로 탈바꿈하겠다고 선언했습니다. GE의 사례에서 볼 수 있듯이 4차 산업

* 빅데이터
기존 데이터베이스 관리 도구로 데이터를 수집, 저장, 관리, 분석할 수 있는 역량을 넘어 데이터로부터 가치를 추출하고 결과를 분석하는 기술. 빅데이터 기술의 발전은 다변화된 현대 사회를 더욱 정확하게 예측해 효율적으로 작동하게 하며, 개인화된 현대 사회 구성원에게 맞춤형 정보를 제공, 관리, 분석하게 한다.

혁명에서는 제조업과 소프트웨어산업 간의 기술융합 현상이 빠르게 일어납니다. 이러한 기술융합이 완전히 새로운 차원의 변화를 이끌어내고 있는 것입니다. 미국의 대표적인 싱크탱크인 브루킹스연구소(Brookings Institution)는 2008년 세계 금융위기 이후에도 꾸준히 고용, 내수 진작, 수출 확대, 근로자 소득 증대에 크게 기여한 신소재, 화학 등의 부문을 일컬어 '선진산업(Advanced Industries)'이라고 정의했습니다. 그런데 이 선진산업에는 언뜻 사양산업 같아 보이는 석탄회사도 포함되어 있었습니다. 왜 그럴까요? 선진산업은 단순히 ICT산업이나 바이오산업과 같은 특정 산업을 넘어 핵심기술 트렌드가 가장 극적인 역할을 하는 산업들을 모두 포괄하기 때문입니다. 이러한 회사들도 시장수요 예측, 생산, 재고관리, 마케팅, 의사결정 등에 빅데이터를 활용합니다.

숫자로 본 미국 선진산업의 경제 기여도

1230만 명
고용인원(미국 근로자의 8.7%)

2조 **7000**억 달러
GDP의 17.7%기여

60%
수출 기여도

81.2%
미국 전체 특허 중 비율

90%
민간부분 R&D에서 점유비중

* 자료 : 브루킹스연구소, 2014년 기준

　물론 4차 산업혁명이 별도의 실체가 있느냐고 의문을 제기하는 전문가들도 있습니다. 3차 산업혁명 단계에서 발전한 기술들이 고도화되고 융합되는 현상을 군이 4차 산업혁명이라고 포장해 실제 이상의 대단한 변화가 일어난 것처럼 과대 포장하는 측면이 있다는 것입니다. 이러한 주장에도 불구하고 2016년 초에 열린 세계경제포럼(WEF, World Economic Forum)은 4차 산업혁명을 의제로 만들며 세계적으로 널리 전파했습니다. 그런 의미로 본다면 4차 산업혁명이 무엇인지 정도는 알아두는 게 좋습니다.

기술의 발전이
일자리에 미치는 영향

인공지능과의 사랑을 다룬 영화 「그녀」의 한 장면. 재킷 주머니에 인공지능 '그녀' 소프트웨어가 깔린 기기를 꽂고 그녀와 데이트 중인 주인공의 모습이다.

영화 「터미네이터」, 「A.I.」, 「그녀」, 「트랜센던스」의 공통점이 무엇일까요? 다루는 주제가 바로 '인공지능'이라는 것입니다. 이세돌 9단과 알파고의 바둑 대국으로 인해 인공지능은 우리에게도 친숙한 존재가 되었습니다.

실제로 우리는 이미 기계와 함께 일하거나 기계로부터 많은 영향을 받으며 살아가고 있습니다. 여러분은 인터넷을 이용하다가 한 번 클릭했던 사이트 혹은 제품들이 다른 사이트로 이동해도 계속 보이는 경험을 해본 적 있나요? 우리가 의식하지 못하는 사이, 기계는 우리의 궤적을 계속 따라다니고 있습니다. 사실 이는 상대적으로 낮은 수준의 인공지능 기술로 아마존 닷컴과 같은 회사가 가장 잘 활용하는 기술이기도 합니다.

중요한 것은 제2의 기계시대가 이미 도래했다는 점입니다. 이러한 상황은 우리의 생활과 일자리에 많은 영향을 미칠 것입니다. 주제가 '기술과 일자리'인 만큼 일자리가 어떤 방향으로 흘러갈지부터 생각해봅시다.

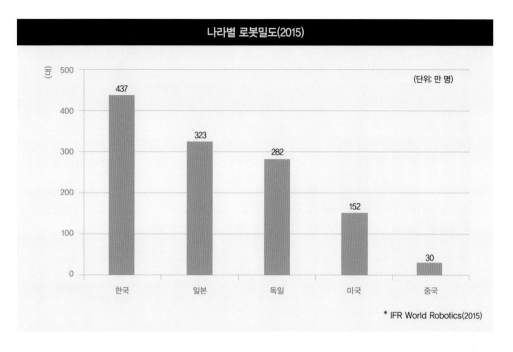

나라별 로봇밀도(2015)

(단위: 만 명)

- 한국: 437
- 일본: 323
- 독일: 282
- 미국: 152
- 중국: 30

* IFR World Robotics(2015)

영국의 경제 전문지《이코노미스트(Economist)》에 실렸던 그래프입니다. 국제로봇연맹(IFR)이 발표한 '2015년 국가별 로봇밀도*'를 보면, 한국이 압도적 1위입니다. 2위가 일본, 3위가 독일이지요. 모두 제조업이 발달한 나라입니다. 그런데 왜 한국의 로봇밀도가 압도적으로 높을까요? 이를 여러 가지 측면에서 생각해보겠습니다. 먼저 우리나라는 제조업이 주력 수출산업입니다. 이 분야에서 생산효율을 높이고 글로벌 경쟁력을 갖추기 위해서는 생산용 로봇이 많이 필요하겠지요. 또 한편으로

* **로봇밀도**
노동자 1만 명 당 산업용 로봇의 수

한국은 세계 4위의 로봇 생산국이다. 하지만 생산량이 많고 로봇밀도가 높음에도 불구하고 기술력은 일본에 뒤처지고, 시장규모는 중국에 밀리며, 로봇 관련 스타트업 창업도 미국에 비해 쉽지 않다는 점이 문제로 제기된다.

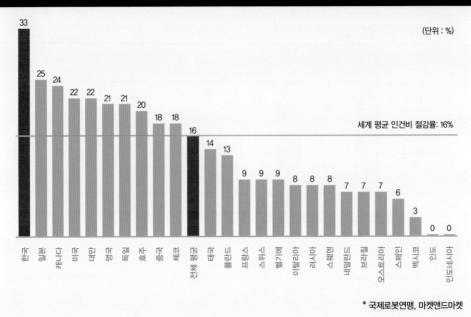

산업용 로봇 도입에 따른 인건비 절감률(2025)

(단위 : %)

세계 평균 인건비 절감률: 16%

한국 33 / 일본 25 / 캐나다 24 / 미국 22 / 대만 22 / 영국 21 / 독일 21 / 호주 20 / 중국 18 / 체코 18 / 전체 평균 16 / 태국 14 / 폴란드 13 / 프랑스 9 / 스위스 9 / 벨기에 9 / 이탈리아 8 / 러시아 8 / 스웨덴 8 / 네덜란드 7 / 터키 7 / 오스트리아 7 / 스페인 6 / 멕시코 3 / 독일 0 / 인도네시아 0

* 국제로봇연맹, 마켓앤드마켓

는 한국이 로봇으로 사람을 쉽게 대체할 수 있는 노동시장 · 노동환경 · 노동문화를 갖고 있다는 점 때문이 아닌가 하는 생각도 듭니다. 무엇보다도 이는 앞으로 로봇 도입이 가속화될 경우, 가장 큰 충격을 받을 나라가 한국이라는 점도 시사합니다. 그렇다면 앞으로 우리의 일자리는 어떻게 될까요?

위 그래프에서 볼 수 있듯이 2025년 산업용 로봇 도입에 따른 인건비 절감률을 따져보니, 한국이 압도적 1위라는 결과가 나왔습니다. 세계 평균 인건비 절감률이 16%인 데에 반해, 한국은 33%로 평균보다 2배 이상 높습니다. 그만큼 빠르고 과도하게 산업용 로봇을 도입할 가능성이 높다는 의미입니다. 또 달리 말하면 한국은 노동자보다 로봇을 채용하려는 고

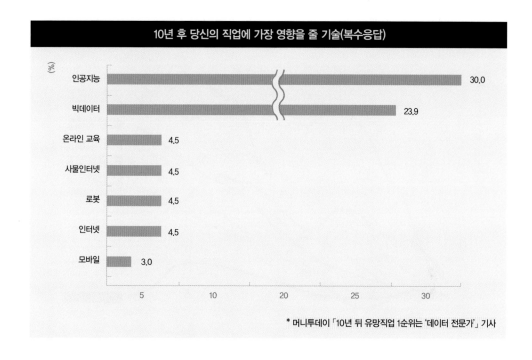

10년 후 당신의 직업에 가장 영향을 줄 기술(복수응답)

(%)

기술	비율
인공지능	30.0
빅데이터	23.9
온라인 교육	4.5
사물인터넷	4.5
로봇	4.5
인터넷	4.5
모바일	3.0

* 머니투데이 「10년 뒤 유망직업 1순위는 '데이터 전문가'」 기사

용주의 수요가 압도적으로 높고, 앞으로 노동시장에서 로봇이 인간을 대체할 속도가 더욱 빨라질 것입니다. 우리를 둘러싼 지금의 상황이 생각보다 낙관적이지 않다는 사실을 확인할 수 있지요.

한 언론사에서 전문가들을 대상으로 '10년 후 당신의 직업에 가장 영향을 줄 기술'이 무엇인지 설문조사를 했습니다. 인공지능(30.0%), 빅데이터(23.9%), 온라인 교육(4.5%), 사물인터넷(4.5%), 로봇(4.5%), 인터넷(4.5%), 모바일(3.0%) 순으로 결과가 나왔습니다. 사실 이들은 모두 연결되어 있는 기술입니다. 예를 들어 빅데이터 기술을 기반으로 인공지능이 만들어지고, 사물인터넷 역시 기계들끼리 데이터를 주고받는 형태입니다. 로봇은 인공지능을 탑재하면 두뇌형 로봇이 되고, 인공지능이 없는 상태에서 간

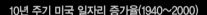

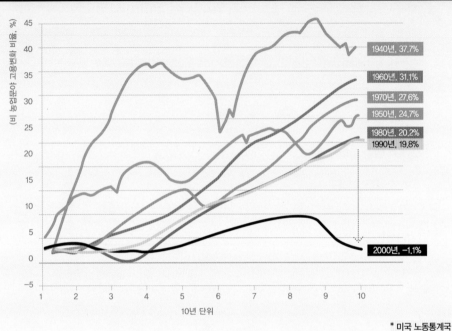

(비 농업부문 고용변화율, %)

45

40

35

30

25

20

15

10

5

0

-5

1940년, 37.7%

1960년, 31.1%

1970년, 27.6%

1950년, 24.7%

1980년, 20.2%
1990년, 19.8%

2000년, -1.1%

1   2   3   4   5   6   7   8   9   10

10년 단위

* 미국 노동통계국

접적으로 제어하면 육체형 로봇이 되겠지요. 여기서 중요한 점이 있습니다. 컨베이어 벨트와 같은 과거의 산업기계는 생산과정에서 인간의 참여를 전제로 하지만, 육체형 로봇은 인간을 필요로 하지 않는다는 점입니다. 그리고 여기에는 로봇기술의 발달도 큰 영향을 미칩니다. 예전에는 휴대폰 조립과 같은 정밀한 작업을 자동화하는 게 불가능했지만, 이제는 자동화가 가능할 정도로 로봇의 정확도와 정밀도가 크게 개선되었습니다.

  기술의 변화가 지금까지 인간의 일자리에 어떤 영향을 미쳐왔는지를 살펴보면 기술발전이 앞으로의 일자리에 또 어떤 영향을 어느 정도로 미칠지 가늠할 수 있습니다.

왼쪽의 그래프는 1940년대부터 10년 단위로 미국의 고용증가율을 나타낸 것입니다. 잘 살펴보면 1990년대부터 2000년대 사이 10년 동안 미국의 고용증가율이 뚝 떨어진 모습을 볼 수 있는데요. 이때 고용증가율이 둔화된 이유가 무엇일까요? 물론 2008년부터는 경기침체의 여파로 고용이 많이 이루어지지 않았습니다. 그러나 1990~2000년대는 전 세계에 돈도 많이 풀려 있었고 경기도 활발했으며, 미국의 경우 4~5%의 경제성장률을 기록하기도 했습니다. 그런데 이런 와중에도 고용증가율이 크게 하락한 것입니다. 이에 대해 많은 전문가들은 기술의 급속한 발전으로 인해 자동화가 이루어지면서 기계가 인간의 노동력을 대체한 결과라고 해석합니다. 또 『제2의 기계 시대』의 공동 저자 앤드루 맥아피(Andrew McAfee)와 에릭 브린욜프슨(Erik Brynjolfsson) 역시 미국의 고용증가율이 급속하게 하락한 이유가 인간의 노동력을 기계가 대체했기 때문이라고 지적합니다.

다음 페이지의 그래프는 주로 어떤 기술 수준의 일자리가 기계로 대체되고 있는가를 보여줍니다. 그래프에서 눈에 띄게 줄어든 부분은 어디인가요? 중간 수준의 기술입니다. 경영, 사업 및 재정, 컴퓨터 및 수학 등 고급기술 관련 직업은 1983년 26%에서 2012년 37%로 오히려 증가했음을 알 수 있습니다. 같은 기간 보호 서비스, 개인 돌봄 서비스 등 저급기술 관련 직업도 15%에서 18%로 소폭 늘었습니다. 반면, 유일하게 줄어든 건 판매, 사무, 행정지원과 같은 중급기술 관련 직업입니다(59%→45%).
그렇다면 왜 고급 · 저급기술 관련 직업은 고용이 늘어난 반면, 중급기술 수준의 직업은 고용이 줄어들었을까요? 우선 고급기술이 요구되는 일자리는 기술이 인간을 쉽게 대체할 수 없기 때문입니다. 낮은 수준의 기

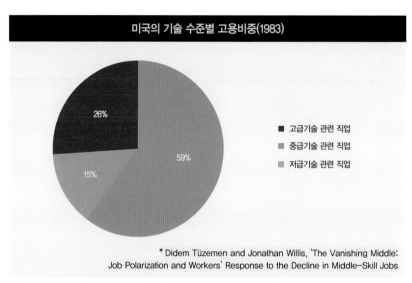

미국의 기술 수준별 고용비중(1983)

26%
59%
15%

■ 고급기술 관련 직업
■ 중급기술 관련 직업
■ 저급기술 관련 직업

* Didem Tüzemen and Jonathan Willis, 'The Vanishing Middle:
Job Polarization and Workers' Response to the Decline in Middle-Skill Jobs

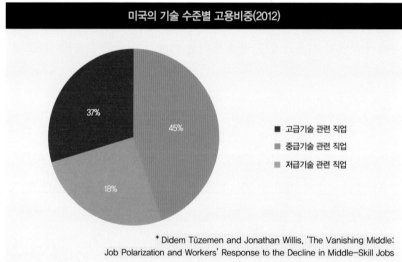

미국의 기술 수준별 고용비중(2012)

37%
45%
18%

■ 고급기술 관련 직업
■ 중급기술 관련 직업
■ 저급기술 관련 직업

* Didem Tüzemen and Jonathan Willis, 'The Vanishing Middle:
Job Polarization and Workers' Response to the Decline in Middle-Skill Jobs

술이 요구되는 일자리는 기본적으로 임금이 낮기 때문이라 분석할 수 있습니다. 굳이 기계로 대체하지 않고 기존의 저임금 노동자를 계속 고용해도 자본가의 입장에서는 큰 문제가 되지 않겠지요.

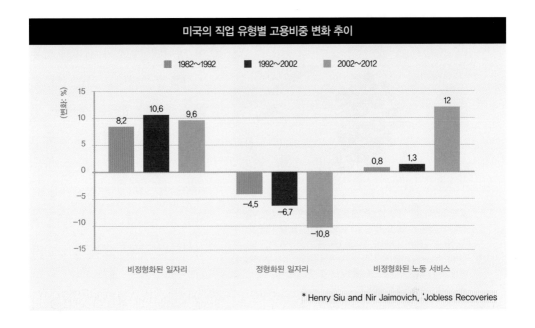

미국의 직업 유형별 고용비중 변화 추이

■ 1982~1992 ■ 1992~2002 ■ 2002~2012

(변화: %)

비정형화된 일자리: 8.2, 10.6, 9.6
정형화된 일자리: -4.5, -6.7, -10.8
비정형화된 노동 서비스: 0.8, 1.3, 12

* Henry Siu and Nir Jaimovich, 'Jobless Recoveries

이번에는 정형화된 일자리(Routine), 비정형화된 일자리(Non-routine manual), 비정형화된 육체노동 서비스(Abstract), 이 세 가지로 나누어 고용 비중의 변화를 살펴보겠습니다. 그래프를 보면 정형화된 일자리가 없어 지고 있다는 사실을 알 수 있지요. 수시로 경영판단을 내리거나 마케팅 방안을 수립하는 일은 정형화된 일이 아닙니다. 기획 및 전략을 세우고 구체적인 실행지침을 내리는 일자리는 아직 기계가 인간을 대체하기 쉽 지 않다는 것을 나타냅니다. 반면, 정형화된 일자리는 기술이 인간을 대 체하기가 쉽습니다. 심지어 정형화된 일로 여겨지지 않았던 기자(記者)마 저 '로봇 기자'로 대체되기 시작했습니다. 이미 '내러티브 사이언스'라는 회사가 '스탯몽키(Stats Monkey)'라는 기사 작성 알고리즘 기술을 활용해 속 보, 스포츠, 금융 부문에서 로봇 기사를 제공하고 있습니다. 한국에서도

로봇 저널리즘의 가장 큰 장점은 인간보다 빠른 데이터 분석과 수집이다. 따라서 스포츠 기사, 일기예보, 증권 시황 등 시의성과 즉시성을 중시하는 분야에서 두각을 나타낸다. 영국의 런던 일간지 《가디언(Guardian)》은 로봇 편집장이 직접 온라인 기사 중 가장 호평을 받은 것들만 자동으로 모아 《더 롱 굿 리드(The long good read)》라는 주간지를 발행한다.

서울대학교 이준환 교수 연구팀이 파이낸셜뉴스와 제휴해 로봇 기사를 만들어내고 있습니다. 로봇은 주가나 종목의 등락률, 주체별 매수 · 매도액과 같이 증시가 마감하면 바로 얻을 수 있는 데이터를 기반으로 순식간에 기사를 작성해냅니다. 데이터값만 입력하면 알고리즘을 사용해 기사를 작성하기 때문에 0.1초 만에 100여 개 정도의 기사를 생산합니다. 이와 함께 경리나 회계 업무도 매우 정형화된 일입니다. 10년 전만 해도 텔레마케터가 유망한 직종으로 손꼽혔지만 현재는 위기 직업 가운데 하나입니다. 기본 매뉴얼에 따라 대응하는 정형화된 업무를 수행하기 때문입니다. 끝으로 비정형 육체노동은 아직 대체하기가 힘듭니다. 예를 들어 요양병원에서 노인들을 돌보는 일은 기계가 하기 어렵습니다. 물론 기술적으로는 대체할 수 있겠지만, 서비스 측면에서 기계가 아닌 사람의 손길이 더욱 요구되는 노동입니다.

이미 시작된
기계의 기하급수적 성장

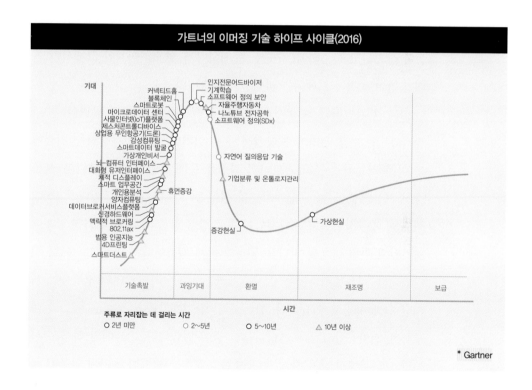

가트너의 이머징 기술 하이프 사이클(2016)

이 그래프는 시장조사 및 컨설팅 업체 가트너(Gartner)가 개발한 기술 변화의 사이클입니다. 하이프 사이클(Hype cycle)은 가트너가 기술들의 발전 단계를 설명하기 위해 개발한 방법론으로, 기술발전 단계를 '기술 촉발(Innovation Trigger)', '과잉기대(Peak of Inflated Expectation)', '환멸(Trough of Disillusionment)', '재조명(Slope of Enlightenment)', '보급(Plateau of Productivity)' 등 5단계로 나누어 보여주고 있습니다. 여기서 하이프(Hype)는 과잉선전, 과대광고를 의미합니다. 따라서 기술발전이 단선적이거나 예상 가능한 경로로 일어나는 것이 아니라, 기대감에 치솟았다가 돌연 환멸의 과정을 거치고, 다시 기술이 재조명되어 상용화되는 단계로 진입한다는 것을 나타냅니다. 이는 기술 변화의 과정이 점진적으로 일어난다고 보는 전통적 관점과는 대조적입니다. 전통적으로는 기술이 개발되면서부터 기대감이 한동안 상승하고 꾸준히 그 수준을 유지하다가, 쓸모없어지면 그제서야 기대가 꺾이고 결국 도태되는 과정을 겪었습니다.

2016년 가트너의 하이프 사이클을 보면 재미있는 점을 발견할 수 있습니다. 즉, 지금 우리가 눈앞에서 보고 있거나 새롭게 등장하는 기술에는 어떤 것들이 있는지 가트너의 관점을 통해 확인할 수 있습니다. 예를 들어 가상현실(Virtual Reality) 기술의 경우 한 차례 열풍이 불었다가 확 꺾이고 이제는 상업화되는 단계입니다. 증강현실(Augmented Reality)은 열풍이 가라앉고 환멸 단계의 바닥을 통과해 이제 재조명되는 단계로 접어들 전망입니다. 자율주행자동차(Autonomous Vehicles)는 과잉기대의 정점을 살짝 지난 단계까지 와 있습니다. 같은 구간에 기계학습(Machine Learning)과 나노튜브 전자공학(Nanotube Electronics) 등이 있습니다. 가트너의 하이프 사이클 보고서에서 배울 수 있는 중요한 교훈은 기술개발 초기에 열풍이 분다고 하여 섣불리 뛰어들지 말고, 기대가 꺼진 후 기술이 다시 확산될 때 뒤처지지 말라는 것입니다. 가트너의 보고서가 주로 기업들에 대한 조언이지만, 일반인들도 이러한 사이클을 이해하는 것이 중요합니다.

앞에서 설명한 대로 이 같은 급속한 기술발전을 뒷받침하는 이론이 바로 무어의 법칙입니다. 반도체 집적용량의 획기적인 발전이 ICT 제품과 서비스들을 중심으로 급속한 기술발전을 가능케 합니다. 그리고 이러한 기술발전을 통해 쏟아진 제품과 서비스들이 기존의 시장 판도를 순식간에 뒤바꾸고 있습니다. 이 과정에서 빅뱅파괴가 일어납니다. 전통적인 관점에서 제품시장은 초기에 제품을 소비하는 사람들이 점진적으로 확산되면서 한동안 소비가 일어나다가, 일정한 시점에 이르러 점점 줄어드는 단계에 진입하고 쇠퇴하는 과정을 겪습니다. 즉, 시장이 서서히 형성되고 만개했다가, 정체되고 쇠퇴하는 길을 걸었습니다. 그런데 빅뱅파괴가 일어나는 현재의 시장은 그렇지 않습니다. 초기에 몇몇 혁신가가 이 서비스(기술)를 알게 되고, 이후 SNS 등을 통해 새로운 서비스가 순식간에 알려졌다가, 다른 새로운 서비스가 나오면 기존의 서비스는 완전히 쇠퇴하고 다른 서비스가 떠오르는 일들이 벌어집니다. 그러니까 순식간에 지형도가 바뀌는 거지요. 빅뱅파괴는 상당히 큰 시장 변화와 비즈니스모델 변화를 불러일으킵니다.

앞에서 언급했듯이 빅뱅파괴의 대표적인 예는 노키아입니다. 그런데 스마트폰으로 인한 희생양은 노키아뿐만이 아닙니다. 필름업체 코닥(Kodak)이 무너진 것처럼 기술 변화는 특정 산업 영역에만 국한되지 않고, 관련된 시장 전체에 엄청난 영향을 미칩니다. 스마트폰이라는 새로운 제품이 처음 시장에 나왔을 때 이는 단순히 기존의 휴대폰이 지닌 통화 기능만을 대체하지 않았

삐삐, 알람시계, 차량용 내비게이션, MP3 플레이어⋯ 이들의 공통점은 무엇일까? 바로 스마트폰의 등장으로 인한 희생자라는 점이다. 빅뱅파괴는 안정적인 비즈니스 모델을 불과 몇 달, 심지어는 며칠 만에 무너뜨리는 강력한 힘을 가진 혁신이다.

습니다. 디지털카메라, 녹음기, 오디오, 각종 헬스케어 제품, 스케줄러, 내비게이션 기능 등이 모두 스마트폰 안에 탑재되었기 때문입니다. 디지털카메라의 기능이 스마트폰에 내장되면서 코닥의 존재가치는 사라져버렸습니다. 다른 제품들도 마찬가지이지요.

ⒸUS National Archives, Easter morning 1900_5th Ave, New york city

ⒸGeorge Grantham Bain Collection, Easter morning 1913_5th Ave, New York City

왼쪽 그림은 1900년에 뉴욕 5번가를 찍은 사진입니다. 온통 마차로 가득한 거리에 차가 딱 한 대 서 있습니다. 오른쪽 그림은 13년이 지난 1913년에 똑같은 뉴욕 5번가를 찍은 사진입니다. 앞의 사진과 반대로 자동차로 가득한 거리에 마차가 딱 한 대 서 있습니다. 13년 만에 운송수단에 빅뱅파괴가 일어난 것입니다. 그리고 이후로 계속 자동차산업은 휘발유를 사용하는 내연기관 기계라는 기본적 틀을 유지하면서 큰 변화를 겪지 않았습니다.

그런데 현재 자동차산업이 이 같은 거대한 변화의 흐름 앞에 놓여 있습니다. 바로 테슬라로 대표되는 전기자동차에 의해서 말입니다. 조금 더 구체적으로 테슬라의 '모델3'는 우리 삶을 또 한 번 근본적으로 바꿔놓을 가능성이 큽니다. 테슬라 모델3의 가격은 3만 5000달러, 우리나라 돈으로 4200만 원 정도입니다. 국내에 들어와 있는 중저가 수입차 모델의 가격 수준이지요. 국가마다 차이는 있지만 한국과 미국의 경우, 전기자동차를 사면 보조금까지 줍니다. 즉, 실제로는 2000만 원대 후반으로 누구나 전기자동차를 구입할 수 있습니다.

전기자동차는 기존 자동차에 비해 꽤 많은 장점이 있습니다. 먼저 연료비가 대폭 절감됩니다. 미국의 경우 연료비가 10분의 1 수준으로 줄어든다고 조사되었습니다. 고장도 잘 나지 않아 유지보수비도 크게 줄어들고요. 현재 내연기관 자동차는 만드는 데에 부품이 약 3만 개 정도 들어간다고 합니다. 그런데 전기자동차는 1만 개 정도면 충분합니다. 이른바 동력전달기능을 하는 부품의 수는 내연기관 자동차는 2000개, 전기자동차는 19개입니다. 어느 쪽이 고장이 덜 날까요? 당연히 부품 수가 적은 전기자동차가 고장이 날 확률이 적습니다. 이뿐만 아니라 안전과 관련해서도 큰 장점이 있습니다. 내연기관 자동차의 보닛(Bonnet) 안에는 엔진이 들어있지만, 전기자동차는 보닛 안이 비어 있습니다. 보통 자동차가 정면으로 충돌하면 엔진이 차체 안으로 밀려 들어와 운전자가 부상을 입을 위험이 크다고 합니다. 반면, 전기자동차는 보닛 안에 엔진이 없어서 그럴 위험이 낮습니다. 사고 위험도 낮고 수리도 쉽기 때문에 자연히 보험료도 낮아지겠지요.

미래에너지학자이자 『에너지 혁명 2030』의 저자 토니 세바(Tony Seba) 스탠포드 대학 교수는 전기배터리의 발전에 따라 전기자동차의 평균 가격이 2030년경에는 현재 미국에서 팔리는 가장 낮은 가격대의 자동차 가격, 즉 1만 1000달러 수준까지 떨어질 것이라 예측했습니다. 현재까지는 테슬라의 전기자동차 가격이 이와 비슷한 궤적으로 하락하고 있습니다. 물론 앞으로 세바 교수가 예측한 수준까지 전기자동차의 가격이 떨어질지는 미지수입니다. 또 혹자는 세바 교수가 기술적 가능성만을 염두에 두고, 사회적·문화적 장벽은 소홀히 한 채 예측한 게 아니냐는 주장도 합니다. 그럼에도 불구하고 중요한 것은 전기자동차 관련 기술이 빠르게 발전하고 있고, 무엇보다도 이 기술이 아직 초기 단계에 있다는 사실입니다. 시간이 갈수록 성능이 좋아지면서 가격이 떨어질 것은 명약관화한 사실이며, 전기자동차가 기존 자동차시장의 판도를 바꾸어놓을 미래도 머지않았다고 보입니다.

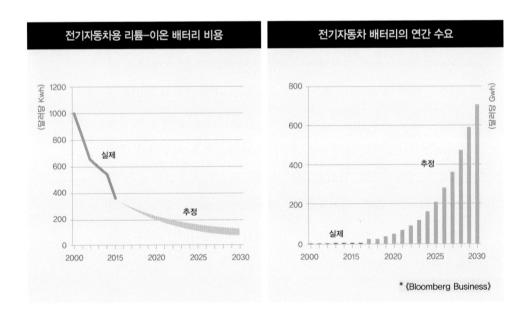

좀 더 구체적으로 살펴보면, 현재 테슬라의 전기자동차 가격 중 약 3분의 1이 배터리 가격입니다. 그런데 배터리 가격은 계속 하락해왔고 앞으

테슬라의 전기자동차 모델3. 영국의 에너지 연구기관 우드 매켄지는 보고서를 통해 테슬라 보급형의 판매가 호조를 보이면서 기존 석유 차량을 대체하고 전기자동차시장이 확대될 거라고 전망했다. 이는 곧 테슬라 판매가 증가할수록 미국의 석유 소비가 크게 줄어들 것임을 예고한다. ©TESLA

로도 하락할 것입니다. 이는 곧 전기자동차의 가격도 함께 하락한다는 것을 의미합니다. 이런 점에서 볼 때 모델3의 출시는 매우 중요한 기점입니다. 기존 모델S와 모델X는 가격이 7만 달러 수준으로 상당히 비쌌지만, 이제는 절반 수준으로 떨어졌기 때문에 대중화되기가 쉬워졌습니다. 그렇다면 내연기관 자동차 가격도 이렇게 하락할 수 있을까요? 앞에서 언급했듯이 내연기관 자동차는 부품 수가 많아서 아무리 원가를 절감한다 하더라도 더 이상 가격이 떨어지기는 어렵습니다. 만약 속도나 성능이 포르쉐만큼 좋은데 가격이 1200만 원 수준인 전기자동차가 출시된다면 사람들이 어떤 차를 선택할까요? 모델3의 가격이 떨어지자 사전 예약자 수가 약 40만 명이나 되었다는 사실은 이러한 빅뱅파괴가 단지 허황된 가정이 아니라는 것을 보여줍니다.

또 한 가지 중요한 점이 있습니다. 전기자동차가 확산되면 그 파급효과가 단지 자동차산업에만 국한되지 않을 거라는 점입니다. 당장 전기자동차를 타면 기름을 넣지 않아도 됩니다. 그러면 정유산업, 조선산업, 보험산업에 막대한 영향을 미치겠지요.

토니 세바 교수는 2024년이 되면 석탄 사용이 중지되고, 2026년에는 천연가스 사용이 중지되며, 심지어 2036년에는 태양광 에너지와 전기자동차, 자율주행자동차가 합쳐져 석유의 사용이 종료될 것이라는 상당히 과감한 주장까지 내놓았습니다. 그런데 기술적으로는 이러한 주장이 실현 가능할 거라 보입니다. 다만 이 같은 변화에 대해 많은 사회적·문화적 저항이 뒤따를 것이기 때문에 실제로 그와 같은 전망이 급속하게 일어날지는 모르겠습니다. 하지만 그러한 흐름이 대세가 되고 있다는 사실만큼은 분명합니다. 자율주행자동차가 꼭 전기자동차일 필요는 없지만, 자동차산업의 발전 궤적을 볼 때 전기자동차와 자율주행자동차는 융합될 가능성이 높습니다. 테슬라도 자율주행기술을 빠르게 높여가고 있고, 많은 자율주행자동차들도 전기자동차를 기반으로 연구 중이기 때문입니다.

전기자동차의 가장 큰 장점은 바로 '친환경적'이라는 것입니다. 만약 전기자동차가 대중화된다면 전기 수요를 신재생에너지로 충당하는 과감한 정책 전환이 함께 이루어져야 진정한 의미의 친환경을 실현할 수 있을 것입니다. 후쿠시마 원전사태의 피해가 극심했고 국내에서도 지진이 잦아지고 있다는 사실을 감안하면 원자력은 차세대 에너지로서의 해법이 아닙니다. 물론 석탄 발전도 답이 아니지요. 최근 지구온난화 및 이에 따른 기후변화가 본격화되고 있는 상황에서 세계 주요국들이 이산화탄소 배출량을 줄이기 위해 노력하고 있습니다. 이런 와중에 한국은 국제사회에 이산화탄소 배출량을 줄이겠다고 선언하면서도 실제로는 석탄 발전소를 계속 늘리는 모순된 행보를 보이고 있지요.

최근 테슬라는 파나소닉(Panasonic)과 손잡고 리튬-이온 배터리 생산공장인 '기가팩토리(Gigafactory)' 가동식을 열었습니다. 엘론 머스크는 기가팩토리에서 생산할 2차 전지를 통해 향후 배터리산업을 완전히 바꿔놓겠다고 선언했습니다. 테슬라는 기가팩토리, 전력저장용 전지팩, 솔라시티 인수에 따른 통합 에너지 비즈니스모델을 통해 '지속가능한 에너지 체계'를 실질적으로 구현하고 있습니다. 이와 같은 테슬라의 행보는 앞으로의 기술발전에 좋은 예시가 될 것입니다.

미국을 비롯한 세계 주요 국가들이 태양광을 이용해 전기배터리를 충전하는 방법을 개발해왔고, 이에 따른 성과도 점점 가시화되고 있습니다. 독일은 지난 10년 동안 신재생에너지 비중을 6%에서 33%까지 높였

테슬라가 2014년 10월부터 미국 네바다 주에 건설하고 있는 세계 최대 규모의 리튬-이온 전지 공장 기가팩토리. ©TESLA

2035년을 기점으로 유럽 내 어디에서든 전기자동차를 쉽게 충전할 수 있다. ©PEDRO LIMA

고, 신재생에너지만으로 독일의 에너지를 충당하는 다양한 시나리오를 연구하고 있습니다. 미국 역시 주요 도시의 경우 2030년을 전후해 100% 신재생에너지로만 전기를 생산하겠다는 계획을 세우고 이를 실행에 옮기고 있습니다. 반면, 한국은 테슬라의 모델3가 흥행에 성공하던 시기에 무료로 제공하던 급속 충전에 대해 요금을 부과했고, 심지어 전기자동차 보조금을 줄였습니다. 각국 정부와 기업들이 신재생에너지 개발에 박차를 가하고 있는데, 우리만 완전히 역주행을 하고 있는 셈이지요. 유럽은 오는 2019년부터 새롭게 건설하거나 개조하는 모든 주택에 전기자동차 충전소를 의무적으로 설치하게 했고, 네덜란드는 2025년부터 휘발유나 경유를 사용하는 차량의 신규 판매를 중단하는 방안을 추진하고 있습니다. 2025년은 이제 10년도 남지 않았습니다. 그리고 전기자동차는 단순히 자동차산업의 기술로만 국한되지 않습니다. 각종 첨단 전자장비의 융합체가 될 것입니다. 이러한 이유로 인해 2016년 열린 국제전자제품박람회(CES, The International Consumer Electronics Show)에서도 가장 많이 소개된 제품 가운데 하나가 전기자동차였습니다.

이번 장을 통해 전기자동차를 구체적으로 살펴보았는데요. 이토록 제가 강조한 이유는 앞으로의 미래 산업에서 전기자동차가 차지하는 비중이 매우 크고, 또 이러한 기술이 불러올 빅뱅효과가 거대할 거라 예상되기 때문입니다.

제2의 기계시대에 따른
직업의 미래

10년 후 미래에 살아남는 직업		10년 후 미래에 사라질 직업	
1	레크리에이션 치료사 Recreational Therapists	1	전화판매원 Telemarketers
2	정비, 수리, 설치 일선 감독 First−Line Supervisors of Mechanics, Installers, and Repairers	2	부동산 등기의 심사, 조사 Title Examiners, Abstractors, and Searchers
3	위기관리 책임자 Emergency Management Directors	3	손바느질 재단사 Sewers, Hand
4	정신건강, 약물관련 사회복지사 Mental Health and Substance Abuse Social Workers	4	컴퓨터를 사용한 데이터 수집, 가공, 분석 Mathematical Technicians
5	청각훈련사 Audiologists	5	보험업자 Insurance Underwriters
6	작업치료사 Occupational Therapists	6	시계수리공 Watch Repairers
7	치과교정사, 의치기공사 Orthotists and Prosthetists	7	화물 취급인 Cargo and Freight Agents
8	의료사회복지사 Healthcare Social Workers	8	세무신고 대행자 Tax Preparers
9	구강외과 Oral and Maxillofacial Surgeons	9	필름 사진현상 기술자 Photographic Process Workers and Processing Machine Operators
10	소방, 방재 일선 감독자 First−Line Supervisors of Fire Fighting and Prevention Workers	10	은행 신규 계좌 개설 담당자 New Accounts Clerks

옥스퍼드 대학에서 2013년에 「직업의 미래(The Future of Employment)」라는 보고서를 발표했습니다. 이 보고서에는 미래에 살아남을 직업과 사라질 직업 25가지가 각각 제시되어 있는데요. 10가지씩 살펴보겠습니다.

앞의 리스트를 보면 비정형 업무와 관련한 직업이 미래에도 남아 있을 가능성이 높습니다. 또한 종합적인 판단력과 상상력, 창의력을 요하는 직업도 오래 살아남을 것으로 예상됩니다. 반면, 10년 안에 살아질 직업은 정형화되고 반복적인 업무를 수행합니다. 기계가 대체하기 더 쉽다는 의미겠지요. 이 같은 내용을 바탕으로 미래의 근로자들이 가져야 할 필수적인 자질 7가지를 제시하고자 합니다.

미래에 갖춰야 할 7가지 자질 ━━━━━━━

1. 다양한 근무 환경에서 일할 수 있어야 한다

2. 자신의 일을 자신에게 맞게 조정할 수 있어야 한다

3. 남들과 정보를 원활하게 공유할 수 있어야 한다

4. 원활한 의사소통과 협력을 위해 새로운 방법을 구사할 수 있어야 한다

5. 어떤 상황에서는 리더가 될 수 있어야 한다

6. 끊임없이 배우는 자세를 견지해야 한다

7. 배운 것을 토대로 가르칠 수 있어야 한다

이러한 측면에서 요즘 부모들을 보면 안타까운 마음이 듭니다. 한국에서 제일 큰 낭비가 무엇일까요? 무리하게 빚을 내어 집을 사는 것입니다. 그런데 이와 함께 과도한 사교육비도 매우 심각한 문제입니다. 모든 것을 투자하지만 얻는 것이 하나도 없기(Invest Everything, Earn Nothing) 때문입니

다. 오히려 아이들을 육체적·정신적으로 혹사시킬 뿐만 아니라 죽이는 일이라고까지 생각합니다.

　무엇보다도 가장 중요한 점은 지금의 사교육이 미래에 필요한 자질을 가르치지 못하고 있다는 사실입니다. 앞에서 언급한 것처럼 제2의 기계 시대에는 기계가 인간의 육체 노동뿐만 아니라 두뇌 노동까지 대체하게 됩니다. 이러한 시대에 아이들은 어떤 자질을 갖춰야 할까요? 정형화된 일, 매뉴얼에 따라 정해진 일을 잘하면 될까요? 자신이 스스로 판단하거나 창의적으로 생각하지 않고, 학교에서 기계적으로 문제를 푸는 일에 익숙한 아이들은 다가올 미래에 경쟁력을 갖출 수 있을까요? 차라리 이른 나이에 아이가 좋아하는 일을 찾게 하고, 그 분야에서 꾸준히 자신의 길을 가게 할 때 더 나은 결과를 얻을 수 있지 않을까요?

　답은 명확합니다. 스스로 어떤 일을 기획하거나 아이디어를 내고, 남들과 정보를 원활히 공유하고, 적극적으로 의사소통하면서 협업할 수 있는 아이가 경쟁력 있는 인재로 자라납니다. 그러나 우리의 교육 시스템은 이러한 능력을 길러주지 못합니다. 사회에 나와 보니 혼자서 할 수 있는 일이 있던가요? 한 권의 책을 만드는 데도 여러 사람과의 협업이 필요합니다. 책에 대한 아이디어를 얻고, 내용을 수정·보완하고, 편집하고, 디자인을 하는 등 책을 만드는 과정 내내 여러 사람과 협업합니다. 가장 고독한 일처럼 보이는 책 쓰기조차도 사실은 혼자서 하는 일이 아닙니다. 그런데 이런 자질을 우리 아이들에게 가르치고 있습니까?

　사교육비를 줄여서 아이들을 학원으로 내모는 대신 아이들이 다양한 경험을 축적하고, 창의적인 활동을 하고, 여행을 더 많이 하고, 책을 더 많이 읽게 하십시오. 그것이 길게 보면 아이들의 미래를 더 밝고 행복하게 만드는 길입니다. 모든 아이가 자라면서 자연스레 철학적으로 생각하고, 자기 삶을 반성하고, 엉뚱한 상상력의 나래를 펼칠 기회를 가져야 합니다. 그런 상상을 글이나 연극으로 옮겨보고, 애니메이션이나 영화로도 만들어볼 수 있어야 합니다. 그렇게 자라야 나중에 다른 사람들을 이해하고 사람들의 욕구에 부합하는 제품도 만들고 사업도 운영할 수 있습니다.

피겨 여왕 김연아 선수에게 사교육을 받게 했다면 어떻게 됐을까요? 우리 자녀들에게 미래의 일자리를 어떻게 준비하게 할 것인지에 대해 저도 지금 당장 세세한 정답을 내놓을 수는 없습니다. 사실 미래는 우리가 좋아하고 익숙해하는 '정답'이나 '공식'이 쉽게 통하지 않는 세상입니다. 다만, 미래를 준비할 수 있는 기본적 능력을 키워주는 일이 중요합니다.

'제2의 기계시대'로 표현되는 미래는 우리 아이들이 인공지능이나 로봇과 같은 기계들과 경쟁해야 하는 시대다. 그러한 기계들과의 경쟁에서 살아남기 위한 전략은 인간만이 가질 수 있는 감성과 통찰, 창의성과 협동정신을 키우는 것이다. 인간다움이 갈수록 중요해지는 시대에 우리가 아이들을 '시험 보는 기계'로 키우지 말아야 하는 이유다.

20~30년 전에 우리가 받았던 교육들이 지금 얼마나 쓸모 있는지 한번 생각해보시길 바랍니다.

마지막으로 교육과 관련해서 제가 꼭 강조하고 싶은 점이 있습니다. 사교육에 투자하지 않더라도 아이들이 책을 꾸준하게 읽도록 해야 합니다. 책을 읽음으로써 다른 사람과 공감하는 능력, 차분히 다른 사람의 생각을 흡수하는 능력을 키울 수 있습니다. 이런 능력을 가진다면 어떤 상황에서도 자신의 재능을 찾아서 빛을 발할 수 있다고 생각합니다. 사교육비도 아끼고, 그로 인해 노후도 좀 더 편안하게 준비하고, 우리 아이들도 미래형 인재로 키우길 바랍니다.

조선일보, 2016-04-11

수소차에 '올인'한 현대차…
수소차도 도요타에 밀려

미국 전기차 회사 테슬라가 '모델3'를 출시하면서 현대·기아차의 주가가 하락세를 거듭하고 있는데도 뚜렷한 반전의 실마리를 찾기 어려운 상황이다. 현대·기아차는 전기차에 관심이 없는 걸까? 아니면 사업역량이 부족한 것일까?

◆ 빗나간 현대차의 예상… '모델3' 사전 예약 매출 16조, 기아차 1분기 매출보다 3조 많아

이기상 현대차 전무는 2009년 열린 자동차공학회 워크숍에서 "정부는 전기차라는 애드벌룬(풍선)을 띄우고 싶겠지만, 전기차의 시장 점유율은 2020년에도 0.8%에 불과할 것으로 본다"고 했다. 그는 미쓰비시가 출시한 전기차 아이미브를 예로 들며 "모닝보다 작은데도 가격이 6000만 원이 넘는데 누가 사겠느냐"고 했다. 현대차의 예상은 완전히 빗나갔다. 테슬라가 올해 3월 말 공개한 '모델3'는 일주일 만에 32만 5000대의 주문을 받았다. '모델3' 한 모델로 140억 달러(16조 2000억 원)의 매출을 올린 것으로 추정된다.

◆ 현대차, '수소차' 고집…수소차 기술도 도요타에 밀려

현대·기아차는 2010년 세계 최초로 양산형 수소차 '투싼ix FCEV'를 개발했다. 정부가 전기차 정책에 드라이브를 거는 시기에 거꾸로 수소차를 내놓았다. 하지만 '투싼ix FCEV'는 흥행에 참패했다. 출시 당시 대당 가격이 1억 5000만 원이 넘었다. 현대·기아차가 만든 수소차는 일본 도요타가 만든 수소차보다 경쟁력이 떨어진다. 도요타가 2014년 선보인 수소차 '미라이'는 가격이 7500만 원이다. 투싼 수소차의 절반 수준이다. 한번 충전으로 480km를 달리고, 최고 속도도 시속 178km나 된다.

미래의 자동차 모델로 전기차가 대세로 떠오르는 가운데, 전기차 개발에는 소홀한 채 수소차에만 집중하고 있는 현대차를 비판한 기사입니다. 수소차는 정확히 '수소연료전지차'입니다. 수소를 연료로 하는 2차전지를 동력으로 삼아 달리는 자동차이지요. 수소는 자연계에서 매우 흔한 물질이고, 수소차 배터리가 전기차 배터리에 비해 가벼워서 연비도 좋습니다. 충전시간도 내연기관 자동차만큼 짧습니다. 또 연료전지의 작동 방식이 수소와 공기 중의 산소가 결합하면서 에너지를 만들고, 이 과정에서 발생하는 물만 배출하기 때문에 가장 친환경적인 차라고 주장을 펼치는 전문가들도 있습니다.

그러나 비싼 자동차 가격, 수소연료 충전소를 짓는 데 드는 막대한 비용 등 단점도 많습니다. 이뿐만 아니라 수소차는 겉보기와는 달리 현재 기술로는 친환경차라고 불리기도 어렵습니다. 전 세계에서 생산되는 수소의 대부분은 천연가스나 나프타에서 추출합니다. 화석연료에서 탈피한다는 명분으로 발명한 친환경차가 결국 화석연료를 이용해 달린다는 점이 역설적이지요. 물론 물을 전기분해해 수소를 만드는 등 다양한 기술적 대안들이 나오고 있으나, 아직까지 완성도와 경제성이 크게 떨어지는 수준입니다. 이처럼 수소차가 대중화되기 위해서는 넘어야 할 산이 너무 많습니다. 또 전기차의 보급 속도로 봤을 때 이미 대세는 전기차 쪽으로 기울었다고 보는 게 정확합니다. 세계 자동차시장의 판도가 빠르게 바뀌는데도 정작 국내 소비자들이 이런 흐름을 거의 체감할 수 없는 이유가 바로 국내 자동차시장의 지배적 사업자인 현대차 등이 전기차 기술개발 및 투자에 인색하기 때문입니다.

아시아경제, 2016-11-06

머스크 "로봇이 사람 직업 대체…
정부가 월급 주는 시대 온다"

엘론 머스크 테슬라 최고경영자(CEO)가 미래에는 로봇이 사람들의 직업을 대체하고, 정부가 국민들에게 월급을 주는 시대가 올 것이라고 전망했다. 머스크는 5일(현지시간) CNBC와의 인터뷰에서 "다른 대안이 없다"며 이같이 밝혔다.

그는 "자동화 때문에 우리는 '기본소득(Universal Basic Income)'을 받는 처지에 놓이거나, 그런 비슷한 방향으로 미래가 흘러가게 될 가능성이 높다"고 설명했다. 기본소득이란 정부가 국민들에게 최소한의 생계가 가능하도록 돈을 지급하는 것이다. 기업이 아닌 국가에서 월급을 받는 셈이다. 기본소득 개념 논의는 일부 선진국에서는 이미 시작됐다. 스위스의 경우 지난 6월에 월 2500스위스프랑의 기본소득을 지급하려는 안을 두고 국민투표에 부쳤으나 부결되기도 했다. 버락 오바마 미국 대통령도 최근 인공지능(AI)이 사람들의 직업을 빼앗아갈 수 있다며 기본소득 개념을 제시한 바 있다.

머스크는 "세계적으로 기술이 아주 빠르게 일자리를 대체해가고 있다"며 "미래에는 트럭이 자율주행을 할 수 있게 될 것이고, 당장은 그렇지 않겠지만 언젠가는 더 이상 트럭 운전자가 필요 없어지는 세계가 올 것"이라고 말했다. 물론 자동화의 단점만 있는 것은 아니다. 머스크는 "사회 전체적으로 가져다주는 혜택이 많을 것이며, 심지어는 기회가 될 수도 있다"며 "사람들은 (노동하는 것 외의) 다른 일들을 할 수 있고, 좀 더 복잡하고 흥미로운 일들을 하게 될 것이며, 확실히 쉬는 시간이 늘어날 것"이라고 말했다.

지금과 같은 급속한 기술의 발전은 일자리 감소로 이어질 가능성이 높습니다. 그런데 일자리는 감소하는 반면, 자본의 효율성은 극대화되어 소수의 자본가에게만 부가 더욱 집중되는 현상이 발생하게 됩니다. 실제로 기술발전이 미국을 비롯한 상당수 국가의 소득 불평등을 더욱 가속화하고 있다는 증거가 많습니다. 그런데 이런 상태가 지속되면 상당한 문제가 생깁니다. 기술발전에 따라 기업들은 고용을 줄이고도 생산성을 크게 높여 제품과 서비스를 제공할 수 있는데, 문제는 그것을 누가 사주느냐 하는 것이지요. 지금까지는 제품을 생산하는 노동자가 한편으로는 소득을 받아 소비자 역할도 했습니다. 그런데 일자리가 줄어들면 소득이 줄고, 결국 소비도 줄어들게 됩니다. 자본의 생산성이 극도로 높아졌지만 그 제품을 소비할 사람이 없다면 경제가 성장하기 어렵습니다. 이 때문에 스위스와 같은 유럽 복지국가들에서 제기되었던 기본소득제가 경제 전체의 총수요를 유지하기 위해 향후 도입되어야 하는 게 아니냐는 주장이 확산되고 있습니다. 즉, 기업이 일자리를 만들지 못한다면 기업이 높은 생산성으로 얻은 이익에 대해 과세해 그 세금으로 정부가 기본소득 형태로 사람들에게 나누어주자는 구상입니다. 그러면 그 소득으로 일정한 수준의 소비가 발생할 것이니까요.

결국 기술발전으로 일자리가 사라지는 문제는 자본주의 체제 존립의 결정적인 문제가 될 수 있기 때문에, 자본주의의 최대 수혜자라 할 수 있는 엘론 머스크 같은 사업가들까지 기본소득 도입에 찬성하고 있습니다. 참고로 국내에서는 다음의 창업자인 이재웅 씨가 기본소득제의 도입에 찬성 의사를 밝혀 화제가 되기도 했습니다.

한국경제

흔들리는 세계경제 속 가라앉는 한국경제

저성장 시대, 기업이 처한 벼랑 끝 현실

위기의 한국경제, 어떻게 돌파할 것인가?

Korean Economy

나의 한국경제 호구 지수는?

☐ 한국 5대 주력 산업에 속하는 대기업들의 매출액이 2010년 이후 정체하거
나 감소하고 있음을 알고 있다

☐ 한국경제는 수출 의존도가 높기 때문에 대외 리스크에 더욱 취약하다는 것
을 알고 있다

☐ 한계기업의 의미를 알고 있다

☐ 에버그린대출의 의미를 알고 있다

☐ 가계부채가 1200조 원을 돌파했다는 사실을 알고 있다

☐ 2015년 대비 2016년 가계부채 증가액의 60%가 주택담보대출이라는 사실
을 알고 있다

☐ 집단대출의 의미를 알고 있다

☐ 세계 3대 국제신용평가기관의 이름과 이들이 매기는 국가신용등급의 의미
를 알고 있다

✓ 7~8개 : 경제 상식 척척박사
자만은 금물! 심화 스터디와 최신 신문기사를 통해 경제 시야를 넓혀보세요.

✓ 4~6개 : 어설픈 중수
아는 것은 되짚고 모르는 개념은 확실히 잡아 호구에서 탈출하세요.

✓ 0~3개 : 호구의 제왕
경제와는 궁합 제로! 이 책을 통해 경제 기초체력을 다져보세요.

√ **한국 5대 주력 산업에 속하는 대기업들의 매출액이**
2010년 이후 정체하거나 감소하고 있음을 알고 있다

한국의 5대 주력 산업이 무엇일까요? 바로 전자, 철강, 조선, 해운, 자동차산업입니다. 보통 산업이라고 하면 제조업 부문에서의 산업을 의미하므로 여기에 건설업은 포함되지 않습니다. 그런데 최근 몇 년간 국내 5대 주력 산업이 매우 어려워졌습니다. 구조조정의 직격탄을 맞고 있는 조선과 해운뿐만 아니라, 철강도 이미 매출과 영업이익이 많이 줄어든 상태입니다. 더욱이 그나마 선전하고 있는 전자와 자동차도 미래를 낙관할 수 없습니다. 세계경제의 회복이 지연되면서 무역장벽이 높아졌고, 최대 교역국인 중국마저도 경기둔화가 지속되면서 이들 분야의 상황이 단기간 내에 나아지기란 어려워 보입니다.

√ **한국경제는 수출 의존도가 높기 때문에**
대외 리스크에 더욱 취약하다는 것을 알고 있다

한국은 대기업 중심의 수출 주도로 경제성장을 해온 나라입니다. 문제는 수출에 대한 의존도가 과도하게 높은 경제 구조라는 것이지요. 수출 의존도가 높다는 것은 그만큼 세계적인 경기 변화에 주체적으로 대응할 수 있는 힘을 갖추지 못했다는 뜻입니다. 대외 불확실성에 더 크게 노출될 수밖에 없고, 대외 경제 환경이 안 좋아지면 곧바로 직격타를 받게 됩니다. 이러한 이유로 중국과 미국의 경제 상황을 아는 것이 매우 중요합니다. 수출 중에서도 대중(對中) 수출과 대미(對美) 수출의 비중이 압도적으로 높으니까요. 보호무역주의를 내세운 트럼프 행정부 시대가 본격적으로 열리면, 한국은 대미 수출은 물론 중국을 통한 간접 수출도 타격을 받을 수밖에 없습니다.

√ 한계기업의 의미를 알고 있다

제2강 〈환율〉 편에서 설명했던 내용인데 기억이 나나요? 다시 짚어보겠습니다. 기업이 영업이익으로 금융부채의 이자를 갚지 못하는 상황이 3년 이상 지속될 경우, 그 기업을 한계기업이라고 합니다. 기업을 아무리 건실하게 경영한다고 해도, 한 번 정도는 대규모 투자와 같은 이유로 인해 영업이익이 적자를 기록할 수 있습니다. 그런데 기업이 부채의 원금은 고사하고 이자도 갚지 못하는 상황이 3년 이상 지속된다는 것은 심각한 경영난에 빠졌다고밖에 설명이 되지 않습니다. 현재 조선과 해운업체가 상당수 이런 상태이고, 건설 부문에서도 한계기업이 많습니다.

언론에서는 한계기업을 '좀비기업'이라고도 표현합니다. 좀비가 무엇입니까? 죽어야 하는 존재인데, 죽지 않고 살아남아서 다른 사람까지 좀비로 만드는 존재이지요. 한계기업이 바로 좀비와 같은 역할을 하기 때문에 그렇습니다. 경쟁력을 상실해 시장에서 퇴출되어야 마땅한데, 살아남아서 많은 부작용을 일으킵니다. 예를 들어 경기가 좋지 않아 수요가 충분치 않은데 좀비기업이 덤핑경쟁*에 나서 과잉공급이 지속되면 멀쩡하던 기업들도 좀비기업으로 전락할 수 있습니다.

* 덤핑경쟁
덤핑이란 국제무역에서 잉여분을 처분하거나 해외 경쟁의 우세를 점하기 위해, 또는 제품이 국내시장에서 수용되기 어려울 때 다른 회사보다 더 낮은 가격으로 재화를 판매하는 행위를 뜻한다. 덤핑행위는 무역시장의 큰 교란을 불러오기 때문에 세계 각국에서는 과도한 덤핑으로 산업에 피해를 주는 일을 방지하기 위해 덤핑방지관세를 부과하고 있다.

✓ 에버그린대출의 의미를 알고 있다

에버그린이란 상록수처럼 늘 푸르다는 뜻이지요. 기업대출에서 에버그린이란 기업의 부실 가능성을 일시적으로 막기 위해 밑 빠진 독에 물을 붓듯이 계속해서 대출해주는 것을 의미합니다.

에버그린대출의 대표적인 예로는 조선업을 들 수 있습니다. 2016년 기준, 대한민국 3대 조선사의 대출액은 약 55조 원이었습니다. 전체 조선사들이 받은 대출액이 70조 원이라는 점을 감안할 때 상당히 높은 수치입니다. 사실 2010년까지만 해도 3대 조선사의 에버그린대출액은 약 20조 원 정도였습니다. 불과 몇 년 사이에 대출액이 확 늘어났는데요. 그 이유는 돈을 수혈받아서 계속 버티다 보면 세계경제가 좋아질 것이고, 덩달아 조선업 경기도 살아나 조선업체들이 회생할 거라는 잘못된 판단 때문이었습니다. 부채는 그때 갚아도 충분하다고 생각한 것이지요. 그래서 이들 업체에게 산업은행과 수출입은행 등 각종 금융공기업들이 많은 돈을 빌려주었습니다. 금융공기업 입장에서는 대출을 받은 회사가 망하면 부실채권이 되기 때문에, 일단은 기업에서 제시한 낙관적인 시나리오를 믿고 계속 대출을 해줄 수밖에 없었습니다. 물론 정책당국과 정치권에서도 이를 지시했고요. 이런 과정이 거듭되다 보니 3대 조선사의 대출액이 약 55조 원까지 늘어났습니다.

✓ 가계부채가 1200조 원을 돌파했다는 사실을 알고 있다

2016년 3분기를 기준으로 대한민국의 가계부채액은 약 1296조 원입니다. 박근혜 정부가 들어서면서부터 늘어난 부채 규모가 4년 만에 대략 365조 원인데요. 문제는 이 규모가 이명박 정부 5년 동안 늘어난 가계부채 규모(298조 원)보다도 훨씬 큰 금액이라는 사실입니다. 반면, 노무현 정부 5년 동안은 가계부채가 201조 원 정도 늘었습니다. 이를 통해 최근 우리나라의 가계부채가 상당히 빠른 속도로 불어났다는 사실을 확인할 수 있습니다.

✓ 2015년 대비 2016년 가계부채 증가액의 60%가 주택담보대출이라는 사실을 알고 있다

* 주택담보대출
대출신청일 현재 만 20세 이상 65세 이하인 사람으로 무주택자 또는 주택 취득 5년 이내인 1주택자에 한해 만기까지 고정금리를 적용한 대출. 대상주택은 등기부등본상의 주택이며, 주택가격이 9억 원을 초과하는 주택과 다가구 주택 등은 제외된다. 금융기관에서 취급하는 일반 신용대출에 비해 그 상환능력이나 담보력이 우월하고 타 상품에 비해 대손비율이 적어 상대적으로 대출이 용이하다.

2015년에 주택가격이 상대적으로 많이 올랐습니다. 그리고 2016년에도 분양시장과 재건축시장을 중심으로 주택가격의 상승세가 이어졌지요. 그런데 이렇게 주택가격이 뛴 이유는 인구가 늘어서도, 소득이 늘어서도 아닙니다. 가격을 올린 핵심 요인은 바로 가계가 주택을 구입하기 위해 끌어다 쓴 막대한 부채입니다. 그러다 보니 2015년 대비 2016년 가계부채 증가액의 60%(약 70조 원)가 주택담보대출*이 차지할 만큼 그 비중이 상당해졌습니다.

✓ 집단대출의 의미를 알고 있다

집단대출이란 아파트 분양시장에서 중도금과 잔금을 치르기 위해 금융기관으로부터 받는 대출을 뜻합니다. 이 대출은 금리가 매우 낮다는 게 특징인데요. 시공사가 보증을 하고 주택금융공사와 도시주택보증공사와 같은 금융공기업이 신용보강을 해주기 때문입니다. 돈을 빌려주는 금융기관 입장에서는 리스크가 상당히 줄어들겠지요. 정부에서는 집단대출을 대출심사 강화 대상에서 제외했고, 청약 자격과 분양권 전매 관련 규제도 대폭 완화하는 바람에 많은 사람들이 집단대출을 이용해 분양시장에 뛰어들었습니다.

그런데 집단대출에는 커다란 맹점이 있습니다. 바로 개인을 대상으로 소득심사를 하지 않는다는 점입니다. 어차피 건설업체가 보증을 서고 금융공기업의 신용보강이 이루어지니까 금융기관 입장에서는 심사할 필요가 없어진 것이지요. 그러다 보니 금융기관들은 개인들에게 돈을 많이 빌려주었고, 건설사들도 이러한 흐름에 따라 분양 물량을 크게 늘렸습니다. 2016년에 기록한 사상 최대 분양 물량은 2017년 하반기부터 시작해 2018~2019년까지 입주 물량으로 쏟아져 나올 예정입니다. 부동산업계에서는 2017~2018년 입주예정 물량만 아파트 78만 호를 포함해 최대 100만 호까지 이를 것이라고 추산했습니다.

그런데 지금이 어떤 시점인가요? 생산가능인구는 2016년에 정점을 찍고 2017년부터 가파르게 줄어드는 반면, 고령인구는 급증하고 있습니다. 당초 예상보다 지연되었지만 미국의 금리 인상에 따라 한국도 금리를 올려야 할 가능성이 커졌지요. 이런 상황에서 2~3년 뒤에 입주 물량이 쏟아

집을 보유하고 있지만 무리한 대출과 세금 부담으로 인해 실질적 소득이 적어 빈곤하게 사는 사람. 주로 아파트를 갖고 있지 않은 중산층이었다가 부동산 상승기에 무리하게 대출을 받아 내 집 마련에 성공했지만, 부동산가격이 하락하면서 분양가보다 낮은 가격에 내놓아도 팔리지 않고 매월 막대한 이자를 감수하고 있는 빈곤층을 뜻한다.

지면 주택시장은 엄청난 충격을 받게 됩니다. 특히 아파트를 분양받으면 입주 후에는 개인대출로 전환되는데, 이러면 소득이 받쳐주지 않은 상태로 차익만을 노리고 뛰어든 사람들은 하우스푸어(House Poor)*로 전락할 위험이 큽니다.

√ 세계 3대 국제신용평가기관의 이름과 이들이 매기는 국가신용등급의 의미를 알고 있다

세계 3대 국제신용평가기관 피치 레이팅스의 뉴욕 본사. 신용평가 결과는 단순히 투자자에게 투자의 기초자료를 제공하는 것뿐만 아니라, 재무건전성 감독의 수단으로도 활용된다. 특히 금융기관이 등급이 낮은 증권을 일정량 이상 보유하는 것을 제한하는 건전성 감독의 수단으로써 신용평가가 이용되고 있다.

영국의 피치 레이팅스(Fitch Ratings), 미국의 무디스(Moody's)와 스탠더드앤푸어스(S&P, Standard and Poors)를 세계 3대 국제신용평가기관이라고 합니다. 이들은 세계를 대상으로 채무상환능력 등을 종합평가해 국가신용등급(국가신용도)을 매깁니다. 혹시 한국의 경제 상황이 좋지 않은데, 국가신용등급은 올라갔다는 기사를 본 적이 있나요? 정부 관료들은 이를 근거로 자신들의 경제 운용에 대해 자화자찬합니다. 하지만 국가신용등급의 의미를 잘 뜯어보면 왜 우리가 일반적으로 체감하는 경제와 괴리가 있는지를 이해할 수 있습니다.

국가신용등급이란 국제신용평가기관이 한 국가의 국채에 투자했을 때, 쉽게 말해 돈을 떼이지 않고 돌려받을 수 있는지를 등급으로 나타낸 것입니다. 한국은 기업부채와 가계부채는 높은 수준으로 치솟았지만, 표면적으로 드러난 정부부채 비율은 다른 국가에 비해 낮습니다. 그러다 보니 이들 국제신용평가기관이 한국의 재정건전성을 높게 평가한 것이지요. 그러므로 국제신용등급이 상향조정되었다고 해서 우리나라의 경제가 튼튼하고 아무런 문제가 없다고 생각하면 곤란합니다. 참고로 외환위기 직전인 1997년 초에도 국제신용평가기관은 한국의 국가신용등급을 올린 적이 있습니다. 물론 그렇다고 하여 이들 기관의 평가가 매번 틀리다거나 등급에 영향력이 없다는 이야기는 아닙니다. 다만, 국제신용등급의 상승과 경제 건전성이 동의어가 아니라는 사실만큼은 기억하길 바랍니다.

흔들리는 세계경제 속 가라앉는 한국경제

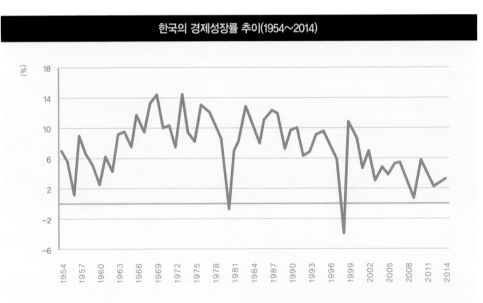

한국의 경제성장률 추이(1954~2014)

* 한국은행 경제통계시스템 자료를 바탕으로 선대인경제연구소 작성

한국의 경제성장률은 지속적인 하락세를 보이고 있습니다. 한국경제가 장기 저성장 국면에 진입했기 때문입니다. 기업들 역시 실적악화와 구조조정의 여파로 직격탄을 맞았으며, 자금 수요가 없다 보니 대출 규모도 조금씩 줄이고 있습니다. 반면, 가계는 소득이 제자리걸음을 하고 있는

가운데 주택담보대출이 빠르게 늘어나고 있습니다. 소득에 비해 이자상환 부담이 커졌고, 쓸 돈이 부족해지면서 신용대출도 덩달아 늘어나는 악순환이 거듭되고 있습니다.

설상가상으로 세계경제 상황 역시 녹록치 않습니다. 미 대선에서 트럼프가 승리하면서 앞으로 세계경제의 질서에도 큰 변화가 일어날 것으로 예상됩니다. 그런 가운데 미 연준도 금리 인상 기조를 이어갈 것으로 보입니다. 여기에 중국의 경기둔화와 유럽의 경기부진이 상당 기간 지속되고 있으며, 일본의 아베노믹스 정책은 이제 한계에 다다랐습니다.

앞에서 설명한 것처럼 만약 미국이 금리를 인상하면 그 여파로 국내에 들어와 있던 외국인 자금들이 빠져나갈 가능성이 높습니다. 2008년 세계 금융위기로 인해 우리나라에서 대규모로 빠져나갔던 외국인 자금들이 이후 안정세를 보이며 다시 국내로 들어왔다가, 최근 미국의 금리 인상 소식에 맞춰 빠져나가는 경향을 보였습니다. 만약 외국인 자금이 급격하게 빠져나가면 국내시장에 미칠 충격은 상당할 것입니다. 물론 지금은 미국이 금리 인상 속도를 조절하고 있고, 미국을 제외한 다른 주요국들은 양적완화를 시행하며 돈을 풀고 있는 상황이기 때문에 2008년과 같이 당장 외국인 자금이 빠져나갈 가능성은 현실적으로 적어 보입니다. 하지만 국내 주택시장이 침체에 빠져 가계부채 문제가 현실화되거나, 기업경기가 악화되어 한계기업들이 쓰러지는 등의 악재가 겹친다면 한국경제가 또 다른 위기를 맞을 가능성도 배제할 수 없습니다.

한국은 수출로 먹고사는 나라입니다. 특히 중국은 한국의 최대교역국인 만큼 우리나라 경제의 향방을 예측하기에 앞서 중국의 경제상황도 잘 살펴보아야 합니다. 중국의 GDP 성장률은 2015년 6.9%까지 떨어졌습

* 신창타이
중국이 지속가능한 성장을 이루기
위해서는 경제 구조를 개편해야 하
며, 이를 위해 고속성장보다 중고속
성장을 받아들여야 한다는 의미의
중국식 표현. 시진핑 전 국가주석이
2014년 5월 "중국경제가 개혁 개방
이후 30여 년간의 고성장기를 끝내
고 새로운 시대로 이행하고 있다"
고 말하면서 처음 등장한 용어.

니다. 세계 금융위기 전까지만 해도 10%대의 성장을 거듭해왔다는 점을 감안하면 경제성장 속도가 크게 둔화되었다고 해석할 수 있습니다. 물론 이러한 흐름은 세계경제의 침체와도 맞물려 있지만, 중국도 구조적인 성장률 저하의 시기에 들어섰다는 점이 결정적 계기입니다. 중국의 성장률이 낮아진 데에는 여러 가지 이유가 있습니다. 대표적으로 중국 정부가 '신창타이(新常態)* 구호를 내걸고 중국경제의 체질을 바꾸는 과정에서 발생한 성장통 때문입니다. 중국도 우리나라가 해왔던 방식처럼 수출 비중이 높고, 건설·부동산 투자 중심의 경제성장을 이루어왔습니다. 하지만 이제는 서비스업을 키우고 가계소득을 늘리는 등 경제성장 동력을 내수로 바

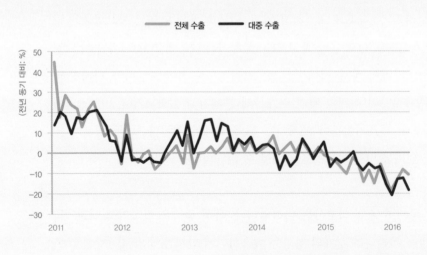

한국의 전체 수출 및 대중 수출 증가율 추이(2011~2016)

전체 수출 ── 대중 수출

* 한국은행 경제통계시스템 자료를 바탕으로 선대인경제연구소 작성

꾸는, 이른바 '내수중심의 경제 구조'를 만들어가려는 경향이 뚜렷하게 나타나고 있습니다.

중국의 경기둔화에 따라 한국의 대중 수출 증가율이 떨어지자, 자연히 한국의 전체 수출 증가율도 크게 감소했습니다. 한편 대중 수출이 부진을 겪고 있는 가운데 미국경제의 선전으로 인해 대미 수출이 늘어나고 있습니다. 또 베트남으로 수출하는 규모도 늘어났습니다. 현재 많은 공장들이 중국에서 베트남으로 생산기지를 옮기면서 베트남에 대한 수출이 점차 늘어나는 추세입니다. 그럼에도 불구하고 대중 수출에서 줄어든 수출 규모를 상쇄할 만큼 다른 나라로의 수출이 늘어나지는 않았습니다.

저성장 시대,
기업이 처한 벼랑 끝 현실

한국경제가 이렇게 어렵다 보니, 국내 주력 기업들의 매출과 영업이익 역시 정체된 모습을 보이고 있습니다. 대한민국을 대표하는 삼성전자의 매출을 보면 2013년 4분기에 이미 정점을 찍었고, 그 이후 계속해서 줄어들었습니다. 이후 약간 반등하기는 했지만 전성기 때의 수준에는 도달하지 못하고 있는 실정입니다. 삼성전자의 영업이익은 2014년 3분기에 4조 원을 조금 넘긴 수준이었다가, 2016년 2분기에는 8조 원을 넘겼습니다. 바닥을 쳤을 때와 비교하면 2배 정도 영업이익이 오른 셈이지만 최근 갤럭시노트7의 단종 사태가 터지면서 다시금 하락세를 보이고 있습니다.

삼성전자의 부문별 영업이익 추이를 보면 2013~2015년까지 IM 부문(IT · 모바일)의 영업이익이 큰 폭으로 줄어들었습니다. 다행히도 2016년 1~2분기에는 스마트폰의 판매 호조에 힘입어 영업이익이 가파르게 증가했습니다. CE 부문(생활가전)이나 DP 부문(디스플레이)은 정체되어 있거나 약간의 반등을 보이는데, 반등에 성공했다 해도 전체 영업이익의 규모가 그리 크지 않아 영향을 미치지는 못합니다.

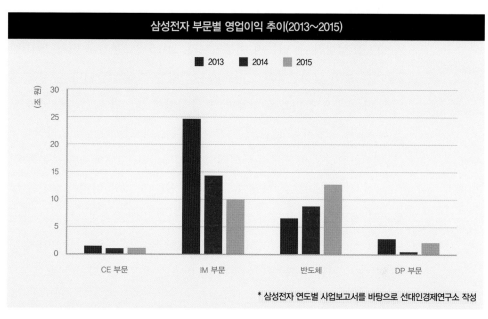

삼성전자 부문별 영업이익 추이(2013~2015)

■ 2013 ■ 2014 ■ 2015

(조 원)

* 삼성전자 연도별 사업보고서를 바탕으로 선대인경제연구소 작성

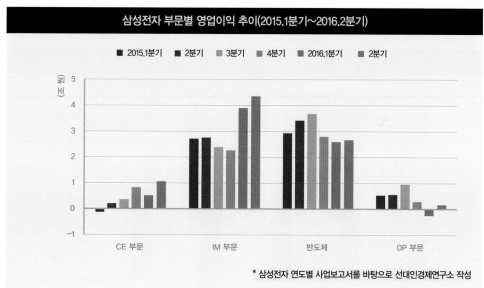

삼성전자 부문별 영업이익 추이(2015.1분기~2016.2분기)

■ 2015.1분기 ■ 2분기 ■ 3분기 ■ 4분기 ■ 2016.1분기 ■ 2분기

(조 원)

* 삼성전자 연도별 사업보고서를 바탕으로 선대인경제연구소 작성

여기서 중요한 점이 있습니다. 바로 삼성전자의 매출과 영업이익이 지속적으로 성장할 수 있는지 여부입니다. 2015년 2분기에 비해 2016년 2분기를 보면 삼성전자의 스마트폰 출하량은 꽤 늘었습니다. 삼성을 제외한 다른 주요 스마트폰 업체들 중 출하량이 늘어난 기업은 중국의 오포(OPPO)가 유일하지요. 문제는 전 세계의 스마트폰 시장이 포화상태에 이르면서 성장률이 크게 둔화되었다는 점입니다. 그나마 신흥국을 중심으로 한 저가 스마트폰 시장이 늘어나고 있는데, 크게 이익이 남지는 않습니다. 또 애플이 잠시 주춤하고 있어서 그렇지 본격적으로 신제품이 나오기 시작하면 삼성전자의 매출과 영업이익은 줄어들 가능성이 큽니다. 그래서 지금 반짝 영업이익이 올랐다고 해도 지속되리라는 보장은 없습니다.

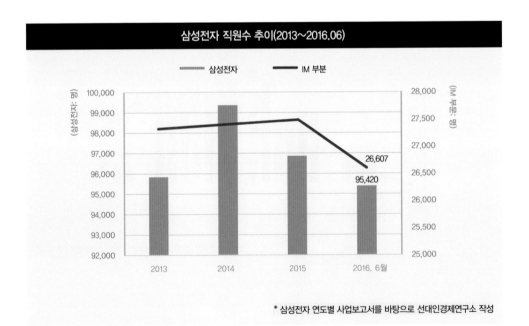

삼성전자 직원수 추이(2013~2016.06)

* 삼성전자 연도별 사업보고서를 바탕으로 선대인경제연구소 작성

사실 삼성전자가 이토록 영업이익을 많이 낼 수 있었던 배경 중 하나는 대규모 구조조정을 통한 비용절감이었습니다. 삼성전자의 영업이익이 바닥을 치고 다시 올랐던 2014~2016년 사이에 직원들의 수가 대폭 줄어들었습니다. 2014년 삼성전자의 직원 수는 9만 9000명이 넘었는데, 2016년에는 9만 5420명까지 떨어졌습니다. 이는 일본이 장기적 저성장기로 진입하면서 보였던 현상과 유사합니다. 매출과 영업이익이 줄어들면 기업은 가장 먼저 경비를 절감합니다. 인건비를 비롯한 여러 경비를 줄이는 것이지요. 이를 구조조정*이라고 하는데, 경쟁력이 떨어지는 사업은 정리하고 새로이 성장하는 부문에 자원을 재배치하는 활동을 말합니다.

> *** 구조조정**
> 기업이 경제 및 산업 여건의 변화에 따라 사업체 조직 구조를 새롭게 개편하는 작업. 구조조정의 목적은 부실기업이나 비능률적인 조직을 능률적인 사업구조로 개편하는 것이다. 성장성이 부족한 사업분야의 축소 또는 폐쇄, 중복성을 띤 사업의 통폐합, 기구 및 인원의 감축, 부동산 등 소유자산의 매각처분, 국내외의 유망기업과 제휴하여 새로운 기술을 개발시키는 등의 방법이 있다.

그런데 한국에서는 구조조정이 '정리해고'의 동의어로 인식되고 있습니다. 구조조정이 필요할 때마다 일단 사람부터 자르고 보기 때문입니다. 정말 안타까운 현실이지요. 2015년에도 우리나라 상장사들의 영업이익은 늘어났지만 매출액은 거의 늘지 않았습니다. 기업의 외형은 더 이상 성장하지 않는데, 비용을 절감해서 영업이익이 늘어난 것처럼 보이게 했습니다. 하지만 이렇게 기업을 운영해서는 결코 지속적으로 살아남을 수 없습니다. 처음에는 효과가 있어도 나중에는 더 이상 허리띠를 졸라맬 데가 없어져버립니다. 그래서 진정한 의미의 저성장 돌파 전략은 새로운 성장동력을 발굴하고 거기에 자원을 쏟는 것입니다. 그나마 삼성은 이러한 노력을 많이 하고 있는데, 삼성을 제외한 다른 기업들은 가시적인 성과를 보이지 못하고 있습니다.

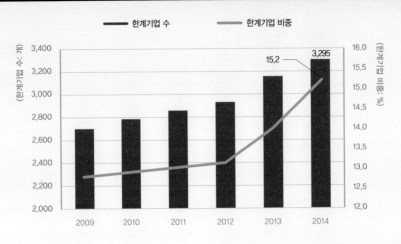

한계기업 추이(2009~2014)

━━ 한계기업 수 ━━ 한계기업 비중

15.2   3,295

* 한국은행 금융안정보고서 자료를 바탕으로 선대인경제연구소 작성

    대표적으로 현대자동차가 그렇습니다. 현대자동차의 매출액은 정체 상태이며, 영업이익은 계속 떨어지고 있습니다. 2016년 2분기에 영업이익이 일시적으로 늘어나기는 했는데, 이는 소비세 감소와 환율효과가 반영된 결과입니다. 전 세계적으로 전기자동차와 자율주행자동차 열풍이 불면서 이제는 기존 자동차업체뿐만 아니라 구글, 애플, 우버(Uber)와 같은 ICT업체들까지 자동차시장에 뛰어들고 있습니다. 이러한 시점에서 현대자동차가 10조 5500억 원이라는 큰돈을 한전부지 매입에 투자한 것은 올바르지 못한 판단이었다고 생각합니다.

    한계기업 역시 꾸준히 늘어나고 있습니다. 금리가 떨어지면 이자 부담이 줄어드니까 한계기업도 줄어들어야 정상인데요. 최근 몇 년간 금리가 계속 떨어졌음에도 불구하고 한계기업은 오히려 늘어났습니다. 왜 그럴까요? 시장에서 마땅히 퇴출되어야 할 기업인데 억지로 살아남아서 멀쩡하던 기업마저 좀비기업으로 만들었기 때문입니다. 예를 들어 시장의 파이가 100인데 수요가 70만큼 줄어들었다고 생각해봅시다. 그러면 시장 참여자들이 살아남기 위해 공급 역시 70으로 줄어야 하는데, 만약 공급이 계속 100으로 유지된다면 어떻게 될까요? 나눠먹는 파이가 줄어든 만큼 남아 있는 기업들이 힘들어지겠지요. 이런 상황에서 우리나라는 금리를 낮춰주면서 한계기업들이 당장 무너지지 않도록 도와준 것입니다. 금융 당국은 경기를 부양하기 위해 금리를 낮추었지만, 한편으로는 기업의 구조조정을 지연시키는 결과를 낳았습니다. 앞으로 이런 한계기업이 계속 쌓인다면 금리가 인상되거나 국내외 경제위기가 닥칠 때 그 피해는 훨씬 더 커질 가능성이 높습니다.

지금 한국경제는 소비절벽의 시대로 흘러가고 있습니다. 경제 활동을 해 소득을 벌고 소비를 활발하게 하는 생산가능인구가 본격적으로 줄어들고 있으며 더욱이 고령화가 진행되면서 60대 이상 노후세대의 소득이 50대의 절반으로 뚝 떨어졌기 때문입니다. 통계청에서 발표한 자료들을 살펴보아도 건강·의료 관련 지출을 제외한 거의 모든 분야에서 소비가 줄어들고 있습니다.

더 중요한 것은 한국경제가 일시적인 경기후퇴가 아닌, 장기적 저성장의 초입 국면에 진입했다는 사실입니다. 물론 세계경제가 침체 상황에 놓여 있고 중국경제가 둔화된 탓도 크지만, 그렇다고 하여 중국경제가 다시 좋아진다고 한들 한국경제가 살아날 가능성은 적어 보입니다. 이미 중국의 기술 수준은 우리나라의 턱 밑까지 쫓아왔고, 해외 기업과의 인수합병

(M&A)을 통해 새로운 성장동력에 막대한 자금을 쏟아붓고 있습니다. 세계 최고의 기업을 돈으로 사들여 우리가 거쳐왔던 성장의 단계를 뛰어넘고 미래를 선도하겠다는 의지입니다. 이제는 중국경제가 성장해도 과거처럼 우리나라의 대중 수출이 크게 늘어나지는 못할 것입니다.

STEP
3

위기의 한국경제,
어떻게 돌파할 것인가?

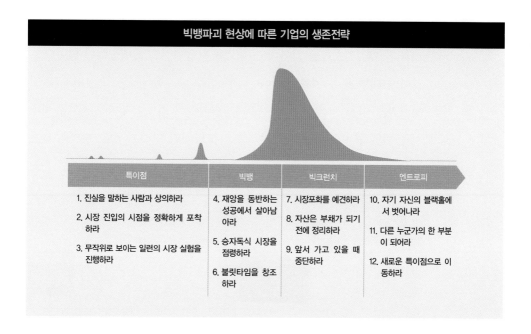

빅뱅파괴 현상에 따른 기업의 생존전략

특이점	빅뱅	빅크런치	엔트로피
1. 진실을 말하는 사람과 상의하라	4. 재앙을 동반하는 성공에서 살아남아라	7. 시장포화를 예견하라	10. 자기 자신의 블랙홀에서 벗어나라
2. 시장 진입의 시점을 정확하게 포착하라	5. 승자독식 시장을 점령하라	8. 자산은 부채가 되기 전에 정리하라	11. 다른 누군가의 한 부분이 되어라
3. 무작위로 보이는 일련의 시장 실험을 진행하라	6. 불릿타임을 창조하라	9. 앞서 가고 있을 때 중단하라	12. 새로운 특이점으로 이동하라

앞으로 전 세계 산업은 급속한 기술 변화에 따라 제품과 서비스가 빠르게 생겨났다가 다시 빠르게 소멸하는 현상을 겪게 될 것입니다. 이른바 빅뱅파괴 현상이 수시로 일어납니다. 위 그림에서 보는 것처럼 빅뱅파괴 제품은 순식간에 시장을 지배했다가 순식간에 시장에서 퇴출될 수

있습니다. 한국의 수많은 기업들은 이미 기술혁신의 충격을 고스란히 받고 있습니다. 이런 상황일수록 제품과 서비스가 포화 상태에 이르고 소멸할 시점에 맞춰 선제적으로 대처하는 자세가 중요합니다. 즉, 우리가 지금껏 성장하는 데에 발판이 되었던 자산이 오히려 부채가 되어버리는 때가 오는데, 이 시점에 적절히 대응해야 한다는 뜻입니다. 현대자동차의 경우, 지금까지는 국내시장을 거의 독과점하여 성장해왔습니다. 그런데 국내시장이 워낙 견고하다 보니 전기자동차나 자율주행자동차 흐름에는 다소 안일하게 대응해왔습니다. 새로운 제품과 서비스가 급속히 확산되면서 주변 산업까지 순식간에 재편하는 빅뱅파괴 단계를 지나 시장붕괴 단계가 올 때, 그 흐름을 읽어내고 새로운 기술혁신으로 대응해야 합니다.

이에 대한 좋은 예로 코닥과 후지필름(Fujifilm)을 들 수 있습니다. 잘 알려져 있듯이, 코닥은 스마트폰에 디지털카메라 기능이 탑재되면서 몰락의 길을 걸었습니다. 하지만 후지필름은 코닥처럼 망하지 않고 여전히 건재

	기존 시장	새 시장
새 기술	레이저 내시경, 의료용 화상정보 시스템, 다기능 복사기, 디지털 카메라	초음파 진단장치, 화장품, 반도체용 재료, 의약품
기존 기술	소형 디지털 카메라, 복사기, 광학렌즈, 사진필름	전도성 필름, 열차단 필름, LCD용 필름, 태양전지용 기판

후지필름 4분면 분석법에 의한 사업 구분

하게 살아남아 있습니다. 과거 주력 부문인 필름산업에서 과감히 벗어나 문서 · 정보솔루션 부문으로 기업 구조를 탈바꿈했기 때문입니다. 특히 필름을 셀룰로이드로 만드는 기술을 개발해 이를 피부에 적용할 수 있도록 화장품을 만들었고 큰 성과를 이루어냈습니다. 더불어 컴퓨터 모니터에 붙이는 필름을 개발해 LCD용 필름시장의 70%를 차지하기도 했습니다.

폐허가 된 디트로이트   눈부신 발전을 이룩한 샌프란시스코

기업이 정점에 다다랐을 때 빠르게 다음 단계로 넘어가야 하듯, 도시 역시 마찬가지입니다. 1970~1980년대만 해도 디트로이트는 미국 자동차시장의 메카였습니다. 하지만 이후 혁신을 이루지 못해 쇠락했습니다. 반면, 샌프란시스코는 물류 컨테이너산업과 금융산업을 거쳐 실리콘밸리의 모태가 되었습니다. 혁신하기 위해 끊임없이 노력한 덕분입니다. 그 결과 매력적인 도시로 거듭나 인구와 자원이 모였고, 미국에서 가장 집값이 비싼 도시, 시가총액이 가장 높은 기업들이 모여 있는 도시가 되었습니다. 자원이 충분할 때, 그리고 그 자원을 갖고 있을 때 다음 스텝을 어떻게 구상하느냐가 중요합니다.

또한 과거와 비교해 현재는 기업의 수명이 상당히 짧아졌습니다. 이는 곧 우리의 일자리 수명도 짧아진다는 것을 의미합니다. 그런데 정작 인간의 수명은 늘어나고 있지요. 대략 55세에 정년퇴직을 한다고 해도 곧바로 일을 그만둔다고 생각하면 안 됩니다. 이제 세상은 과거와는 완전히 다른 패러다임으로 변했습니다. 그래서 55세 이후에도 일자리를 구해 일을 지속해야 합니다. 그렇다면 언제부터 준비하는 게 좋을까요? 기업과 마찬가지로 '자원이 충분할 때, 그리고 그 자원을 갖고 있을 때', 즉 30~40대부터 다음 일자리를 준비해나가야 합니다.

빠르게 변화하는 세상에서 살아남기 위해 기업과 개인은 '차별화 전략'을 써야 합니다. 강자의 전략은 동질화(봉쇄), 물량전, 전면전입니다. 강자의 대표적인 예로 질레트(Gillette)의 면도기를 들 수 있습니다. 고가의 전동 면도기를 생산하던 질레트는 후발 기업들이 1회용 면도기로 시장을 잠식해오자 자신들도 본격적으로 1회용 면도기 시장에 뛰어들었습니다. 이후 막대한 자금과 마케팅으로 경쟁업체들을 완전히 봉쇄해버렸습니다. 이것이 바로 동질화 전략입니다. 그렇다면 차별화 전략은 무엇일까요? 자신만이 잘할 수 있는 틈새를 찾아 거기에서 두각을 나타내는 것입니다. 블루오션을 향한 선택과 집중, 국지전을 이용해 시장을 점유한다는 뜻입니다.

차별화 전략의 대표적인 사례로 미국의 저가항공사인 사우스웨스트(Southwest)를 들 수 있습니다. 기존의 미국 항공사들은 2~4시간이 걸리는 국내 운항에도 국제 운항 방식을 그대로 적용해 좌석을 지정할 수 있도록 하고 기내식을 제공했습니다. 자연히 가격이 높아졌고 소비자들의 불만은 쌓여갔지요. 이때 사우스웨스트는 작은 비행기에 단일좌석 등급, 기내식 미제공 등으로 저가항공료를 제시했고, 큰 성공을 거두었습니다. 고객 타깃을 명확히하고 니즈를 정확히 캐치해 선택과 집중을 한 결과입니다.

강자의 전략	약자의 전략
동질화(봉쇄) 물량전 전면전 	차별화(틈새전략) 선택과 집중 국지전 

또 세계적인 가구업체 이케아(IKEA) 역시 차별화 전략의 좋은 예입니다. 기존의 가구업체들은 완제품을 만들어 배송하다 보니 인건비는 물론 물류비용과 운송비용까지 들어 제품의 가격을 비싸게 매길 수밖에 없었습니다. 이케아는 바로 이러한 단점을 파고들어 조립식 가구를 만들었고, 새로이 가구시장을 점유했습니다.

전통적인 방식으로 강자와 약자가 맞붙었을 때는 약자가 이기는 비율이 30%를 넘지 못했지만, 방식을 바꾸자 약자의 승률이 3분의 2를 웃돌았다는 연구결과가 있습니다. 약자들은 강자들이 가지지 못하는 전략을 선택해 파괴적 혁신을 이루고, 판을 뒤집어 새로운 승자로 떠오르고 있습니다. 강자들이 고품질을 이유로 불가피하게 고가의 전략을 쓸 때 약자들은 기술혁신을 통해 더 효율적으로 좋은 제품을 만들고 저가로 제공합니다. 그래서 새로이 떠오르는 시장을 잡기 위해서는 기존에 하던 낡은 것들을 멈춰야 합니다.

피터 드러커는 이런 말을 남겼습니다. "새로운 것을 원하면 원래 하던 낡은 것들을 멈춰라. 미래를 예측하는 가장 좋은 방법은 미래를 창조하는 것이다(If you want something new, you have to stop doing something old. The best way to predict the future is to create it)." 바로 이러한 진리를 기업도 개인도 절대 잊지 말아야 할 것입니다.

조선일보, 2016-10-19

초라한 국내 전기車 보급에…
'의무판매' 추진

정부, 빠르면 2018년부터… 제조사에 일정비율 판매 의무화

오는 2018년부터 국내 자동차 제작사들에 '전기차 의무 판매제'를 도입
하는 방안을 정부가 추진 중이다. 해마다 되풀이되는 고농도 미세 먼지
현상 등에 대응하기 위해 대기오염 물질을 내뿜지 않는 친환경차 보급을
획기적으로 늘릴 필요가 있다는 판단에서다. 환경부는 "자동차 제작사들
의 연간 전체 판매량 가운데 전기차를 일정 비율로 팔아야 하고, 이를 지
키지 않을 경우 과징금을 부과하는 내용의 '의무 판매제' 도입을 검토하
고 있다"고 18일 밝혔다. 자동차업계의 의견 청취와 법 개정에 걸리는 기
간 등을 감안하면 이르면 2018년부터 시행이 가능할 것으로 환경부는
보고 있다. 환경부가 자동차 제작사에 전기차 판매를 사실상 강제하는 방
안을 도입하기로 한 것은 현재 전기차 보급 추세로는 정부가 내세운 목
표(2020년까지 누적 25만 대)를 달성하기 불가능하다는 현실적 판단 때문이
다. 실제로 전기차 국내 보급은 2013년부터 3년 연속 목표치를 밑돈 데
이어 올해는 9월 말 현재 2401대가 보급돼 목표치(1만 대)에 훨씬 못 미
친 상태다. 환경부에 따르면 최근 충전소 인프라가 확충돼 단위면적당(1
만㎢) 급속 충전기 수가 39기로 중국(12.6기)과 미국(3.6기)보다 높은데도
보급 대수 확대는 지지부진한 것이다. 현대자동차 아이오닉의 경우, 노조
파업 등으로 차량 생산이 원활하지 않아 구매 대기 물량이 2000대에 이
르는 점 등을 고려하더라도 "판매량이 기대치에 크게 미치지 못하는 수
준"이라고 환경부는 전했다.

(…후략…)

이 기사는 전 세계 주요 국가들이 전기자동차산업 육성에 나서고 있는 데 반해, 여전히 제자리걸음을 하고 있는 국내 자동차시장에 대한 분석입니다. 사실 현재 정부의 정책기조나 현대자동차의 기술개발 속도를 봤을 때, 우리는 이미 전기자동차 부문에서 상당히 뒤처져 있습니다. 전기자동차산업 육성에 필수적인 인프라로 꼽히는 충전소조차도 제대로 보급되어 있지 않습니다.

전기자동차는 앞으로 전 세계 비즈니스에서 큰 흐름이 될 것이고, 이러한 흐름에 올라타지 못하면 한국 기업의 경쟁력은 더욱 떨어질 것입니다. 내연기관 자동차에서는 경쟁력이 없던 중국만 해도 전기자동차 부문에서는 이미 선도적인 지위를 차지하고 있습니다. 앞에서도 지적했듯이 현대자동차가 가졌던 현재의 자산이 곧 부채(장애물)가 되면서 전기자동차로의 전환이 늦어졌다고 볼 수 있습니다. 중국의 경우 내연기관 자동차시장이 크지 않았기 때문에, 한편으로는 전기자동차시장을 육성하는 데에 훨씬 수월했습니다. 정부 또한 전기자동차산업을 전략 산업으로 육성하려는 의지가 큽니다.

아직 성장하고 있는 분야인 만큼 우리도 희망을 버리기에는 이릅니다. 전기자동차 배터리 제조 기술력에서 세계 1, 2위를 다투는 LG화학이나 삼성SDI가 있고, 전기자동차 급속충전기 분야에서 상당한 기술력을 가진 업체도 다수 있기 때문입니다. 정책당국이 제대로 된 정책기조를 가지고 잘 운영해나간다면 우리도 전기자동차 분야에서 상당한 성과를 거둘 수 있습니다.

서울경제, 2016-11-08

'편식' 심한 한국경제…
건설의존도 OECD 최고

韓, 건설 빼면 투자 마이너스
내년 성장 급락 막으려면 他산업 투자도 서둘러야

8일 OECD 국가의 2·4분기 국민계정을 비교한 결과 우리나라의 건설 성장기여도는 1.7%포인트(이하 전년 동기 대비 실질성장률 기준)로 조사 대상 국가 중 가장 높은 것으로 나타났다.

우리나라는 세계적인 저성장 기조에도 불구하고 견조한 성장세를 보이고 있지만 건설투자 편식이 다른 국가에 비해 지나쳤다. 조사 대상 국가 중 전년 동기 대비 2%대 이상 성장한 국가는 9개국이었다. 이 가운데 건설투자를 제외한 총고정자본형성의 성장기여도가 마이너스인 국가는 우리나라뿐이다. 쉽게 말해 기업의 투자와 수출 증대, 민간소비 등을 중심으로 안정적인 성장을 한 대부분의 국가와 달리 한국만 부동산시장에 기대 3%대 성장을 달성한 셈이다.

(…중략…)

문제는 내년이다. 당장 9월 들어 건설 기성이 뒷걸음질했다. 여기에 주택공급을 줄이겠다는 8·25가계부채대책, 수도권의 투기수요를 끊어내겠다는 11·3부동산대책이 효과를 내기 시작하면 건설투자의 성장기여도는 꺾일 수밖에 없다. 기업투자가 살아나지 않는 이상 내후년에는 우리 경제성장률의 절반가량을 장담할 수 없는 상황이다. 김성태 한국개발연구원(KDI) 거시경제연구부장은 "건설로 갈 수 있는 성장은 내년이 마지노선"이라며 "정책수단을 동원해 당장 내년에 기업투자 등 빠지는 것을 메워주는 부분을 찾아야 하는데 이런 정국에서 내년에 뭘 할 수 있을까 싶다"고 말했다.

한국경제의 성장률이 하락추세를 이어가고 있는 가운데, 성장의 질도 악화하고 있음을 보여주는 기사입니다. 기사에서 말하듯이, OECD 회원국 중 한국의 건설의존도가 가장 높습니다. 신성장산업에 자원을 투입해도 모자를 판에 여전히 부동산 부양책에 의존한 경제성장에 매몰되어 있는 것입니다. 2016년 3분기 한국의 경제성장률은 또다시 전분기 대비 0%대 성장에 그쳤습니다. 그나마 이 정도 성장률을 기록한 것은 건설업 때문입니다. 보다 구체적으로 2015년 1분기 4.2%였던 건설투자의 경제성장기여율은 올해 3분기에는 66.7%까지 치솟았습니다. 건설투자가 전체 경제성장률의 3분의 2를 차지하고 있는 셈입니다. 한국경제가 부동산시장의 '나홀로 호황'에 의존해 연명하고 있음을 단적으로 보여주는 기사입니다.

하지만 이처럼 건설경기가 주도하는 성장은 바람직하지 않을 뿐만 아니라 지속되기도 어렵습니다. 실제로 수도권과 일부 지방도시를 중심으로 공급과잉 압력이 커진 상황에서 2014년 하반기부터 누적된 분양 물량이 2017~2018년에만 75만 가구가 넘는 아파트 입주 물량으로 쏟아질 예정입니다. 이미 경기도를 비롯한 부산, 충남, 경북 등의 초기분양률은 하락추세가 뚜렷하게 나타나고 있지요. 지금껏 건설투자 증가의 대부분을 주택건설투자가 이끌어왔던 만큼, 내년 이후 아파트 분양시장의 위축과 시공 물량의 감소로 건설투자 증가세 역시 크게 둔화될 전망입니다. 그러면 한국경제는 지금 수준의 저조한 성장률조차 유지하기 어려워질 것입니다.

중국경제

중국발 세계경제 위기는 발생할 것인가?

주요 경제지표로 살펴본 중국경제의 현주소

중국의 성장, 위협인가 기회인가?

Chinese Economy

나의 중국경제 호구 지수는?

- ☐ 최근 중국의 GDP 성장률을 알고 있다

- ☐ 중국이 2016년 10월에 편입한 SDR의 개념을 알고 있다

- ☐ 중국의 1선도시가 어디인지 알고 있다

- ☐ 현재 중국의 외환보유고가 어느 정도인지 알고 있다

- ☐ 중국의 3차 산업 비중이 2차 산업 비중을 추월했다는 사실을 알고 있다

- ☐ 중국 기업의 이름을 다섯 개 이상 알고 있다

- ☐ 중국의 증시와 주가지수에 대해 알고 있다

- ☐ 후강통과 선강통의 의미를 알고 있다

- -

✓ 7~8개 : 경제 상식 척척박사
자만은 금물! 심화 스터디와 최신 신문기사를 통해 경제 시야를 넓혀보세요.

✓ 4~6개 : 어설픈 중수
아는 것은 되짚고 모르는 개념은 확실히 잡아 호구에서 탈출하세요.

✓ 0~3개 : 호구의 제왕
경제와는 궁합 제로! 이 책을 통해 경제 기초체력을 다져보세요.

✓ 최근 중국의 GDP 성장률을 알고 있다

2015년 중국의 GDP 성장률은 6.9%입니다. 중국은 세계 금융위기 때를 제외하고 지난 30년간 10%에 이르는 고성장을 지속해왔습니다. 그러다가 2012년 이후부터 GDP 성장률이 가파르게 떨어지고 있습니다. '바오빠(保八, GDP 8%를 사수하자)'를 외치다가 이제는 7%도 지키기 어려운 상황입니다. 이 때문에 중국경제가 고성장 단계를 지나 6~7%대 중성장 단계로 진입했다는 진단이 나오고 있습니다.

이러한 중국경제의 흐름은 한국과도 비슷한 부분이 있습니다. 우리나라 역시 경제개발이 한창이던 1990년대 초반까지 10%대의 고성장을 기록했습니다. 이후 90년대 중반에 들어서는 6~7%대의 성장률을 유지하다가, 외환위기 이후 4~5%대로 주저앉았습니다. 이렇게 볼 때 현재 중국경제는 우리나라의 90년대 중반 수준이라고 생각됩니다. 다만 성장률이 한 단계 고꾸라졌기는 해도 여전히 꽤 높은 수준이며, 앞으로도 상당 기간 성장을 이어갈 것이라 전망됩니다.

그런데 왜 전 세계는 중국경제의 성장률 하락에 대해 이다지도 호들갑을 떠는 것일까요? 그만큼 세

전 중국 총리 원자바오는 2011년 제11기 전국인민대표대회에서 13년간 금과옥조로 여겨온 경제성장정책 '바오빠' 신화를 접겠다고 발표했다. 대신 제12차 5개년개발계획 기간에 연평균 7%대의 경제성장을 유지하면서, 30년간의 경제성장 속에서 소외되었던 사회계층에 대한 포용과 함께 지속성장을 위한 사회 불균형 해소에 초점을 맞추겠다고 밝혔다.

계경제에서 중국경제가 차지하는 비중과 영향력이 커졌기 때문입니다. 특히 한국의 관점에서 볼 때 중국은 교역대상 1위 국가입니다. 전체 교역 가운데 약 25%가 중국과의 교역입니다. 미국과 일본, 유럽과의 교역을 모두 합한 규모의 3분의 2 정도가 중국이라는 한 나라에 집중되고 있습니다. 그래서 중국의 GDP 성장률이 6.9%라고 세세하게 알 필요는 없으나, 현재 중국경제가 어느 정도 단계에 와 있다는 사실만큼은 기억해두길 바랍니다.

✓ 중국이 2016년 10월에 편입한 SDR의 개념을 알고 있다

SDR이란 Special Drawing Rights, 즉 특별인출권*의 약자입니다. SDR을 이야기하기에 앞서 IMF(International Monetary Fund)가 무엇인지부터 이해하는 게 좋겠습니다. IMF란 국제통화기금으로, 국가에 돈이 부족할 때 일시적으로 돈을 빌려주는 기관입니다. 조금 더 구체적으로는 국제적인 통화 협력을 보장하고, 환율을 안정시키며, 국제 유동성을 확대하기 위해 만든 기구로, IMF 회원국은 일시적인 국제수지 불균형에 직면하면 필요로 하는 외환을 IMF로부터 자국통화로 구입할 수 있습니다. 우리나라 역시 1997년에 기업이 연쇄적으로 도산하면서 외환보유액이 급감했고, IMF에 20억 달러의 긴급 융자를 요청해 간신히 국가부도 사태를 면했습니다.

* **특별인출권**
IMF 회원국이 외환위기에 처했을 때 IMF로부터 끌어다 쓸 수 있는 긴급 자금. 2015년 11월 IMF 이사회는 중국 위안화를 SDR 기반통화에 편입하기로 결정했으나, 변동성을 줄이기 위해 2016년 9월까지 유예기간을 부여했다. 그리고 2016년 10월 1일, 중국 위안화가 IMF의 특별인출권 통화 바스켓에 정식 편입되었다. 이에 따라 SDR 통화 바스켓의 구성 비율은 달러 41.73%, 유로화 30.93%, 위안화 10.92%, 엔화 8.33%, 파운드화 8.09%로 재조정되었다.

이제 다시 SDR에 대해 알아볼까요? SDR이란 국제준비통화의 한 종류로, IMF의 운영축인 금과 달러를 보완하기 위해 만든 제3의 세계화폐입니다. 국제 유동성의 필요는 급증하는데 계속 달러와 금을 가져다 쓸 수 없으니 보완책으로 SDR이 생겨난 것이지요. 과거에는 통화 가운데 달러, 유로화, 파운드화, 엔화 등 4개의 통화에만 특별인출권이 부여되었습니다. 그런데 2016년 10월 1일에 새로이 위안화가 포함됐습니다. 지금까지 중국의 위안화는 국제적으로 통용되는 결제수단이 아니었는데, SDR에 편입하면서 결제통화에 진입한 것이지요. 그만큼 세계적으로 위안화의 위상이 높아졌고, 위안화의 국제화가 점차 가속화될 전망입니다.

√ 중국의 1선도시가 어디인지 알고 있다

중국의 행정구역은 크게 성급, 지급, 현급으로 나눕니다. 땅이 큰 만큼 도시도 많아서 성급도시가 34개, 지급도시가 333개, 현급도시가 2862개에 이릅니다(2010년 기준). 행정구역상의 분류는 이렇지만 비즈니스를 위해 시장조사를 하거나 경제 상황 등을 설명할 때는 1선도시, 2선도시, 3선도시라는 표현을 더 많이 씁니다. 전반적인 구매력과 소득 수준으로 도시를 구분한 개념입니다. 그렇다면 1선도시는 어디일까요? 쉽게 말해 1등급 도시라고 생각하면 됩니다. 우리가 잘 알고 있는 베이징, 상하이, 선전, 광저우가 바로 1선도시입니다. 여기에 더해 최근에는 준1선도시인 텐진도 1선도시로 분류합니다. 2선도시에는 우한, 청두, 쿤밍 등 각 성의 중심도시들이 포함되어 있습니다. 3선도시는 우리가 잘 들어보지 못한 도시들이고요. 아무튼 1선도시는 중국의 주요 4대 도시 혹은 5대 도시이며, 2선도시는 한두 번쯤 이름을 들어본 각 성의 중심도시라고 생각하면 이해가 편합니다.

그런데 이렇게 도시를 구분하는 데에는 중요한 이유가 있습니다. 도시의 발전 정도에 따라 비즈니스 시장이 완전히 달라지기 때문입니다. 중국은 너무도 드넓은 나라다 보니, 같은 나라인데도 1선도시, 2선도시, 3선도시 각각의 소비패턴이 크게 다릅니다. 예를 들어 1선도시 사람들이 BMW나 벤츠 같은 외제 고급자동차를 탄다면, 2선도시 사람들은 현대차를 타고 다니는 정도입니다. 그래서 1선도시, 2선도시, 3선도시의 구분이 비즈니스를 하는 주체들에게는 무척 중요합니다. 실제로 이들 도시 간에는 소득차도 굉장히 큽니다. 주로 동부 해안가에 위치한 1선도시는 평균소득이 1인당 약 2만 5000달러(약 3000만 원)입니다. 우리나라와 큰 차이가 없지요. 그런데 2선도시, 3선도시로 내려가면 소득 수준이 약 5000~7000달러(약 600~800만 원)로 떨어집니다. 이러한 도시들은 주로 서부 내륙쪽에 위치하고 있습니다. 결국 소득의 격차가 소비의 격차를 만들어냈다고 볼 수 있습니다.

✓ 현재 중국의 외환보유고가 어느 정도인지 알고 있다

2016년 10월 기준으로 중국의 외환보유고는 3조 1200억 달러입니다. 달러 당 1200원으로 계산해보면 약 3800조 원입니다. 같은 시점 기준으로 한국의 외환보유고가 3752억 달러(약 450조 원)이니 실로 엄청난 규모이지요. 사실 2014년까지만 해도 중국의 외환보유고 최대치는 대략 4조 달러에 육박했습니다. 그런데 왜 이렇게 줄어든 걸까요? 최근 미국이 금리 인상 가능성을 시사하면서 한국이나 다른 신흥국가들처럼 중국 주식시장과 채권시장에 들어와 있던 외국인 투자자금이 많이 빠져나갔습니다. 이때는 위안화를 팔고 달러로 빠져나가기 때문에 위안화의 가치가 떨어지게 됩니다. 즉, 위안화 가치가 떨어져 위안화의 환율이 급등하는 사태를 막기 위해 외환보유고를 헐어 환율 방어에 나섰기 때문입니다.

√ 중국의 3차 산업 비중이 2차 산업 비중을 추월했다는 사실을 알고 있다

흔히 2차 산업은 제조업, 3차 산업은 서비스업이라고 통칭합니다. 중국의 3차 산업 비중이 2차 산업 비중을 추월했다는 사실은 굉장히 중요한데요. 왜냐하면 중국이 이제는 제조업 중심의 국가에서 벗어나 서비스업 중심의 국가로 변화하고 있다는 것을 알려주는 지표이기 때문입니다.

실제로 2013년부터 집권한 시진핑 · 리커창 지도부는 뉴노멀(New Normal) 시대*를 맞아 건축 및 광공업을 포함한 2차 산업보다는, 질 좋은 고용을 창출하는 3차 산업에 의한 성장 전략을 적극적으로 추진하고 있습니다. 더불어 2015년 3월 양회* 폐막식에서는 리커창 총리가 '대중 창업, 만민 혁신'이라는 슬로건을 앞세워 청년 창업의 중요성을 강조했습니다. 대학생 예비 창업자에게 세금감면 혜택을 부여하고, 교

* **뉴노멀 시대**
시대의 변화에 따라 새롭게 부상하는 경제적 표준을 뜻하는 말. 2003년 미국의 벤처 투자가인 로저 맥나미가 처음 사용했다. 하지만 2008년 세계 금융위기 이후 과거와는 달리 저성장과 저물가, 저고용 등이 새로운 정상적 상태가 되고 있다는 의미로 '뉴노멀'이라는 표현을 흔히 쓰고 있다. 중국에서는 2014년 12월 시진핑 국가주석이 '중국판 뉴노멀'인 '신창타이'를 공식화했다. 신창타이는 단순히 뉴노멀을 넘어 중국경제의 질적 전환을 도모하는 중국 지도부의 개혁 방향을 의미하기도 한다.

* **양회**
매년 3월 중국에서 거행되는 정치행사인 전국인민대표대회와 전국인민정치협상회의를 통칭하는 말. 한 해 중국 정부의 경제 및 정치 운영 방침이 정해지는 최대의 행사다.

베이징 중관촌에 위치한 창업거리(Inno-Way). '중국의 실리콘밸리'라 불리는 이곳에는 입주기업만 2만여 개, 스타트업 3000여 개가 모여 있는 중국의 대표적인 IT클러스터다. ⓒhuahaisj.com

내 창업시설 이용 시 임대료를 면제하는 한편, 영세한 신생 기업들에게 1000억 위안 규모의 감세 혜택까지 지원하고 있습니다. 이러한 노력의 결과 2016년 상반기 중국 내 창업기업 수는 261만 9000개로 전년 동기 대비 28.6%가 증가했고, 전체 창업기업의 약 81%가량이 서비스업종에 집중되고 있으며, 인터넷 금융, 전자상거래, O2O(Online to Offline) 등 미래 성장산업 분야에서 질 좋은 일자리가 계속 창출되고 있습니다.

지금까지 우리는 중국이 제조업 중심 국가라는 것을 전제로 수출을 하고 투자를 해왔습니다. 하지만 이제는 중국이 서비스업 중심 국가로 변화하고 있기 때문에 대중 수출 전략에 근본적인 변화가 필요합니다.

✓ 중국 기업의 이름을 다섯 개 이상 알고 있다

'BAT'라는 말을 들어보셨나요? 영어 뜻 그대로 해석하면 박쥐입니다. 그런데 여기에서의 BAT는 박쥐가 아니라 '바이두(Baidu)', '알리바바(Alibaba)', '텐센트(Tencent)'라는 중국의 대표적인 3대 ICT기업을 일컫는 말입니다. 이밖에도 우리에게 익숙한 중국 기업들도 여럿 있습니다. 샤오미(Xiaomi), 화웨이(Huawei), 오포, 쿨패드(Coolpad), 메이주(Meizu)와 같은 스마트폰 제조업체가 대표적입니다. 참고로 중국의 스마트폰 제조업체는 몇 개나 될까요? 무려 70여 개입니다. 중국의 스마트폰 업체들은 가성비를 앞세워 향후 중국뿐만 아니라 세계시장에서도 점차 점유율을 확대해나갈 것으로 전망됩니다.

중국의 3대 ICT기업 바이두, 알리바바, 텐센트. 중국의 탄탄한 내수시장과 중국 정부의 정책지원을 바탕으로 최근 급성장했다. 이들 업체는 각각 검색, 전자상거래, 소셜네트워크 서비스 플랫폼을 기반으로 다양한 콘텐츠를 개발하고 있다.

✓ 중국의 증시와 주가지수에 대해 알고 있다

중국 증시에는 '상하이증권거래소(1990년 12월 19일 설립)'와 '선전증권거래소(1991년 7월 5일 설립)'가 있습니다. 상하이 증시는 국유 기업, 민영 대기업 위주의 시장이고, 선전 증시는 신흥 산업으로 꼽히는 IT, 미디어, 헬스케어 등의 벤처기업과 중소기업 중심의 시장입니다. 우리나라로 치면 상하이 증시는 주로 코스피시장의 성격이 강하고, 선전 증시는 코스닥시장과 더 비슷하다고 보면 될 것 같습니다.

상하이 종합지수는 2016년 말 기준으로 3000~3100에서 오르락내리락하고 있습니다. 2015년 초까지만 해도 2200~2300 수준이었는데, 갑자기 폭등세를 보이면서 2015년 6월에는 5166까지 찍었습니다. 이때 투자를 했던 투자자들은 손해가 무척 컸을 것입니다. 그 이후 다시 급락해서 3000선까지 떨어졌으니까요.

　　이렇게 중국 증시가 급락하는 모습을 보면서 중국경제가 붕괴되는 것은 아닌가 하고 우려하는 사람들도 있습니다. 그런데 우리나라의 코스피지수를 생각해보세요. 과거 코스피지수를 보면 지금으로서는 상상하기 어려울 만큼 변동성이 컸습니다. 코스피는 1980년에 100에서 시작했는데, 88올림픽이 끝나고 나서 1989년쯤에는 거의 900을 넘었습니다. 그런데 1992년 무렵에는 다시 500선 밑으로 내려갔습니다. 엄청나게 폭락했던 것이지요. 그러다가 또 부풀어 올랐고, 외환위기 때 또 큰 폭으로 떨어져서 이때는 250~300 수준까지 갔습니다. 그런데 다시 올라왔죠. 물론 지지부진하기는 했는데 결국은 1000을 돌파하고 2000까지 왔습니다. 중국의 주식시장도 마찬가지입니다. 중국의 경제 상황이 악화되는 정도에 따라 더 아래로 떨어질 수도 있지만, 계속 지켜볼 필요가 분명히 있습니다. 제가 강조하고 싶은 것은 중국의 주식시장이 일시적으로 급락했다고 해서 중국경제가 무너질 것이라고 섣불리 판단해서는 안 된다는 점입니다. 자세한 내용은 뒤에서 더 살펴보도록 하겠습니다.

√ 후강통과 선강통의 의미를 알고 있다

　　2014년 11월에 실시된 후강통의 의미를 알고 있나요? 후강통이란

상하이 증시와 홍콩 증시 간의 직간접적 매매를 허용해 외국인들이 홍콩 증권사를 거쳐 중국 본토 주식에 투자할 수 있도록 만든 제도입니다. 여기에서 후강퉁은 상하이를 뜻하는 '후(濾)'와 홍콩을 뜻하는 '강(港)'을 서로 '통(通)'하게 한다는 의미입니다. 중국 증시 개방정책의 일환이지요.

2016년 12월에 실시된 선강퉁도 마찬가지입니다. 광둥성 선전 증시와 홍콩 증시 간의 교차매매로, 선전 증시에 상장된 종목과 홍콩 증시에 올라 있는 종목 간의 교차거래가 가능한 제도를 뜻합니다. 한국 투자자들도 홍콩을 통해 선전증권거래소에 상장된 중국기업에 투자할 수 있게 된 것이지요. 선강퉁은 중국 증시의 개방정책을 한층 더 가속화할 것으로 기대를 모으고 있습니다.

본래 외국인 개인투자자가 중국 본토 증시에 투자하려면 펀드를 통해 간접적으로 투자하는 방법밖에 없었습니다. 상당히 폐쇄적이고 제한적이었지요. QFII(Qualified Foreign Institutional Investor)라고 불리는 '적격 외국인 기관투자가 제도'가 대표적인데, 적절한 자격을 갖춘 외국인 기관투자가에게만 중국 정부가 쿼터제 방식 비슷하게 투자 한도를 정해주고 중국 주식에 투자할 수 있도록 해주었습니다. 그런데 이제는 후강퉁과 선강퉁이 시행됨에 따라 개인투자자들도 중국 증시에 직간접적으로 투자할 수 있게 되었습니다. 참고로 RQFII(RMB* Qualified Foreign Institutional Investor)라는 '위안화 적격 외국인투자자 제도'도 있는데, 이는 위안화만 있으면 굳이 환전을 하

> * RMB
> 위안화. Renminbi(인민폐)의 약자이다.

지 않아도 투자 쿼터에 따라 중국에 투자할 수 있도록 해준 제도입니다. 한국은 2014년 7월 한중정상회담 이후 800억 위안에 달하는 한도를 부여받았고, 2015년 10월 1200억 위안으로 한도가 상향조정되었습니다.

STEP
3

중국발 세계경제 위기는
발생할 것인가?

2016년 초, 전 세계 주요 국가들의 주가가 급격히 하락했습니다. 미국의 다우존스 지수, 일본의 니케이225 지수, 독일의 DAX 지수, 영국의 FISE100 지수 등이 일제히 무너졌습니다. 물론 코스피도 예외는 아닙니다. 그 배경에는 다양한 요인이 있었는데, 무엇보다도 중국 상하이 주가지수의 하락 영향을 빼놓고는 설명하기가 어렵습니다. 그렇다면 왜 이렇게 중국 증시가 세계 증시에 큰 영향을 미치는 것일까요? 중국 증시의 급락은 향후 중국경제의 붕괴를 암시하는 징조일까요? 더 나아가 중국경제의 붕괴는 다시 한 번 세계 금융위기를 초래할까요?

최근 언론 보도를 보면 중국발 경제위기 시나리오를 바탕으로 마치 중국경제가 금방이라도 무너질 것 같다는 말이 많이 나옵니다. 물론 중국 증시가 급락하는 현상은 세계경제가 전반적으로 불안하다는 사실을 반영합니다. 하지만 제가 보기에 이러한 분석은 중국경제를 지나치게 비관적으로 보는 시각에서 기인한 것이라고 생각합니다. 다시 말해 중국경제가 붕괴되고, 이것이 당장 세계 금융위기를 초래할 것이라고 보는 관점은 상당히 비약이라는 뜻입니다.

이러한 설명을 뒷받침하기 위해 중국의 주식시장에 대해 살펴볼 필요가 있습니다. 사실 중국의 주식시장은 굉장히 독특합니다. 한국의 경우 개인투자자의 거래 비중이 20~25% 정도밖에 되지 않는 반면, 중국은 무려

상하이증권거래소 신용매수 비중 추이(2015.01~2016.01)

* 신량차이징 자료를 바탕으로 선대인경제연구소 작성

상하이종합지수와 거래액 추이(2015.01~2016.01)

* 신량차이징 자료를 바탕으로 선대인경제연구소 작성

82%에 달합니다.

무엇보다도 중국의 개인투자자들은 증권사로부터 자금을 빌려 투자하는, 이른바 '묻지마 투자'를 많이 합니다. 앞의 그래프와 같이 중국의 주식시장을 잘 보면 주가지수가 신용거래 잔액, 즉 빚을 빌려 주식거래를 한 것과 거의 비슷하게 움직이는 모습을 확인할 수 있습니다. 이것이 무엇을 의미하는지 아는 것이 중요합니다. 개인의 신용거래가 전체 주가의 흐름을 좌우한다는 의미입니다. 사실 이는 매우 비정상적인 현상으로, 한편으로는 자본시장이 충분히 성숙되지 못했다는 증거입니다. 미국과 같은 성숙한 자본시장에서는 주로 기관투자자나 전문가 투자그룹이 시장을 주도하는데, 중국은 개인들이 들어와 판을 다 휩쓸고 있습니다.

그렇다면 이러한 개인투자자들의 투자 성향은 어떨까요? 좋은 기업의 주식을 싼 가격에 매수해 주가가 본질적인 가치에 이를 때까지 묵묵히 기다리는 장기적 투자를 할까요? 아닙니다. 단기차익을 노린 투기성 매매가 대부분입니다. 우리나라도 단타매매의 비율이 굉장히 높은 편인데, 중국은 한국보다 손바뀜(매매빈도, 회전율)이 대여섯 배나 더 빠릅니다.

주식투자는 말 그대로 어떤 기업의 성장성이나 내재가치를 믿고 그 기업의 장래에 투자하는 것입니다. 그런데 중국의 개인투자자들은 장기적인 가치투자보다는 일시적인 가격의 흐름에 따라 투자를 합니다. 이렇게 투기심리가 팽배하다 보니 빚을 내어 투자를 하고, 주가가 오를 때는 시장이 과열 양상을 보이다가, 주가가 한번 떨어지기 시작하면 겁을 먹고 일제히 팔아버리는 양상이 나타납니다.

특히 빚을 내어 거래하는 신용매매는 일정한 수준으로 주가가 떨어지면 증권사가 대출금을 해소하기 위해 주식을 청산해버리기도 합니다. 이를 반대매매*라고 하는데, 반대매매가 이루어지면 가격 하락폭이 훨씬 더 커집니다. 이런 식으로 개인투자자들의 주식거래가 한쪽 방향으로 치닫는 쏠림현상이 강하다 보니 주가가 급등하고 급락하는 현상이 빈번하게 벌어집니다.

실제로 2016년 1월 4일과 7일에 중국 증시가 폭락하면서 총 네 차례(각각 두 차례)에 걸쳐 서킷 브레이커*가 발동되었고, 거래가 두 번이나 중단되는 사태가 발생했습니다. 서킷 브레이커는 주가가 급락할 때 투자자들이 매도를 하면 또다시 주가가 하락하기 때문에 그러한 급변동을 막고자 도입된 제도입니다. 전일 대비 주가 급락율이 기준점 이상으로 떨어지면 주식 거래를 중지하는 식의 조치이지요. 그런데 기관투자자들보다 투자심리에 예민한 개인투자자들이 대다수를 차지하는 중국의 주식시장에서는 서킷 브레이커가 반대의 효과를 낳았습니다. 개인투자자 입장에서는 주가가 계속 떨어지는 상황에서 앞으로 팔 기회조차 잃지 않기 위해 오히려 주식을 더 팔게 되었고, 그로 인해 증시 폭락이 크게 가중되는 결과를 낳았던 것입니다.

어쨌든 이러한 이유들을 종합해봤을 때 현재 중국의 주식시장이 급락했다는 사실만으로 중국경제가 붕괴할 것이며, 중국발 세계 금융위기가 올 것이라고 속단할 필요는 없습니다. 다만, 중국경제 자체가 견고한 성장세를 유지하고 있었더라면 이렇게 주가가 급락하는 현상이 발생하지는 않았겠지요. 앞서도 언급했듯이 중국경제가 한 단계 가라앉고 있다는 사실만은 확실하기 때문에 주식시장이 이를 반영한 측면도 분명히 있습니다.

* 반대매매
고객이 증권사의 돈을 빌리거나 신용대출금으로 주식을 매입했는데, 빌린 돈을 약정한 만기 기간 안에 변제하지 못할 경우 고객의 의사와 상관없이 주식을 강제로 일괄매도 처분하는 매매.

* 서킷 브레이커
주가가 큰 폭으로 하락할 때 이를 완화시키기 위해 일시적으로 매매를 중단시키는 시장기능 중지장치. 우리나라에서는 1998년 12월에 도입되었다. 코스닥시장에서는 총 3단계에 걸쳐 서킷 브레이커를 발동하는데, 전일 대비 지수가 8% 이상(1단계), 15% 이상(2단계) 빠지면 각 단계마다 20분 간 전체 시장이 멈춘 뒤 10분간 단일매매가 이루어진다. 이후 20% 이상(3단계) 빠지면 당일 장을 종료한다.

STEP
3

주요 경제지표로 살펴본
중국경제의 현주소

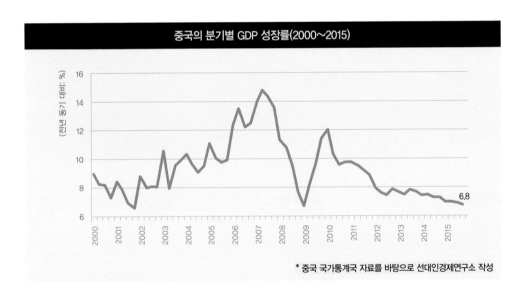

중국의 분기별 GDP 성장률(2000~2015)

6.8

* 중국 국가통계국 자료를 바탕으로 선대인경제연구소 작성

  이제 중국경제의 실상을 살펴보겠습니다. 중국경제는 지난 30년 간 고속성장을 지속해왔습니다. 특히 세계 금융위기 직전에는 10%가 넘는 고성장세를 이어왔습니다. 이후 경제위기를 겪으면서 성장률이 크게 떨어졌다가, 중국정부가 재정을 풀어 대규모 경기부양책을 동원하고 지방정부를 압박해 투자에 나서면서 일시적으로 10%가 넘는 성장률을 기

록했습니다. 최근에는 재정여력이 떨어지고 2차 산업을 중심으로 한 기존의 성장방식에도 한계가 오면서 성장률이 지속적으로 둔화되고 있습니다. 2015년 중국의 GDP 성장률은 6.9%를 기록했고, 2016년에는 6.7~6.8%로 한 단계 더 낮아질 전망입니다.

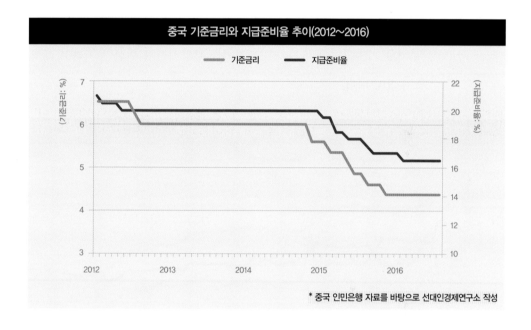

이렇게 중국의 성장률이 둔화되는 가운데, 중국 정부는 '금리정책'이라는 카드를 앞세워 경기부양책을 펼치고 있습니다.

먼저 기준금리는 앞서 제1강에서 설명을 드렸지요? 각국의 중앙은행이 각종 금리에 영향을 미치기 위해 설정하는 가장 기본적인 금리로, 경기가 나빠지면 기준금리를 내려 경기를 부양시킵니다. 2014년 10월부터 중국은 총 여섯 차례에 걸쳐 기준금리를 내렸습니다. 더불어 지급준비율역시 비슷한 속도로 내리고 있지요. 지급준비율이란 시중은행이 고객으로부터 받은 예금 중에서 예금인출 요구에 대비해 중앙은행에 의무적으로 적립해야 하는 비율로, 줄여서 '지준율'이라고 부릅니다. 지급준비율이 높으면 중앙은행에 예치해야 하는 돈이 많아져 상대적으로 은행이 대출을 해줄 수 있는 여력이 줄어들지요. 그래서 중앙은행이 지급준비율을 높이면 시중 유동성을 흡수하고, 지급준비율을 낮추면 돈을 푸는 효과가 있어 시중 경기를 끌어올릴 수 있습니다. 중국의 지급준비율이 계속 낮아지는 것도 기준금리와 마찬가지로 경기를 부양시키기 위한 조치라고 해석할 수 있습니다.

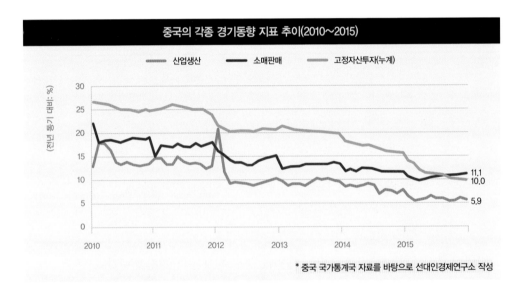

중국의 각종 경기동향 지표 추이(2010~2015)

산업생산   소매판매   고정자산투자(누계)

* 중국 국가통계국 자료를 바탕으로 선대인경제연구소 작성

그렇다면 중국의 경기가 어떠한지 주요 경제지표를 통해 살펴봅시다. 이 그래프는 중국의 주요 경제지표 추이를 구체적으로 나타내고 있습니다. 내용이 좀 어렵고 복잡하지요? 하나씩 설명을 하자면, 먼저 산업생산은 광업, 제조업, 전기, 가스, 수도 등의 산업 활동을 통해 생산된 규모가 어느 정도인지를 나타내는 지수입니다. GDP와의 상관관계가 높기 때문

에 중국에서 발표되는 경제지표 중 신뢰도가 꽤 높은 편입니다. 소매판매란 기업, 개인, 사회단체에 판매하는 실물상품의 금액과 음식료·숙박업체에서 서비스를 제공하고 받은 금액의 합계를 의미합니다. 마지막으로 고정자산투자란 쉽게 말해 기업이나 정부가 설비투자를 하거나 아파트를 짓는 활동을 말합니다. 고정자산이란 회계 상에서 1년 이내에 현금으로 처분할 수 없는 자산을 말하는데, 그래서 고정자산투자는 단기적 소비가 아닌 장기적 투자의 성격을 지니고 있습니다.

실제로 중국이 10%대의 성장을 기록할 때만 해도 고정자산투자는 한 해에 25%씩 증가했습니다. 이는 곧 지금까지 중국정부가 수십 년 동안 부동산투자와 설비투자에 막대한 예산을 쏟아부었다는 의미입니다. 그런데 이렇게 양적으로 팽창을 지속하다 보니, 이제는 고정자산투자에만 의존하여 성장하기가 힘든 지경에 이르렀습니다. 또 중국은 한국만큼은 아니지만 수출 중심의 성장을 이루어왔습니다. 이렇게 투자와 수출 중심의 성장이 한계에 이르자, 이제 중국정부는 내수와 서비스산업의 발전을 통해 질적 성장을 도모하는 방향으로 정책을 전환하고 있습니다. 물론 아직까지 이러한 방향 전환이 순조롭게 진행되고 있다고 보기는 어렵습니다. 질적 성장을 하려면 내수가 활성화되어야 하는데, 소매판매 지수는 크게 오르지 못했습니다. 또 고정자산투자가 가라앉는 만큼 소매판매, 즉 내수가 올라가야 하는데 그렇지도 못합니다. 그럼에도 불구하고 이 세 가지 지표 중에서는 그나마 소매판매의 흐름이 가장 양호합니다. 그리고 이는 중국정부가 원하는 만큼은 아니지만, 중국경제가 점점 내수와 서비스산업 중심으로 구조전환하고 있다는 사실을 나타냅니다.

이와 함께 중국경제를 나타내는 주요한 지표 중 하나인 PMI(Purchasing Managers' Index)의 추이를 살펴볼 필요가 있습니다. PMI는 우리말로 '구매자관리지수'입니다. 기업의 구매 담당자를 대상으로 신규 주문, 생산, 재고, 출하, 지불 가격, 고용 현황 등을 조사한 후 각 항목에 가중치를 붙여 0~100 사이의 수치로 나타낸 것입니다. 즉, 기업의 생산품이 얼마나 팔릴 것이라고 생각하는지 그 기대 수준을 나타냅니다. PMI가 50 이상이면 경기가 확장되고, 50 미만이면 경기가 수축된다고 봅니다. 아래의 그래프를 보면 최근 몇 년간 제조업 부문의 PMI는 기준선인 50에서 등락을 보이고 있습니다. 그만큼 중국의 제조업이 공급과잉 상태에 빠져 있다는 뜻입니다. 한편 비제조업의 PMI 지수가 제조업에 비해 조금 더 높게 나오는데, 이는 중국경제가 제조업 중심에서 비제조업인 서비스업 중심으로 이

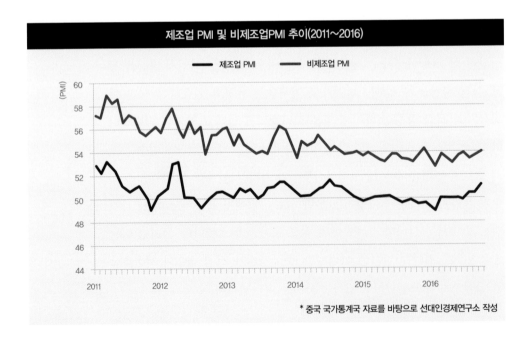

* 중국 국가통계국 자료를 바탕으로 선대인경제연구소 작성

행해가고 있다는 사실을 보여줍니다.

　마지막으로 중국의 취업자 수를 살펴보겠습니다. 사실 중국경제의 성장률이 지속적으로 하락하고 있음에도 불구하고, 중국의 신규 취업자 수는 계속 늘어나고 있습니다. 2011년 1221만 명이던 도시 신규 취업자 수는 2015년에 1312만 명으로 늘어났습니다. 중국경제의 성장률이 10%대에서 6%대로 가라앉았는데도 말입니다. 이와 함께 중국의 도시 평균임금도 빠르게 증가하고 있습니다. 붕괴해가는 국가의 근로자 임금이 계속 늘어날 수 있을까요? 제가 생각하기에 경제의 진짜 모습을 말해주는 지표는 '일자리'와 '소득'입니다. 그런 면에서 봤을 때 중국경제는 아직까지 상당히 양호한 성장세를 유지하고 있다고 판단됩니다.

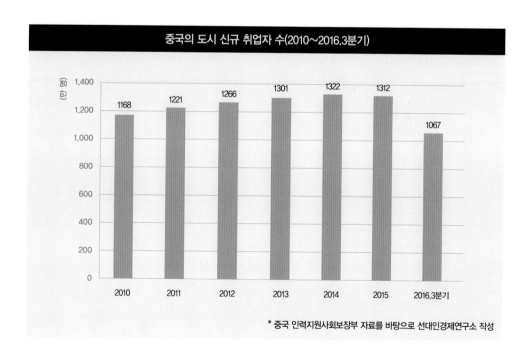

중국의 도시 신규 취업자 수(2010~2016.3분기)

* 중국 인력지원사회보장부 자료를 바탕으로 선대인경제연구소 작성

◆◆◆◆
심화 스터디 3.

중국의 성장,
위협인가 기회인가?

　　중국경제의 성장 둔화는 우리나라의 경제와 기업 활동에 어떤 영향을 미칠까요? 먼저 중국의 경제성장률이 10%대에서 6~7%로 감소함에 따라 한국의 수출기업들이 큰 타격을 입었습니다. 문제는 그 타격의 정도인데요. 중국의 경제성장률처럼 대중 수출도 단순히 10%에서 6~7%로 감소했다고 생각하면 안 됩니다. 중국경제가 가라앉으면 한국의 대중수출은 아예 마이너스 성장을 기록할 가능성이 높습니다. 중국의 모든 경제활동을 합친 경제성장률이 절반 가까이 줄어들면, 우리가 중국에 수출하는 제품에 대한 수요는 더 큰 폭으로 떨어집니다. 이를테면 경제성장률이 하강하면서 중국의 수출과 수입이 동시에 줄어들고 있는데, 그렇게 되면 대중 수출 비중이 큰 한국의 수출 역시 마이너스 성장을 하게 되는 것입니다. 실제로 현재 그러한 흐름이 나타나고 있습니다. 2011년에 우리나라의 대중 수출 증가율은 20% 정도였는데, 2015년 초부터는 -5%를 기록하더니 2015년 말에는 -15%까지 뚝 떨어졌습니다.

　　이러한 중국의 영향력은 산업 전반에서도 확인할 수 있습니다. 대표적인 예가 바로 철강산업입니다. 중국은 한국을 비롯한 여러 나라에서 철광석을 많이 수입해 썼습니다. 중국경제가 급성장하면서 공장을 짓고 자동차를 만드는 데에 철광석이 많이 필요했기 때문입니다. 그런데 자국에서 철광석 수요가 계속해서 생겨나는 것이 보이는데 굳이 다른 나라에서 수입을 해다 쓸 필요는 없겠지요. 이에 중국정부는 철강산업을 수입 대체산업으로 지정하고 전략적으로 키우기 시작했습니다. 남 좋은 일 시키느니 자신들이 만들어 쓰겠다는

2016년 12월, 중국의 바오산강철과 우한강철이 공식 합병했다. 바오산강철은 중국 내 2위 철강기업으로 신주발행 형식으로 5위인 우한강철을 흡수 합병했다. 두 철강사의 합병은 중국 당국이 철강 분야의 생산과잉 해소와 국유기업 통합을 추진하는 정책과 맞닿아 있다. ⓒfinance.sina.cn

생각이었지요. 바오산강철과 같은 중국의 대표적인 철강기업들이 이렇게 탄생했습니다. 중국정부의 지원을 받아 크게 성장한 중국의 철강기업들은 엄청난 양의 철강을 생산해냈는데, 결국 이것이 공급과잉으로 이어져

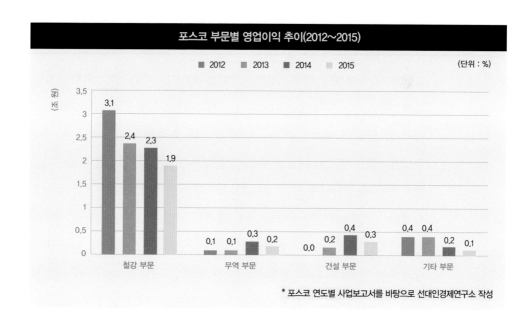

포스코 부문별 영업이익 추이(2012~2015)

■ 2012 ■ 2013 ■ 2014 ■ 2015   (단위 : %)

(조 원)

	철강 부문	무역 부문	건설 부문	기타 부문
2012	3.1	0.1	0.0	0.4
2013	2.4	0.1	0.2	0.4
2014	2.3	0.3	0.4	0.2
2015	1.9	0.2	0.3	0.1

* 포스코 연도별 사업보고서를 바탕으로 선대인경제연구소 작성

해외 수출시장에 덤핑을 해버리는 사태까지 발생했습니다. 품질도 좋은 데다 가격도 싸니 국내 시장에서도 포스코나 현대제철에서 생산한 철강 대신 중국산 제품을 수입해 사용하기 시작했지요. 결과적으로 이는 국내 철강산업의 매출 하락을 초래했습니다. 포스코의 매출액과 영업이익, 주가가 지속적으로 하락한 이유입니다.

철강뿐만이 아닙니다. 우리가 주력으로 삼았던 산업도 중국의 경쟁업체에게 밀리고 있습니다. 심지어 최근에는 전자와 자동차산업까지 따라 잡히고 있는 상황입니다. 단적인 예로 2014년 1월 삼성전자 스마트폰의 중국시장 점유율은 20% 정도였습니다. 그런데 2016년 2분기에는 6%로 대폭 감소했습니다. 자동차산업도 고전하기는 마찬가지입니다. 중국 2선도시와 3선도시의 소득 수준이 향상되면서 여행과 레저에 대한 관심이 증폭되고 있는 가운데 SUV차량에 대한 수요도 급격히 늘어났습니다. 예전 같으면 성장하고 있는 이 시장을 국내의 자동차업체들이 점유할 수 있었을 텐데, 이제는 중국 로컬 업체들에게 내어주고 있는 실정입니다.

물론 중국시장에 기회요인도 존재합니다. 아모레퍼시픽, 파리바게트, 삼립식품, CJ CGV와 같은 기업들은 중국인 관광객과 중국 내수시장을 공략해 큰 성장을 이루었습니다. 다만 중국의 수혜를 입는 기업들은 다소 규모가 작고, 중국의 위협을 받는 기업들은 우리나라의 주력 산업이라는 점에 주목해야 합니다. 쉽게 비유하자면 강을 건너야 하는데 기존에 밟고 있었던 징검다리는 물 아래로 계속 내려가고 있고, 다음 발을 디뎌야 할 징검다리는 아직 수면 위로 올라오지 않은 상태라는 뜻입니다. 더불어 중국경제의 부진이 지속되면서 소비시장의 성장 속도가 과거만큼 빠르지 않을 것이라는 점도 기회를 축소시키는 요인으로 작용하고 있습니다.

한편, 중국의 산업구조가 제조업에서 서비스업으로 전환하고 있는 가운데 내수소비와 관련된 업종들, 특히 미디어와 엔터테인먼트산업이 빠르게 발전하고 있다는 점은 주목할 필요가 있습니다. 우리나라 역시 한류를 활용해 많은 수혜를 보고 있습니다. 아모레퍼시픽이

중국판 런닝맨 「奔跑吧兄弟(달려라 형제)」
ⓒzjstv.com

나 LG생활건강과 같은 화장품 업계에서도 중국시장을 공략하면서 한류 스타를 광고에 등장시켜 주목도를 높였고 매출도 많이 올렸습니다. 그런데 과연 중국이 이러한 상황을 가만히 지켜만 보고 있을까요? 예를 들어 SBS「런닝맨」이라는 프로그램이 중국에서 크게 히트를 쳤는데요. 이 프로그램을 촬영하는 데에 카메라가 대략 100대 이상 움직입니다. 그걸 다 편집해서 방송에 내보내는데, 지금까지 중국은 이런 제작 방식을 따라 할 수 없었습니다. 그래서 아예 제작기법과 프로듀서까지 전부 수입해 '중국판 런닝맨'을 제작했습니다. 이렇게 한두 번 따라 만들어 노하우를 익히면, 앞으로는 한국 제작업체에게 의존하지 않을 것입니다. 물론 여전히 한국의 방송 프로그램 제작 기법은 높은 수준의 기술력을 자랑하지만, 점점 수출할 수 있는 시장이 줄어들 것은 매우 자명합니다.

다만, 그래도 제가 강조하고 싶은 점은 '중국은 우리에게 위협적인 존재이기도 하지만 동시에 커다란 기회의 시장'이라는 사실입니다. 광활하고도 거대한 중국시장을 공략하기 위해서는 먼저 중국의 슈퍼 컨슈머(Super Consumer)들의 기호를 철저히 조사해야 합니다. 'Made in China'가 아니라, 'Made for China' 제품을 만들어야 중국이 주는 기회를 잘 활용할 수 있습니다.

서울경제, 2015-12-02

SDR 업고… 중국, AIIB 덩치 키운다

"대규모 프로젝트 핵심통화로" 위안화 영향력 키우기 총력

중국이 위안화 국제통화기금(IMF) 특별인출권(SDR) 바스켓 편입을 등에 업고 아시아인프라투자은행(AIIB)의 세 확장을 본격화하고 있다. 그동안 미국과 일본의 견제로 조심스러운 행보를 보이던 위안화 대출 카드를 꺼내 든 것이다.

2일 중국신문망 등에 따르면 전일 베이징에서 열린 유럽비즈니스포럼에 참석한 진리췬 초대 AIIB 총재는 "AIIB 대출은 편의성 때문에 달러가 주를 이루겠지만 필요에 따라 위안화를 포함한 다른 통화 대출도 검토하고 있다"고 말했다. 이는 위안화의 SDR 바스켓 편입 이후 AIIB가 위안화 사용을 확대할 가능성을 처음 시사한 것이다.

(…중략…)

전문가들은 자유로운 사용에 제약을 받아온 위안화가 SDR 바스켓 편입을 계기로 AIIB는 물론 중국이 추진 중인 다른 경제통합 프로젝트 통화로 용도가 확대될 것으로 전망했다. 실제로 중국은 위안화를 현재 추진하고 있는 일대일로(一帶一路, 육상·해상 실크로드)의 중심 화폐로 만들 방침이다. 물류망을 중심으로 6개 경제회랑을 건설하는 일대일로 프로젝트는 중국 내 2200억 달러를 포함해 8000억 달러가 소요되는 만큼 여기에 위안화가 투입된다면 중국의 목표인 위안화 국제화가 훨씬 앞당겨질 것으로 전망된다. 또 지난 7월 상하이에서 출범한 자본금 1000억 달러의 브릭스(BRICS) 신개발은행, 내년에 출범하는 400억 달러 규모의 실크로드기금도 위안화 사용을 확대할 것으로 보인다.

영어로 된 용어가 나오니까 어려운 내용 같지만 하나씩 살펴보면 그리 복잡한 내용의 기사는 아닙니다. 먼저 AIIB가 무엇인지 알아보겠습니다. AIIB는 Asian Infrastructure Investment Bank의 약자로, 아시아인프라투자은행을 뜻합니다. 중국의 주도하에 아시아 국가들의 인프라(도로, 철도, 항만 등) 건설자금을 지원하기 위해 설립된 금융기구입니다. 여기서 말하는 아시아 국가란 지금은 낙후되어 있지만 성장 잠재력이 큰 국가로 인도, 필리핀, 라오스, 싱가포르, 말레이시아 등이 포함되어 있습니다.

AIIB를 통해 중국은 자국 내 과잉투자를 완화하고, 위안화를 국제화하는 등 다양한 목표를 달성하고자 합니다. 우선 중국 내에서 소화하지 못하는 건설 등의 인프라 투자 물꼬를 아시아 국가로 돌리려고 합니다. 그리고 여기에 쓰이는 자금의 상당 부분을 위안화로 운용할 계획을 세우고 있습니다. 자연스럽게 위안화가 국제적으로 통용되는 비중이 늘어나겠지요.

그래서 이 기사의 내용을 해석해보면 중국이 IMF의 특별인출권에 편입되면서 그 위세를 업고 AIIB 덩치를 키운다는 의미입니다. 중국의 위안화가 국제적인 공신력을 획득했기 때문에 AIIB에서 인프라 개발을 위한 자본 규모를 더 확대한다는 내용이지요. 그렇게 되면 중국으로서는 중국의 투자 자본을 다른 아시아 국가들로 옮길 수 있는 동시에, 위안화의 국제화를 더욱 빠르게 촉진시키는 일석이조의 효과를 거둘 수 있습니다.

YTN, 2016-01-19

중국 성장률 25년 만에 최저…
세계경제 '적신호'

애초 우려대로 지난해 중국의 성장률은 목표 7.0%에 미치지 못했습니다. 2014년 7.3%보다 현저하게 떨어진 것은 물론, 톈안먼 사태 등 여파로 3%대로 떨어진 지난 90년 이후 25년 만에 가장 낮은 수치입니다. 지난해 4분기 성장률도 6.8%로 글로벌 금융위기가 엄습한 2009년 1분기 6.2%에 이어 6년 만의 최저 수준입니다. 2000년대 중반까지만 해도 10% 이상의 고속성장을 해온 중국경제가 중저속 성장시대로 본격 진입했다는 신호인 셈입니다. 성장둔화 우려가 현실화되는데도 중국 당국은 세계 경기 침체 등 외부적 요소가 많이 작용했다며 지난해 성장이 7.0% 안팎의 목표 수치에 부합한다며 확대 해석을 경계했습니다.

[양 위/경제 전문가: 중국 정부 목표에 부합합니다. 안정 속에 성장을 이룬 것이죠.]

하지만 중국경제의 불안은 올해 벽두부터 세계경제에 짙은 그늘을 드리우고 있습니다. 중국의 증시 폭락과 잇단 위안화 절하로 세계 금융시장이 요동쳤고, 과잉 부채와 미분양 주택 증가 등은 여전히 악재로 작용하고 있습니다. 세계은행은 올해 글로벌 경제성장률 전망치를 3.2%에서 2.9%로 낮추면서 중국경제 부진을 가장 큰 변수로 꼽았습니다. 세계 2위 경제대국 중국의 경제성장률이 1% 포인트 떨어지면 신흥시장 경제성장률이 앞으로 2년간 연평균 0.5% 포인트 떨어질 것으로 전망했습니다.

앞서 언급한 것처럼 중국경제에는 일정 부분 문제가 있기는 하나, 당장 붕괴될 만큼 심각한 수준이라고 보이지는 않습니다. 다만 기사에서 언급하는 과잉부채 및 과잉생산은 중국경제가 풀어야 할 최대 난제 중 하나입니다. 빠른 생산능력은 중국경제의 고성장을 이끌었지만, 이제는 중성장 단계로 접어들었기 때문에 과잉생산되는 산업 부문을 구조조정해야 할 시점이 온 것이지요.

한편 중국은 최근 들어 가계부채가 가파르게 증가하고 있는데, 아직까지는 국제적으로 낮은 축에 머무르고 있습니다. 이에 비해 기업부채는 상당히 높은 수준까지 치솟았습니다. 그런데 중국의 기업부채를 논할 때는 조금 다른 시각으로 접근할 필요가 있습니다. 중국은 자본시장이 충분히 개방되어 있지 않기 때문에 은행들은 대형 국영기업들에게만 대출을 해주고, 상대적으로 작은 중소기업에게는 대출을 꺼립니다. 특히 국영은행이나 공산당 간부와의 커넥션이 없는 기업들은 사업에 필요한 자금을 충분히 조달받지 못하고 있습니다. 그럼에도 자금을 모아야 했기에 궁여지책으로 쓴 방법이 바로 '그림자 금융'입니다. 은행과 같은 금융기관들이 중소기업의 프로젝트에 돈을 대준다는 명목으로 고금리 투자 상품을 만들어 개인투자자들에게 높은 이자를 주고 돈을 투자하게 한 것을 말합니다. 그런 식으로 기업들은 돈을 끌어다 쓰고, 개인투자자들은 고금리 상품에 투자하면서 음성적인 금융이 팽창했습니다.

그런데 경기부진이 지속되어 이들 기업이 돈을 갚지 못한다면 그림자 금융도 큰 부실이 발생할 수 있겠지요. 그래서 중국정부는 '후강통'과 '선강통'을 추진해 중국의 자본시장을 차츰 개방하려고 노력하고 있습니다. 즉, 후강통과 선강통의 실시로 은행 대출의 사각지대에 있는 기업들이 폭넓게 자금을 조달할 수 있게 되었습니다.

세계경제

트럼프 시대, 미국은 금리를 인상할 것인가?

지속되고 있는 유럽의 경기둔화

아베노믹스는 실패한 정책인가?

급변하는 세계경제 속 한국경제의 향방은?

Global Economy

나의 세계경제 호구 지수는?

☐ G2가 어느 나라인지 알고 있다

☐ 미국이 금리를 인상하는 방향으로 나아가는 반면, 유럽과 일본은 양적완화
를 실시하고 있다는 사실을 알고 있다

☐ 미국의 기준금리를 결정하는 기관과, 금리를 결정하는 회의의 명칭을 알고
있다

☐ 한국의 최대 수출 대상국을 알고 있다

☐ 미국의 달러 가치와 국제 유가는 대체로 반대 방향으로 움직인다는 사실을
알고 있다

☐ 유럽연합 회원국들은 독자적인 통화정책을 구사할 수 없다는 사실을 알고
있다

☐ 그렉시트와 브렉시트의 뜻을 알고 있다

☐ 아베노믹스의 의미와 내용에 대해 알고 있다

- -

✓ 7~8개 : 경제 상식 척척박사
자만은 금물! 심화 스터디와 최신 신문기사를 통해 경제 시야를 넓혀보세요.

✓ 4~6개 : 어설픈 중수
아는 것은 되짚고 모르는 개념은 확실히 잡아 호구에서 탈출하세요.

✓ 0~3개 : 호구의 제왕
경제와는 궁합 제로! 이 책을 통해 경제 기초체력을 다져보세요.

✓ G2가 어느 나라인지 알고 있다

G2는 Group of Two의 약자로 글로벌 2강이라는 뜻입니다. 현재는 미국과 중국이 G2에 해당합니다. 유럽연합은 단일국가가 아니기 때문에 제외되지요. 사실 2009년까지 G2는 미국과 일본이었습니다. 그런데 중국의 경제 규모가 일본을 추월하기 시작하면서 G2가 바뀌었습니다. 참고로 현재 중국의 경제 규모는 미국의 45% 수준까지 올라왔습니다.

G2란 세계경제 질서와 안보 등 주요 이슈를 이끌어가는 영향력 있는 두 나라라는 의미로, 미국과 중국을 가리킨다. G2와 비슷한 의미의 '차이메리카(Chimerica)'라는 신조어도 있는데, 이는 미국과 중국의 경제적 공생관계를 뜻하는 말이다.

잘 알려진 대로 미국은 세계 제일의 경제대국이라는 지위를 이용해 세계경제의 흐름을 좌지우지하고 있습니다. 2008년 세계 금융위기 이후 미국의 양적완화 시행과 종료가 세계경제에 미친 영향과 충격을 떠올려보세요. 반면 중국은 세계경제에서 실물경제, 즉 각종 제품과 서비스가 거래되는 영역에서 가장 큰 영향력을 행사하는 국가입니다.

✓ 미국이 금리를 인상하는 방향으로 나아가는 반면,
유럽과 일본은 양적완화를 실시하고 있다는 사실을 알고 있다

2008년 세계 금융위기 당시, 미국은 경기부양을 위해 제로금리정

제로금리정책은 기업이 이자 부담 없이 자금을 융통할 수 있게 도와 기업의 채무를 경감하고, 투자와 구조조정을 촉진시키며, 개인의 소비를 활성화시킴으로써 장기적 경기침체를 극복하고 경기를 부양하려는 목적으로 사용된다. 2015년 12월, 미국은 7년간 이어져온 제로금리 시대에 종지부를 찍었다.

책을 시행했습니다. 우리나라 돈으로 약 3870조 원을 투자해 엄청난 규모의 경기부양책을 썼지요. 그러나 이 같은 노력에도 불구하고 경기가 살아나지 않자 양적완화를 실시했습니다. 금리를 낮춰도 소용이 없으니 막대한 양의 돈을 시장에 풀어버린 것입니다. 중앙은행이 경기부양을 위해 새로 돈을 찍어내어 시중에 공급하는 것을 마치 공중에서 돈을 뿌리는 모습과 같다고 하여 '헬리콥터 머니(Helicopter Money)'라고 부릅니다. 물론 진짜로 그런 건 아니고, 실제로는 미 연준이 돈을 찍어내 채권시장에서 미국 국채와 주택저당증권(MBS, Mortgage Backed Securities)을 매입하는 방식으로 시중에 돈을 공급했습니다. 경제위기 상황에 대응하기 위해 완화적인 통화정책을 구사했던 것입니다.

그러나 현재 미국경제가 점차 회복세에 접어들면서 미 연준은 통화정책을 정상화하려 하고 있습니다. 이미 2014년 10월에 양적완화를 종료했고, 2015년 12월에는 기준금리를 0.25% 인상했습니다. 사실 2015년 말에 기준금리를 올릴 때만 해도 2016년에 최소 두세 차례 더 인상할 것으로 예상했지만, 실제로는 현재까지 한 번도 인상하지 않았습니다. 다만 미국의 각종 경제지표가 양호한 모습을 이어가고 있어 빠른 시일 내에 기준금리를 인상할 것으로 보입니다.

* 그레이트 디버전스
대분열이라는 뜻으로 미국과 유럽이 서로 상반된 통화정책을 시행하는 것. 본래 영국의 산업혁명 이후 동양과 서양의 경제성장률과 국내총생산의 격차가 벌어진 시기(대분기)를 뜻하는 용어로 사용되었다. 반대로 미국과 유럽이 유사한 통화정책을 시행하는 것은 그레이트 컨버전스(Great Convergence)라고 한다.

반면, 유럽과 일본은 경제가 좀처럼 회복되지 못하면서 계속 양적완화를 이어가고 있습니다. 미국이 통화정책을 정상화하려는 모습과 대조적입니다. 이처럼 미국과 유럽이 서로 상반된 통화정책을 펼치는 것을 일컬어 '그레이트 디버전스(Great Divergence)[*]라고 합니다.

✓ 미국의 기준금리를 결정하는 기관과, 금리를 결정하는 회의의 명칭을 알고 있다

앞에서도 계속 설명했듯이 미국의 기준금리를 결정하는 기관은 연방준비제도이사회(연준)입니다. 영어로는 Federal Reserve Board이고, 약칭으로는 FRB 또는 Fed라고도 합니다. 그리고 미국의 연방준비제도이사회와 연방공개시장위원회의 정책결정을 시행하는 미국의 중앙은행을 연방준비은행(Federal Reserve Bank)이라고 합니다. 우리나라의 한국은행과 비슷하다고 생각하시면 됩니다. 그런데 미국은 광대한 영토를 지닌 연방제 국가이기 때문에 중앙은행이 우리나라처럼 단일은행이 아니라 미 전역에 있는 12개 지역 연방준비은행의 집합으로 구성되어 있습니다. 연방준비제도이사회는 의장 이하 7명의 이사진으로 구성되어 있고, 대통령이 임명하며 상원의 승인 절차를 거칩니다. 이사의 임기는 14년이고, 이사회 의장과 부의장의 임기는 4년입니다. 이사회의 주요 임무는 신용상태의 규제와 연방준비은행에 대한 감독으로, 1년에 8번 모여 금리를 결정합니다. 바로 이 회의의 이름이 연방공개시장위원회(FOMC, Federal Open Market Committee)입니다. 연방공개시장위원회가 결정하는 기준금리를 '연방기금금리'라고도 표현하지요.

미국의 중앙은행인 연방준비은행(해당 사진은 워싱턴 D.C. 소재). 미국 전역을 12개 지구로 나누어 각각 연방준비은행을 두고 있으며, 그 운영과 통제를 연방준비제도이사회가 맡고 있다. 연방준비은행은 미국의 금융시장 전반에 걸쳐 큰 영향력을 행사하는데, 그중에서도 특히 뉴욕 연방준비은행은 재무부의 대리인으로서 국내외의 공적 거래를 담당하며 발언권도 매우 강하다.

참고로 미국이 금리를 올린다고 발표할 때 주의해서 들어야 할 포인트가 있습니다. 연방준비제도이사회에서 결정하는 기준금리는 엄밀히 말해 '목표금리'입니다. 종종 뉴스에서 미 연준이 기준금리를 0.25% 올렸다는 말이 나오는데요. 그렇다고 해서 당장 금리가 0.25%로 인상되어 적용되지는 않습니다. 다양한 금리정책을 활용해 0.25%라는 목표치까지 금리를 올리겠다는 발표입니다.

√ 한국의 최대 수출 대상국을 알고 있다

이제는 잘 아실만한 내용이라고 생각됩니다. 바로 중국이지요. 한국의 수출에서 중국이 차지하는 비중은 25%이고, 홍콩을 포함하면 26%가 넘습니다. 그런데 원래부터 중국의 수출 비중이 이렇게 크지는 않았습니다. 외환위기 직후인 1998년만 해도 9% 정도였으니까요. 이는 외환위기 이후 한국경제가 비교적 빠르게 위기를 극복한 이유와 연관 지어 설명이 가능합니다. 지리적으로 봤을 때 우리나라는 전 세계에서 가장 급부상하는 중국 옆에 붙어 있고, 중국의 성장에 기대어 대중 수출을 활발히 해 경제적인 혜택을 많이 보았다고 할 수 있습니다.

중국 다음으로 큰 수출 비중을 차지하는 국가는 미국과 유럽연합, 일본입니다. 물론 유럽연합은 단일국가는 아니지만 그 자체로는 단일시장이기 때문에 여기에 포함시켰습니다.

√ 미국의 달러 가치와 국제 유가는
대체로 반대 방향으로 움직인다는 사실을 알고 있다

미국의 달러 가치는 국제 유가와 대체로 반대 방향으로 움직입니다. 그 전에 한 가지 짚고 넘어갈 점이 있습니다. 만약 현재와 같은 상황에서 미국이 금리를 인상한다면 달러 가치는 올라갈까요, 내려갈까요? 당연히 올라갑니다. 앞서 설명했듯이 금리는 돈의 가격인데, 다른 국가들이 금리를 올리지 않는 상황에서 미국만 금리를 올린다면 달러 가치가 올라가겠지요. 그리고 달러 가치가 올라가면 국제 유가는 큰 흐름에서 하락합니다. 그 이유는 기본적으로 세계 시장에서 원유가 미국 달러로 거래되기 때문입니다. 예를 들어 이전에는 1.2달러를 주고 원유 1배럴(bbl)을 샀다면, 달러 가치가 오른 후에는 1달러를 주고도 원유 1배럴을 살 수 있게 됩다. 즉, 달러 가치가 오르면 같은 달러로 살 수 있는 원유의 양은 더 많아집니다. 달러 가치와 국제 유가는 이렇게 반대로 움직이지요.

물론 이런 법칙이 철칙처럼 적용되지는 않습니다. 대체로 이런 경향이 있다는 정도로만 이해하길 바랍니다. 사실 국제 유가를 결정하는 데에는 다양한 요인들이 작용합니다. 원유 수급도 매우 중요한 변수입니다. 지금과 같이 세계경제가 장기적으로 침체되면 원유 수요가 줄어듭니다. 또 전기자동차 사용의 확산도 원유 수요가 줄어드는 요인입니다. 반면 미국에서 셰일오일* 생산이 급증한 것이나, 최근 미국과 유럽이 이란에 대한 제재를 해제하면서 이란의 원유 생산이 늘어난 것은 원유 공급 증가의 요인이 됩니다. 이러한 요인들이 모여 국제 원유시장의 수급에 영향을 미치고, 가격을 결정합니다. 다만, 지금처럼 미국의 금리 인상 이슈가 지속되는 때에는 달러 가치가 가장 중요한 변수라고 할 수 있습니다.

* 셰일오일
전통적인 원유와 달리 원유가 생성되는 근원암인 셰일층(유기물을 함유한 암석)에서 뽑아낸 원유. 추출에 고도의 기술이 필요해 생산단가가 전통적인 원유에 비해 높은 편이고, 따라서 과거에는 지금처럼 셰일오일을 많이 사용하지 못했다. 그러나 1990년대 이후 수압을 이용한 굴착 기술이 발달하면서 새로운 에너지원으로 각광받게 됐다. 셰일오일 매장량은 러시아가 1위, 미국이 2위, 중국이 3위이다.

✓ 유럽연합 회원국들은 독자적인 통화정책을 구사할 수 없다는 사실을 알고 있다

유로존 국가, 즉 유로화를 사용하는 국가들은 독자적인 통화정책을 구사할 수 없습니다. 사실 유로화 사용은 유럽통합을 위한 것으로 경제적인 면뿐만 아니라 역사적·정치적으로도 무척 중요한 의미를 갖습니다. 그런데 한편으로는 자국 화폐가 없을뿐더러 통화정책도 유럽중앙은행(ECB, European Central Bank)이 일괄적으로 시행하기 때문에 경제위기에 대응하기가 어렵다는 단점도 있습니다. 앞서 국가에 경제위기가 발생하면 그 국가의 화폐 가치가 떨어지면서 환율이 올라가 경제가 회복된다고 설명했지요?

유럽경제통화연맹(EMU)에 가입된 유럽 12개국은 기존에 각각 달리 사용하던 통화를 폐지하고, 2002년 1월 1일부터 유로화라는 단일통화를 사용하기 시작했다. 유로화 시행의 궁극적인 목적은 유럽의 단일경제권 구축이다. 2016년을 기준으로 총 19개 국가가 유로화를 쓰고 있다.

예를 들어 이탈리아는 남유럽발 국가 부채위기를 겪은 대표적인 나라입니다. 예전 같으면 국가경제에 위기가 닥쳤을 때 리라화의 가치가 떨어지고 환율이 급등하면서, 이탈리아 수출품의 가격경쟁력이 올라 경제를 회복시킬 수 있었을 것입니다. 하지만 지금은 경제 상황이 나빠져도 화폐 가치가 떨어지기 어렵습니다. 유로화의 가치가 유럽경제의 엔진이라 할 수 있는 독일의 경제 상황을 많이 반영하기 때문입니다. 이탈리아 입장에서는 환율을 올려 수출을 증가시켜야 하는데, 그러한 메커니즘이 작동하지 않는 것이지요. 그리스 위기 역시 마찬가지입니다. 물론 그리스 경제 자체에 근본적인 문제가 많았지만, 이탈리아와 같이 환율 변화가 원천적으로 봉쇄되어 있었기 때문에 지금과 같은 어려운 상황을 맞이한 것입니다.

✓ 그렉시트와 브렉시트의 뜻을 알고 있다

그렉시트(Grexit)는 그리스의 유럽연합 탈퇴를 의미하는 단어로, Greece(그리스)와 Exit(탈퇴, 탈출)의 합성어입니다. 그렇다면 브렉시트는 무엇일까요? Britain(영국)과 Exit의 합성어이지요. 그렉시트는 아직 일어나지 않았지만, 2016년 6월에 발생한 브렉시트는 영국경제는 물론 세계

2016년 6월 23일(현지시간) 진행된 브렉시트 찬반 국민투표에서 찬성 51.9%, 반대 48.1%로 브렉시트가 확정되었다. 이로 인해 유럽연합의 회원국은 28개국에서 27개국으로 줄어들었고, 그렉시트는 물론 프랑스, 이탈리아, 덴마크, 체코 등에서도 유럽연합 탈퇴를 요구하는 목소리가 높아져 향후 유럽연합 존립에 대한 근본적인 의문이 확산되었다.

경제에 막대한 충격을 주었습니다. 브렉시트는 영국이 유럽연합에서 탈퇴해 독자적인 시장으로서 기능하겠다는 선언입니다. 또한 FTA* 등과 관련해서도 유럽연합과는 별도로 독자적인 노선과 정책을 구사할 수 있다는 의미입니다. 물론 영국이 브렉시트를 선택하게 된 큰 이유 중 하나는 무관용적인 이민자 정책입니다. 영국 내 이민자들이 자국민들의 일자리를 빼앗는 데서 발생한 반발이었지요.

그러나 이전까지 영국이 유럽연합의 회원국으로서 누리던 수많은 혜택이 사라져 향후 영국경제에 상당한 부담이 작용할 것으로 보입니다. 특히 영국은 금융시장이 매우 발달했습니다. 그런데 브렉시트가 일어나자 런던에

* FTA
국가 간 상품의 자유로운 이동을 위해 모든 무역 장벽을 완화하거나 제거하는 협정으로 자유무역협정이라고 한다. Free Trade Agreement의 앞 글자를 따 FTA로 약칭한다.

들어와 있던 외국계 금융회사들이 철수하기 시작했습니다. 유럽연합 국가들을 대상으로 금융업을 하기에 런던이 매력적인 거점이었지만, 이제는 그렇지 않게 된 것이지요. 주요 금융회사들이 빠져나가면서 결과적으로 런던의 부동산시장에도 악영향이 미쳤습니다. 또 브렉시트가 결정된 이후 파운드화의 가치도 크게 하락했습니다.

✓ 아베노믹스의 의미와 내용에 대해 알고 있다

아베노믹스에 대해서는 앞에서도 잠깐 언급했는데, 여기에서 다시 한 번 명확히 짚어보겠습니다. 아베노믹스(Abenomics)는 2012년 일본 총선에서 자민당이 승리하면서 총리로 부임한 아베 신조의 경제정책을 말합니다. 20년간 침체가 계속된 경기를 회복하고 디플레이션에서 탈피하는 것을 목표로, 가능한 모든 정책을 동원하겠다는 것이 주요 내용입니다. 아베 취임 당시 "화살 한 개는 쉽게 부러지지만 세 개를 한꺼번에 부러뜨리는 것은 어렵다"는 말을 인용하며 세 가지 주요 경제정책을 이야기해서 아베노믹스의 3대 경제정책을 '세 개의 화살'이라고도 표현합니다. 첫 번째 화살이 '대담한 금융정책을 통한 양적완화', 두 번째가 '대규모 재정지출 확대', 세 번째가 '공격적인 산업 구조 개혁과 경제성장 전략'을 말합니다. 실제로 아베 정부는 2013년 1월부터 매월 13조 엔 규모의 국채 매입을 실시하고 물가상승률 목표치도 2%로 상향조정하는 등 양적완화를 강화했습니다. 또한 '일본경제 재생을 위한 긴급경제대책'을 편성했고, 엔화 평가절하, 인프라 투자확대 등을 추진했습니다. 그러나 이러한 여러 가지 정책에도 불구하고 일본경제가 쉽사리 회복되지 않고 있습니다. 아베 내각 출범 후 첫 3개월은 GDP 성장률이 5%까지 일시적으로 치솟기도 했고, 2013년 연간 성장률로 보면 1.5%를 기록하기도 했습니다. 잃어버린 20년 동안 평균 성장률이 0.8%였기 때문에 일부 낙관적인 전망이 나오기도 했지만, 2014년 2분기와 3분기에는 연속 마이너스 성장률을 기록했고 이후에도 계속해서 고전을 면치 못하고 있습니다.

STEP
3

◆◆◆◆
심화 스터디 1.

트럼프 시대,
미국은 금리를 인상할 것인가?

2008년 세계 금융위기를 계기로 미국의 GDP 성장률은 급락했습니다. 하지만 이후로는 일정한 흐름을 보이며 차차 회복되고 있습니다. 2015년부터 2016년까지는 플러스 성장세를 보이기도 했습니다.

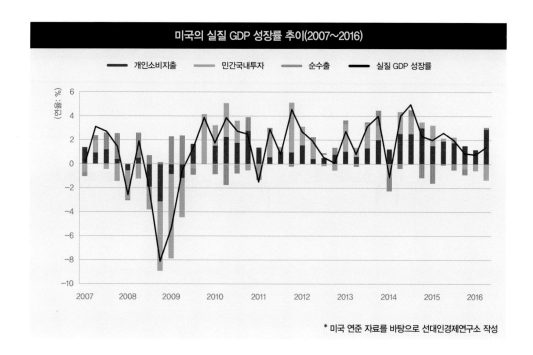

미국의 실질 GDP 성장률 추이(2007~2016)

개인소비지출　　민간국내투자　　순수출　　실질 GDP 성장률

* 미국 연준 자료를 바탕으로 선대인경제연구소 작성

2014년 10월 미국이 양적완화를 종료하고 기준금리를 인상하겠다고 선언한 때를 보면 GDP 성장률이 상대적으로 상승했음을 알 수 있습니다. 경기회복 속도가 꽤 빠를 것이라는 기대감이 있었고, 기준금리도 2018년 말까지 3%를 웃돌 것이라 전망했습니다. 그런데 예상만큼 좋은 흐름으로 이어지지는 못했습니다. 미국의 GDP를 뜯어보면 개인소비지출, 즉 민간소비의 비중이 높은데 최근 2016년에는 특히 민간소비의 기여도가 높게 나타나고 있습니다. 예상했던 경제성장률에는 미치지 못했지만, 그래도 미국경제가 세계 금융위기 이후 실질적인 회복세에 들어섰고, 경제성장의 질 역시 양호해졌다는 긍정적 신호라 분석이 가능합니다.

미국경제가 회복세로 진입했다는 사실을 엿볼 수 있는 지표 중 하나가 '가계 부문의 신용차입(대출) 추이'입니다. 물론 과도한 대출은 가계경제 시스템을 위험에 빠뜨리기도 하지만, 한편으로 대출의 증가는 가계경

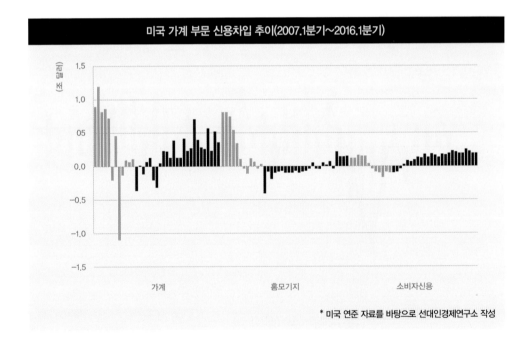

미국 가계 부문 신용차입 추이(2007.1분기~2016.1분기)

* 미국 연준 자료를 바탕으로 선대인경제연구소 작성

제가 자신감을 회복하고 있다는 증거이기도 합니다. 특히 세계 금융위기의 원인이었던 모기지대출도 꾸준히 늘고 있습니다. 이를 통해 미국경제가 리먼브라더스 사태*를 비롯한 금융위기의 충격에서 조금씩 벗어나고 있다는 사실을 알 수 있습니다.

> * **리먼브라더스 사태**(리먼 사태)
> 2008년 9월 15일 미국의 투자은행 리먼브라더스가 파산하면서 시작된 세계 금융위기. 리먼브라더스의 파산은 미국 역사상 최대 규모의 기업 파산으로, 당시 부채 규모가 6130억 달러에 육박했다. 리먼브라더스 파산은 서브프라임모기지(비우량주택담보대출)의 후유증으로, 악성 부실 자산과 부동산가격 하락으로 가치가 떨어지고 있는 금융상품에 과도하게 차입하며 발생했다.

앞서 언급한 것처럼 미국의 양적완화는 미 연준이 돈을 찍어내 미국 국채나 주택저당증권을 매입하는 방식으로 이루어졌습니다. 따라서 양적완화를 할 때마다 미 연준의 보유채권 규모가 늘어나면서 자산 규모도 함께 증가했습니다. 실제로 미 연준의 자산 규모 추이를 보면 양적완화를 시행한 세 차례에 걸쳐 큰 변화가 나타났습니다. 그리고 2014년 10월 양적완화 종료 이후 자산 규모가 크게 변하지 않는 상황에 머물러 있습니다. 현재 미 연준의 자산 규모는 2008년 금융위기 이전에 비해 크게 늘어난 상태입니다. 구체적으로 2008년 8월에 약 9000억 달러 수준이었다면, 2016년 11월에

	시기	규모
1차 양적완화	2009년 3월~2010년 3월	주택저당증권 1조 7500억 달러 매입
2차 양적완화	2010년 11월~2011년 6월	국채 6500억 달러 매입
3차 양적완화	2012년 9월~2014년 10월 (당초 무기한으로 시작)	주택저당증권 매달 400억 달러 매입 (총 매입한도 명시하지 않음)

미국의 양적완화 시기와 내용

는 약 4조 4000억 달러입니다.

만약 미국이 금리를 인상한다면 어떤 상황이 발생할까요? 아래 그래프를 보면 쉽게 이해할 수 있습니다. 양적완화가 한창 진행되던 2009~2011년 사이에는 자금이 선진국시장에서 빠져나가 신흥국시장으로 흘러들어갔습니다. 그러다가 2013년 5월에 미국이 기준금리를 인상하겠다는 발언을 슬쩍 던지자마자 반대의 현상이 일어났습니다. 즉, 신흥국시장에서 자금이 빠져나와 선진국시장으로 다시 들어간 것입니다.

한국도 마찬가지입니다. 한국에도 외국인 자금이 많이 들어와 있었는데, 2008년 세계 금융위기가 오면서 이것이 대거 빠져나갔습니다. 외국인 자금이 한창 많이 들어왔을 때는 국내 주식시장과 채권시장에 유입된 자금 규모가 약 700조 원에 이르렀는데, 2008년에는 약 350조 원으로

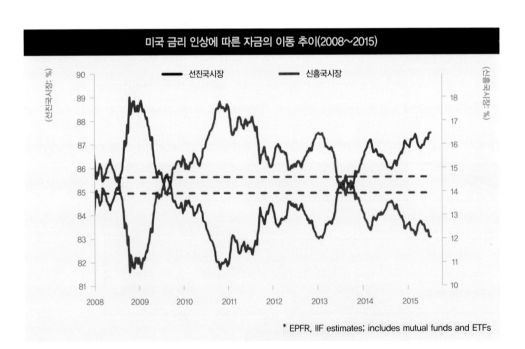

미국 금리 인상에 따른 자금의 이동 추이(2008~2015)

* EPFR, IIF estimates; includes mutual funds and ETFs

절반 가까이 빠져나갔습니다. 2016년을 기준으로 외국인 자금은 650조 원 정도입니다. 미국이 금리를 인상하겠다고 하면서 이미 몇십조 원이 빠져나간 상태입니다. 그러나 아직 다 빠져나간 상태인지는 알 수 없습니다. 당초 예상했던 대로 기준금리가 빠르게 인상되었다면 충격이 꽤 컸을 텐데 그렇게 진행되지는 않았지요. 다만 주식시장이 최근에 상대적으로 주춤하고 약보합세를 보이는 이유 중 하나가 미국의 금리인상 가능성 때문이라는 사실만큼은 알아두길 바랍니다.

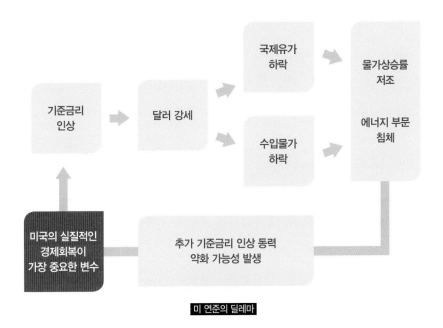

미 연준의 딜레마

미국은 현재 금리를 인상하기에 앞서 큰 딜레마에 빠져 있습니다. 미 연준이 기준금리를 인상할 때 가장 많이 고려하는 지표가 두 가지 있는데요. 바로 '고용시장 상황'과 '물가상승률'입니다. 통화당국으로서 물가 상승률을 적절히 조절해야 하고, 전반적인 민간경기의 핵심 지표인 고용

시장 상황을 살펴야 하기 때문입니다. 이 가운데 '실업률'과 'PCE(Private Consumption Expenditure, 개인소비지출) 물가상승률'이 연준이 가장 중요하게 살피는 지표입니다. 이 두 가지 변수가 일정하게 충족되어야만 기준금리를 인상할 수 있는데요. 문제는 기준금리 인상으로 인한 달러 강세의 여파입니다. 달러가 강세를 보이면 국제유가가 하락함은 물론 수입물가도 떨어져 전반적인 물가상승률이 하락합니다.

물론 경기가 활발할 때는 금리를 올려도 생산과 소비가 활발해지기 때문에 올라가는 흐름이 유지됩니다. 하지만 지금처럼 경기회복세가 탄탄하지 않은 상황에서 기준금리를 인상하면 도리어 물가상승률이 떨어지고 맙니다. 물가상승률이 하락압력을 받으면 추가로 기준금리를 올리기가 어려워지겠지요. 결국 이러한 흐름 속에서 미국이 기준금리를 목표치만큼 인상하기 위해서는 미국경제가 얼마나 탄탄하게 회복되느냐가 관건입니다.

미국경제가 얼마나 질적으로 성장하고 있는지를 조금 더 자세히 살펴보겠습니다. 세계 금융위기 직후 미국의 실업률은 10% 수준까지 올랐습니다. 그러나 이후 빠르게 하락해 이제는 5% 이하 수준입니다. 실업률은 미 연준의 금리 인상 기준을 충족시킬 정도로 크게 개선되었습니다. 이와 함께 고용시장 상황을 나타내는 또 다른 지표인 고용률은 완만하게 상승한 모습을 보입니다. 흔히 실업률과 고용률을 반대의 개념이라 생각하기 쉬운데요. 사실은 완전히 그렇지 않습니다. 먼저 실업률은 '경제활동인구' 가운데 노동할 의사와 능력이 있지만 실직 상태인 사람들이 차지하는 비중을 나타냅니다. 반면, 고용률은 '전체 인구' 가운데 고용된 인구의 비중을 나타내지요. 실업률과 고용률은 계산하는 방식에 조금 차이가 있지만, 대체적으로는 반대 방향으로 움직입니다.

그런데 이들의 그래프 추이는 상당히 차이가 납니다. 실업률은 가파르

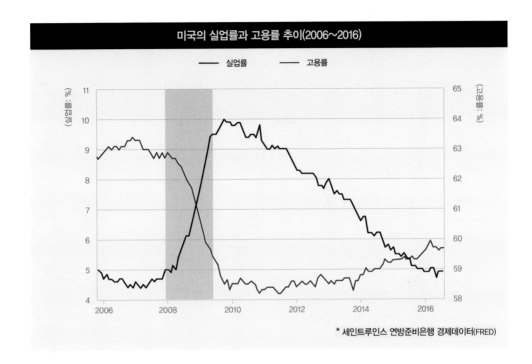

미국의 실업률과 고용률 추이(2006~2016)

—— 실업률 —— 고용률

(실업률: %)

(고용률: %)

* 세인트루인스 연방준비은행 경제데이터(FRED)

게 떨어져 금융위기 이전 수준으로 회복된 반면, 고용률은 매우 완만하게 개선되고 있습니다. 이러한 괴리가 나타나는 이유는 고령화로 인해 경제 활동에 참여하지 못하는 사람들이 점점 늘어나고 있기 때문입니다. 즉, 실업률이 떨어진 상황은 긍정적이지만 고용률이 더디게 상승하고 있다는 점은 미 연준의 우려를 불러일으키고 있습니다.

그럼 이번에는 미 연준이 기준금리를 결정할 때 고려하는 또 하나의 요소인 물가상승률에 대해 이야기해보겠습니다. 현재 미 연준은 PCE 물가상승률의 목표를 2%로 잡고 있습니다. 참고로 PCE 물가지수와 함께 '근원(Core) PCE 물가지수'라는 용어도 자주 언급됩니다. 근원 PCE 물가지수는 물가지수를 계산할 때 에너지나 식품과 같이 가격변동이 심한 품목

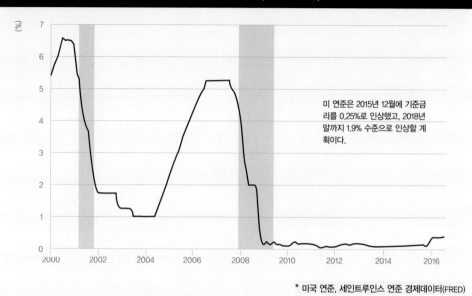

미국의 기준금리 변화 추이(2000~2016)

(%)

미 연준은 2015년 12월에 기준금리를 0.25%로 인상했고, 2018년 말까지 1.9% 수준으로 인상할 계획이다.

* 미국 연준, 세인트루이스 연준 경제데이터(FRED)

을 제외하고 산출한 지수입니다. 계절성이나 기후 등 일시적인 요인이 걸러지기 때문에 근원 PCE 물가지수도 무척 중요한 개념입니다. 2016년 하반기를 기준으로 PCE 물가상승률은 1% 초반인 반면, 근원 PCE 물가상승률은 1.7% 전후 수준을 기록하고 있습니다. 다소 애매한 수치이지요. 이처럼 물가상승률이 아직 2%라는 목표치에 다다르지 못했기 때문에 기준금리 인상과 관련한 미 연준의 고민도 계속되고 있습니다.

더불어 기준금리 인상 전망치도 갈수록 낮아지고 있습니다. 연방공개 시장위원회에 참석하는 미 연준 위원들의 기준금리 인상률 전망치를 종합해본 결과, 지난해 말까지만 해도 2018년 말이 되면 3.25% 수준까지 오를 것이라 전망했지만 결국 1.9%까지 떨어졌습니다. 금리 인상의 폭과 속도가 상당 부분 조정되고 있다는 뜻입니다.

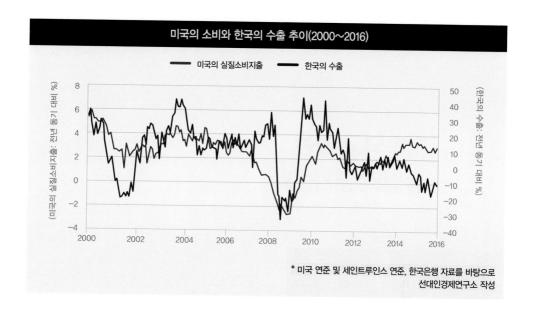

미국의 소비와 한국의 수출 추이(2000~2016)

미국의 실질소비지출　　한국의 수출

(미국의 실질소비지출: 전년 동기 대비 %)

(한국의 수출: 전년 동기 대비 %)

* 미국 연준 및 세인트루이스 연준, 한국은행 자료를 바탕으로
선대인경제연구소 작성

　그렇다면 미국경제의 점진적인 회복은 한국경제에 어떤 영향을 미칠까
요? 미국경제가 회복 단계에 진입하면서 가장 크게 나타난 변화 중 하나
는 민간소비의 증가입니다. 이는 한국경제에도 긍정적인 신호입니다. 한
국산 상품의 수입 증가가 대미 수출의 증가로 이어지기 때문입니다. 실제
로 미국의 민간소비 증가율과 한국의 대미 수출 증가율은 상당히 밀접한
관계를 갖고 움직여왔습니다.

　그런데 최근에는 조금 다른 조짐이 나타나고 있습니다. 미국의 민간소
비는 증가하고 있는데 대미 수출은 감소세를 보이고 있기 때문입니다. 이
같은 현상이 나타나는 배경으로 미국이 세계적인 경기침체 속에서 수입
은 줄이고 자국산업을 보호하려는 정책기조를 보이고 있기 때문입니다.
특히 트럼프 당선 이후 미국이 보호무역기조를 강화할 것으로 보여 대미
수출 감소세는 지속될 것으로 판단됩니다. 또 한국의 산업경쟁력이 하락
하면서 수출이 늘어나지 않는다는 점도 주요한 원인 중 하나입니다.

지속되고 있는
유럽의 경기둔화

도이치뱅크는 1870년에 설립된 독일의 금융기관으로 70여 개 국가에 10만 명이 넘는 직원을 두고 있으며, 유럽, 아메리카, 아시아 등 전 세계시장에서 기업 활동을 펼치고 있다. 2016년 9월 16일, 모기지담보부증권(MBS)을 부실판매한 혐의로 미국 법무부로부터 140억 달러(약 15조 5000억 원)에 달하는 벌금을 부과받아 유동성 위기에 처했다. 사태 직후 일각에서는 도이치뱅크 사태를 2008년 미국의 리먼 사태와 비교하며 경계심을 높이기도 했다.

최근 도이치뱅크 사태와 같이 유럽 내 은행들의 위기가 지속되고 있습니다. 유럽 은행들의 위기를 이해하려면 먼저 마이너스 금리에 대한 설명이 필요합니다. 많은 사람들이 마이너스 금리를 '우리가 은행에 예금하면 이자를 받는 게 아니라 도리어 떼어주는 금리 아닌가?'라고 생각하는데요. 실제로 마이너스 금리는 소매금융에 적용되지 않습니다. 중앙은행이 시중은행들이 예치한 지급준비금과 당좌예금에 대해 이자를 주지 않고 오히려 수수료를 받아가는 것을 말합니다. 마이너스 금리를 부과하면 시중은행들의 입장에서는 중앙은행에 돈을 맡길 이유가 사라져 대출 확대에 나서고, 결과적으로 투자와 소비가 늘어나게 됩니다. 원래 시중은행들은 일정 금액을 중앙은행에 예치하게 되어 있고 중앙은행은 이 예치금에 대해 이자를 지급합니다.

보통 경기가 활황일 때는 시중은행들이 최소한의 필요자금만 중앙은행

에 예치해놓고 나머지는 가계나 기업들에게 대출을 해줍니다. 중앙은행
에서 받는 이자수익보다 시중에 대출을 해줌으로써 얻는 이자수익이 더
크기 때문입니다. 그러나 경기침체가 장기화되는 상황에서는 은행들이
적극적으로 대출에 나서지 않고, 예금을 중앙은행에 예치한 다음 여기에
서 나오는 이자수익을 챙기려 합니다. 대출 수요도 많지 않은 데다가 부
실우려도 크기 때문이지요. 유럽의 경기가 장기간 침체에 빠지면서 유럽
중앙은행은 기준금리를 낮추고 양적완화를 시행했는데요. 그럼에도 불
구하고 시중에 좀처럼 돈이 풀리지 않았습니다. 그래서 도입한 것이 바로
마이너스 금리입니다. 즉, 시중은행들이 중앙은행에 돈을 예치할 때 이자
를 주지 않고 수수료를 떼어가면 비용부담이 발생해 적극적으로 대출에
나서리라는 의도이지요.

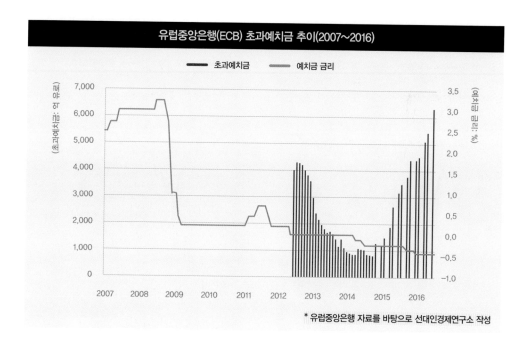

유럽중앙은행(ECB) 초과예치금 추이(2007~2016)

* 유럽중앙은행 자료를 바탕으로 선대인경제연구소 작성

그런데 문제는 현재 유럽에 이와 같은 메커니즘이 전혀 작동하지 않는다는 사실입니다. 실제로 유럽중앙은행이 2014년 6월에 예치금 금리를 -0.1%로 내렸고 이후에도 지속적으로 인하해 2016년 10월에는 -0.4%에 이르렀지만, 시중은행들은 오히려 중앙은행에 예치금을 더 늘리고 있습니다. 비용이 발생하고 손해를 보는 상황에서도 대출에 적극적으로 나서지 않는다는 뜻입니다. 그리고 이는 유럽 은행들의 수익성 악화로도 이어졌습니다. 최근 유럽 은행들의 실적은 저조한 모습을 보이며 주가도 하락세를 그리고 있습니다.

유럽 은행들의 위기 상황을 이해하기 위해 유럽 대형은행과 미국 은행들의 총매출과 순이익을 비교해 살펴보겠습니다. 2015년 4분기 말 유럽 대형은행들의 총매출 규모는 2006년 1분기 수준에도 미치지 못합니

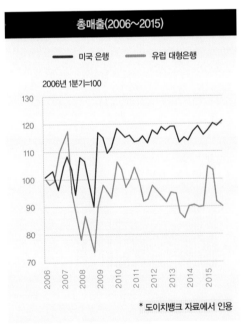

다. 순이익 역시 세계 금융위기 이전(2006~2007년)보다도 저조한 모습입니다. 이는 미국 은행들과 비교해보면 더욱 두드러집니다. 미국의 경우 은행들의 총매출이 세계 금융위기 이전 수준을 크게 넘어섰고, 순이익도 상당 부분 회복되었습니다. 사실 그동안 미국 은행들은 세계 금융위기를 초래한 진원지로 주목받으며 강도 높은 규제를 받아왔습니다. 그래서 미국의 보험이나 증권 등 다른 금융 부문에 비해 저조한 실적을 보였으며, 심지어 은행에 대한 과도한 규제가 미국경제 회복에 걸림돌이 되고 있다는 지적도 나올 정도였습니다. 그런데 유럽 대형은행들은 이런 상황에 놓인 미국 은행들보다도 더 저조한 실적을 보이고 있습니다.

물론 유럽 은행들이 처한 위기가 단기간 내에 심각한 수준으로 이어지리라고는 생각하지 않습니다. 유럽중앙은행과 유럽 은행감독청(EBA, European Banking Authority)은 국제결제은행(BIS, Bank for International Settlements)의 바젤위원회가 실시한 신BIS협약*에 따른 규제 외에도 추가적인 보완기준을 마련해 유럽 내 은행들의 건전성을 감독하고 있습니다. 이에 따라 유럽 은행들의 무수익채권 비율이 하락하고, 자기자본비율이 상승하는 등의 성과도 나타나고 있습니다. 그러나 그리스와 이탈리아, 포르투갈의 은행들은 무수익채권 비율이 계속 높아지고 있어 상당히 위험합니다. 여기에 대출금리 하락과 비은행 금융서비스 성장과 같은 요인들이 은행 실적을 계속 압박하고 있습니다.

가장 중요한 문제는 유럽경제가 전반적으로 지지부진한 모습을 보이고 있다는 사실입니다. 유럽경제

> *신BIS협약
> 국제결제은행 바젤위원회가 2006년부터 시행한 새로운 자기자본규제협약(금융기관 자산건전성 규제기준). 바젤위원회는 1980년대 선진은행들 사이에 중남미에 대한 부실채권이 늘어나면서 국제금융의 안정성이 문제시되자 1988년 은행의 자기자본비율 기준을 설정했다. 그러나 금융환경의 급격한 변화로 인해 금융기관의 재무상태 적정성을 평가하는 데 한계가 발생했고, 이에 따라 새로운 협약을 마련했다. 기존에는 국가 및 은행에 대한 채권을 OECD 가입 여부에 따라 위험가중치를 차등 적용하였으나, 새로운 BIS 자기자본규제안은 금융기관의 신용리스크를 측정할 때 국가, 금융기관, 기업 등의 외부 평가기관에 의한 신용평가에 따라 위험가중치를 세분화하여 달리 적용한다.

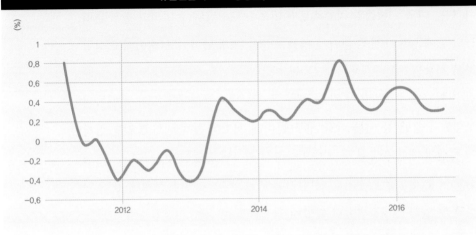

유럽연합의 GDP 성장률(2012~2016)

* 트레이딩 이코노믹스(tradingeconomics.com)

가 살아나지 않으면 유럽 은행들의 위기도 지속될 수밖에 없습니다. 유럽연합의 GDP 성장률 그래프에서 나타내듯이 2016년 3분기 유럽연합의 경제성장률은 0.3%로 간신히 플러스를 이어가고 있습니다.

이뿐만 아니라 유럽경제는 좀 더 근본적인 문제를 안고 있습니다. 앞서 언급했듯이 유럽연합은 나라별로 경제 규모와 인플레이션, 단위 노동비용 등이 상이함에도 유로화라는 단일통화를 사용하고 있습니다. 이는 곧 각국이 독자적인 환율정책을 쓸 수 없으며, 대외불균형을 조절할 수 없다는 의미입니다. 더불어 경기침체에 대응할 수 있는 수단도 제한됩니다. 만약 그리스가 독자적인 통화를 사용했다면 경제가 심각한 침체에 빠졌을 때 화폐가치가 하락해 경상수지가 개선되고 경기회복으로 이어질 수 있었겠지요. 하지만 유로화 환율은 독일과 같이 양호한 경제 상황도 반영하기 때문에 급격히 그리스의 경기가 상승(유로화 가치 하락)하기는 어려울 것입니다. 게다가 독일의 GDP 비중이 유럽연합에서 가장 높기 때문에 그리스보다는 독일의 경제 상황이 많이 반영됩니다. 결국 유럽연합 회원국들 간에 경상수지 불균형이 심화될 수밖에 없는 구조입니다.

또한 통화정책은 유럽중앙은행이 관리하지만 재정정책은 각국이 독자적으로 시행한다는 점도 매우 중요한 구조적 취약점입니다. 이 같은 상황은 유럽경제 상황이 활황일 때는 큰 문제가 되지 않습니다. 그러나 경기침체가 오면 개별 회원국이 상황에 맞게 통화정책을 사용할 수 없기 때문에 각국 정부는 재정적자를 통해 대응할 수밖에 없습니다. 경제 상황이 좋지 않은 국가의 재정이 더욱 악화되는 구조이지요. 유럽연합 회원국 간에 부익부 빈익빈 문제가 더욱 심화될 것이며, 이는 결국 유럽연합의 결속력을 악화시키는 중요한 계기가 될 것입니다. 그리스의 경제위기가 지속되면서 그렉시트 가능성이 제기된 것도 이 때문이며, 최근 유럽 각국에서 극우·극좌세력이 득세하고 있는 까닭도 이에 대한 불만이 크게 작용한 탓입니다. 결과적으로 유럽경제는 지금과 같은 어려운 상황이 지속될 거라 전망됩니다.

아베노믹스는
실패한 정책인가?

도쿄에 위치한 일본은행. 아베노믹스의 성과가 불투명해지자 구로다 하루히코 일본은행 총재는 2016년 1월에 기존 일본의 기준금리를 0.1%에서 −0.1%로 내리는 마이너스 금리정책을 기습적으로 발표했다.

유럽의 상황과 마찬가지로 일본경제 역시 어려움이 지속되고 있습니다. 2016년 3분기에는 경제성장률이 0.5%에 그쳤습니다. 아베 정부가 아베노믹스의 일환으로 무제한 양적완화를 시행하고 있음에도 불구하고 좀처럼 일본경제가 회복되지 않고 있습니다. 심지어 2016년 1월에는 일본은행(Bank Of Japan)이 인플레이션 목표를 달성하기 위해 마이너스 금리를 도입하겠다고 발표해 세계 금융시장에 큰 충격을 주었습니다. 일본은행의 마이너스 금리정책 역시 유럽중앙은행의 정책과 같은 성격을 띱니다. 예금기관들이 일본은행에 예치하는 초과 예치금에 대해 마이너스 금리를 적용하기로 한 것입니다.

일본경제의 장기침체를 보여주는 단적인 예가 바로 일본의 물가상승률입니다. 아베노믹스의 궁극적인 목표는 일본경제를 디플레이션에서 탈출시키는 것입니다. 그런데 일본의 물가상승률은 마이너스 금리정책을 시행한 이후 오히려 마이너스 증가율을 보이고 있습니다. 신선식품을 제외한 근원 물가상승률 역시 마이너스를 이어가고 있지요. 아베 정부 및 일본은행의 정책목표와 정반대의 상황이 펼쳐지고 있습니다. 이에 따라 일본 국내외에서 아베노믹스가 실패했다는 평가를 보내고 있습니다.

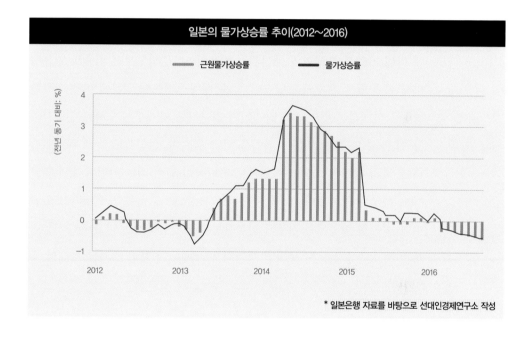

일본경제가 이처럼 어려움을 겪는 데에는 2016년부터 엔화가 강세를 보이고 있다는 점도 중요하게 작용하고 있습니다. 엔화 환율은 2012년까지 달러당 80엔 수준이었다가, 2013년에 아베노믹스가 시행되면서 달러당 100엔 수준으로 엔화 가치가 크게 하락했습니다. 2014년 말부터는 다시 달러당 120엔 수준으로 더 크게 하락했지요. 이에 따라 일본 기업들의 수출경쟁력이 강화되었고 영업이익도 증가했습니다. 그러나 2016년에

들어 세계경제의 불확실성이 커지고 브렉시트 등의 이상요인이 발생하면서 엔화는 다시 빠르게 강세로 돌아섰습니다.

이러한 일본경제의 장기침체와 아베노믹스의 부진은 한국경제가 주의 깊게 봐야 하는 사례입니다. 부동산버블 붕괴와 심각한 저출산·고령화 문제로 일본경제가 큰 어려움을 겪고 있기 때문입니다. 물론 한국경제와 일본경제 사이에는 큰 차이가 있습니다. 한국은 버블 붕괴 당시의 일본에 비해 기업과 은행권의 부실채권 비율이 낮고, 정부부채 비중도 일본에 비해 훨씬 낮게 유지되고 있습니다. 즉, 부동산버블이 일본에 비해 심각한 상황은 아니라는 뜻입니다. 하지만 우리나라는 가계부채가 빠르게 증가하고 있고, 주요 산업 부문이 위기를 맞고 있으며, 실업률도 높게 치솟았습니다. 특히 청년실업 문제는 일본보다 한국이 훨씬 더 심각합니다. 무엇보다도 한국은 일본보다 더 빠른 속도로 저출산·고령화가 진행되고 있습니다. 이러한 상황에서 정부가 신성장동력을 발굴하지 못하고 지속가능한 복지 시스템을 만들지 못하면 장기적으로 매우 위험한 결과를 초래할 수 있습니다.

◆◆◆◆
심화 스터디 4.

급변하는 세계경제 속
한국경제의 향방은?

한국은 신흥국일까요, 선진국일까요? 기본적으로 한국은 신흥국에 분류됩니다. 모건스탠리 캐피탈 인터내셔널 지수[*](MSCI, Morgan Stanley Capital International Index)에 따르면, 한국은 선진국이 아니라 신흥국 지수에 포함되어 있습니다. 그런데 곧 선진국 지수에 편입되려는 움직임이 나타나고 있습니다. 현재는 대략 선진국과 신흥국 중간쯤이라고 생각하면 되겠습니다. 실제로 미국이 기준금리 인상을 시사했을 때 브라질, 인도네시아, 러시아와 같은 신흥국에서 자금이 대거 이탈한 현상이 있었는데요. 한국에서는 이와 같은 현상이 크게 일어나지는 않았습니다. 물론 그럼에도 불구하고 미국의 기준금리가 인상되면 돈이 들어오기보다는 빠져나가는 쪽에 가까울 것입니다.

> * 모건스탠리 캐피탈 인터내셔널 지수
> 미국의 모건스탠리 캐피털 인터내셔널에서 작성해 발표하는 지수로 전 세계를 대상으로 투자하는 대형 펀드, 특히 미국계 펀드 운용에 주요 기준으로 사용되는 지수. 크게 미국, 유럽 등 선진시장 대상의 선진국지수(ACWL)와 아시아, 중남미 등의 신흥시장 대상의 신흥국지수(EMF)로 구별된다. 한국시장은 신흥국지수(EMF)에 포함된다. 이 지수는 각 나라 주식시장 시가총액의 60%를 반영하는 종목을 선정해 이들 종목의 시가총액(달러 기준)을 합산해 산출한다.

미국의 기준금리 인상으로 발생할 여파에 대비해 정치권에서는 한국도 일본이나 유럽연합처럼 양적완화를 해야 한다는 주장이 종종 나왔습니다. 그런데 이는 매우 위험한 발상입니다. 일본과 유럽연합은 우리나라보다 경제 규모가 큽니다. 또 준기축통화국이기 때문에 환율도 안정적으로 유지할 수 있습니다. 실제로 일본의 경우 잃어버린 20년을 겪는 동안에도 엔화의 가치가 꾸준히 올랐고, 악조건 속에서도 일본의 수출 대기업들은 대단한 경쟁력을 바탕으로 많이 살아남았습니다. 엔화의 가치가 계속 올라간 이유는 일본이 가진 막대한 대외자산 때문입니다. 국가부채비율이 높지만, 한편으로는 충분한 수익이 나는 해외자산도 많이 갖고 있었기 때문에 엔화의 가치가 쉽게 떨어지지 않습니다. 또한 국가부채의 95%를 일본 국내의 금융기관과 가계가 보유하고 있습니다. 유사시에 외국인 투자자들이 엔화를 팔고 나가더라도 국가부채 문제가 급격히 악화되거나 엔화 가치가 폭락할 가능성이 낮습니다. 이처럼 양적완화를 실시하기 위해서는 일정한 조건이 필요합니다.

반면, 한국은 일본과 유럽연합에 비해 경제 규모가 작을 뿐만 아니라 외채도 많습니다. 양적완화를 실시하면 외환위기가 올 가능성이 크다는 뜻입니다. 특히 미국의 기준금리 인상과 맞물리면 충격이 더 커질 것으로 예상됩니다. 원화의 가치가 크게 하락해 환율이 급등하면 주식시장에서 외국인 자금이 대거 빠져나갈 수 있기 때문입니다. 20대 총선 전에 경제 부처와 정치권에서 양적완화를 시행해야 한다고 목소리를 높였는데, 이는 한국경제의 현실을 제대로 모르고 하는 무척 위험하고도 무책임한 주장이었습니다.

더욱 놀라운 사실은 이러한 주장이 실제로 우리가 알고 있는, 그런 양적완화를 하자는 것도 아니었다는 점입니다. 즉, 조선업체들에게 자금을 더 지원해줘야 하는데 산업은행이나 수출입은행과 같은 금융공기업에 자금이 없다 보니 한국은행을 압박해 돈을 찍어내게 하고, 이 돈으로 금융공기업들의 자본금을 확충해주려는 계획이었습니다. 그리고 이것을 언론에서는 '한국판 양적완화'라고 명명했습니다. 정부와 정치권의 도덕적 해이를 그대로 보여준 사건이 아니었나 싶습니다.

정리해보자면 미국이 기준금리를 인상한다고 해도 당초의 예상에 비해 충격이 크지는 않을 것으로 전망됩니다. 미 연준의 기준금리 인상 전망의 속도와 폭이 점점 더뎌지고 작아졌기 때문입니다. 여기에는 2016년 초 차이나쇼크와 브렉시트 등으로 인한 세계경제의 불확실성, 그리고 미국 경제가 기준금리를 빠르게 올려도 될 만큼 확실한 회복세를 보이지 않았다는 점이 작용합니다.

아시아투데이, 2016-06-24

브렉시트 쇼크…
한국경제 '불확실성' 증폭…
중장기 수출 타격 우려

브렉시트(영국의 EU 탈퇴)가 현실화되면서 글로벌 금융시장이 혼란을 겪고 있는 가운데 이는 한국의 실물경제에도 장기적으로 중대한 위협요인이 될 것으로 평가됐다. 세계 경기 위축과 EU 체제 변화 등 증폭된 불확실성이 국내 기업들의 수출 활동에 악영향을 미칠 것이란 분석이다. 기업들은 정부에 금융시장 모니터링을 강화하고 타격을 완화시킬 수 있는 대책을 마련해줄 것을 요구하고 나섰다.

24일 정부와 경제계는 브렉시트가 당장은 우리 실물경제에 미치는 영향이 제한적일 것으로 평가하면서도 중장기적 타격이 우려된다는 데 공동의 목소리를 냈다. 반대로 공황에 빠진 국내 금융시장의 충격은 오래가지 않을 것으로 관측됐다. 대외 충격의 불안이 순간적으로 높아졌을 뿐이라 외화유동성 여건이 개선되면서 안정화될 것이란 시각이다.

이날 영국 국민들이 51.9%의 찬성으로 영국의 EU 잔류 대신 탈퇴를 결정했다는 소식에 국내 증시는 폭락했다. 코스피지수는 61.47포인트 (3.09%) 추락한 1925.24로 마감했다. 4개월 만에 장중 1900선이 무너졌고 코스닥시장 역시 장중 50포인트 넘게 하락하며 사이드카가 발동되기도 했다. 원-달러 환율은 달러당 1179.9원으로 전일 종가 대비 29.7원이나 뛰었다.

(…후략…)

2016년 6월 23일, 영국이 유럽연합 탈퇴를 결정하자 세계는 충격에 빠졌습니다. 사실 뜻밖의 결과여서 그 충격은 더 컸습니다. 브렉시트가 현실화되자마자 파운드화의 가치는 10%가량 추락했고, 상대적으로 안전자산으로 여겨지는 미국 국채와 달러, 엔화, 금 시세 등이 급등했습니다. 외국인 혐오 정서에서 시작된 정치적 이슈가 세계경제에 예상치 못한 큰 파급을 미친 셈이지요. 유럽연합 경제권이 유지될지에 대한 우려도 증폭됐고, 무엇보다 불확실성이 대폭 커졌다는 점이 가장 큰 위기 요인이었습니다. 경제는 불확실성을 가장 싫어하기 때문입니다.

지속적인 침체 국면에 있는 유럽연합의 경제뿐만 아니라 가뜩이나 힘겨워하는 신흥국에도 큰 파장을 미칠 것이라는 우려가 매우 컸습니다. 세계적으로 안전자산 선호 흐름이 강화되면서 국내 주식시장과 원화 가치(달러 대비)가 약세를 보이기도 했고요. 이러한 흐름은 주력 산업이 가라앉고, 가계와 기업 등의 부채가 폭증한 한국경제에도 타격을 미칠 것이란 예상을 하게 했습니다. 어쨌거나 이러한 상황을 넘어서기는 했는데, 11월에 미국 대선에서 트럼프가 당선되면서 또 한 번 세계경제의 불확실성이 증대됐습니다. 이처럼 세계경제의 불확실성을 증폭시키는 변수들을 잘 살펴볼 필요가 있습니다.

뉴스1. 2016-11-15

트럼프發 보호무역…
G2 무역전쟁 한국 '샌드위치' 우려

미국 보호무역주의 강화로 미국과 중국의 무역전쟁이 시작되면 '샌드위치' 신세가 되는 우리나라 피해가 클 것이라는 전망이다. 미국의 차기 행정부가 중국을 환율조작국으로 지정할 가능성이 높은데 이럴 경우 미·중 무역전쟁은 불가피하고 그 화살이 중국에 대한 수출 의존도가 높은 우리나라에게 돌아올 것이라는 분석이다. 최병일 이화여대 국제대학원 교수는 15일 서울 소공동 롯데호텔에서 열린 '미국 신(新) 행정부의 외교·안보·통상정책 전망 세미나'에서 "도널트 트럼프 미 대통령 당선인이 중국을 환율조작국으로 지정할 수 있다"고 말했다. 미국 재무부는 종합무역법과 교역촉진법에 따라 6개월마다 주요교역국의 경제·환율정책에 관한 보고서를 의회에 제출한다. 가장 최근인 지난 10월에 발표한 보고서에 따르면 우리나라를 포함한 중국, 일본, 독일, 대만, 스위스 등을 '환율조작국'보다 한 단계 아래인 '관찰대상국'으로 지정했다. 중국을 환율조작국으로 지정할 수 있다는 관측이 제기됐으나 아직 실현되지 않은 상태다. 하지만 트럼프 당선인은 선거 유세과정에서 중국을 불공정무역 국가로 지목하면서 중국에 대한 무역보복을 시사했다. 대표적인 게 45%에 달하는 높은 관세부과와 환율조작국 지정이다.

최 교수는 "미국과 중국의 통상갈등에 따라 한국의 위치가 매우 중요해졌다"면서 "한국의 수출 4분의 1이 중국에서 발생하고 있고 상당수가 중국에서 미국으로 재수출되는 중간재"라고 설명했다. 이어 "한국은 미국과 중국 사이에 끼어서 곤란한 상황을 맞을 수 있다"고 덧붙였다.

(…후략…)

2016년 미 대선에서 트럼프가 승리하면서 한국경제에 미칠 파급효과에 대해 우려의 목소리가 커지고 있습니다. 트럼프가 강력한 보호무역주의를 시행할 것으로 예상되기 때문입니다. 심지어 중국에 대해 45%의 높은 관세를 부과하고, 환율조작국으로 지정하겠다는 발언도 했습니다. 한국에 대해서도 한미FTA 재협상을 시사하는 등 상당한 압박이 예상됩니다. 이 같은 움직임이 현실화되면 한국경제는 큰 충격을 받을 수밖에 없습니다. 특히 중국산 제품에 대해 높은 관세를 부과하면 중국의 대미 수출은 큰 타격을 받으며, 중국경제도 충격을 받게 됩니다. 무엇보다도 이는 국내 수출의 추가적인 위축으로 이어질 수 있습니다.

앞서 보았듯이 중국은 한국의 최대 수출대상국으로 한국 대중 수출의 상당 부분이 '중간재'로 이루어져 있습니다. 즉, 중국에서 완성품으로 조립한 뒤 미국이나 유럽 등 선진국으로 다시 수출되는 구조를 갖고 있지요. 사실 트럼프의 공약이 아니더라도 최근에는 이미 세계 각국의 보호무역조치가 급증하고 있습니다. 이런 움직임을 미국이 주도하고 있는 것입니다.

더불어 한국은 미국과의 FTA로 가장 많은 이익을 보고 있는 나라로, 미 재무부가 환율관찰대상국으로 주목하고 있습니다. 트럼프가 집권하면 한미FTA 재협상을 비롯한 통상압력이 더욱 거세질 가능성이 높습니다.

이에 따라 트럼프 정부의 보호무역주의 성향이 강화되면 한국의 수출은 직접적인 대미 수출의 위축, 중국 경기악화에 따른 대중 수출의 위축, 중국을 통한 우회적인 수출(중간재 수출) 위축 등 '3중 타격'을 받게 될 것입니다. 이러한 흐름을 반영해 트럼프가 집권한 이후 국내 주식시장도 미국의 금리 인상에 따른 외국인 투자자금 이탈과 세계 무역환경 악화라는 이중고를 겪게 될 것으로 전망됩니다.

찾아보기

[재미웍스×선대인경제연구소]

딱딱하고 어렵고 복잡한 경제에 재미를 더하다!

+

5천만 경제 호구들을 위한 친절한 강의와 최신기사 풀이까지,
기초부터 차근차근 시작하는 신개념 경제 토크쇼!

*본 도서는 2015년 11월부터 2016년 10월까지 진행한 〈경호를 부탁해!〉 강연을 기반으로 제작되었습니다

세상에 재미를 더하다!

+

재미웍스의 '인생레벨업-29금 학교'는
어쩌다 어른이 되어버린 우리들에게 인생의 후반전을 준비할 수 있는
가장 친절하고 유익한 교육을 만들어갑니다.

재미웍스 www.8springs.com | 29금 학교 www.29ban.com

[선대인경제연구소]

http://www.sdinomics.com/

가계경제에 실질적인 도움이 되는 경제 흐름을 상시적으로 접하고 싶다면
선대인경제연구소의 정직하고 정확한 보고서를 만나보세요!

SDI리포트
일반 직장인 및 전문직 종사자, 가정주부 등을 대상으로 한 국내 이슈 중심의 생활밀착형 경제 보고서

SDI글로벌모니터
글로벌 경제 · 산업 · 기술 동향 소개와 국내에 미치는 영향을 분석한 보고서

슈퍼차이나 리포트
중국경제 · 산업 · 기업 동향 소개, 중국 관련 비즈니스 및 투자 기회를 찾는 데 유용한 보고서

성장기업분석 보고서
성장형 우량주 투자에 도움을 주기 위해 저성장 시대에도 향후 지속성장이 가능한 우량기업들을 선별해 분석한 보고서

선대인교육아카데미 강좌 안내

최고의 호평을 받고 있는 선대인 소장의 「저성장 시대의 성장형 우량주 투자법」을 비롯, 「슈퍼차이나 입문」
「생활경제학 입문」 「리스크 관리」 「경제분석방법론」 등 다채로운 강좌를 제공합니다.

집코치 애플리케이션 안내

선대인경제연구소가 개발한 99% 서민을 위한 무료 주거정보앱 '집코치'를 다운받으세요.
구글 플레이스토어, 애플 아이튠즈에서 '집코치' 검색!

선대인경제연구소 www.sdinomics.com | 선대인교육아카데미 www.sdinsight.co.kr

5천만 경제 호구를 위한

선대인의 대한민국 경제학

초판 1쇄 발행 2017년 1월 10일
초판 6쇄 발행 2018년 12월 6일

지은이 선대인
기획 오종철
펴낸이 김선식

경영총괄 김은영
기획편집 임보윤 **디자인** 이주연 **책임마케터** 최혜령
콘텐츠개발팀장 임보윤 **콘텐츠개발팀** 이주연, 한다혜, 성기병
마케팅본부 이주화, 정명찬, 최혜령, 이고은, 양서연, 이유진, 허윤선, 김은지, 박태준, 배시영, 기명리
저작권팀 최하나, 추숙영
경영관리본부 허대우, 임해랑, 윤이경, 김민아, 권송이, 김재경, 최완규, 손영은, 김지영
외부스태프 그래프디자인 이춘희

펴낸곳 다산북스 **출판등록** 2005년 12월 23일 제313-2005-00277호
주소 경기도 파주시 회동길 357 3층
전화 02-702-1724 **팩스** 02-703-2219 **이메일** dasanbooks@dasanbooks.com
홈페이지 www.dasanbooks.com **블로그** blog.naver.com/dasan_books
종이 한솔피앤에스 **출력·인쇄** 갑우문화사

ISBN 979-11-306-1086-3 (03320)

다산북스(DASANBOOKS)는 독자 여러분의 책에 관한 아이디어와 원고 투고를 기쁜 마음으로 기다리고 있습니다.
책 출간을 원하는 아이디어가 있으신 분은 이메일 dasanbooks@dasanbooks.com 또는 다산북스 홈페이지 '투고원고'란
으로 간단한 개요와 취지, 연락처 등을 보내주세요. 머뭇거리지 말고 문을 두드리세요.